utb 2985

Eine Arbeitsgemeinschaft der Verlage

Böhlau Verlag · Wien · Köln · Weimar
Verlag Barbara Budrich · Opladen · Toronto
facultas · Wien
Wilhelm Fink · Paderborn
A. Francke Verlag · Tübingen
Haupt Verlag · Bern
Verlag Julius Klinkhardt · Bad Heilbrunn
Mohr Siebeck · Tübingen
Ernst Reinhardt Verlag · München · Basel
Ferdinand Schöningh · Paderborn
Eugen Ulmer Verlag · Stuttgart
UVK Verlagsgesellschaft · Konstanz, mit UVK/Lucius · München
Vandenhoeck & Ruprecht · Göttingen · Bristol
Waxmann · Münster · New York

Prof. Dr. Gottfried Biewer, geboren 1955, lehrt seit September 2004 an der Fakultät für Philosophie und Bildungswissenschaft der Universität Wien Sonder- und Heilpädagogik.

Gottfried Biewer

Grundlagen der Heilpädagogik und Inklusiven Pädagogik

3., überarbeitete und erweiterte Auflage

Verlag Julius Klinkhardt
Bad Heilbrunn • 2017

Online-Angebote oder elektronische Ausgaben zu diesem Buch
sind erhältlich unter www.utb-shop.de

Die Deutsche Bibliothek – CIP-Einheitsaufnahme
Die Deutsche Nationalbibliothek verzeichnet diese Publikation in der Deutschen Nationalbibliografie; detaillierte bibliografische Daten sind im Internet über http://dnb.d-nb.de abrufbar.

Satz: Kay Fretwurst, Spreeau.
Illustration auf Umschlagseite 1: © Jérôme Rommé / fotolia.
Einbandgestaltung: Atelier Reichert, Stuttgart.

Druck und Bindung: Friedrich Pustet, Regensburg.
Printed in Germany 2017.
Gedruckt auf chlorfrei gebleichtem alterungsbeständigem Papier.

utb-Band-Nr.: 2985
ISBN 978-3-8252-4694-5

Inhalt

Einleitung

Dieses Werk war das erste Lehrbuch im deutschsprachigen Raum, das Inklusive Pädagogik als Vermittlungsgegenstand in seinem Titel führte. Es sind mittlerweile 8 Jahre vergangen seit der Erstellung des Textes der ersten Auflage und mit der Ratifizierung der UN-Behindertenrechtskonvention 2008 in Österreich, 2009 in Deutschland und 2014 in der Schweiz gewann die Thematik mit jedem weiteren Jahr an Bedeutung. So gibt es mittlerweile zahlreiche Bücher, die Inklusion im Titel führen, deren Inhalte aber nicht selten von traditionellem Denken in sonderpädagogischen Fachrichtungen geprägt sind. Die Bildungspolitik hat sich in den vergangenen Jahren weiterentwickelt und parallel dazu ist eine mittlerweile fast unüberschaubare Literaturmenge zu Inklusion und Inklusiver Pädagogik entstanden. Es war daher dringend geboten, dass die hiermit vorliegende dritte Auflage sowohl die veränderten bildungspolitischen Rahmenbedingungen wie auch die zahlreich entstandene Literatur der vergangenen Jahre rezipiert.

Das Konzept und der Aufbau des Buches haben sich bewährt, so dass an der Kapitelstruktur nichts geändert werden musste. Sehr wohl waren aber zahlreiche Ergänzungen nötig, die sowohl die neuen Entwicklungen wie neue wissenschaftliche Literatur berücksichtigen. Insbesondere Ausführungen zur Inklusion und Inklusiven Pädagogik mussten hinzugefügt werden.

Mit der „Heilpädagogik“ und der „Inklusiven Pädagogik“ stehen nach wie vor ganz bewusst ein alter und auch ein neuer Begriff im Titel dieses Buches, womit er auf eine zeitliche wie auch thematische Spannbreite verweist. Dabei muss die vorliegende Arbeit sich auch der Frage nach der Adressatengruppe des Fachgebiets stellen. Diese kann eng („Menschen mit Behinderungen“) oder weit („Ausgegrenzte und Benachteiligte“) gefasst werden. Auch für die Verortung des Fachgebiets gibt es eine breite Spanne von Festlegungen. So kann es als autonomes Fachgebiet („Heilpädagogik zwischen Pädagogik und Medizin“) wie auch als eine spezifische Sichtweise einer Pädagogik für alle Menschen („Pädagogik der Vielfalt“) betrachtet werden.

Die zeitlichen Bezugspunkte reichen von den Anfängen der Bemühung um Gruppen von Menschen mit Sinnesschädigungen bis hin zu den jüngsten fachlichen Entwicklungstendenzen. Thematisch umfasst es neben geschichtlichen Aspekten und institutionellen Strukturen von Bildung und Erziehung auch grundlegende Begriffe und Theorien des Fachgebiets sowie ethische, gesellschafts- und kulturbezogene Fragestellungen.

Das Buch möchte das Fachgebiet in seiner ganzen inhaltlichen Vielfalt betrachten, ohne Einengung auf bestimmte Positionen und Richtungen. Es nimmt keine Fokussierung auf einzelne pädagogische Handlungsfelder (wie z.B. die Schule) oder ausgewählte Entwicklungsphasen (wie Kindheit und Jugend) vor. Bezugspunkt ist vielmehr die gesamte Spanne des menschlichen Lebenslaufs von den vorgeburtlichen Anfängen bis zum Tod, innerhalb dessen Behinderungen, Störungen, Benachteiligungen und Ausgrenzungen unter der Perspektive von Bildung und Entwicklung in den Blick genommen werden können.

Für wen wurde dieses Buch geschrieben? Die Zielgruppe sind Menschen, die einen wissenschaftlichen Zugang zu Themen und Fragestellungen im Kontext von Behinderungen, Störungen und Benachteiligungen suchen. Es soll ein Basiswissensbestand vermittelt werden, der qualifizierte Stellungnahmen erst ermöglicht. Davon ausgehend möchte das Buch hinführen zur kritischen theoriegeleiteten Auseinandersetzung mit der Vielfalt heilpädagogischer Problemstellungen, gleichzeitig aber auch ein Wegweiser zum vertieften Eindringen ins Fach sein. Es wendet sich in erster Linie an Studierende der Universitäten, Pädagogischen Hochschulen und Fachhochschulen, die eine Einführung suchen, welche Basiswissen vermittelt, für wissenschaftliche Problemlagen sensibilisiert und gleichzeitig Themenbereiche für das vertiefte Studium erschließt. Darüber hinaus werden auch Fachleute in den unterschiedlichen Berufsfeldern Anregungen zur wissenschaftsgeleiteten Reflexion ihrer Praxis finden.

Das Buch versteht sich als *Studienbuch* und dies bestimmt die Auswahl und die Form der Präsentation der Inhalte. Der Autor musste angesichts des begrenzten Buchumfangs eine Auswahl darüber treffen, welche Inhalte grundlegend sind und auf welche verzichtet werden kann. Er musste aber auch entscheiden, welche weiterführenden Inhalte bereits in einem Grundlagenwerk angerissen werden und welche alleinige Angelegenheit eines vertieften Studiums sind. Dabei ist er sich bewusst, dass Kolleg/innen diese Auswahl anders treffen würden. Auch Bereiche, die durch eigene Lehrbücher abgedeckt sind, wie z.B. sonderpädagogische Fachrichtungen, Schulpädagogik oder die pädagogische Diagnostik, werden hier nur in dem Umfang einbezogen, wie es für eine systematische Einordnung im Fachgebiet nötig ist. Auf ein Kapitel zu Forschungsmethoden in der Heilpädagogik und Inklusiven Pädagogik wurde aus zwei Gründen bewusst verzichtet: Zum einen verfügt die Heilpädagogik über keine anderen Methoden als die Bildungswissenschaft und andere Sozialwissenschaften wie Soziologie und Psychologie. Geeignete Methodenlehrbücher gibt es mittlerweile in ausreichender Zahl. Daher wurden allenfalls Hinweise auf aktuelle Trends gegeben, die mit den übrigen dargestellten Inhalten in Verbindung stehen. Das zweite Argument wiegt noch schwerer: die Aneignung philosophischer, quantitativer und qualitativer Forschungsmethoden sollte ein wesentlicher Teil des Studiums sein. Es käme einer Entwertung dieser Komponenten gleich, wenn der mittlerweile sehr umfängliche Methodenbestand quasi im Vorbeigehen mit wenigen Sequenzen abgehandelt würde.

Die Entscheidung für die vorgenommene Auswahl der Inhalte dieses Buches ist aber auch Resultat curricularer Überlegungen über die Konzeption von Lehrveranstaltungen, die Studierenden ein Grundlagenwissen im Bereich der Heilpädagogik und Inklusiven Pädagogik vermitteln sollen. Die Erfahrungen aus mehrjähriger Lehrtätigkeit an den Universitäten in Gießen und in Wien fließen darin ein. Der Vergleich der Lehrinhalte für deutsche wie für österreichische Studierende hat dem Autor nochmals ins Bewusstsein gerufen, wie stark heilpädagogische Lehrbücher sich an rechtlichen Rahmenbedingungen des Sozial- und Bildungswesens der jeweiligen Länder orientieren und juridische Inhalte oft als pädagogische vermitteln. Diesen Weg möchte das vorliegende Studienbuch nicht gehen. Als pädagogisches Werk referiert es länderspezifische rechtliche Rahmenbedingungen nur insoweit es für das Verständnis pädagogischer Inhalte nötig ist und weist, wo dies angesagt ist, auch auf Unterschiede zwischen den Ländern hin.

Im Mittelpunkt steht der Bestand wissenschaftlicher Theorien der deutschsprachigen Länder, allerdings mit einem deutlichen „Blick über den Zaun“, insbesondere auf die englischsprachige Fachliteratur.

Das Buch verfolgt einen non-kategorialen Ansatz, d.h. es stellt nicht spezifische Problemlagen bestimmter Gruppen wie blinder oder kognitiv beeinträchtigter Menschen additiv nebeneinander, wie dies andernorts in einführender Absicht erfolgt (z.B. bei Biermann/Goetze 2005). Es ist aber auch kein Werk, das einen eigenen grundlegenden Ansatz darlegt (wie z.B. Haeberlin 2005). Es zielt eher auf einen einführend enzyklopädischen Zugang, der einen breiten Überblick verschaffen, unterschiedliche Positionen zusammenfassen und Schlüssel für eine weitere vertiefte Erarbeitung sein will.

Das Wissen über die Notwendigkeit, aktuelle Problemlagen in ihrer Gewordenheit und damit auch in ihren historischen und gesellschaftlichen Kontexten zu betrachten, verdankt der Autor seinem akademischen Lehrer Andreas Möckel. Die von ihm inspirierte Sichtweise bestimmt auch die Herangehensweise an die Inklusive Pädagogik als aktuellem wissenschaftlichen, gleichzeitig aber auch bildungspolitischen Ansatz.

Der als Inklusive Pädagogik beschriebene Versuch, vormals an die Heilpädagogik delegierte Fragen in vollem Umfang in die reguläre Pädagogik zurück zu holen, soll im Kontext eines in Jahrhunderten gewachsenen Theoriebestandes gesehen werden. Hier zeigt sich ein Pendeln zwischen der Fokussierung auf spezifische Problemlagen mit daraus resultierenden besonderen Handlungsansätzen und nachfolgenden Verallgemeinerungstendenzen. Die Sympathie für den gesellschaftspolitischen Anspruch einer sich als inklusiv verstehenden Pädagogik soll nicht davon abhalten neue Problemlagen aus einer bildungswissenschaftlichen Perspektive kritisch zu beleuchten.

Das Buch enthält in weiten Teilen zusammenfassende, aber auch interpretierende Darstellungen der unterschiedlichen Themenbereiche. Dabei gewichtet es auch, nimmt einige Bereiche intensiver in den Blick als andere, muss aber auch thematische Lücken hinterlassen. Es möchte das Interesse der Leser/innen für das Fachgebiet wecken, sie für ein Eindringen in die Problemstellungen interessieren und auch dazu anleiten. Aus diesem Grunde enthält das vorliegende Buch umfangreiche bibliografische Angaben. Insbesondere der Bestand themenbezogener aktueller Monografien wie auch grundlegende und weiterführende Werke fanden dabei besondere Berücksichtigung. Auch wenn aktuelle Diskussionen an den Nahtstellen fachlicher Entwicklungen überwiegend in Zeitschriften und häufig englischsprachigen Journals zu finden sind, wird die Bedeutung umfänglicher systematischer Darstellungen in Buchform für das vertiefte wissenschaftliche Studium hier besonders hervorgehoben.

Die für wissenschaftliche Forschung nötige kritische Distanz soll auch für die Leser/innen dieses Buches keinen Gegensatz darstellen zu einem Eintreten für benachteiligte und ausgegrenzte Menschen, eine Position, wie sie insbesondere bei engagierten Studierenden der Heilpädagogik und Inklusiven Pädagogik häufig zu finden ist. Auch wenn dieses Buch in erster Linie ein Überblickswissen vermitteln möchte, so sollten doch wesentliche Bezugspunkte des Autors zu Beginn transparent gemacht werden. Sie bestehen in einer Verbindung zweier unterschiedlicher, aber möglicherweise kompatibler Zugänge in Gestalt der ICF der WHO und adaptierten Theoriebeständen einer Inklusiven Pädagogik.

Einige Anregungen für die Form der Darstellung verdankt der Autor dem Lehrbuch von Herbert Gudjons (2006). So finden sich Hinweise für lohnende weiterführende Lektüre. Es werden aber auch Fragen und Aufgaben zur vertiefenden Reflexion gestellt. Es handelt sich dabei nicht um das memorierende Abfragen von Wissen, sondern um ein Weiterdenken auf der Grundlage der zuvor vermittelten Wissensbestände. Damit soll ein wissenschaftsorientiertes weiteres Erschließen des Fachgebiets angeregt werden.

Im Anschluss an einzelne Kapitel findet sich noch eine kurze kommentierte Aufstellung von Internet-Seiten, die für den jeweiligen thematischen Bereich nützliche Informationen enthalten. Damit wurde der Tatsache Rechnung getragen, dass ein zunehmender Teil der Informationsaufnahme auch in unserem Fach über das Internet erfolgt. Die Seiten führen nicht zu Einzeltexten, sondern zu Informationssammlungen, die sich für die weitere Recherche eignen. Auf spezifische Textseiten, die eher Änderungsprozessen unterliegen, wurde bewusst verzichtet.

Im Literaturverzeichnis am Ende des Buches sind einige Titel kursiv hervorgehoben. Es sind ausnahmslos Werke, die sich für einen vertiefenden Überblick besonders gut eignen oder als grundlegende Werke gelten. Das abschließende Sachwortverzeichnis kann das Auffinden spezifischer Inhalte erleichtern.

Auch im Hinblick auf eventuelle spätere Überarbeitungen ist der Autor für Hinweise und kritische Anmerkungen zu den Inhalten und der methodischen Konzeption des Studienbuchs dankbar.

Wien, Jänner 2017 Gottfried Biewer

1 Geschichte der Erziehung und Bildung behinderter, benachteiligter und ausgegrenzter Menschen

Worum es geht…

Das Kapitel beschreibt die Entstehung der Heilpädagogik als praktisch-pädagogische Tätigkeit und als Theorie. Weiterhin stellt es die NS-Zeit als historische Hypothek für den Umgang mit behinderten Menschen und ihre Auswirkungen dar. Der Überblick über die zu verschiedenen Zeiten entstandenen Fachbezeichnungen führt zu unterschiedlichen aktuellen Zugangsperspektiven.

Eine bildungswissenschaftliche Betrachtung der Geschichte des Fachgebiets sollte zwischen praktisch-pädagogischen Tätigkeiten und nachfolgenden pädagogischen Theorien und Systematisierungen unterscheiden. Der flächendeckende Ausbau eines differenzierten Sonderschulsystems und einer Vielzahl von Einrichtungen für Menschen mit Beeinträchtigungen und Störungen ist ein Produkt des 20. Jahrhunderts, insbesondere seiner zweiten Hälfte. Es gab aber schon lange vorher Versuche der Erziehung und Bildung. Manche scheiterten, andere führten zu pädagogischen Innovationen, die sich in institutionalisierte Formen überführen ließen.

Den Versuch, Einzelaspekte der Geschichte der Heilpädagogik aufzuarbeiten, gibt es seit dem Anfang des 20. Jahrhunderts, etwa bei Max Kirmsse. In älteren wie jüngeren Darstellungen dominierte der Blick auf die einzelnen Fachrichtungen gegenüber problemgeschichtlichen Zugängen, die sich auf das Fachgebiet der Heilpädagogik als Ganzes bezogen. Die fachrichtungsspezifische Sicht spiegelt sich auch im breit gefächerten Sammelband von Solarová (1983) wider, der die Geschichte der Sonderpädagogik entlang einzelner Behinderungskategorien wie Schwerhörigkeit, Körperbehinderung oder Sprachbehinderung getrennt nebeneinander darstellt, ohne den Anspruch zu erheben, Zusammenhänge und Querverbindungen der verschiedenen Entwicklungen zu erfassen. Dies entspricht der Entwicklung des Fachgebiets, das sich seit seinen Anfängen als Nebeneinander einzelner Sparten wie der Bildung blinder, gehörloser oder kognitiv beeinträchtigter Menschen entwickelte. Als Fortschritt wurde insbesondere in der zweiten Hälfte des 20. Jahrhunderts die zunehmende Ausdifferenzierung betrachtet, weniger die Entstehung eines Bewusstseins für die verbindenden Elemente.

Lohnend ist in diesem Zusammenhang auch das Studium einschlägiger fachrichtungsbezogener Quellentexte, die mittlerweile in gut editierten Sammelbänden zugänglich sind (Möckel/Adam/Adam 1997; Möckel/Adam/Adam 1999; Ellger-Rüttgardt 2003; Lindmeier/Lindmeier 2002; Bleidick 1999; Degenhardt/Rath

2001). Ellger-Rüttgardt (2003, 12) betont die Unverzichtbarkeit quellenkundlicher Arbeiten. Ein hohes Maß an Erkenntnisgewinn verspricht sie sich von einer Verbindung ideen-, sozial- und institutionsgeschichtlicher Ausrichtung mit alltagsgeschichtlichen und biografischen Ansätzen.
Für den Versuch, die Geschichte des Fachgebiets unter Aufarbeitung von Triebkräften der Entwicklung in Kombination mit einer fachrichtungsübergreifenden Systematisierung von Phänomenen darzustellen, stehen vor allem zwei Arbeiten. Die Entwicklung heilpädagogischer Institutionen wurde im Zusammenhang mit zugrunde liegenden Ideen von Andreas Möckel (2007) in seinem Buch „Geschichte der Heilpädagogik" beschrieben. Er stellt die Herausbildung und Entwicklung der Institutionen im Zusammenhang mit der Entdeckung und dem Schutz der Lehrmethoden dar. Ein ähnlich breiter ideen- wie sozialgeschichtlicher Zugang im Rahmen einer historiographischen Forschung findet sich bei Sieglind Ellger-Rüttgardt, wobei in diesem Werk der Aspekt der Entdeckung und Bewertung der Bildsamkeit eine zentrale Rolle spielt (Ellger-Rüttgardt 2008).
Systematische Studien, welche eine Gesamtschau der Entwicklungslinien über einen langen Zeitraum umfassen, sind eher selten. Ein Beispiel für eine solche Arbeit ist das Buch von Vera Moser (1994), welches den pädagogischen Zugang zu behinderten Menschen unter den unterschiedlichen Perspektiven von Erziehung und Bildung, aber auch dem Stellenwert sozialer Aktivtäten, von der Entstehung der Heilpädagogik bis zur Integrationspädagogik neueren Datums, reflektiert.
Die Entwicklung der Heilpädagogik nach 1945 ist für die deutschsprachigen Länder ohne den Blick auf die Erfahrungen während der NS-Zeit kaum angemessen rezipierbar. In den heutigen nebeneinander Geltung beanspruchenden Fachbezeichnungen spiegeln sich sowohl Konstitutionsprobleme des Fachgebiets als akademischer Disziplin, wie auch kontrovers geführte Diskussionen der vergangenen Jahrzehnte wider.
Der nachfolgende Einblick in die Geschichte der Heilpädagogik in einem einzigen Kapitel kann nur selektiv sein. Der Fokus richtet sich dabei auf drei ausgewählte Bereiche: So wird die Entstehung der Heilpädagogik als praktisch pädagogische Tätigkeit und als Fachdisziplin betrachtet, weiterhin die NS-Zeit als Periode der Konsolidierung der Hilfsschulen bei gleichzeitiger Konterkarierung vorheriger heilpädagogischer Zielsetzungen und schließlich die Phase der Neugründungen und des flächendeckenden Ausbaus sonderpädagogischer Institutionen.

1.1 Anfänge heilpädagogischen Handelns

Heilpädagogik entstand anfangs in Bezug auf spezifische vorwiegend somatisch bedingte Behinderungen wie z.B. Gehörlosigkeit, Blindheit oder kognitive Retardierung. Ein Bewusstsein über Gemeinsamkeiten der Pädagogik für diese unterschiedlichen Gruppen entstand erst zu einem späteren Zeitpunkt der fachlichen Entwicklung. Daher macht es auch Sinn, die Anfänge der Heilpädagogik mit dem Blick auf spezifische Schädigungen des menschlichen Funktionsapparates anzugehen. Die frühen Anfänge der Heilpädagogik liegen in den für das Umfeld deutlich wahrnehmbaren somatischen Schädigungen. Gehörlosigkeit, Blindheit sowie schwerwiegende kognitive und motorische Beeinträchtigungen wurde bereits in früheren Jahrhunderten in den Blick der Pädagogik genommen.

Die ersten praktischen heilpädagogischen Bemühungen liegen rund 400 Jahre zurück und bezogen sich auf Menschen mit Sinnesschädigungen. Die frühesten Anstrengungen zur Bildung gehörloser Kinder sind aus dem 16. Jahrhundert überliefert. Ein spanischer Benediktinermönch, Pedro Ponce de Leon, unterrichtete bereits im 16. Jahrhundert 12 gehörlose Menschen in einer Gruppe. Er versuchte bei ihnen Lautsprache zu entwickeln und verwendete als Hilfsmittel hierzu ein Fingeralphabet (Löwe 1983, 13).

Das Zeitalter der Aufklärung brachte einen pädagogischen Optimismus, der im 18. Jahrhundert zu neuen Wegen der Pädagogik und zum Experimentieren mit Methoden führte, die Kindern zugute kamen, die bislang von Bildungsangeboten ausgeschlossen waren. Etwa zeitgleich begründeten der Priester Charles Michel de l'Epée (1712-1789) und Jakob Rodriguez Pereira (1715-1780) im vorrevolutionären Frankreich zwei unterschiedliche Wege der Kommunikation mit gehörlosen Kindern (Ellger-Rüttgardt 2008, 33ff). Der Abbé de l'Epée entwickelte ein System von Gesten, die Wörter und Sätze meinten, während Pereira ein Fingeralphabet schuf und auf die Anbildung der Lautsprache setzte (Möckel 2007, 36f). Die gegensätzlichen Wege in der Kommunikation gehörloser Menschen durch Gebärdensprache und Lautbildung, die noch heute fachliche Diskussionen in der Gehörlosenpädagogik prägen, hatten damit im 18. Jahrhundert bereits ihre frühen Vorläufer.

Es entstanden aber zur damaligen Zeit noch eine Anzahl weiterer Versuche der Unterrichtung gehörloser Kinder in verschiedenen Ländern. Auch hier setzte sich der beim Abbé de l'Epée und Pereira bereits angelegte Methodenstreit fort und vertiefte sich. Einige zielten auf die Anbahnung der Lautbildung, also möglichst ähnlich zu sprechen wie die Hörenden. Die lautsprachliche Richtung, die die deutschsprachige Taubstummenpädagogik lange Zeit dominierte, hatte mit Samuel Heinicke (1727-1790) in Leipzig bereits einen sehr frühen Vertreter (Ellger-Rüttgardt 2008, 50ff). Das 1779 in Wien mit nur wenigen Schüler/innen eingerichtete Taubstummeninstitut begann mit methodischen Ansätzen in Anlehnung an de l'Epée, wechselte aber mit dem Zugang neuer Lehrkräfte schließlich zur Lautsprachmethode.

Die Trennung der Schwerhörigenpädagogik von der Gehörlosenpädagogik war ein Entwicklungsschritt des späten 19. und frühen 20. Jahrhunderts. Schwerhörige Kinder wurden verschiedentlich mit anderen, auch behinderten Kindern bereits im 19. Jahrhundert erzogen. Die heutige Schwerhörigenpädagogik ist aber als eine

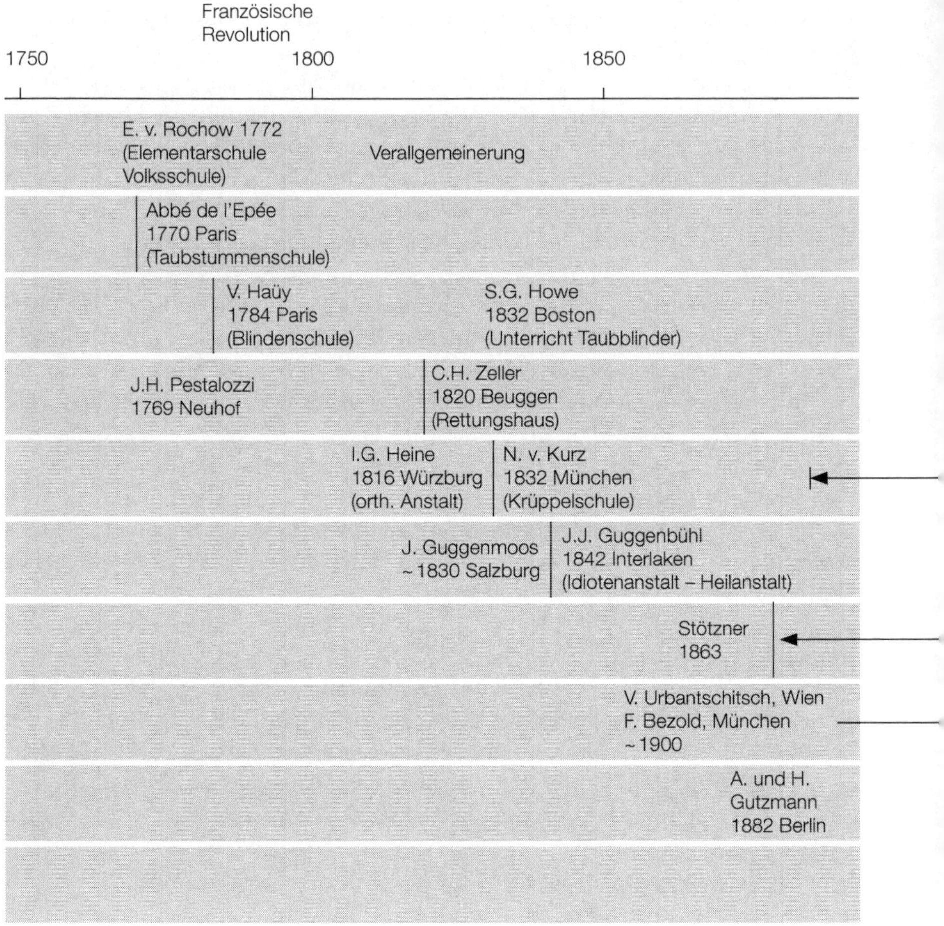

Herauslösung aus der Gehörlosenpädagogik entstanden, die maßgeblich von Medizinern initiiert wurde. Urbantschitsch, Professor für Ohrenheilkunde an der Universität Wien, stellte fest, dass durch Hörübungen bei geringfügig resthörigen Kindern in einer Taubstummenanstalt eine deutliche und nachhaltige Verbesserung des Lernvermögens eintrat (Möckel 2007, 149f). Dieser methodische Vorschlag führte in der Konsequenz zur heutigen Schwerhörigenpädagogik, die in ihren Konzepten auf der Resthörigkeit aufbaut.

Selbst die erfolgreichen Gehörlosenerzieher Pedro Ponce und der Abbé de l'Epée hielten die Bildung blinder Kinder noch für ein wenig aussichtsreiches Unterfangen

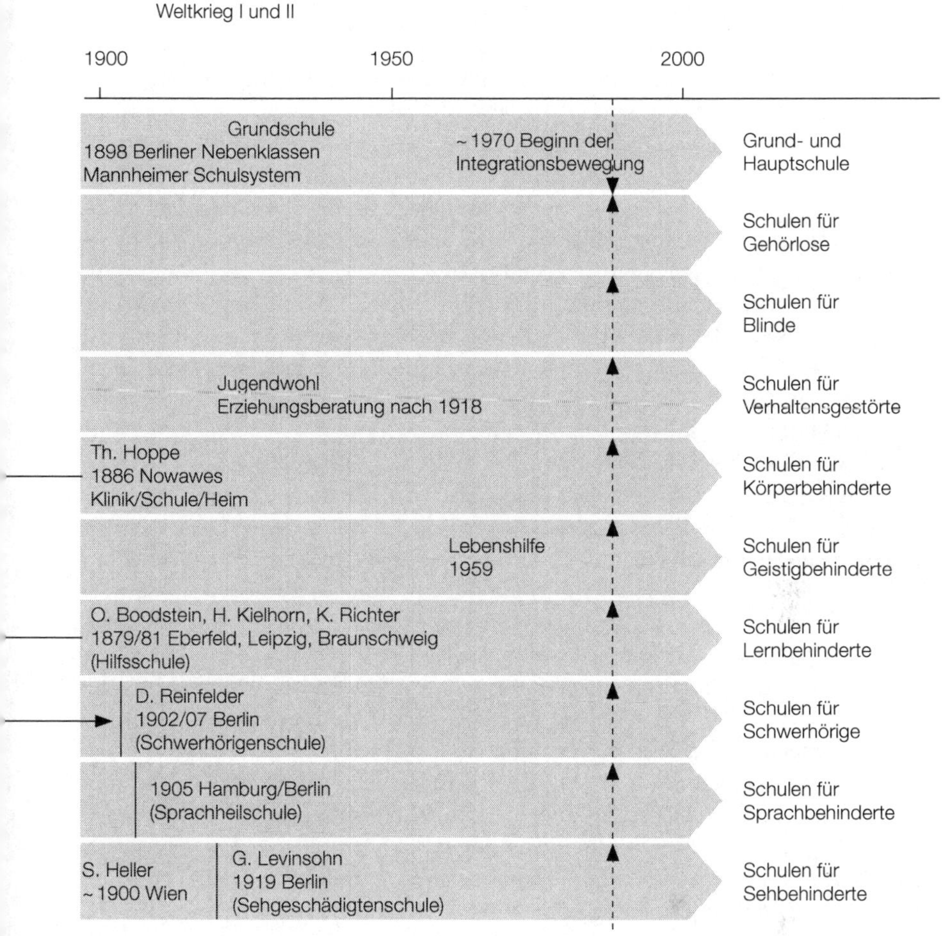

Abb. 1.1: Die Geschichte der Heilpädagogik, schematische Übersicht (nach: Möckel 1988, 248f)

(vgl. Möckel 2007, 44f). Im Paris der vorrevolutionären Zeit des 18. Jahrhunderts lag aber nur eine kurze Zeitspanne zwischen den frühen Versuchen zur Bildung gehörloser und nachfolgenden Projekten zur Bildung blinder Kinder. So entstand in Paris die erste Blindenschule durch Valentin Haüy. Er war Dolmetscher im Außenministerium. Haüys Ideen waren in der damaligen Zeit geradezu revolutionär. Als Auslöser für sein Interesse, sich mit Blinden zu beschäftigen, nennt er die Belustigung des Auditoriums bei der öffentlichen Zurschaustellung blinder Musiker, die ihn zutiefst empörte (Ellger-Rüttgardt 2008, 38). Sein Grundgedanke, der die Blindenpädagogik noch bis heute prägt, war die Ersetzung des Gesichtssinns durch den Tastsinn (vgl. auch die Quellentexte in Degenhardt/Rath 2001). So dauerte es auch nicht lange, bis Haüy auf die Idee kam, Buchstaben haptisch erfahrbar zu machen. Er stellte Buchstaben in Reliefform her, die er betasten ließ, und erreichte, dass blinde Menschen lesen lernten.

Die Bildung taubblinder Kinder fand ihre Pioniere in den USA. Der Chirurg Samuel Gridley Howe gründete 1832 eine Blindenstiftung in Boston (Ellger-Rüttgardt 2008, 70f). Unter den dort aufgenommenen Kindern war auch ein taubblindes Mädchen, das infolge einer Scharlachinfektion sein Gehör im Alter von 3 Jahren verlor und schließlich nach und nach auch sein Sehvermögen, bis es im Alter von 10 Jahren schließlich blind war (Möckel 2007, 61f). Beim Lernen ging Howe ebenfalls von der Reliefschrift aus, ergänzt um Berührungen des Körpers, die Lob oder Tadel bedeuteten. Bestimmte Berührungen des Körpers entsprachen dem Gleichheitszeichen. So konnte ausgedrückt werden, dass ein ertasteter Gegenstand durch ein bestimmtes Wort in Reliefform repräsentiert wird.

Ähnlich wie die Schwerhörigenschule sich aus der Gehörlosenschule löste, war die Sehbehindertenpädagogik eine Herauslösung aus der Blindenpädagogik. Schon zu Beginn des 19. Jahrhunderts wird aus verschiedenen Blindeneinrichtungen auch von den so genannten „halbblinden" Kindern berichtet. Sie standen aber eher am Rande der Blindenpädagogik oder ihre besonderen Anliegen und Bedürfnisse wurden gar übersehen. Die Problematik dieser Gruppe wurde zwar gelegentlich angesprochen, ohne dass dies jedoch zu institutionellen Konsequenzen führte. Die ersten Berichte über die Bildung von Gruppen für Sehschwache finden sich zu Anfang des 20. Jahrhunderts. Dies war nicht zuletzt die Folge der Einführung schulärztlicher Untersuchungen, die zu Diskussionen über die Folgen von Sehbeeinträchtigungen führten. Die besondere Problematik dieser Kinder wurde Gegenstand fachlicher Erörterungen und erleichterte die Entwicklung neuer Konzepte. Federführend waren hier Ärzte, wie etwa Levinsohn in Berlin (ebd., 152).

Es ist schwierig anzugeben, welche pädagogischen Aktivitäten als Anfänge einer Pädagogik bei Verhaltensstörungen zu betrachten sind. Möckel rechnet den Erziehungsversuch armer und verwahrloster Kinder durch Pestalozzi in seinem berühmten Gut Neuhof in der Schweiz hierzu. In Deutschland entstanden Anfang des 19. Jahrhunderts die ersten Heimerziehungsprojekte für verwahrloste Kinder. Sie waren Reaktionen auf die napoleonischen Kriege, durch die in Deutschland zahlreiche Kinder Eltern, Elternteile und sorgende Verwandte verloren hatten und damit entwurzelt wurden.

Verwahrlosung von Kindern als Kriegsfolge ist auch heute noch ein weltweit verbreitetes Phänomen. Die Antwort der Gesellschaft bestand, zumindest in Europa, oft in der Gründung von Heimen, die es aber auch mit einer großen Zahl von erziehungsschwierigen Kindern zu tun hatten.

Ein berühmter Erziehungsversuch ist das „Rauhe Haus" von Johann Heinrich Wichern in Hamburg (Lindmeier 1998). Wichern betätigte sich als Sonntagsschullehrer, bevor er Heimgründer wurde. Seine Pädagogik war in weiten Teilen religiös motiviert. Wicherns Heimgründung war eine Antwort auf die Zunahme der Zahl verwahrloster Kinder in den Großstädten als Folge der Industrialisierung. Die Projekte einer Heimerziehung verwahrloster Kinder stellen eine Schnittstelle von Heilpädagogik und Sozialpädagogik dar.

Die Anfänge der Hilfs- und Bildungsmaßnahmen für Menschen mit körperlichen Beeinträchtigungen sind mit der Etablierung neuer medizinischer Einrichtungen verbunden (Stadler/Wilken 2004). Es sind hier die Orthopädischen Anstalten zu nennen, medizinisch orientierte Institutionen, die anfangs nur von Angehörigen der gesellschaftlichen Oberschicht genutzt wurden. Die erste derartige Einrichtung wurde 1816 von Johann Georg Heine in Würzburg eingerichtet. Sie umfasste Kinder und Jugendliche von 6 bis 18 Jahren (Möckel 2007, 81). Die medizinische Behandlung, insbesondere mit Geräten und Hilfsmitteln, stand im Vordergrund, aber es gab auch andere Aktivitäten, die bereits als eine Form von Unterricht verstanden werden konnten. Orthopädische Anstalten und Institute entstanden auch an anderen Orten, wobei Lehren und Lernen häufig keine Rolle mehr spielten. Die erste Schule für körperbehinderte Kinder im eigentlichen Sinne war die Krüppelschule des Johann Nepomuk Edler von Kurz in München. Sie besteht bis zum heutigen Tage in einem größeren Gebäudetrakt neben einem Krankenhaus weiter, wenn auch mit mehrfach gewechseltem Namen.

Ebenfalls in der ersten Hälfte des 19. Jahrhunderts entstanden die ersten Anstalten für Menschen mit geistiger Behinderung (Lindmeier/Lindmeier 2002). Sie nannten sich Anstalten für Kretine, Blödsinnige oder Idioten. Diese Bezeichnungen wurden damals auch von den Gründern und Leitern dieser Einrichtungen verwendet und hatten nicht die negativen Konnotationen wie heute. In der Tatsache, dass wir solche Begriffe heute nur noch als Schimpfwörter benutzen, spiegelt sich der Veränderungsprozess von Sprache wider.

Einige einflussreiche Einrichtungen entstanden in den Alpenländern. Guggenmoos, der als Privatlehrer gehörlose und sprachgestörte Kinder unterrichtete, unternahm ab 1816 in Hallein bei Salzburg auch erste Bildungsversuche mit geistig behinderten Kindern (Meyer 1983, 95f). Von 1830-1835 unterhielt er eine pädagogisch ausgerichtete Anstalt in Salzburg. Von ihm wurde erstmals eine Art von Lehrplan für den Unterricht mit geistig behinderten Kindern konzipiert.

International sehr einflussreich waren verschiedene Heimgründungen in der Schweiz. Besonders hervorzuheben ist hier die Anstalt von Guggenbühl auf dem Abendberg bei Interlaken mit einem von ihm selbst entwickelten Bildungskonzept und spezifischen Methoden. Der Abendberg zog viele Besucher aus dem In- und Ausland an, die durch das dortige Modell zur Gründung weiterer Anstalten angeregt wurden (ebd., 96ff). Guggenbühl gab aber vor, den Kretinismus heilen zu können. Dieser Anspruch war uneinlösbar, wie wir heute wissen. Indem er sich ein unerreichbares Ziel setzte, brachte er langfristig seine tatsächlichen Leistungen ebenfalls in Misskredit. In dem Maße, wie Besucher feststellten, dass ihm die Heilung des Kretinismus nicht gelang, wurde er in der öffentlichen Meinung diskreditiert. Die Entdeckung der Bildsamkeit geistig behinderter Menschen war für Guggenbühl noch nicht verbunden mit einer realistischen Einschätzung der Grenzen pädagogischen Handelns.

Wenig später, in den 1840er Jahren, entwickelte der Arzt Édouard Séguin im Pariser Hospital Bicêtre ein Bildungsprojekt, das wegen seiner didaktischen Qualität noch heute imponiert. Séguin war ein Schüler von Jean Itard, welcher um 1800 durch die Erziehung des im Wald aufgegriffenen „Wolfsjungen von Aveyron" bekannt wurde (Malson/Itard/Mannoni 1972). Es handelte sich hier um ein Kind, das wir nach heutigen Maßstäben vielleicht eher als „autistisch" einstufen würden. Die von Itard in seinem Bildungsexperiment bereits angelegten Prinzipien der Bewegungs- und Wahrnehmungsschulung baute Séguin aus und legte ein umfangreiches schriftlich ausgearbeitetes Konzept vor, das bis zu didaktischen Materialien zum Erwerb von Schreib-, Lese- und Rechenfähigkeiten reichte (Séguin 1912). Rund 60 Jahre später holte die italienische Ärztin und Pädagogin Maria Montessori sich zahlreiche Anregungen aus Séguins Arbeiten und modifizierte sein Konzept zu einem eigenen Modell für die Bildung von Kindern ohne Behinderung, das unter dem Begriff der Montessori-Pädagogik auch heute noch erfolgreich praktiziert wird (Biewer 1997).

Schüler/innen, die wir heute als lerngestört oder lernbehindert bezeichnen, gerieten in der zweiten Hälfte des 19. Jahrhunderts erstmals ins Blickfeld der Pädagog/innen. Zu nennen ist hier der Taubstummenlehrer Heinrich Ernst Stötzner (1832-1910), der zeitweise in einer der sogenannten „Idiotenanstalten" arbeitete und dort eine Gruppe von Kindern identifizierte, die er als schwachsinnig oder schwachbefähigt bezeichnete und die er nicht zu denjenigen Zöglingen rechnen wollte, für die die Idiotenanstalten konzipiert waren (Myschker 1983, 128f). Er verfasste eine Schrift mit dem Titel „Schulen für schwachbefähigte Kinder". Sie gilt heute noch als der programmatische Entwurf für die Entstehung der Hilfsschule, oder Schule für Lernbehinderte, wie sie in den 1970er Jahren in Deutschland genannt wurde, bzw. der Allgemeinen Sonderschule (ASO) in Österreich. Stötzners Buch führte noch nicht unmittelbar zu Hilfsschulgründungen, wenngleich er erstmals die Forderung nach der Etablierung eigenständiger Institutionen erhob (Ellger-Rüttgardt 2003, 19f). Seine pädagogische Begründung für eine neue Unterrichtsform und eine neue Institution war aber der Vorbote zur Einrichtung von Hilfsschulen, die ab den 1870er Jahren in verschiedenen deutschen Städten entstanden, so 1874 in Gera, 1875 in Apolda und 1879 in Elberfeld. Für den flächendeckenden Ausbau des Hilfsschulwesens im 20. Jahrhundert spielten auch die Berufsvertretungen der Lehrer/innen, wie etwa des „Verbandes der Hilfsschulen Deutschlands", eine nicht unbedeutende Rolle (Möckel 1998).

Sprachstörungen wie Stottern oder Stammeln wurden in medizinischen und pädagogischen Schriften auch im 19. Jahrhundert wiederholt beschrieben. Pädagogische

Initiativen traten verstärkt zu Beginn des 20. Jahrhunderts auf. 1905 entstanden die ersten Sprachheilschulen in Hamburg und Berlin. Gleichzeitig gab es aber auch schon erste Klassen für Kinder mit Sprachproblemen an Hilfsschulen. Eine nicht unwesentliche Rolle bei der Entstehung der Sprachheilpädagogik hatten auch Mediziner wie etwa der Berliner Gutzmann, der Sprachheilkunde als klinisches Fach an der Universität verankerte und Sprachstörungen gemeinsam mit Pädagogen behandeln wollte (Dupius 1983, 277f).

1.2 Heilpädagogik als Theorieentwurf des 19. Jahrhunderts

Bereits vor dem Auftreten des Begriffs Heilpädagogik gab es im Kontext der Pädagogik Versuche, sich den Problemen der Erziehung derjenigen Kinder zu widmen, die mit geltenden Normen in Konflikt gerieten (siehe hierzu die Quellentexte in Bleidick 1999). Bereits zu Beginn des 19. Jahrhunderts nahm der Wiener Bischof und Lehrkanzelinhaber Vinzenz Eduard Milde Kinderfehler, Gebrechen der physischen Anlagen und Geistesschwäche in den Blick einer allgemeinen Erziehungskunde (Breinbauer/Grimm/Jäggle 2006).

Eine wissenschaftliche Beschäftigung mit einem Phänomen setzt die Entdeckung von Auffälligkeiten und nachfolgende begriffliche Konstruktionen voraus. Sehr ausführlich und unter breiter Quellenaufarbeitung erfolgte dies in Bezug auf das Phänomen der geistig-mentalen Auffälligkeit für den Zeitraum von 1780 bis 1900 durch Johannes Gstach (Gstach 2015). So beschreibt er Auffälligkeiten des Körpers wie des Verhaltens, die zu Begriffen wie „Kretinismus“ und „Blödsinn“ führten, die aber keinesfalls mit späteren Termini wie „geistige Behinderung“ oder „intellektuelle Beeinträchtigung“ gleichgesetzt werden können. Es waren sehr unterschiedliche Abweichungen, die zu bestimmten Zeiten in den Blick gerieten. Auch Phänomene, die heute als Verhaltensprobleme mit familiär bedingten Problemlagen betrachtet würden, konnten in der ersten Hälfte des 19. Jahrhunderts als „Idiotie“ klassifiziert werden (ebd.).

Der Begriff Heilpädagogik wurde erst 1861 von Jan Daniel Georgens und Heinrich Marianus Deinhardt mit ihrer Vortragsreihe in den Räumen der Wiener Akademie der Wissenschaften eingeführt und legitimiert (Bachmann 1979). Das Werk von Georgens und Deinhardt hat nicht nur den Begriff Heilpädagogik eingeführt, sondern gleichzeitig einen in pädagogischer Praxis fundierten Theorieentwurf geliefert. Sie begründeten allerdings noch keine fortgesetzte pädagogische Tradition der Bildung behinderter Menschen. Stattdessen dominierten danach medizinische, insbesondere psychiatrische Sichtweisen des menschlichen Entwicklungsprozesses (Strachota 2002).

Als die eher im Bereich der pädagogischen Theorie treibende Kraft unter den beiden Autoren wird Jan Daniel Georgens (1823-1886) betrachtet. Er wurde im pfäl-

zischen Städtchen Dürkheim geboren. Nach eigenen Darstellungen besuchte er das Lehrerseminar und legte danach zusätzlich noch das Maturitätsexamen ab, das zur damaligen Zeit die Voraussetzung für ein Universitätsstudium war. Seine Studien in „Natur- und Heilwissenschaften" schloss er angeblich mit der Promotion ab. So ist es auch in manchen Fachdarstellungen nachzulesen, die auf eine Quelle von 1915 (Kirmsse) zurückgehen. Die Dissertation von Frank Selbmann (1982) erhärtete aber Zweifel an diesem akademischen Weg. So ließ sich seine Studienzeit an verschiedenen Universitäten belegen, nicht aber der Abschluss mit dem Doktorat.
Georgens' ganzes Leben war bestimmt durch die Gründung von Einrichtungen und vielfältige pädagogische Vortragstätigkeiten (Bachmann 1987). Bereits 1848 gründete er in Worms eine höhere Töchterschule und zwei Jahre später einen Fröbelschen Kindergarten in Baden-Baden. Nach zwei Jahren musste er diesen auflösen. Er nimmt eine Hauslehrerstelle für die 10 Kinder eines Grafen in der Nähe von Wien an. Nachdem er von Saegerts Gründung einer „Heil- und Bildungsanstalt für Blösinnige" bei Berlin hörte, nimmt er diese Idee auf und möchte ähnliches realisieren. Zusammen mit seiner späteren Frau Jeanne Marie von Gayette und Heinrich Marianus Deinhardt eröffnet er 1856 in einer angemieteten Villa in Baden bei Wien die „Heilpflege- und Erziehungsanstalt Levana". In der ersten Zeit fanden sich keine Kinder für eine heilpädagogische Betreuung. So dienten ihm als Adressaten seiner pädagogischen Bemühungen anfangs die Kinder von Hausangestellten und auch der Kur- und Badegäste. Es wurden ihnen von den Pädagogen Beschäftigung, Spiel und Gymnastik angeboten. Die Form der Freizeitgestaltung erfreute sich allgemeiner Beliebtheit, bis sich herumgesprochen hatte, das Institut sei für „Blödsinnige" bestimmt (Selbmann 1982, 36). Als im Juni 1856 ein behindertes 11-jähriges Mädchen von adliger Herkunft aufgenommen wurde, stieß das Angebot wieder auf beachtlichen Zuspruch und es waren größere Räumlichkeiten erforderlich, die schließlich in Schloss Liesing gefunden wurden.
Die pädagogische Tätigkeit, insbesondere auch deren didaktische Komponente, wurde der Fachöffentlichkeit mit einem Jahrbuch detailliert dokumentiert (Georgens/von Gayette/Deinhardt 1858). In der Einrichtung lebten und arbeiteten schließlich Ärzte, Lehrer, Künstler und Erzieherinnen. Georgens' Bestreben war es, die Levana zu einer Musteranstalt auszubauen, die eine Gesunden- und eine Krankenabteilung umfasste. Zeitweise hatte die Einrichtung 30 Zöglinge aus adeligen oder begüterten Elternhäusern zu betreuen. 10 davon waren nach unseren heutigen Maßstäben geistig behindert, etwa 20 wiesen keine Behinderung auf (Selbmann 1982, 37f). Die Beobachtungen, die Georgens bezüglich der Kinder anstellte und die Folgerungen, die er für das didaktische Vorgehen zog, waren für die damalige Zeit bemerkenswert. So stellte er fest, dass im Unterschied zur Gesundenerziehung, heilpädagogische Maßnahmen individualisierend vorgehen müssten. Weiterhin betonte er auch die positiven Wirkungen des Umgangs der „Idioten" mit den „gesunden Kindern" für den Heilungsprozess (Gstach 2008, 143).

Aufgrund wirtschaftlicher Schwierigkeiten musste Schloss Liesing, in dem die Levana untergebracht war, geräumt werden. In bescheidenerem Rahmen konnte die Einrichtung aber noch einige Jahre weiterexistieren, bis sie schließlich im Jahre 1865 nicht mehr finanzierbar war und geschlossen wurde. Georgens und seine Frau verließen danach Österreich und starteten an den verschiedensten Orten des späteren Deutschen Reichs unterschiedlichste Initiativen, die nur von vorübergehender Dauer waren. So gründeten sie Kindergärten, bemühten sich um die Einrichtung von Schulmuseen und setzten sich in Vorträgen für Arbeitsunterricht und die Einrichtung von Schulgärten in Volksschulen ein.

Walter Bachmann hat 1979 mit der Neuausgabe des ersten Bandes der „Heilpädagogik“ von Georgens und Deinhardt das Werk wieder in die Diskussionszusammenhänge der Sonderpädagogik gebracht und das Werk der beiden Pädagogen gewürdigt. Insbesondere das Lebenswerk von Jan Daniel Georgens vergleicht er mit demjenigen anderer bekannter Klassiker aus der Geschichte der Pädagogik. So schreibt er über Georgens: „Denn im Gegensatz zu Rousseau war er der in der praktischen Schularbeit erfahrene Pädagoge und im Gegensatz zu Fröbel und Pestalozzi der kritisch denkende Naturwissenschaftler und Mediziner mit fundierten anthropologischen Kenntnissen“ (Bachmann 1979, 13). Im Unterschied zur Verwurzelung in religiösen Gedanken bei Pestalozzi und Fröbel sieht Bachmann Georgens’ Wirken getragen von realistischeren und humanistischen, religiös ungebundenen, Ideen. Der Zögling soll lernen, sich in der Umwelt zu orientieren. Seine Grundidee besteht in der einheitlichen Erziehung des Kindes von der Geburt an bis zur Berufsausbildung, wobei Menschen mit Behinderung mit eingeschlossen sein sollen. In seiner Einrichtung begleiten und ergänzen sich pädagogische und medizinische Behandlung. Mit seinen Ideen zur Koedukation und einer einheitlichen Schule für alle, auch von Kindern mit und ohne Behinderung, war er seiner Zeit weit voraus und viele seiner Ideen wirken (abgesehen von deren zeitbedingter sprachlicher Präsentation) noch heute aktuell.

Die Betonung auf Georgens’ Anteil am gemeinsamen Entwurf einer Heilpädagogik bei Bachmann wird durch neuere Quellenforschung teilweise in Frage gestellt. Christian Stöger sieht Deinhardt eher als den Ideenschöpfer im gemeinsamen Entwurf der Heilpädagogik und Georgens stärker als deren Vermarkter (Stöger 2011). Das ausgehende 19. und das erste Drittel des 20. Jahrhunderts waren Zeiten eines kontinuierlichen Ausbaus heilpädagogischer Einrichtungen und der fachlichen Entwicklung. Wie bereits im programmatischen Werk von Georgens und Deinhardt angelegt, bewegte sich Heilpädagogik in dieser ganzen Zeit zwischen pädagogischem und medizinischem Zugang, wobei die Gewichte bei verschiedenen Projekten recht unterschiedlich waren. Auch wo die pädagogische Perspektive dominierte, waren es nicht selten Mediziner, die Anstöße zu neuen Entwicklungen gaben. Es gab aber auch medizinische institutionelle Strukturen, insbesondere der Psychiatrie, die der Entwicklung der Pädagogik nicht zuträglich waren.

Der Blick auf die Entstehung der deutschsprachigen Heilpädagogik muss auch die Hilfsschule im Blick haben. Sie hatte ihren Ursprung in zwei unterschiedlichen institutionellen Zusammenhängen: Einerseits ging sie aus der bereits etablierten Heilpädagogik der sogenannten Idiotenanstalten hervor, andererseits war sie ein Produkt der sich durchsetzenden Schulpflicht, die zu Problemen mit der Heterogenität der Schülerschaft in übervollen Schulklassen führte (Ellger-Rüttgardt 2008, 152). So wurden erste Nachhilfeklassen und schließlich selbständige Schulen im letzten Drittel des 19. Jahrhunderts sowohl mit der Hilfe für „geistesschwache Schüler", als auch mit der Entlastungsfunktion für die Volksschule, legitimiert.
Wo Schulen installiert waren, wie im Bereich der Sinnesschädigungen oder auch bei den Hilfsschulen, war der heilpädagogische Bereich von pädagogischen Zielsetzungen im engeren Sinne geprägt. Anders gestaltete sich die Situation im Bereich der Anstalten, insbesondere für geistig behinderte Menschen, in denen Pflege und Verwahrung gegenüber pädagogischen Zielsetzungen dominierten. Auch wenn bereits um die Mitte des 19. Jahrhunderts nicht nur im deutschsprachigen Raum erfolgreiche pädagogische Modelle praktiziert wurden und nicht selten Mediziner als Pioniere der Pädagogik mit bahnbrechenden Entwürfen in Erscheinung traten, änderte dies nichts daran, dass medizinisch geführte Einrichtungen im deutschsprachigen Raum im ersten Drittel des 20. Jahrhunderts insgesamt wenig zur Entwicklung der Heilpädagogik beitrugen.

1.3 Die NS-Zeit als Entwicklungsbruch

Das dunkelste Kapitel in der Geschichte der Betreuung von Menschen mit Behinderung, gerade was die Rolle von Medizinern anbetrifft, ist das Dritte Reich und der Massenmord ab Anfang der 1940er Jahre. Die Entwicklung bahnte sich aber schon lange vorher an. Selbst in reformerisch-programmatischen pädagogisch wirksamen Schriften, wie dem bereits im Jahre 1900 erstmals erschienenen Buch „Das Jahrhundert des Kindes" der Schwedin Ellen Key, wird vom eugenischen Standpunkt her zu pädagogischen Fragen argumentiert (Key 1992).
Eugenik bedeutet soviel wie „Erbhygiene". Ziel der Eugenik ist die Pflege des Erbguts und die Vermeidung der Weitergabe von Schädigungen. Eugenisches Gedankengut war schon um 1900 weit verbreitet. Nicht selten wurde es auch in die Tradition von Darwins Lehre über die Entwicklung der Arten gestellt. Man hat hier auch den Begriff des Sozialdarwinismus geprägt, für den sich in Darwins Schriften durchaus Anhaltspunkte fanden, wenngleich die fatalen Auswirkungen der Interpretationen seiner Lehre von ihm nicht vorausgesehen werden konnten. Ende des 19. und zu Beginn des 20. Jahrhunderts gab es in vielen europäischen Staaten Theorien über starke und weniger lebensfähige Rassen. Es gab auch im ersten Drittel des 20. Jahrhunderts bereits eugenisches Gedankengut, in dem das

Lebensrecht von Menschen mit geistiger Behinderung in Frage gestellt wurde. Im Jahre 1920 erschien das Buch von Binding und Hoche mit dem Titel: „Die Freigabe der Vernichtung lebensunwerten Lebens“ (Binding/Hoche 1920). Beide Verfasser waren Universitätsprofessoren, Binding für Rechtswissenschaft in Leipzig, Hoche für Psychiatrie in Freiburg. Möckel, Adam und Adam (1999, 74) weisen auf den Bedeutungswandel der Begriffe als Vorboten der realen Gewalttaten hin: „Freigabe“ stand im Titel für Straffreiheit und „Vernichtung“ für Mord.

Eugenisches Gedankengut führte im NS-Staat schrittweise und schleichend zur Euthanasie. Bereits kurz nach der Machtergreifung der Nazis, nämlich am 14.7.1933, wurde das „Gesetz zur Verhütung erbkranken Nachwuchses“ beschlossen (Meyer 1983, 109). Es schrieb Zwangssterilisationen bei sogenannten Erbkrankheiten vor und führte darunter auch den „angeborenen Schwachsinn“ an (ebd.). Bereits 1934 wurden im Bereich der Sonderschullehrerverbände Stimmen laut, die die Aufgabe der Hilfsschule nicht nur in der Förderung schulschwacher Kinder sahen, sondern auch in der Pflege der Erbgesundheit. Die Hilfsschulen wuchsen in den nachfolgenden Jahren immer weiter in die Rolle des Datenzuträgers für staatliche rassenhygienische Maßnahmen hinein. 1937 wurde das „Referat für negative Schülerauslese und Sonderschulfragen im Rassenpolitischen Amt“ eingerichtet, um noch bestehende Widersprüche und Hemmnisse zu beseitigen (ebd., 110). Es wird vermutet, dass im 3. Reich rund 350.000 Zwangssterilisationen durchgeführt wurden, 200.000 davon sollen Insassen der Heil- und Pflegeanstalten betroffen haben (ebd.).

Die Umsetzung und ständige Ausweitung eugenischer Maßnahmen führte schließlich zur Euthanasie als groß angelegtem staatlichen Mordprogramm, das neben psychisch kranken, vor allem geistig behinderte Menschen traf. Dabei spielten die zumeist medizinisch, zuweilen aber auch kirchlich geleiteten Heil- und Pflegeanstalten eine sehr unrühmliche Rolle. Die große Zahl der Heimbewohner/innen wurde in ein fast generalstabsmäßig organisiertes Programm einbezogen.

Die wenigen Menschen mit geistiger Behinderung, die in ihren Familien wohnten, entgingen der Euthanasie. Den Großeinrichtungen, die auch heute noch bestehen, fiel es lange schwer, ihre Verantwortung im Vernichtungsprogramm der Nazis zuzugeben. Dabei sind an allen Orten weitgehend die gleichen Muster zu erkennen, die Ernst Klee mit seiner Aufarbeitung der Quellen erstmals 1983 beschrieben hat. Die nachfolgenden Ausführungen stellen Zusammenfassungen der detaillierten Aufarbeitungen (Klee 2001a) und der zugrundeliegenden Quellentexte (Klee 2001b) dar.

Die Euthanasiemaßnahmen begannen gegen Ende des Jahres 1939. Das geschehene Unrecht wurde erst gar nicht durch Gesetze zu legitimieren versucht. Wohl aber wurde eine staatliche Maschinerie aufgebaut, die nach festgelegten Regeln arbeitete. Das Programm erhielt den Namen „Aktion T4“, in Anlehnung an die Adresse des Leitungsstabes dieser Maßnahme, der in der Tiergartenstraße Nr. 4 in Berlin untergebracht war. Das Ziel bestand in der Beseitigung der Insassen der Heil- und Pfle-

geanstalten. Zu diesem Zweck wurden auch Eltern, deren Kinder zu Hause lebten, dazu überredet, sie in Heil- und Pflegeanstalten unterzubringen. Man argumentierte auch damit, dass dieses Umfeld den Bedürfnissen der Kinder eher gerecht würde. Den Anfang der „Aktion T4" machte eine Ermächtigung Hitlers, die auf den 1.9.1939, also den Tag des Kriegsbeginns, datiert wurde. Dieses symbolträchtige Datum sollte wohl einen Zusammenhang herstellen zwischen Menschen, die als äußere und innere Schädlinge der deutschen Volksgemeinschaft angesehen wurden. In dieser Ermächtigung wurde festgelegt, dass die Befugnisse einer Gruppe von Ärzten soweit erweitert werden konnten, dass sie in ihren Gutachten über das Weiterleben der Begutachteten entscheiden durften. Die Gutachter schauten dabei in der Regel die Krankenakten durch und entschieden nach Gutdünken, manchmal innerhalb weniger Tage über Hunderte von Menschen. Diese wurden dann aus ihren Wohnheimen in einige ausgewählte Heime verlegt, in denen sie ermordet wurden. Es handelte sich um insgesamt 6 Heime im ganzen Reich, die gezielt für die Tötung umgerüstet wurden. Sie hatten zumeist einen Tötungsraum in der Art einer Sammeldusche, aus dessen Duschköpfen Gas statt Wasser trat. Weiterhin gehörte ein Krematorium dazu und auch ein Standesamt, das die Totenscheine ausstellte. Eines dieser dergestalt umgerüsteten Heime war auf dem Mönchberg in Hadamar in Hessen; in Österreich war dies Schloss Hartheim bei Linz. An beiden Orten wurden, allerdings erst nach einer verzögerten und schmerzlichen Aufarbeitung der Institutionsgeschichte, Gedenkstätten eingerichtet.
Der Sinn der Verlegungen in diese Anstalten blieb den Mitarbeiter/innen nicht verborgen, doch selten regte sich Widerstand. Nach der Ermordung wurden den Angehörigen von beteiligten Ärzten Atteste über angebliche Todesursachen zugesandt. Die Häufung von Verlegungen in bestimmte andere Anstalten und die daran anschließenden Todesfälle führten zu einer Zunahme des Misstrauens und schließlich auch zu Protesten.
Durch die Zunahme der Proteste wurde die Aktion T4 im Jahre 1941 gestoppt und durch die sogenannte „wilde Euthanasie" abgelöst. Das bisher übliche formalisierte Verfahren mit Begutachtungen und festgelegten Verfahrensschritten wurde ersetzt durch ein Vorgehen, das Geheimhaltung und Verschleierung in den Vordergrund stellte und bei dem der bestehende Apparat zwar langsamer, aber doch nicht weniger wirksam arbeitete. Gleichzeitig änderten sich die Methoden. An die Stelle der Tötung mit Gas trat die Gabe einer hohen Dosis des Medikaments Luminal, das zum Koma und schließlich zum Tod durch Lungenentzündung führte, so dass diese natürliche Todesursache bescheinigt werden konnte. Im Jahre 1942 ging ein Erlass an die Anstalten, in welchem sie aufgefordert werden, ihre Insassen unterschiedlich zu verpflegen. In der Konsequenz führte dies dazu, dass viele Bewohner/innen mit schweren Behinderungen an Entkräftung starben oder schlichtweg verhungerten.
Mit zunehmender Dauer der Euthanasiemaßnahmen wurde der Kreis der Betroffenen schleichend ausgeweitet. Nach der Ermordung der bisherigen Heimbewohner/

innen suchte sich der geschaffene Apparat ab 1942 neue Aufgaben. Während anfangs psychisch schwer kranke Patient/innen und Menschen mit schweren geistigen und körperlichen Behinderungen gezielt selektiert wurden, kamen nach und nach immer mehr Gruppen dazu. Das Vorhandensein einer beschränkten Arbeitsfähigkeit oder Kriegsverletzungen als Ursachen von Behinderungen bedeuteten anfangs noch einen Schutz vor Euthanasie, der aber dann schleichend wegfiel. Schließlich bezog man Menschen mit ein, die aufgrund ihres Verhaltens in den Anstalten Schwierigkeiten machten, weiterhin verhaltensschwierige Fürsorgezöglinge, Menschen mit Traumatisierungen als Folge von Bombenangriffen und schwer Kriegsversehrte. Schließlich hatte man 1945 bereits an einzelnen Orten Menschen mit schlechten medizinischen Herz- und Lungenbefunden für Euthanasiemaßnahmen im Visier.

Die Geschichte der Euthanasie in Deutschland von 1920 bis 1945 zeigt, wie Gedanken von Wissenschaftlern in Kombination mit politischen Programmen einen institutionellen Apparat schufen, der seine Aufgaben immer weiter ausweitete. Es war eine Mordmaschinerie für die keinerlei ethische Maßstäbe mehr galten.

Nur wenige Menschen mit geistiger Behinderung, die außerhalb ihrer Familien wohnten, überlebten das Dritte Reich. Die beteiligten Ärzte wurden nur in wenigen Fällen nach Kriegsende zur Rechenschaft gezogen. Anfangs gefällte Todesurteile wurden nicht vollstreckt und in Haftstrafen umgewandelt, die dann nur zu einem Teil verbüßt wurden. Viele beteiligte Ärzte gelangten in den 1950er Jahren wieder in Amt und Würden. Eine wissenschaftliche Aufarbeitung des Euthanasiegeschehens fand in Deutschland jahrzehntelang nicht statt. Erst mit Ernst Klees Studie im Jahre 1983, die eine weite Verbreitung in der Öffentlichkeit fand, setzte ein Diskussionsprozess ein, der verschiedene Einzelfallstudien initiierte, wie z.B. die Arbeit von Müller und Siemen (1991) zu einer Pflegeanstalt in Trägerschaft der evangelischen Kirche.

Erschütternd war oft der Nachweis, dass die Heime nur wenig oder nichts zur Rettung ihrer Zöglinge unternommen hatten. Es zeigte sich auch, dass Ärzte oder Pfleger/innen in Einrichtungen in der Regel keine Nachteile befürchten mussten, wenn sie sich den Euthanasiemaßnahmen verweigerten. Umso bedrückender ist es zu sehen, dass sie es nicht taten. Gerade von jungen Ärzten wird berichtet, dass sie sich freiwillig für die Mitwirkung an diesen Programmen meldeten, mehr sogar als für die Durchführung benötigt wurden. Viele heute noch bestehende staatliche und kirchliche Einrichtungen mussten mit der Aufarbeitung der Akten aus ihren Archiven ihr eigenes gekittetes Geschichtsbild revidieren.

Beim Blick der Sonderpädagog/innen auf das Dritte Reich steht immer wieder der Mord an behinderten Heimbewohner/innen im Vordergrund. Es gibt aber auch aus der Hilfsschule von denkwürdigen Veränderungen zu berichten. Eugenisches Gedankengut war in Publikationen der überwiegend konservativ orientierten deutschen Hilfsschullehrerschaft bereits vor dem Machtantritt des NS-Regimes zu finden (Ellger-Rüttgardt 1998, 68). Viele der Hilfsschullehrer/innen passten sich, ebenso wie andere Lehrer/innengruppen, relativ schnell den neuen Verhältnissen an und fanden ihre Rolle in der Unterstützung des Staates. Die breite Mitwirkung bei der Umsetzung der eugenischen Ideen des NS-Staates wurde von der Sonderschullehrerschaft aus freien Stücken geleistet (Brill 2011, 8).

Eine ihrer Hauptaufgaben wurde in der Unterstützung des Staates in erb- und rassepflegerischen Maßnahmen gesehen (Myschker 1983, 156). So wurde die Hilfsschule in das Selektionsprogramm der Nazis mit einbezogen (Brill 2011, 226-277). Ohne ihre Zuträgerdienste wären die Zwangssterilisierungsmaßnahmen des NS-Staates, die von 1933 bis 1945 Hunderttausende von Menschen betrafen, nicht in diesem Umfang denkbar gewesen.

Dagmar Hänsel sieht die NS-Zeit als Gewinn für die Sonderschullehrerschaft, die sich zum einen in der Ausdehnung der Hilfsschule wie auch in der Grundlegung einer gemeinsamen Sonderschullehrer/innenausbildung festmachen lässt (Hänsel 2006). Die 1941 in Hamburg, München und Halle fixierten Ausbildungsordnungen für Hilfsschullehrer/innen waren nicht mit hauptamtlichem Personal ausgestattet und wurden ohne eigene Institute von Sonderschullehrkräften nebenamtlich durchgeführt. Trotzdem wirkten sie strukturbildend für die Zeit nach 1945 und lieferten die Basis für eigenständige Hochschulstudiengänge in der 1950er Jahren (Hänsel 2014).

Als eine Hypothek aus dem Dritten Reich blieb in der Bundesrepublik Deutschland noch sehr lange der Begriff der „Bildungsunfähigkeit" aus dem Reichsschulpflichtgesetz von 1938 erhalten. Gemäß dieser gesetzlichen Bestimmung waren Kinder mit geistiger Behinderung auch nach dem Ende des Dritten Reiches nicht schulpflichtig.

1.4 Die Entstehung der akademischen Heilpädagogik

Während sich für Deutschland und Österreich erfolgreiche Entwicklungen der Heilpädagogik der 1920er Jahre nicht fortsetzen konnten, war die Schweiz das erste deutschsprachige Land, in dem sich eine akademische Heilpädagogik etablierte. 1931 wurde mit dem Lehrstuhl von Heinrich Hanselmann (1885-1960) Heilpädagogik erstmals im deutschsprachigen Raum als wissenschaftliches Fach an einer Universität etabliert. Hanselmanns Nachfolger Paul Moor (1899-1977) setzte diese Tradition fort. Im Unterschied zu Deutschland und Österreich konnte sich eine pädagogisch und psychologisch akzentuierte Heilpädagogik in der Schweiz bis heute bruchlos entwickeln.

Die vor allem in Wien vertretene österreichische akademische Heilpädagogik war im Unterschied zur Schweiz und Deutschland sehr stark medizinisch geprägt (Brezinka 1997). Wichtige Vertreter der österreichischen Heilpädagogik waren Theodor

Heller (1869-1938) und Hans Asperger (1906-1980). Asperger betrachtete Heilpädagogik als Angelegenheit der Pädiatrie und begründete das Fach ausschließlich aus medizinischen Grundlagen heraus. Gleichzeitig beeinflusste er schulisch und außerschulisch tätige Fachkräfte in hohem Maße. Sein Lehrbuch, das sich auch an Lehrer/innen und Fürsorger/innen wandte (Asperger 1968) ließ jeden Zusammenhang zu den damaligen und früheren pädagogischen Begründungen des Fachgebiets vermissen. Asperger prägte die österreichische Heilpädagogik nachhaltig über Jahrzehnte. Eine Verbindung der pädiatrischen und der pädagogischen Linie der Heilpädagogik gelang erst im Jahre 1981 mit der Gründung des Interfakultären Instituts für Sonder- und Heilpädagogik an der Universität Wien (Gerber/Schaukal/Reinelt 1987). Dieser im deutschsprachigen Raum einmalige Versuch, eine universitäre Heilpädagogik als gemeinsame Veranstaltung von Medizin und Pädagogik zu betreiben, scheiterte nicht nur an hochschuladministrativen Problemen, sondern auch an der Unterschiedlichkeit des fachlichen Zugangs. So wurde schließlich das Interfakultäre Institut als Arbeitsgruppe Sonder- und Heilpädagogik dem Institut für Erziehungswissenschaft (inzwischen Institut für Bildungswissenschaft) zugeordnet und damit hatte das Fach, wie zuvor in Deutschland, seine Verankerung in der Erziehungswissenschaft gefunden. Aufgrund des Fehlens einer universitären Sonderschullehrer/innenausbildung konnte sich Sonder- und Heilpädagogik in Österreich nur sehr begrenzt quantitativ weiter entwickeln.

Ganz anders war die Situation in Deutschland. Bereits in der Weimarer Republik gab es einen ersten Versuch, in München die Zusatzausbildung für Sonderschullehrer/innen an die Universitäten anzubinden, der aber nicht zur Etablierung eines entsprechenden Fachgebiets führte. Die erste deutschsprachige universitäre Sonderpädagog/innenausbildung, die nachhaltig Bestand haben sollte, begann im Wintersemester 1947 an der Humboldt-Universität in Berlin in der damaligen Sowjetischen Besatzungszone (Becker/Große 2007). In der Bundesrepublik Deutschland wurde in den 1960er und 1970er Jahren die Sonderschullehrer/innenausbildung an den damaligen Pädagogischen Hochschulen breit ausgebaut und schließlich mit der Eingliederung der Pädagogischen Hochschulen in die Universitäten integriert. Dies hatte in der Bundesrepublik Deutschland zur Folge, dass Sonderpädagogik mit einer ganzen Anzahl von Lehrstühlen und entsprechenden Forschungskapazitäten vertreten war.

In die Zeit des Ausbaus des Fachgebietes in den 1960er Jahren fiel in Deutschland auch eine begriffliche Unterscheidung zwischen „Sonderpädagogik" für den schulischen und „Heilpädagogik" für den außerschulischen Bereich. Diese sachlich nicht gerechtfertigte und von einer Anzahl Wissenschaftler/innen nicht geteilte Begriffstrennung wurde erst in den letzten Jahren teilweise überwunden. In Österreich und der Schweiz konnte sie sich nie durchsetzen.

Verbunden mit dem Ausbau der universitären Sonderpädagogik in Deutschland war auch eine kategoriale Ausdifferenzierung. So gab es eigene Lehrstühle für Ge-

hörlosen- und Schwerhörigenpädagogik, Blinden- und Sehbehindertenpädagogik, Körperbehindertenpädagogik, Geistigbehindertenpädagogik, Lernbehindertenpädagogik, Verhaltensgestörtenpädagogik und Sprachheilpädagogik. Das Raster, an dem sich diese Unterteilung orientierte, war das Sonderschulwesen mit seinen Ausdifferenzierungen. Jede dieser Pädagogiken begann als Pädagogik für den jeweiligen Sonderschultyp. In den 1980er Jahren wurde im Zuge des Ausbaus der Diplomstudiengänge für Sonderpädagog/innen in außerschulischen Feldern das Aufgabenfeld der Fachrichtungen zunehmend auch im Bereich der lebenslangen Entwicklung gesehen.
Das Schulsystem der DDR plante bereits seit Anfang der 1950er Jahre eine Untergliederung in 9 verschiedene Sonderschularten, die trotz semantischer Unterschiede überwiegend den westdeutschen Unterteilungen entsprachen (Bleidick/Ellger-Rüttgardt 2008, 199). Eine Sonderschule für Kinder mit Verhaltensstörungen war allerdings nicht eigens ausgewiesen. Mit der „Sonderschule für bildungsfähige schwachsinnige Kinder und Jugendliche“ wurde gleichzeitig aber auch die Abgrenzung zu denjenigen Schüler/innen generiert, die wegen fehlender Bildungsfähigkeit nicht mehr zu den Adressaten des Schulsystems gehörten und dem Gesundheitswesen zur Betreuung zugewiesen waren. Die politische Wende brachte ab 1990 die gleiche Differenzierung wie in Westdeutschland und die Sonderpädagogik etablierte sich an den ostdeutschen Universitäten mit den gleichen Fachrichtungen wie im Westen. Gleichzeitig wurden auch Kinder mit geistiger Behinderung schulpflichtig und die entsprechenden Schulen wurden aufgebaut oder bestehende Betreuungseinrichtungen zu Schulen weiterentwickelt.
Beginnend mit den 1980er Jahren ist die inhaltliche Ausrichtung der Sonderpädagogik in der Bundesrepublik Deutschland von einem grundlegenden Wandel geprägt. Hans Eberwein hat den Übergang vom „sonderpädagogischen“ zum „integrationspädagogischen“ Ansatz als einen „Paradigmenwechsel“ bezeichnet (Eberwein 1995). Die Integration von Menschen mit Behinderungen ändert nicht nur das System professioneller Hilfen, sondern hat weit reichende Auswirkungen auf die Entwicklung der Heilpädagogik als Wissenschaftsfach.

1.5 Die verschiedenen Fachbezeichnungen und die Frage nach der disziplinären Identität

Nach wie vor gibt es mehrere alternative Bezeichnungen für das Fachgebiet. Häufig werden sie synonym verwendet und es gibt jeweils gute Gründe für oder gegen die jeweiligen Begriffe. Unabhängig von den jeweiligen begrifflichen Präferenzen besteht die Notwendigkeit der Verortung innerhalb der Pädagogik als Kerndisziplin mit den dort üblichen Fragen nach Zielen, Normen oder Methoden (Kobi 2004). Es steht mittlerweile zumeist nicht mehr in Frage, dass Heilpädagogik ein Teil der

Pädagogik ist. Aber auch in dieser „Mutterdisziplin“ unterliegen Begriffe einem Wandel. In den 1960er und den 1970er Jahren wurde der Begriff „Pädagogik“ im universitären Bereich vom Begriff „Erziehungswissenschaft“ verdrängt. Verbunden war diese Zeit mit einer verstärkten Hinwendung zu empirischer Forschung und der damit einhergehenden deutlicheren Unterscheidung zwischen pädagogischen Handlungslehren und wissenschaftlicher Forschung. Gegenwärtig ist aber auch hier eine Veränderung zu erkennen. Zunehmend wird der Begriff „Erziehungswissenschaft“ durch „Bildungswissenschaft“ ersetzt. Die Gründe hierfür können hier nicht im Einzelnen erörtert werden. Neben der bereits längst vollzogenen Erweiterung der Aufgabenstellungen des Fachgebiets auf alle Lebensalter (Erwachsene werden nicht mehr erzogen!) ist möglicherweise auch die sich wandelnde Reputation von Begriffen im öffentlichen Raum von Bedeutung. Nicht in jedem Fall drücken neue Begriffe ausschließlich inhaltliche Veränderungen innerhalb eines Fachgebietes aus.

Bei der Karriere des Begriffs *Heilpädagogik* haben Fragen der fachlichen Reputation vermutlich auch mit eine Rolle gespielt. Mit „Heilpädagogik“ kann auch Heilen assoziiert werden, womit Pädagogik in die Nähe der Medizin gerückt wird. Indem Heilpädagogik den Erziehungsprozess in die Nähe des Heilens im medizinischen Sinne stellt, färbt das Renommee der medizinischen Profession ab. Die Suche der Nähe zur Medizin durch Pädagog/innen des ausgehenden 19. und frühen 20. Jahrhunderts deckte sich dabei mit den Vorstellungen verschiedener medizinischer Vertreter, die Heilpädagogik als eine medizinische oder zumindest von der Medizin angeleitete Tätigkeit betrachteten.

Alternativ dazu stand eine pädagogische Tradition von Heilpädagogik. Für Georgens und Deinhardt war in ihrem Grundlagenwerk des Jahres 1861 (Georgens/Deinhardt 1979) die pädagogische Verortung ebenso leitend wie für Hanselmanns Begründung als universitäre Disziplin (Hanselmann 1966). Auch der Ansatz einer „ökologisch reflexiven“ Heilpädagogik verortet Heilpädagogik ausschließlich im Bereich der Pädagogik (Speck 2003b).

Die Entscheidung für den Begriff Heilpädagogik sollte aber nicht alleine aus seiner geschichtlichen Kontinuität begründet werden. Als wissenschaftliche Disziplin muss das Fach sich in einem Diskussionsprozess auch Gegenargumenten stellen und die Entscheidung nach Abwägen des Für und Wider rational fällen. So macht es Sinn, die möglichen Alternativbegriffe zu diskutieren und sich für die sinnvollste der Optionen zu entscheiden. Verschiedene Begriffe stehen bereits seit Jahrzehnten nebeneinander, ohne dass eine deutliche Präferenz für einen derselben erkennbar wäre. Die Begriffsdiskussion ist daher schon alt und die Argumente wurden in fachlichen Diskursen bereits zur Genüge ausgetauscht. Einige der geläufigen Argumentationen sollen nachfolgend genannt werden.

Heilpädagogik ist die älteste Bezeichnung des Fachgebiets im deutschsprachigen Raum. In Österreich und der Schweiz dominiert bis heute weiterhin der Begriff

Heilpädagogik, bezogen sowohl auf schulische wie außerschulische Handlungsfelder. Die Ersetzung eines eingeführten Begriffs in der Wissenschaft durch einen neuen sollte begründet sein. Mit dem Auftauchen alternativer Begriffe wurden die erforderlichen Argumente nicht immer genannt oder blieben durch synonyme Begriffsverwendungen unhinterfragt. Dies stellt in der Retrospektive die Frage nach historisch gewordenen unterschiedlichen inhaltlichen Zugängen und veränderten Perspektiven.

Heilpädagogik als Bezeichnung des Fachgebiets wurde von Bleidick (1972) einer sehr ausführlichen Kritik unterzogen, die sich neben den medizinischen auch theologischen Ursprüngen zuwandte. Für die von Bleidick unterstützte empirische wie erziehungswissenschaftliche Fundierung waren beide Zugänge ungeeignet. Eine Abkehr vom Begriff der Heilpädagogik beinhaltete nach diesem Verständnis auch eine Abwendung von medizinischen wie theologischen Verortungen und eine Hinwendung zu säkularen Begründungen von Zielen und Aufgaben wie zur empirisch ausgerichteten erziehungswissenschaftlichen Forschung.

Sonderpädagogik ist der vermutlich gegenwärtig am häufigsten verwendete Begriff. Heinrich Hanselmann benutzte an verschiedenen Stellen seiner Werke bereits seit den 1940er Jahren den Begriff Sondererziehung, obwohl Heilpädagogik für ihn nach wie vor der dominante Begriff war (Hanselmann 1966). Durchsetzen konnte sich der Begriff „Sonderpädagogik" ab den 1960er Jahren. Sonderpädagogik wurde hier zumeist als Sonder*schul*pädagogik verstanden und ging mit dem Ausbau des Sonderschulwesens in den deutschsprachigen Ländern einher. Die gleichzeitige Etablierung und der quantitative Ausbau der Sonderschullehrer/innenausbildung an den Pädagogischen Hochschulen und Universitäten sowie die gleichzeitige Verwendung des Begriffs in den Dokumenten der Bildungspolitik und Schuladministration etablierten ihn endgültig als Leitbegriff im öffentlichen Sprachgebrauch.

Dieser Entstehungskontext ließ den Begriff in den vergangenen Jahren eher obsolet werden. Sonderpädagogik war die fachliche Bezeichnung desjenigen Fachgebiets, das sich schwerpunktmäßig mit Sonderschulen beschäftigte. Mit der Entstehung integrativer Schulmodelle stellte sich schnell die Frage nach der Bezeichnung derjenigen pädagogischen Subdisziplin, die Forschung und Reflexion in diesem Feld anleiten könnte. Sonderpädagogik schien als Begriff hier eher unpassend, wenn auch viele der Forscher/innen im Bereich schulischer Integration von ihrer Zuordnung her Vertreter des universitären Fachs Sonderpädagogik waren. Der Verweis auf Sondereinrichtungen, die dem Partizipationsgedanken entgegen laufen können, ist eine heute häufig geäußerte Kritik am Begriff der Sonderpädagogik („Ab*sonder*ungspädagogik"). Mit der Erweiterung des Aufgabenbereichs der universitären Sonderpädagogik über den schulischen Bereich hinaus auf alle Lebensalter, die einher ging mit dem Ausbau universitärer Diplom-Studiengänge und später auch Bachelor- und Masterstudiengänge ohne Lehramtsbezug, wurde die naheliegende Bezugnahme zum Sonderschulwesen doppelt problematisch.

Der semantische Gehalt von Sonderpädagogik lässt eine Bezugnahme zum Sonderschulwesen und damit eine negative Konnotation aber keineswegs zwingend erscheinen. So kann mit dem Begriff Sonderpädagogik auch das Besondere eines Menschen oder die besondere Aufmerksamkeit (im positiven Sinne) gegenüber einem Menschen betont werden. Ebenfalls wäre Sonderpädagogik im Sinne einer herausragenden Pädagogik denkbar wie auch begründbar. Dergleichen Argumente begleiten die Begriffsdiskussion im deutschsprachigen Raum aber keineswegs, so dass kritische Argumente überwiegen und den Begriff aktuell eher als fragwürdige Bezeichnung gelten lassen.

Neben Heil- oder Sonderpädagogik ist auch der Ausdruck *Behindertenpädagogik* gegenwärtig verbreitet. Es handelt sich um einen Begriff der 1970er Jahre, der sich aber parallel zu Heilpädagogik und Sonderpädagogik bis heute gehalten hat. Wegweisend für seine Verbreitung war Ulrich Bleidicks Buch „Pädagogik der Behinderten" (Bleidick 1972). Kennzeichnend für diese Entwicklung war der Versuch, einen gemeinsamen Begriff als verbindende Kategorie für die bisher sehr verschieden titulierten Adressat/innen der Heil- und Sonderpädagogik zu finden. Im Phänomen der Behinderung glaubten verschiedene Autor/innen damals dieses verbindende Konzept gefunden zu haben. So hielten selbst problematische Wortschöpfungen wie „Verhaltensbehinderung" Eingang in Studienpläne für das Lehramtsstudium. Aber auch der Begriff der „Lernbehinderung" wurde zum Objekt ernstzunehmender Kritik und wurde von nicht wenigen Fachvertreter/innen gar nicht verwendet. Heute fällt die sehr unterschiedliche Begründung für die Verwendung von „Behindertenpädagogik" auf. Etabliert hat er sich auch als Leitbegriff materialistisch orientierter Zugänge zum Handlungs- und Forschungsfeld etwa bei Wolfgang Jantzen oder Georg Feuser (Jantzen 1987; Jantzen 1990).

Mit *Rehabilitationspädagogik* gab es in Deutschland eine weitere Bezeichnung für das Fachgebiet, die anfangs begrenzt war auf Ostdeutschland (Becker/Autorenkollektiv 1979). Nach dem Ende der DDR wurde der Begriff an mehreren ostdeutschen Universitäten beibehalten, so an der Humboldt-Universität in Berlin und den Universitäten in Halle und Magdeburg. Die Orientierung der Rehabilitationspädagogik in der DDR an der sowjetischen Defektologie wie auch die in allen erziehungswissenschaftlichen Bereichen übliche politische Rhetorik ließen nach der Wende den Blick auf positive Leistungen der dortigen Wissenschaftler/innen gar nicht erst entstehen. Die Studienstätten wurden in kurzer Zeit „abgewickelt" und mit neu berufenem Personal überwiegend aus dem Westen wieder aufgebaut. Erst in den letzten Jahren entsteht langsam ein differenzierterer Blick auf die Rehabilitationspädagogik der DDR, der auch positive Ansätze zu würdigen sucht. Das in jahrelanger Forschung zwischen 1975 und 1989 erstellte rehabilitationspädagogische Wörterbuch für deutsche, englische, russische, ungarische, bulgarische und tschechische Fachtermini wurde erst viele Jahre später der Fachöffentlichkeit zugänglich gemacht (Becker 2005). Auch Ansätze der Studienstruktur wie z.B. ein rehabilita-

tionspädagogisches Studium für Vorschulerzieher/innen an der Humboldt-Universität, das vom Wissenschaftsrat in kürzester Zeit negativ bewertet und abgeschafft wurde, lässt in der Retrospektive durchaus positive Aspekte erkennen.
Der alte Begriff der Rehabilitationspädagogik erhielt nach der Wende Bezugnahmen auf andere theoretische Grundlagen, wie z.B. den Rehabilitationsbegriff der UNO und/oder die ICF der WHO (siehe nachfolgendes Kapitel dieses Buches). Der Gegenstand wurde ausgeweitet und der Perspektive lebenslanger Entwicklung angepasst (Baudisch/Schulze/Wüllenweber 2004). Wenn auch mit Rehabilitationspädagogik eher die Assoziation zur Tradition der ehemaligen DDR-Wissenschaft erfolgt, so trifft doch der deutlich weiter gefasste Begriff der Rehabilitationswissenschaften aktuelle Entwicklungen und Bedürfnislagen, indem pädagogische Sichtweisen um diejenigen verschiedener anderer Fachgebiete ergänzt werden. Rehabilitationswissenschaft ist als Begriff inzwischen auch in Westdeutschland gebräuchlich. Mit der Fakultät Rehabilitationswissenschaften der Technischen Universität Dortmund hat eine der größten Studienstätten für Fachkräfte im Bereich der Sonderpädagogik in Westdeutschland diesen Begriff aufgenommen und gleichzeitig der Vielfalt der über den schulischen Bereich hinausgehenden Professionalisierungsaufgaben damit einen Namen gegeben.
Wenn wir Rehabilitationspädagogik als begriffliche Alternative zu Sonder- oder Heilpädagogik diskutieren, ließe sich einwenden, dass Rehabilitation nicht unbedingt zu pädagogischen Aufgabenstellungen führen muss. Der Rehabilitationsbegriff ist aber weltweit für verschiedene Fachgebiete definiert und kann insbesondere als Rehabilitationswissenschaft vielfältige Zugänge öffnen.
Heilpädagogik, Sonderpädagogik, Behindertenpädagogik und Rehabilitationspädagogik sind die häufigsten Fachbezeichnungen, aber sie decken nicht das gesamte Begriffsspektrum ab. Auf die restlichen sollte zumindest noch hingewiesen werden. So ist auch der Begriff der Orthopädagogik gelegentlich noch in Verwendung. An der Universität Leipzig nennt sich das Fach gar Förderpädagogik in Anlehnung an den in Kontexten der Schulverwaltung häufig gebräuchlichen, aber bildungswissenschaftlich problematischen Begriff der Förderung. Auch wenn dem Begriff keine negative Konnotation anhaftet, so mangelt es ihm an pädagogischem Gehalt. Die Begriffsneuschöpfung Förderpädagogik hat sich im Fachgebiet nicht durchsetzen können. Pädagogik bei sonderpädagogischem Förderbedarf ist eine weitere neue gelegentlich verwendete Bezeichnung, die sich ebenfalls eher am Sprachgebrauch der Bildungsverwaltung als an dem der Bildungswissenschaft orientiert. Auch der Begriff „Spezielle Pädagogik“ findet sich vereinzelt. Für ihn spricht, dass er eine wörtliche Übersetzung des englischen Begriffs „special education“ darstellt. Dagegen steht die fehlende Begriffstradition im Deutschen und die damit verbundene unzulängliche Aussagekraft.
Leser/innen dieses Buches werden unterschiedliche begriffliche Präferenzen entwickeln. Die Präferenz des Autors für den Begriff der Heilpädagogik ist bereits dem

Titel dieses Buches zu entnehmen. Sie ist mehreren Aspekten geschuldet. Als älteste bereits im 19. Jahrhundert von Georgens und Deinhardt gewählte Bezeichnung war Heilpädagogik im Kontext einer Pädagogik entstanden, welche die Erziehung von Kindern mit Behinderungen im Kontext einer allgemeinen Pädagogik anging. Es war eine fortschrittliche Pädagogik, die sich nicht nur für koedukative Erziehungsformen aussprach, sondern die erst Generationen später aktuell werdende integrative Ausrichtung in vielen ihrer Überlegungen vorweg nahm und ihrer Zeit damit weit voraus war.

Die in diesem Kapitel vorgestellten verschiedenen Bezeichnungen des Fachgebiets sind nicht deckungsgleich, wenngleich sie nicht selten synonym verwendet werden. Auf die Begriffe Integrationspädagogik und Inklusive Pädagogik möchte ich hier nicht eingehen, da sie durchaus mit einem deutlichen Perspektivenwechsel einhergehen und hierzu Überlegungen in späteren Kapiteln dieses Buches einbezogen werden sollten.

Vorschlag zur vertiefenden Lektüre:

Das Buch von Ernst Klee zur Euthanasie im NS-Staat (Klee 2001a) und der zugehörige Dokumentationsband (Klee 2001b) sensibilisieren in besonderer Weise für Vorgänge der jüngeren Geschichte. Ohne deren Kenntnis lässt sich die Situation behinderter Menschen in der heutigen Zeit kaum einordnen und die Tragweite verschiedener aktueller ethischer Diskurse in Deutschland wie in Österreich kaum verstehen. Auch wenn es sich hier nicht um eine Geschichte der Pädagogik bei Behinderungen handelt, wird sich kaum jemand der Dramatik der hier dargestellten geschichtlichen Ereignisse entziehen können. Die pädagogische Dimension erschließt sich in besonderem Maße in der Kombination mit der Lektüre der entsprechenden Kapitel der Quellentexte (Möckel/Adam/Adam 1999; Lindmeier/Lindmeier 2002; Bleidick 1999).

Arbeitsaufgabe und Anregung zur Diskussion:

Welchen Zugang zum jeweiligen Adressatenkreis drücken die Begriffe Heilpädagogik, Sonderpädagogik, Behindertenpädagogik, Rehabilitationspädagogik und Förderpädagogik aus? Welchen der Begriffe würden Sie zur Bezeichnung des Fachgebiets favorisieren? Begründen Sie Ihre Antwort mit Blick auf die Geschichte des Fachgebiets und anstehende Aufgaben!

2 Kategorisierungen und Klassifizierungen

Worum es geht...

Das Kapitel befasst sich mit den Adressat/innengruppen der Heilpädagogik und Inklusiven Pädagogik. Es beschreibt die Kategorisierungen, die eine sonderschulorientierte Pädagogik vorgenommen hat und aktuelle Diskussionen über neue Formen der Klassifizierung. Als für die weitere Entwicklung bedeutsames Dokument wird die ICF der WHO aus dem Jahre 2001 ausführlich dargestellt, die von der Zuschreibung von Behinderungskategorien abrückt und stattdessen somatische Schädigungen, Handlungseinschränkungen und Teilhabebeschränkungen an Lebensbereichen in ihrem wechselseitigen Zusammenwirken klassifiziert.

Die Zuschreibung einer Behinderung kann sehr Unterschiedliches bedeuten. Es kann sich um eine simple Beschreibung, aber auch um Klassifizierungen auf der Basis von Theoriemodellen mit nachfolgenden differenzierten Messverfahren handeln (Altman 2001, 97).

Bei Klassifizierung und Kategorisierung, Begriffen, die zumeist synonym verwendet werden, geht es um die Zuordnung von Konzepten zu Merkmalen und Merkmalsgruppen. Die Bezugsgruppen der Heilpädagogik und Inklusiven Pädagogik erfahren Klassifizierungen in unterschiedlichen institutionellen Bereichen wie Rechts-, Sozial-, Bildungs- und Gesundheitswesen, aber auch auf dem Arbeitsmarkt. In allen diesen Bereichen erfolgt eine Begriffswahl, die sich von der Zielsetzung der jeweiligen Institution und der Stellung der dort kategorisierten Menschen bestimmt (Fujiura/Rutkowski-Kmitta 2001).

Der Kreis der Adressat/innen heilpädagogischer Bemühungen wird unterschiedlich weit gefasst. Urs Haeberlin (1996) betrachtet Heilpädagogik als Pädagogik für Ausgegrenzte und Benachteiligte. Mit einer solch breit angelegten Bestimmung der Bezugsgruppe ist eine quantitative Begrenzung nur schwer möglich. Andere Fachvertreter fokussieren auf das Phänomen der Behinderung, womit der Personenkreis deutlich kleiner wird. Aber auch für die Gruppe der als behindert klassifizierten Menschen werden im internationalen Vergleich sehr unterschiedliche Quoten an der Gesamtbevölkerung genannt. Die unterschiedlich weite Fassung des Personenkreises durch Wissenschaftsvertreter/innen spiegelt sich auch in internationalen Statistiken wider, in denen die Quote bezogen auf das Kindesalter zwischen weniger als 1% und mehr als 20% variiert (OECD/CERI 2005). Zahlen können aber auch innerhalb eines Landes in den verschiedenen Quellen weit von einander abweichen, je nachdem welche Indikatoren in die Definition von Behinderung mit eingehen.

Nicht nur die Zahlenangaben sind vage, auch die Begriffe an sich sind fragwürdig. Wenn wir eine Eingrenzung auf das Phänomen der Behinderung voraussetzen, so stellt sich immer noch das Problem, dass nicht allen Adressat/innen der Heilpädagogik eine Behinderung zugeschrieben werden kann. Dies hat in den vergangenen Jahrzehnten zu neuen Entwicklungen mit veränderten Termini geführt. Dieser Prozess ist nicht abgeschlossen.

Vermeintliche Klarheiten sind verschwunden und wurden noch von keinem neuen konsistenten Begriffssystem abgelöst. Dafür sind latent vorhandene Problemlagen deutlich schärfer in den Blick geraten. Das nachfolgende Kapitel möchte diese Entwicklungen mitsamt der vorhandenen alten und neuen Klassifikationssysteme vorstellen, ein Problembewusstsein für die jeweiligen Stärken und Schwächen schaffen und dabei gleichzeitig für die zahlreich vorhandenen offenen Fragen sensibilisieren. Bei den vorgestellten Klassifizierungen und Kategorisierungen handelt es sich um solche, die Relevanz für die Bildungs-, Gesundheits- und Sozialsysteme haben. Alle drei genannten fachlichen Zugänge sollen hier mit ihren Schwierigkeiten dargestellt werden, allerdings mit einem deutlichen Fokus auf dem Bildungssektor.

2.1 Medizinische Klassifikationen

Seit es Heilpädagogik gibt, versucht sie die Phänomene mit Begriffen zu benennen, die sich im Erziehungs- und Bildungsprozess als Problem darstellten und die somit pädagogische Handlungsstrategien nach sich ziehen sollten. Von der Mitte des 19. Jahrhunderts bis in die heutige Zeit spielten medizinische Sichtweisen für die Klassifizierung eine wichtige Rolle. Die Abwendung von der Medizin und Hinwendung zu einer pädagogischen Sicht war ein Prozess, der sich ab dem 19. Jahrhundert in Phasen vollzog. Das Verhältnis von Medizin und Pädagogik ist nach wie vor sowohl durch Nähe wie durch Abgrenzung bestimmt (Strachota 2002).

Medizinische Klassifizierungen spielen auch heute noch eine wichtige Rolle, wobei nicht selten der Anspruch bestand, über das medizinische Gebiet im engeren Sinne hinaus zu gehen. Zur Annäherung an die Problemlage möchte der Autor von Darstellungen der Kinder- und Jugendpsychiatrie ausgehen, die häufig ähnliche Personengruppen in den Blick nehmen wie die Heilpädagogik. Hierfür eignen sich einschlägige Lehrbücher der Kinder- und Jugendpsychiatrie (z.B. Remschmidt 2008) oder auch das weit verbreitete Lehrbuch zur geistigen Behinderung von Neuhäuser und Steinhausen (2003). Hier werden kinderpsychiatrisch relevante Störungen und Behinderungen anhand von Ursachen und Erscheinungsformen unterteilt. Beschreibungen spezifischer klinischer Syndrome umfassen in kinderpsychiatrischen Darstellungen einen erheblichen Teil der Ausführungen (z.B. Neuhäuser/Steinhausen 2003, 107-211). Die Liste möglicher Ursachen ist lang. So können Chromosomenabweichungen und Genmutationen, Stoffwechselstörungen, Schwangerschafteinwirkungen (z.B. durch Krankheiten, Giftstoffe, Alkohol, Medikamente oder

Strahlen), erbliche Schädigungen, Geburtskomplikationen (z.B. Sauerstoffmangel oder Gehirnquetschung), Frühgeburten, Veränderungen und Erkrankungen des Nervensystems, äußere Einwirkungen (etwa durch Verletzungen), aber auch soziale Faktoren als Ursachen von Störungen und Behinderungen identifiziert werden. Es gehören aber auch Störungsbilder hierzu, die anhand der Symptome klassifizierbar sind, bei denen eine Ursache nicht festgestellt wird, bzw. konkurrierende spekulative Theorien dazu existieren. Hierzu gehört z.B. der sogenannte „frühkindliche Autismus“ der immer wieder sehr gerne in der Literatur beschrieben wird, aber in der in klinischen Kontexten beschriebenen Form eher selten auftritt. Die Orientierung an Ursachen und Erscheinungsformen dominiert auch andere kinderpsychiatrische Darstellungen.

Das Studium medizinischer Akten von Kindern oder Erwachsenen mit Behinderung zeigt, welche Gefahren unser tägliches Leben bereit hält. So können Menschen mit durchschnittlichen oder überdurchschnittlichen Leistungen im Laufe ihres Lebens behindert werden. Es gibt Einwirkungen, die in allen Phasen der menschlichen Entwicklung Hirnschädigungen verursachen können, denken wir z.B. an Sauerstoffmangel oder die Einwirkung von Giftstoffen. Wir müssen uns vor Augen halten, dass jeder von uns im Laufe seines Lebens irgendwann einmal behindert werden kann, z.B. durch einen Haushaltsunfall, eine in fortgeschrittenem Alter auftretende progrediente Erkrankung des Nervensystems oder als Folge einer Hirnhautentzündung nach einem Zeckenstich.

Die internationale Klassifikation der Krankheiten (ICD-10)

Krankheiten werden weltweit mit der ICD klassifiziert, von der mittlerweile die 10. Version vorliegt. Für das Jahr 2018 plant die WHO die Herausgabe der ICD-11. ICD ist die Abkürzung für „International Classification of Deseases and Related Health Problems“, also die Internationale Klassifikation der Krankheiten und verwandter Gesundheitsprobleme. Hier ist alles verzeichnet, was als Krankheit oder gesundheitliches Problem angesehen werden kann. Ausgehend von Versuchen des späten 19. Jahrhunderts, Todesursachen systematisch zu benennen, hat sich ein zunehmend komplexeres System herausgebildet (DIMDI/Graubner 2006).

Die ICD existiert in verschieden ausführlichen Fassungen für verschiedene Anwender/innengruppen. Die ICD-10 umfasst insgesamt 22 Kapitel. Dazu gehören z.B. infektiöse und parasitäre Erkrankungen (Kapitel I) oder Krankheiten des Kreislaufsystems (Kapitel IX), eben alles was Mediziner/innen in ihrer diagnostischen Praxis feststellen können. Einige dieser Kapitel sind für die Heilpädagogik in besonderem Maße interessant. Hierzu zählen Kapitel V (Psychische und Verhaltensstörungen) und Kapitel XVII (Angeborene Fehlbildungen, Deformitäten und Chromosomenanomalien). Für die Klassifikationen jedes Kapitels steht vorne ein großer Buchstabe. Für Kapitel I ist das ein A, für Kapitel V ein F und für Kapitel XVII ein Q.

Wie wird in der ICD-10 klassifiziert und nach welchem System werden Buchstaben und Zahlen kombiniert?
Nehmen wir das Down-Syndrom als Beispiel. Durch die Kopplung von Kapitel und Buchstabenreihenfolge ist der Buchstabe Q zugeordnet. Das Down-Syndrom trägt die alphanumerischen Kennung Q90. Bei der ICD, wie auch bei den nachfolgenden medizinischen Klassifikationen, findet sich immer eine knappe Bezeichnung eines Merkmals in wenigen Worten (z.B. „Trisomie 21, meiotische Nondisjunction"). Davor steht ein Code aus Buchstabe und Zahl, der genau dieses Merkmal bezeichnet. Im genannten Beispiel lautet er „Q90.0" (Weltgesundheitsorganisation/Dilling u.a. 2005, 334).

Q90	**Down-Syndrom**
Q90.0	Trisomie 21, meiotische Nondisjunction
Q90.1	Trisomie 21, Mosaik (mitotische Nondisjunction)
Q90.2	Trisomie 21, Chromosomentranslokation
Q90.9	Down-Syndrom, nicht näher bezeichnet
Q91.-	**Edward-Syndrom und Patau-Syndrom**
Q93	**Monosomien und Deletionen von Autosomen, nicht andernorts klassifizierbar**
Q93.4	Deletion des kruzen Armees des Chromosomen 5 einschließlich: – Cri-du-chat-Syndrom
Q96.-	**Turner-Syndrom**

Abb. 2.1: Klassifikation von Chromosomenanomalien (aus: WHO/Dilling u.a. 2005, 334)

Die seltenere Mosaikform (nur ein Teil der Zellen weist das 21. Chromosom dreimal auf) hat die Kennung Q90.1, die Translokationsform (veränderte Platzierung des dritten 21. Chromosoms) hat den alphanumerischen Code Q90.2.
Das für uns ebenfalls relevante 5. Kapitel der ICD-10 besteht aus insgesamt 10 Unterteilungen, die überwiegend einem im weiteren Sinne psychiatrischen Kontext zuzuordnen sind. Für die Heilpädagogik besonders interessant sind die Abschnitte F7 (Intelligenzminderungen), F8 (Entwicklungsstörungen) und F9 (Verhaltens- und emotionale Störungen mit Beginn in der Kindheit und Jugend). Bei F7 wird unterschieden zwischen leichter, mittelgradiger, schwerer und schwerster Intelligenzminderung. In der deutschen Fassung der klinisch-diagnostischen Leitlinien zur ICD-10 sind selbst mittlerweile im öffentlichen Sprachgebrauch verpönte Begriffe wie schwerste Oligophrenie und Idiotie als dazugehörige Begriffe noch angeführt (WHO/Dilling u.a. 2005, 259).

F90	hyperkinetische Störungen	
	F90.0	einfache Aktivitäts- und Aufmerksamkeitsstörung
	F90.1	hyperkinetische Störung des Sozialverhaltens
	F90.8	sonstige hyperkinetische Störungen
	F90.9	nicht näher bezeichnete hyperkinetische Störung
F91	Störungen des Sozialverhaltens	
	F91.0	auf den familiären Rahmen beschränkte Störung des Sozialverhaltens
	F91.1	Störung des Sozialverhaltens bei fehlenden sozialen Bindungen
	F91.2	Störung des Sozialverhaltens bei vorhandenen sozialen Bindungen
	F91.3	Störung des Sozialverhaltens mit oppositionellem, aufsässigen Verhalten
	F91.8	sonstige Störungen des Sozialverhaltens
	F91.9	nicht näher bezeichnete Störung des Sozialverhaltens

Abb. 2.2: Klassifikation psychischer Störungen (aus: WHO/Dilling u.a. 2005, 291)

Speziell für den Gebrauch in kinderpsychiatrischen Verwendungsfeldern und damit für die Heilpädagogik nicht uninteressant sind die Klinisch-diagnostischen Leitlinien von Kapitel V. Unter „F90 hyperkinetische Störungen“ finden sich nähere Beschreibungen, die pädagogische Deutungen des Entwicklungsgeschehens nicht nur ergänzen, sondern mit den vorgelegten normativen Festlegungen zu pädagogischen Sichtweisen auch in Konkurrenz stehen können. Auf rund 3½ Seiten wird hier beschrieben was unter hyperkinetischen Störungen zu verstehen ist. Hierzu gehören ein früher Beginn in Kombination mit „überaktivem, wenig moduliertem Verhalten mit deutlicher Unaufmerksamkeit und Mangel bei Aufgabenstellungen“ (ebd., 293). Es folgen weitere konkrete Hinweise: das Verhalten werde bereits in den ersten 5 Lebensjahren beobachtet, mache sich über die gesamte Schulzeit bis zum Erwachsenenalter bemerkbar und führe zu Lernproblemen und zu Beziehungsstörungen mit Gleichaltrigen und Erwachsenen. Für die übrigen Störungen auf dieser Liste finden sich analoge diagnostische Hinweise.

DSM-5

DSM ist die Abkürzung für „Diagnostic and Statistical Manual of Mental Disorders“ (American Psychiatric Association 2013). Auf Deutsch bedeutet dies so viel wie „Diagnostisches und Statistisches Handbuch psychischer Störungen“. Die erste Fassung wurde im Jahre 1952 von der amerikanischen Psychiatrischen Vereinigung veröffentlicht. Unter dem Namen DSM-5 haben wir mittlerweile die 5. grundlegende Bearbeitung, wobei der Prozess ein fortlaufender ist und es immer wieder zu Veränderungen, aber auch zu Anpassungen an die Situation einzelner Länder kommt.

Obwohl die Klassifikation nicht von einer internationalen Organisation, sondern vom Fachverband der US-amerikanischen Psychiater herausgegeben wurde, ist sie weltweit im Gebrauch. Die Ursache liegt wohl auch darin, dass die US-amerikanische Psychiatrie gegenwärtig sehr stark die Positionen dieses Fachgebiets bestimmt. Ein weiterer Grund ergibt sich daraus, dass die diagnostischen Richtlinien noch um ein Vielfaches ausführlicher sind als die Auflistungen des 5. Kapitels der ICD-10. Die angestrebte Kompatibilität zur jeweils gültigen Version der ICD ist aber allenfalls mit einer zeitlichen Verzögerung möglich. Abbildung 2.3 enthält die numerischen Kodes der ICD in der linken Spalte mit den passenden Kodes des DSM-5 rechts daneben.

Attention-Deficit/Hyperactivity Disorder (59)

___._	(___._)	Attention-Deficit/Hyperactivity Disorder (59)
		Specify whether:
314.01	(F90.2)	Combined presentation
314.00	(F.90.0)	Predominantly inattentive presentation
314.01	(F90.1)	Predominantly hyparactive/impulsive presentation
		Specify if: In partial remission
		Specify current severety: Mild, Moderate, Severe
314.01	(F90.8)	Other Specified Attention-Deficit/Hyperactivity Disorder (65)
314.01	(F90.9)	Typus Unspecified Attention-Deficit/Hyperactivity Disorder (66)

Abb. 2.3: Klassifikation von der Störungen der Aufmerksamkeit, der Aktivität und des Sozialverhaltens (aus: American Psychiatric Associaton 2013, xiv)

Klassifizierungen nach dem DSM-5 erfolgen primär nach Defizit-, Störungs- und Krankheits-Merkmalsgruppen. Es finden sich Begriffe wie geistige Behinderung, die sich auch in der ICD finden. Darüber hinaus werden aber auch weitere klinisch-psychiatrische Zuschreibungen wie die Aufmerksamkeitsdefizit-/Hyperaktivitätsstörung sehr detailliert beschrieben, bezüglich deren Zuschreibung die klinisch-diagnostischen Leitlinien zu Kapitel V der ICD-10 eher zur Zurückhaltung animieren (Weltgesundheitsorganisation/Dilling u.a. 2005, 293).

2.2 Der Behinderungsbegriff in der Pädagogik

Der Begriff Behinderung hat sich im alltäglichen Sprachgebrauch durchgesetzt. Er wird zumeist in Zusammenhang gebracht mit Sinnesbeeinträchtigungen sowie körperlichen und kognitiven Beeinträchtigungen. Der Begriff „Behinderung" hat seine Wurzeln im Sozialrecht und spielte bis in die 1960er Jahre kaum eine Rolle in pädagogischen Kontexten.

Zwischen den einzelnen Fachgebieten und innerhalb von Fächern bestehen z.T. große Unterschiede im Verständnis von Behinderung. Sozialrechtliche (z.B. Grad der Erwerbsminderung), medizinische (z.B. Krankheitsfolgen), heilpädagogische (z.B. gestörte Bildungsprozesse) oder soziologische (z.B. mangelnde soziale Eingliederung) Zugänge zum Phänomen der Behinderung können sich auf ganz unterschiedliche Gruppen beziehen.

Bleidick/Hagemeister (1995) möchten nicht-pädagogische Definitionen der Behinderung von pädagogisch relevanter Behinderung abheben. Analog zu Festlegungen in früheren Arbeiten Bleidicks bezeichnen sie in diesem einführenden Lehrbuch Behinderung als intervenierende Variable des Erziehungsvorgangs und bringen den Behinderungsbegriff damit in den Zusammenhang zu Störungen pädagogischer Prozesse.

In den letzten Jahren gab es verstärkt Versuche, sich dem Behinderungsbegriff auch interdisziplinär zu nähern. Aufschlussreich ist hier insbesondere das Buch von Eberwein und Sasse (1998), das eine Vorlesungsreihe von Wissenschaftler/innen dreier Berliner Universitäten dokumentiert und Behinderung aus solch unterschiedlichen Sichtweisen wie Kunstwissenschaft, Biologie, Allgemeine Pädagogik, Sonder- und Sozialpädagogik, Schulpädagogik, Soziologie, Medizin, Theologie und Rechtswissenschaft beleuchtet.

Erst Anfang der 1970er Jahre wurde „Behinderung" mit dem grundlegenden Werk „Pädagogik der Behinderten" (Bleidick 1972) zum zentralen Begriff des Fachgebiets. Im historischen Rückblick auf die Geschichte der Heilpädagogik stellt sich die Frage, warum ein Begriff, der auf keine originär pädagogischen Ursprünge zurück greifen konnte, zu einem der wichtigsten Termini im Zusammenhang mit Störungen des Erziehungs- und Bildungsprozesses avancieren konnte.

Doch was ist Behinderung in pädagogischen Zusammenhängen? Eine sehr bekannte Definition von Behinderung ist die des Deutschen Bildungsrats (DBR). Im Gutachten des DBR mit dem Titel „Zur pädagogischen Förderung behinderter und von Behinderung bedrohter Kinder und Jugendlicher" heißt es: „Als behindert im erziehungswissenschaftlichen Sinne gelten alle Kinder, Jugendlichen und Erwachsenen, die in ihrem Lernen, im sozialen Verhalten, in der sprachlichen Kommunikation oder in den psychomotorischen Fähigkeiten soweit beeinträchtigt sind, dass ihre Teilhabe am Leben der Gesellschaft wesentlich erschwert ist." (Deutscher Bildungsrat 1974, 32) Es gab von Seiten der universitären Sonderpädagogik vereinzelt Versuche den Behinderungsbegriff klarer zu fassen, insbesondere auch in Abgrenzung zu Begriffen wie Beeinträchtigung und Störung. Insgesamt blieb die Terminologie der Sonderpädagogik bis heute uneinheitlich. Ein bekannter Systematisierungsversuch stammt von Heinz Bach. Er hat verschiedentlich für die Sonderpädagogik zentrale Begriffe definiert und gegeneinander abgegrenzt z.B. auch im Handbuch der Sonderpädagogik (Bach 1985).

Anhand des weit verbreiteten Lehrbuches „Grundlagen der Sonderpädagogik" lässt sich seine Systematik darstellen (Bach 1999). Bachs zentraler Begriff ist nicht Behinderung, sondern *Beeinträchtigung*. Er betrachtet ihn als Oberbegriff für Schäden der individualen Disposition, Benachteiligungen und Belastungen (ebd., 27f). Er unterscheidet 3 Formen oder auch Abstufungen von Beeinträchtigungen. Der höchste Schweregrad einer Beeinträchtigung ist die Behinderung, dann folgen Störungen und Gefährdungen. Die Beeinträchtigungen mit dem höchsten Schweregrad treten seltener auf, Störungen weniger selten und Gefährdungen häufiger. *Behinderungen* sind für Bach Beeinträchtigungen, die umfänglich, schwer und längerfristig sind. „Umfänglich" bedeutet, dass mehrere Bereiche betroffen sind, „schwer" drückt ein starkes Abweichen vom Durchschnitt aus. „Längerfristig" heißt, dass sie in absehbarer Zeit weder zurück geht noch behoben werden kann.

Störungen sind Beeinträchtigungen, die partiell, weniger schwer und kurzfristig sind. „Partiell" heißt, dass nur wenige Komponenten betroffen sind. Auch Lernstörungen können dazu gerechnet werden. „Weniger schwer" bedeutet, dass keine erheblichen Abweichungen vom Regelbereich vorliegen. „Kurzfristig" bedeutet, dass eine Behebung in einem überschaubaren Zeitraum möglich ist.

Gefährdungen liegen für Bach dann vor, wenn Unregelmäßigkeiten bei der individualen Disposition, den Umfeldbedingungen und Umweltanforderungen in einem Ausmaß bestehen, dass Störungen und Behinderungen entstehen können (ebd., 40f). Als Faktoren, die zu Gefährdungen führen, nennt er dauernde physische Überlastung, unzureichende Wohnverhältnisse, soziale Isolierung, häufiger Wohnortwechsel oder auch Laissez-Faire-Haltungen der Eltern oder Erzieher/innen. Häufig handele es sich um eine Koppelung verschiedener Faktoren.

Bach hat damit eine praktikable begriffliche Systematisierung vorgenommen, die auch verschiedentlich für fachrichtungsbezogene Sammelbände übernommen wurde. Da seine präzisen Festlegungen oft nicht dem Alltagssprachgebrauch, noch weniger aber fachrichtungsspezifischen Verwendungen entsprachen, hat sich diese Unterteilung im Fachgebiet Sonderpädagogik nicht allgemein durchsetzen können. Als Folge wurde aber der Begriff der „Beeinträchtigung" in nicht wenigen Publikationen als Alternative zum Begriff der „Behinderung" verwendet.

Unter Bezugnahme auf unterschiedliche theoretische Ansätze geben Bleidick und Hagemeister (1995) in ihrem Lehrbuch „Einführung in die Behindertenpädagogik I" eine Übersicht über verschiedene Behinderungskonzepte in der Sonderpädagogik. Ihre Unterteilung in medizinische, systemtheoretische und interaktionistische Theoriemodelle kann eine Systematisierung von Behinderungskonzepten erleichtern. Sie sollte aber um gesellschaftstheoretische Konzepte ergänzt werden und für Versuche offen stehen, sich vorbehaltlos neuen Entwicklungen zu nähern. Wie ließe sich eine Einteilung vornehmen?

Personbezogene Ansätze lassen sich bereits im 18. und 19. Jahrhundert in den Lehren von den „Kinderfehlern" finden, die von Pädagogen wie Niemeyer und Milde vertreten wurden und die dem *medizinischen* Modell von Behinderung entsprechen (ebd., 64). Behinderung wird hier als Merkmal des jeweiligen Menschen und damit als individuelle Kategorie betrachtet. Diese Sichtweise ist zwar durch neuere Konzepte in Frage gestellt, aber immer noch nicht verschwunden.

Die *interaktionistisch*e Betrachtungsweise sieht in Behinderung das Resultat sozialer Reaktionen mit Typisierung, Etikettierung und Kontrolle. Es ist die Gesellschaft, die behindert und stigmatisiert (ebd., 72ff). Andernorts wird in diesem Zusammenhang auch vom sozialen Modell von Behinderung gesprochen. Die „Disability Studies", die Bleidick aber aufgrund des Zeitpunkts des Erscheinens seines Buches noch nicht nennen konnte, gehen von einer ähnlichen Sichtweise aus.

Nach Niklas Luhmann neigen Systeme zu weiterer Ausdifferenzierung. Die *systemtheoretische* Betrachtungsweise sieht Behinderung als das Resultat einer Ausdifferenzierung durch das Bildungswesen nach dem Aspekt der Leistung. Nachfolgend gab es verschiedene Versuche den gesamten Bereich der Heilpädagogik aus dem Blickwinkel der Systemtheorie zu erklären und zu systematisieren. Otto Specks Buch „System Heilpädagogik" orientiert sich in weiten Teilen an einem solchen Zugang zum Phänomen der Behinderung (Speck 2003b).

Die *gesellschaftstheoretische* Sichtweise betrachtet Behinderung als ein Produkt der Gesellschaft und als Folge der Gesetzmäßigkeiten des Produktionsprozesses. Diese Position wurde vorwiegend von marxistisch orientierten Wissenschaftler/innen vertreten, etwa auch von Wolfgang Jantzen in älteren Schriften (Jantzen 1977).

Eine differenzierte Auseinandersetzung mit dem Behinderungsbegriff aus der Sicht der Heilpädagogik hat Christian Lindmeier (1993) mit seiner Arbeit „Behinderung – Phänomen oder Faktum?" vorgelegt. Der Titel gibt damit bereits die Problemstellung und mögliche gegensätzliche Sichtweisen an. Ausgehend von einer philosophischen Methode, der Strukturphänomenologie Heinrich Rombachs, untersucht er, wie der Begriff seine zentrale Stelle im alltäglichen wie wissenschaftlichen Sprachgebrauch erhalten konnte. So stellt er fest, dass er im dinglich-physikalischen Bereich entstanden ist und schließlich auf den Menschen ausgeweitet wurde. Auch hier entwickelte er sich von der Anwendung auf „sinnenfällige", also sichtbare Phänomene wie z.B. das Fehlen von Gliedmaßen, auf „nicht sinnenfällige nominalisierte" Phänomene (ebd., 28f). So konnte zum Beispiel von „dem Lernbehinderten" gesprochen werden. Seine Überlegungen führen hin zur Betrachtung der Behinderung auf der Grundlage gesellschaftlicher Normen, wobei er in Anlehnung an Rombach zwischen unbedingten Normen als allgemeinmenschlichen Verhaltensgesetzen, Sitten, Gebräuchen und gewählten Normen unterscheidet (ebd., 154ff).

Lindmeier stellt am Ende fest, dass der im medizinisch-naturwissenschaftlichen Horizont als Faktum erscheinende Defekt im Alltag wie in Wissenschaften und sozialen Systemen als existenziell angesehen wird, nicht als relativ und relational (ebd., 249). Für die Heilpädagogik ist der Behinderungsbegriff mit dem Misslingen von Erziehungsprozessen verbunden, ist aber als Phänomen mit diesem Begriff selbst nicht zu fassen (ebd., 255f). Lindmeiers Kritik am Behinderungsbegriff führt nicht zu dessen Ablehnung, sondern sie sensibilisiert für Probleme seiner vielschichtigen Verwendungen und rehabilitiert ihn damit für einen reflektierten Umgang im Fachgebiet der Heilpädagogik.

Andere Kritiken am Begriff der Behinderung führten in ihrer Konsequenz durchaus zur Ablehnung und zur Suche nach Alternativen. Insbesondere Betroffene lehnten in den vergangenen Jahren den Begriff als stigmatisierend ab. So wurde beanstandet, dass Gruppen von Menschen unter einem Negativmerkmal zusammengefasst und damit abgewertet bzw. stigmatisiert werden (zum Begriff des Stigmas siehe Kapitel 6 dieses Buches). Aber auch aus dem Fachgebiet Heilpädagogik wurde die Sinnhaftigkeit des Behinderungsbegriffs für die wissenschaftliche Theoriebildung in Frage gestellt. Insbesondere seine Verwendung als spezielle Behinderungskategorie (geistige Behinderung, Lernbehinderung, usw.) wurde als Vereinfachung und Trivialisierung komplexer Sachverhalte gesehen. So würden Kombinationen von Merkmalen einzelnen Personen zugeschrieben, die es in solch typisierender Form nicht gäbe.

2.3 Sonderpädagogische Kategorien

Die deutschsprachige Sonderpädagogik unterscheidet seit den 1960er Jahren 9 verschiedene Kategorien oder Behinderungsformen, nämlich Blindheit, Sehbehinderung, Gehörlosigkeit, Schwerhörigkeit, Lernbehinderung, geistige Behinderung, Verhaltensbehinderung oder Verhaltensstörung, Körperbehinderung und Sprachbehinderung. Die Festlegung auf diese Einteilung (und keine andere) war Folge der Schulstrukturentwicklung in Deutschland in den 1950er und 1960er Jahren und der dadurch verursachten Gliederung des Sonderschulwesens. Wesentliche Inhalte für die weitere fachliche Entwicklung wurden aber auch durch die Gutachten des Deutschen Bildungsrats (DBR) Anfang und Mitte der 1970er Jahre fixiert und einer breiten Fachöffentlichkeit gegenüber präsentiert. Als von Wissenschaft und Bildungspolitik paritätisch besetztes Fachorgan konnte der DBR sowohl den damals aktuellen fachlichen Entwicklungsstand eruieren, wie auch durch wissenschaftliche Theorien gestützte Innovationen für das Bildungswesen anregen. Die Gutachten des DBR haben auch Strukturentwicklungen im Bereich der Sonderpädagogik angeregt, die sich entlang der damals formulierten 9 sonderpädagogischen Kategorien bewegten. Die Gruppen der Schüler/innen im Pflichtschulalter wurden für die Bundesrepublik Deutschland vom DBR, unabhängig von den tatsächlich im Bildungswesen vorgenommenen Zuschreibungen, wie folgt geschätzt:

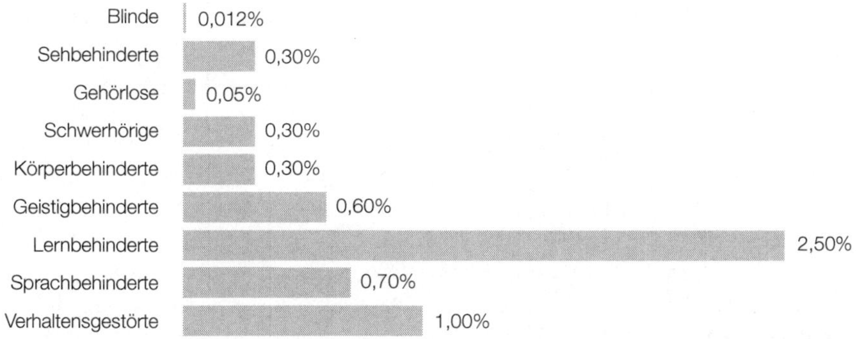

Abb. 2.4: Schätzungen des Deutschen Bildungsrates (1973) zu Behinderungskategorien im Schulalter (Zahlenangaben nach Rath 1985a, 41)

In den zwischen 1977 und 1991 von Heinz Bach und anderen herausgegebenen 12 Handbüchern der Sonderpädagogik spiegelte sich die gleiche kategoriale Einteilung wie zuvor in den Gutachten des DBR wider. So gab es ein Handbuch für Pädagogik der Lernbehinderten (Kanter 1977b), der Geistigbehinderten (Bach 1979), der Sprachbehinderten (Knura 1980), der Gehörlosen und Schwerhörigen (Jussen 1982), der Köperbehinderten (Haupt 1983), der Blinden und Sehbehinderten (Rath 1985b) sowie eine Pädagogik bei Verhaltensstörungen (Goetze 1989) und bei schwerster Behinderung (Fröhlich 1991).

Mit jeweils 500 bis 1.100 großformatigen Druckseiten stellten diese Werke den zentralen Wissensbestand der kategorial orientierten, akademischen deutschsprachigen Sonderpädagogik für rund ein Vierteljahrhundert dar. Auch wenn Inhalte heute vielfach als veraltet angesehen werden müssen, so gibt diese konzentrierte Zusammenstellung nach wie vor einen guten Überblick über die Strukturierung wissenschaftlicher wie praktischer Arbeitsfelder.

Für das Pflichtschulalter repräsentieren sich diese 9 Fachrichtungen in jeweils eigenen Sonderschulen. Diese nannten sich demzufolge auch Schule für Lernbehinderte, Sprachbehinderte, Körperbehinderte oder Schule für geistig Behinderte. Auch wenn die Bezeichnungen der Schulverwaltung sich an diesen kategorialen Einteilungen der Sonderpädagogik orientierten, waren die konkreten Namen doch recht unterschiedlich. Schulen für geistig Behinderte hießen beispielsweise in Österreich Schulen für Schwerstbehinderte. Die Allgemeine Sonderschule in Österreich entsprach der sonderpädagogischen Kategorie der Lernbehinderung.

Im deutschen Bundesland Hessen bestand schon sehr früh die Bestrebung, negative und diskriminierende Zuschreibungen möglichst zu meiden. Statt von einer Schule für Lernbehinderte sprach man von der Schule zur Lernhilfe, statt von Verhaltensstörungen war von Erziehungshilfe die Rede, statt von geistiger Behinderung von praktischer Bildbarkeit. Diese Begriffe werden außerhalb Hessens aber nicht verwendet. Begriffliche Variationen bei den Schulbezeichnungen gibt es auch bei den Schweizer Kantonen (Häfeli/Walther-Müller 2005).

Im Bereich des Bildungswesens hat sich seit dem Ende der 1980er Jahre eine Abkehr von der Klassifizierung einer Behinderung vollzogen, zugunsten der Erfassung eines Erziehungs- und Bildungsbedarfs. Diese neue Perspektive setzte sich im Bereich innovativer Strategien durch, nicht unbedingt aber in den Institutionen des Bildungswesens selbst. Das Projekt „Assessment in Inclusive Settings" der European Agency for Development in Special Needs Education (EADSNE) gibt diese Bemühungen für zahlreiche europäische Länder wieder (Watkins 2007).

Ab den 1980er Jahren wurde der Behinderungsbegriff in deutschsprachigen schulpädagogischen Kontexten durch den Begriff des „sonderpädagogischen Förderbedarfs" ersetzt. Als Modell stand hier der Begriff der „special educational needs" des britischen Warnock-Reports des Jahres 1978. Im Unterschied zum britischen Vorbild wurden aber spezifische Förderschwerpunkte formuliert wie Hören, Sehen, körperliche und motorische Entwicklung, Sprache, geistige Entwicklung, emotionale und soziale Entwicklung sowie Lernen (Drave/Rumpler/Wachtel 2000). Diese Förderschwerpunkte entsprechen weitgehend den alten sonderpädagogischen Kategorien (vgl. Abb. 2.4).

Eine neue Handbuchreihe verwendet die Begriffe „Sonderpädagogik des Lernens" (Walter/Wember 2007), „Sonderpädagogik der sozialen und emotionalen Entwicklung" (Gasteiger-Klicpera/Julius/Klicpera 2008), „Sonderpädagogik der Sprache" (Schöler/Welling 2007) und „Sonderpädagogik der geistigen Entwicklung" (Nußbeck/Biermann/Adam 2008) analog zu den genannten Förderschwerpunkten.

Auch wenn die begrifflichen Änderungen im Sprachgebrauch der Schulbehörden nicht unbedingt mit einem Wechsel institutioneller Strukturen verbunden sind und im Fachgebiet der Sonderpädagogik keine veränderten Bezugsgruppen gemeint sind, so treten damit doch neue, weniger stigmatisierende Begriffe an die Stelle der bisherigen. Nicht selten geht die Ersetzung von Kategorien mit negativen Konnotationen durch andere Termini mit dem Missverstehen dieser neuen Begriffe einher. Zunehmend wird die Erwähnung der Tatsache, dass ein Bedarf besteht, als einzige Zuschreibung verwendet oder es erfolgt ein Verzicht auf die Nennung besonderer Problemlagen, indem ehemalige Behinderungen lediglich als Aspekte von Verschiedenheit erscheinen.

Das Phänomen, auf die Nennung von Behinderungen zu verzichten, wurde seit Anfang der 1990er in der Fachliteratur beschrieben und als „Dekategorisierung" bezeichnet (Benkmann 1994). Die Ersetzung des Behinderungs-Begriffs durch

„special educational needs“ und ihre deutschsprachige Übertragung zum „Sonderpädagogischen Förderbedarf“ war Ausdruck dieser Entwicklung, die sich in Österreich auch in der Novelle des Schulorganissationsgesetzes von 1993 niederschlug und ungefähr zeitgleich 1994 in Deutschland in den Richtlinien zur Sonderpädagogischen Förderung der Kultusministerkonferenz. In Deutschland mit seinem breit ausgebauten Sonderschulwesen erfolgte diese sprachliche Änderung aber eher halbherzig und wurde durch die Festlegung von Förderschwerpunkten anhand bisheriger Behinderungskategorien eher konterkariert.
In der Folge der „Empfehlungen zur sonderpädagogischen Förderung in den Ländern der Bundesrepublik Deutschland“, welche die Kultusministerkonferenz (KMK) 1994 beschloss, hat sich auch im Fachgebiet eine veränderte Terminologie ausgebreitet, welche die dargelegte Struktur von 9 sonderpädagogischen Fachrichtungen aber nicht grundsätzlich in Frage stellte. Lediglich chronische und langfristige Krankheit wurde als neues Feld hinzu genommen. Bei diesem neuen thematischen Bereich ist die Bindung an Schulen, welche die Kinder zeitweise besuchen („Schulen für Kranke“, „Heilstättenschulen“ in Österreich) noch stärker gegeben als bei den anderen sonderpädagogischen Fachrichtungen.
Die nachfolgende Übersicht der KMK gibt die Begriffe und die Verteilungen des Schuljahres 2011/12 wieder:

Tab. 2.1: Verteilung der Schüler/innen nach Förderschwerpunkten in Deutschland im Schuljahr 2011/12 (nach Opp 2016, 149)

Förderschwerpunkt	**Schüleranzahl**	**Förderquote in Prozent**
Lernen	197.475	2,6
Sehen	7.341	0,1
Hören	17.240	0,2
Sprache	54.604	0,7
Körperliche und motorische Entwicklung	33.574	0,5
Geistige Entwicklung	79.500	1,1
Emotionale und soziale Entwicklung	70.534	0,9
Förderschwerpunkt übergreifend bzw. ohne Zuordnung	13.438	0,2
Lernen, Sprache, soziale und emotionale Entwicklung (LSE)	9.526	0,1
Kranke	11.512	0,2
Insgesamt	**494.744**	**6,6**

Auffällig ist zum einen ein moderater Anstieg der sonderpädagogisch klassifizierten Kinder und Jugendlichen auf 6,6% der Pflichtschüler/innen. Während sich bei einigen Kategorien der Anteil kaum verändert hat, fällt bei der Kategorie „Geistigbehinderte/geistige Entwicklung“ eine Beinahe-Verdopplung von 0,6 auf 1,1% im Vergleich zur Übersicht von Rath aus dem Jahre 1985 (siehe Abb. 2.4). Der Förderschwerpunkt „Kranke“ wurde in den 1980er Jahren noch nicht eigens ausgewiesen, schlägt aber mit 0,2% auch nicht allzu stark zu Buche. Auffällig ist aber eine kontinuierliche Steigerung des Anteils sonderpädagogisch klassifizierter Kinder seit den 1970er Jahren.

Die linke Spalte in Tabelle 2.2 enthält die in der US-amerikanischen Sonderpädagogik gebräuchlichen Kategorien entsprechend den Festlegungen des „Federal Registers“ (Vgl. Jülich 1996, 353f). In der mittleren Spalte finden sich fett hervorgehoben die sonderpädagogischen Kategorien in der Bezeichnung des jeweiligen Handbuchs der Sonderpädagogik. Die rechte Spalte enthält die analogen Begriffe aus den Empfehlungen der deutschen Kultusministerkonferenz von 1994 (Drave/Rumpler/Wachtel 2000).

Tab. 2.2: Sonderpädagogische Kategorien und Förderschwerpunkte

<table>
<tr><th colspan="2">Sonderpädagogische Kategorien</th><th>Förderschwerpunkte</th></tr>
<tr><td>deafness</td><td>Gehörlosigkeit</td><td rowspan="2">Hören</td></tr>
<tr><td>hearing impairment</td><td>Schwerhörigkeit</td></tr>
<tr><td rowspan="2">visual impairment including blindness</td><td>Blindheit</td><td rowspan="2">Sehen</td></tr>
<tr><td>Sehbehinderung</td></tr>
<tr><td>orthopedic impairment</td><td>Körperbehinderung</td><td>körperliche und motorische Entwicklung</td></tr>
<tr><td>mental retardation</td><td>Geistige Behinderung</td><td>geistige Entwicklung</td></tr>
<tr><td>learning disability</td><td>Lernbehinderung</td><td>lernen</td></tr>
<tr><td>specific learning disability</td><td></td><td></td></tr>
<tr><td>serious emotional disturbance</td><td>Verhaltensstörung</td><td>emotionale und soziale Entwicklung</td></tr>
<tr><td>speech or language impairment</td><td>Sprachbehinderung</td><td>Sprache</td></tr>
<tr><td>autism, deaf-blindness, multiple disabilities, other health impairment, traumatic brain injury</td><td colspan="2">Sonstige Kategorien:
Kranke Schüler/innen, Kinder und Jugendliche mit autistischem Verhalten</td></tr>
</table>

Auch zwischen den englischsprachigen Ländern bestehen traditionell Unterschiede in der Beschreibung der sonderpädagogischen Adressat/innengruppen. Die dreibändige „Encyclopedia of Special Education“ gibt einen Überblick über den dortigen Bestand an gebräuchlichen Kategorien, allerdings mit einem deutlichen

Schwerpunkt auf den USA. Um auch hier den kategorialen Wandel zu berücksichtigen, wird nachfolgend sowohl auf die Erstausgabe von 1987 wie auch die aktuelle dritte Auflage des Jahres 2007 Bezug genommen (Reynolds/Mann 1987; Reynolds/Fletcher-Janzen 2007). Die britische Position in Klassifizierungsfragen, insbesondere auch die Unterschiede zwischen England und Schottland, gibt Norwich (2014) wieder.

Während die Veränderungen in den realen Strukturen des bisherigen Sonderschulwesens in den meisten deutschen Bundesländern eher bescheiden waren, wurden Begriffe auf breiter Front ausgetauscht. Alternativ zu neuen Begriffen wie „Förderschwerpunkt emotionale und soziale Entwicklung“ oder „geistige Entwicklung“ finden sich im fachlichen Sprachgebrauch aber eine Anzahl weiterer Begriffe, die ebenfalls für sich beanspruchen, die ehemals im Handbuch der Sonderpädagogik festgelegten Begriffe zu beerben.

Auf die Frage, was den sonderpädagogischen Förderbedarf in den jeweiligen spezifischen Förderschwerpunkten denn verursache, geben die Empfehlungen der Kultusministerkonferenz kaum neue Antworten. Das eher halbherzige Abrücken von den defizitorientierten Behinderungskategorien führt zu begrifflichen Inkonsistenzen im System der Klassifizierungen. Gelegentlich finden sich dann doch wieder Hinweise auf eine geistige und körperliche Behinderung, womit die alten defizitorientierten sonderpädagogischen Kategorien für die Legitimierung zusätzlicher pädagogischer Hilfen dienen müssen. In verschiedenen Kommentaren zu den Empfehlungen zu den einzelnen Förderschwerpunkten wurde dies wiederholt bemängelt (ebd.).

Mit dem Verzicht auf Kategorien mit potenziell negativen Konnotationen kann das grundsätzliche Problem nicht umgangen werden, dass ein Bedarf sich nur über ein Defizit und das dazu passende Angebot konstituieren kann. Gerd Hansen und Roland Stein wählen in ihrem „Kompendium Sonderpädagogik“ eine Terminologie, die Defizite zwar benennt, gleichzeitig aber nicht die alten sonderpädagogischen Kategorien verwendet. So sprechen sie von Beeinträchtigungen der emotionalen und sozialen Entwicklung, der geistigen Entwicklung, des Hörens, der körperlichen und motorischen Entwicklung, des Lernens, des Sehens und der Sprache (Hansen/Stein 2006).

In den nachfolgenden Ausführungen dieses Kapitels wird für die Klärung sonderpädagogischer Kategorien auch auf ältere Definitionen zugegriffen. Sie wurden bewusst gewählt, da die genannten Behinderungskategorien ihre Fundierung im Theoriebestand der damaligen Zeit fanden. Die gegenwärtigen begrifflichen Entwicklungen mit ihren inhärenten Problemen und Widersprüchen sollen nachfolgend auf dem Hintergrund aktueller Veränderungen diskutiert werden.

Blindheit und Sehbehinderung (Förderschwerpunkt Sehen)

Bei Beeinträchtigungen des Gesichtssinnes werden die Begriffe Blindheit und Sehbehinderung unterschieden. Die Grenzen zwischen beiden sind fließend und in verschiedenen Ländern auch unterschiedlich gezogen. Als wesentliches Unterscheidungsmerkmal wird dabei die Form angesehen, in der die Umwelt erfahren wird.

> „**Blindheit** als diejenige Bedingung, die in der Auseinandersetzung mit der materialen und sozialen Umwelt nicht auf Visualität Bezug nehmen kann, wird unterschieden von **Sehbehinderung** als derjenigen Bedingung, deren Auseinandersetzung mit der materialen und sozialen Umwelt auf eine wie auch immer geartete Visualität bezogen ist" (Walthes 2005, 16).

Im Unterschied zu blinden nehmen sehbehinderte Menschen Informationen aus der Umwelt vorwiegend visuell auf. Entscheidend für die Abgrenzung ist somit, ob Umwelterfahrungen noch über visuelle Reize möglich sind (Sehbehinderung), oder ob der Gesichtssinn durch andere Sinne, wie z.B. den Tastsinn, ersetzt werden muss (Blindheit).

Diese grundlegende Unterscheidung trifft auf die englischsprachigen Kategorien „blind" und „visual impaired" nicht in gleichem Maße zu (vgl. Silberman 2007). Im amerikanischen „federal register" ist von „visual impairment including blindness" die Rede (Jülich 1996, 358).

Für eine differenzierte Abgrenzung zwischen Blindheit und Sehbehinderung spielen auch augenärztliche Befunde eine Rolle (Gruber/Hammer 2002), über deren Bewertung gegenwärtig kein fachlicher Konsens besteht. Nach Solarová (1977a, 80) gelten Personen als blind, „die infolge einer Schädigung des Sehorgans kein Sehvermögen haben oder in ihrem Sehvermögen sehr stark beeinträchtigt sind (in der Regel weniger als 1/50 der Sehnorm auf dem besseren Auge), so daß sie sich nur mit fremder Hilfe in unbekannter Umgebung orientieren können". 1/50 der Sehnorm bedeutet, dass Gegenstände, die durchschnittlich sehende Menschen in einer Entfernung von 50 m sehen können, sich in einem Abstand von 1 m befinden müssen. Informationen aus der Umwelt, die für gewöhnlich visuell aufgenommen werden, müssen sich die betroffenen Menschen über andere Kanäle aneignen (ebd.). Verschiedentlich findet auch der Begriff der Vollblindheit Verwendung. Gemeint sind hiermit Menschen, denen selbst geringste Lichtempfindungen fehlen. Als vollblind auf beiden Augen gelten in Deutschland zwischen 40.000 und 50.000 Menschen, in Österreich beträgt die Zahl etwa 4600 Personen.

Der Visus (Auflösungs- und Sehvermögen) ist bedeutsam für die Bewertung des Grades von Sehbeeinträchtigungen. Verbunden ist damit auch die Sehschärfe oder die Fähigkeit, Kontraste und Umrisslinien wahrzunehmen sowie Einzelheiten zu sehen. Bei Blindheit beträgt der Visus maximal 0,02 auf einer Skala die von 0 bis 1 reicht, verbunden mit einer Einschränkung des Gesichtsfeldes auf weniger als 5 Grad beim leistungsfähigeren Auge und mit maximalen Sehhilfen (ebd.).

Sehbehinderung bedeutet im Unterschied zu Blindheit, dass trotz bestmöglicher optischer Korrektur das Sehvermögen in der Regel zwischen 1/20 und 1/50 der Norm liegt (Solarová 1977b, 124). Als *hochgradig sehbehindert* werden Menschen bezeichnet, die sich in manchen lebenswichtigen Situationen wie Blinde verhalten,

in anderen Bereichen Informationen der Umwelt auch durch die visuelle Wahrnehmung erhalten. Eine Abgrenzung zwischen hochgradiger Sehbehinderung und Blindheit ist nicht eindeutig zu ziehen. Die Grenzen werden auch international sehr unterschiedlich angegeben. Im deutschsprachigen Raum wird ein Visus unter 0,3 genannt. In manchen Ländern wird die Gruppe blinder Menschen deutlich größer gefasst, so dass hochgradig Sehbehinderte zu den Blinden gerechnet werden. Der Visus und andere Komponenten der medizinischen Diagnostik haben nur begrenzte Aussagekraft. Gesichtsfeldeinschränkungen, Farbsinnstörungen und Blendempfindlichkeiten spielen ebenfalls eine Rolle. Besonders problematisch ist die Abgrenzung zwischen Sehbehinderung und Normalsichtigkeit (Rath 2001b, 125). Dies führt zur Angabe von Quoten sehbehinderter Schüler/innen von teilweise mehr als 4%. Ältere sonderpädagogische Statistiken gehen hingegen von einer Quote blinder Schüler von 0,012% und sehbehinderter Schüler/innen von 0,3% der schulpflichtigen Kinder aus (Rath 1985a, 41).
Unterscheidungen anhand des Ausmaßes somatischer Schädigungen, wie sie hier dargelegt wurden, bieten nur begrenzte Hinweise auf die tatsächliche Umwelterfahrung sehbeeinträchtigter Menschen und haben für die Planung pädagogischer Aktivitäten daher auch nur einen eingeschränkten Nutzen. So weisen neuere Arbeiten auf die andere Form des Sehens (Gruber/Hammer 2002) und die unterschiedliche Entfaltung der Wahrnehmungstätigkeit in der kindlichen Entwicklung hin (Walthes 2005, 24ff).

Gehörlosigkeit und Schwerhörigkeit (Förderschwerpunkt Hören)
Bei Fachvertreter/innen, die sich mit Beeinträchtigungen des Hörsinnes beschäftigen, ist traditionell von „Hör*geschädigten*pädagogik“ die Rede. Im Bereich dieser Hörgeschädigtenpädagogik werden zwei zentrale Begriffe unterschieden: Gehörlosigkeit und Schwerhörigkeit. Analog zur Unterscheidung zwischen Blindheit und Sehbehinderung lässt sich auch die Unterscheidung zwischen Gehörlosigkeit und Schwerhörigkeit über die Form der Aneignung der Umwelt bestimmen.

> Als **gehörlos** gelten Menschen, die kein Hörvermögen oder nur geringe Hörreste haben und deswegen als Kleinkinder die Lautsprache auf dem üblichen Wege nicht entwickeln können oder die im Jugend- oder Erwachsenenalter ertauben und damit einen Verfall ihrer Lautsprache erleiden. **Schwerhörigkeit** ist eine Schädigung des Hörorgans, die die Wahrnehmung akustischer Reize so stark beeinträchtigt, dass Lautsprache über Hörhilfen aufgenommen werden muss und das eigene Sprechen über die auditive Rückkoppelung nur eingeschränkt kontrolliert werden kann (Heese 1977, 86).

Noch vor einigen Jahrzehnten war der Begriff „Taubstummheit“ für die Gehörlosigkeit üblich. Dieser Begriff ist aber von daher unpräzise, als die betroffenen Menschen nicht stumm sind. Das fehlende Hörvermögen führt bei Kindern dazu, dass sich Lautsprache auf auditiv-imitativem Wege nicht entwickeln kann. Um Laut- oder Gebärdensprache zu erlernen, bedürfen gehörlose Kinder pädagogischer Hilfe und Anleitung.

Individuell sind Form und Ausprägung von Hörschädigungen sehr unterschiedlich, insbesondere auch aufgrund der jeweiligen organischen Lokalisierung. Die große Bandbreite individueller Unterschiede lässt nur die Abweichung in der auditiven Perzeption als gemeinsames Merkmal erscheinen.
Im Bereich der Hörgeschädigtenpädagogik werden Gehörlose, Schwerhörige, Spätertaubte und Menschen mit Cochlear-Implantat (CI) aufgrund der differierenden pädagogischen Aufgabenstellungen unterschieden. Das Cochlear-Implantat stellt eine Hörprothese dar, die aufgrund operationstechnischer Verbesserungen in Kombination mit entsprechenden pädagogischen Angeboten auch vormals gehörlosen Menschen einen Zugang zur Welt des Hörens ermöglicht (Leonhardt 1997). Im Unterschied zu traditionellen Hörhilfen, die eher auf Geräuschverstärkung zielen, moduliert das CI Sprache. Die Art der Spracherfahrungen bei cochlear-implantierten Menschen kann anderen Personen kaum vermittelt werden. Das mit dem Implantat gewonnene Hörvermögen kann bei geeigneter pädagogischer Hilfestellung den Aufbau der Lautsprache unterstützen (Leonhardt 2002, 143ff).
Der Einsatz des Cochlear-Implantats und die damit verbundene Hinführung zur Lautsprache sind bei Gehörlosen-Verbänden umstritten. Untersuchungen der letzten Jahre haben auf die Bedeutung des Erstspracherwerbs für die weitere kognitive Entwicklung hingewiesen und damit Argumente für die Gebärdensprache als Erstsprache geliefert (Krausneker 2006).

Körperbehinderung
(Förderschwerpunkt körperliche und motorische Entwicklung)

Der Begriff der Körperbehinderung wurde insbesondere wegen der Abneigung der Kriegsopfer des 1. Weltkrieges in den 1920er Jahre als Ersatz für das bereits damals als diskriminierend empfundene Wort „Krüppel“ verwendet. Eine für den schulischen Bereich verwendete Definition von Körperbehinderung stammte vom Deutschen Bildungsrat aus dem Jahre 1974:

> „**Körperbehindert** ist, wer in Folge einer Schädigung der Stütz- und Bewegungsorgane in seiner Daseinsgestaltung so stark beeinträchtigt ist, dass er jene Verhaltensweisen, die von Mitgliedern seiner wichtigsten Bezugsgruppen in der Regel erwartet werden, nicht oder nur unter außergewöhnlichen individuellen und sozialen Bedingungen erlernen bzw. zeigen kann und daher zu einer langfristigen schädigungsspezifisch-individuellen Interpretation wichtiger sozialer Rollen finden muss.“ (Schönberger 1974, 209)

Diese Definition in einem Gutachten des Deutschen Bildungsrats spielte für die Bildungspraxis eine große Rolle, wenngleich sie vorwiegend die motorischen Einschränkungen im Blick hatte. Es gelten aber auch Personen mit schweren chronischen Krankheiten und körperlichen Schädigungen als körperbehindert, wenn diese nicht den Bewegungsapparat betreffen. Ausgenommen von einer Zuschreibung als Körperbehinderung sind Sinnesschädigungen. Der Sammelband von Kallenbach (2000) zählt cerebrale Bewegungsstörungen, Schädel-Hirn-Trauma, Spina

bifida, Querschnittlähmung, Poliomyelitis („Kinderlähmung"), Muskeldystrophie, Fehlbildungen, aber auch Störungen der Knochenentwicklung und chronisches Nierenversagen zu den Körperbehinderungen.
Eine aktuelle Definition in Anlehnung an die ICF (zur begrifflichen Systematik siehe den nachfolgenden Abschnitt dieses Kapitels) lautet: „Körperbehinderung ist ein Beschreibungsmerkmal für einen Menschen, der infolge einer Schädigung des Stütz- und Bewegungsapparates, einer anderen organischen Schädigung oder einer chronischen Erkrankung in seiner Bewegungsfähigkeit und der Durchführung von Aktivitäten dauerhaft oder überwindbar beeinträchtigt ist, so dass die Teilhabe an Lebensbereichen bzw. –situationen als erschwert erlebt wird." (Hedderich 2006, 24) In Anlehnung an die Terminologie der deutschen Kultusministerkonferenz (KMK) hat sich der Begriff „Förderschwerpunkt körperliche und motorische Entwicklung" mittlerweile auch in sonderpädagogischer Fachliteratur in breitem Umfang durchsetzen können (Lelgemann/Singer/Walter-Klose 2015). Erziehung und Bildung körperbehinderter Kinder können mittlerweile auf einen breiten Bestand theoretischer Grundpositionen, Entwicklungstheorien und spezifischer Methoden zurückgreifen (Bergeest/Hansen 1999).

Geistige Behinderung (Förderschwerpunkt geistige Entwicklung)

Fachliteratur zu pädagogischen Fragestellungen bei geistiger Behinderung orientierte sich häufig an der Definition von Heinz Bach. In einem Lehrbuch aus dem Jahre 1977 schrieb er:

> „Als **geistigbehindert** gelten Personen, deren Lernverhalten wesentlich hinter der auf das Lebensalter bezogenen Erwartung zurückbleibt und durch ein dauerndes Vorherrschen des anschauend-vollziehenden Aufnehmens, Verarbeitens und Speicherns von Lerninhalten und eine Konzentration des Lernfeldes auf direkte Bedürfnisbefriedigung gekennzeichnet ist, was sich in der Regel bei einem Intelligenzquotienten von unter 55/60 findet. Geistigbehinderte sind zugleich im sprachlichen, emotionalen und motorischen Bereich beeinträchtigt und bedürfen dauernd umfänglicher pädagogischer Maßnahmen. Auch extrem Behinderte gehören – ohne untere Grenze – zum Personenkreis" (Bach 1977, 92).

Geistige Behinderung wird hier über das Lernen definiert, das mit einer Norm bei der Intelligenzmessung verglichen wird. Bemerkenswert ist aber, dass bereits damals zwar eine Abgrenzung zur Lernbehinderung erfolgt, aber keine Grenze zu schweren und schwersten Behinderungen. Mit dieser Sichtweise, die auch 1974 über das entsprechende Gutachten des Deutschen Bildungsrats kolportiert wurde, wurde indirekt negiert, dass es Grenzen von Bildungsfähigkeit gibt. Im Jahre 2001 nimmt Bach eine Begriffsrevision vor. Er ersetzt den Begriff „geistige Behinderung" durch „mentale Beeinträchtigung", meint damit aber dieselbe Gruppe, die zuvor als geistig behindert bezeichnet wurde. Als Argument führt er die starke Ablehnung des Begriffs durch die so Bezeichneten und deren Familien an, die früher nicht bestanden habe (Bach 2001, 19). Bach versucht in diesem neueren Werk auf über 100 Seiten das Phänomen

der mentalen Beeinträchtigung näher zu bestimmen, ohne dass dies wie zuvor im Falle des Begriffs der geistigen Behinderung zu einer knappen Definition führt. Inhaltlich führt er Ähnliches aus wie in den 1970er Jahren. So spielt das Lernverhalten in Kombination mit weiteren Faktoren eine Rolle. So geht er auch von dem Vorherrschen des anschauend-vollziehenden Lernens und Denkens aus (ebd., 33). Um den Unterschied zur Lernbehinderung zu beschreiben, orientiert er sich an Piagets Stufenmodell der kognitiven Entwicklung. Lernbehinderte erreichten die Stufe der konkreten, teilweise auch der formalen Operationen (ebd., 99). Die Formulierung von Merkmalen, die eine präzise Abgrenzung zur Lernbehinderung ermöglichen würden, lehnt er ab. Diagnostische Aussagen in diesem Bereich hätten allenfalls Vermutungscharakter und sollten daher auch als solche formuliert werden (ebd., 82).
Der Begriff der mentalen Beeinträchtigung konnte sich nicht durchsetzen. Es sind gegenwärtig noch mehrere alternative Begriffe für dieselbe Gruppe zu finden wie etwa intellektuelle Beeinträchtigung oder intellektuelle Behinderung. Der im schuladministrativen Kontext der deutschen KMK entstandene Begriff „Förderschwerpunkt geistige Entwicklung" findet sich inzwischen häufig auch in wissenschaftlicher sonderpädagogischer Fachliteratur, sogar als Titel entsprechender Grundlagenwerke (z.B. Fischer/Markowetz 2016).

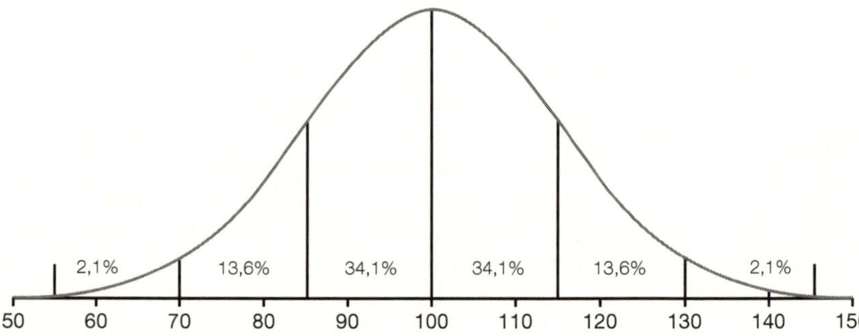

Abb. 2.5: Normalverteilung der Intelligenz (aus: Holling/Kanning 1999, 23)

Abbildung 2.7 gibt die Kurve der Normalverteilung der Intelligenz, die Standardabweichungen und den prozentualen Anteil der jeweiligen Gruppe in der Population an. Der durchschnittliche Intelligenzquotient in der Bevölkeruung wird mit 100 festgelegt. Geringe Intelligenzwerte, die mit Lernbehinderung und geistiger Behinderung verbunden werden, stellen nach dieser Übersicht den linken Rand der Kurve dar.
In der amerikanischen Sonderpädagogik umfasst der Begriff „mental retardation" bzw. „intellectual disability" neben denjenigen Personen, die im deutschsprachigen Raum als „geistig behindert" bezeichnet werden, noch einen erheblichen Anteil derjenigen, die eine Klassifizierung als „lernbehindert" erfahren würden. Für die Bestimmung einer geistigen Behinderung spielt die Intelligenzmessung nach wie

vor eine erhebliche Rolle. In Anlehnung an Festlegungen der American Association on Mental Retardation (AAMR) aus dem Jahre 1992 wird „mental retardation“ als deutlich unterdurchschnittliches intellektuelles Funktionsniveau definiert mit Begrenzungen des Anpassungsverhaltens, sofern dies bereits vor dem Lebensalter von 18 Jahren vorliegt (Warren/Wright 2007, 1348).

Für die Abgrenzung werden nach wie vor Intelligenzmessungen mit standardisierten Tests zu Hilfe genommen, wobei der Intelligenzquotient (IQ) unter 70-75 liegen soll. Durch diese weite Fassung von „mental retardation“ setzt sich sogar die Mehrheit dieser Gruppe zusammen aus Personen, die im deutschsprachigen Raum allenfalls eine Klassifizierung als „lernbehindert“ erfahren würden. Warren und Wright (2007, 1349f) rechnen 85% der Kinder, denen „mental retardation“ im amerikanischen Schulwesen ab Ende der 1970er Jahre attestiert wurde, zu dieser Gruppe mit dem Ausprägungsgrad „mild mental retardation“, wobei hier der IQ mit über 55 angegeben wird. Die Abstufungen „moderate“ (IQ 35-55), „severe“ (IQ 20-35) und „profound“ (IQ unter 20) umfassen zusammen eine sehr viel kleinere Gruppe als „mild mental retardation“. Auf diesem Hintergrund ist offensichtlich, dass die Übersetzung des Begriffs „mental retardation“ bzw. „intellectual disability“ mit „geistige Behinderung“ ins Deutsche immer wieder zu Missverständnissen führen muss.

Lernbehinderung (Förderschwerpunkt Lernen)

Gustav Kanter geht aus vom Begriff der Lernbeeinträchtigungen, den er in *Lernbehinderungen* und *Lernstörungen* unterteilt.

> „Als **lernbehindert** i.e.S. werden Personen bezeichnet, die schwerwiegend, umfänglich und langdauernd in ihrem Lernen beeinträchtigt sind und dadurch deutlich normabweichende Leistungs- und Verhaltensformen aufweisen.
>
> Neben Lernbehinderung i.e.S. als der schwereren Form von Lernbeeinträchtigung besteht ein breiter Bereich von weniger gravierenden Formen, oft **Lernstörungen** genannt. Hier handelt es sich um Beeinträchtigungen partieller, temporärer oder reaktiver Art. Die Übergänge zwischen den Formen der Lernbeeinträchtigung sind fließend.“ (Kanter 1977a, 106)
>
> Neben Lernbehinderung und Lernstörungen ist gegenwärtig noch der Begriff der **Lernschwierigkeiten** im Gebrauch, wobei diese Dreiteilung graduelle Abstufungen in Zeit und Intensität beinhaltet. Das Handbuch „Sonderpädagogik des Lernens“ übernimmt diese Unterscheidung (Walter/Wember 2007). Während unter Lernschwierigkeiten lediglich das Zurückbleiben hinter den eigenen Möglichkeiten oder den Zielen der Institution verstanden wird, bezeichnet Lernstörungen länger andauernde Formen dieses Zurückbleibens in einem oder in mehreren Bereichen, so dass von partiellen und generalisierten Lernstörungen gesprochen wird (Kretschmann 2007, 4).

Die sonderpädagogische Kategorie Lernbehinderung ist vermutlich wie keine andere von den verschiedensten Positionen her kritisiert worden. Während in der Geschichte der Hilfsschulpädagogik eine Betrachtungsweise auf der Basis individueller Defekte dominierte, wurde Lernbehinderung als Folge sozialer Randständigkeit und in Kombination mit einem selektiven Schulsystem seit den 1970er Jahren verstärkt thematisiert (Werning/Lütje-Klose 2006, 50ff). Häufig haben auch Vertreter/innen des universitären Fachgebiets Lernbehindertenpädagogik von einer Verwendung des Behinderungsbegriffs auf ihre Adressat/innengruppe abgesehen. Stattdessen war von Lernstörungen, gravierenden Lernschwierigkeiten (Benkmann 1998) oder soziokulturellen Benachteiligungen (Begemann 1970) auch dann die Rede, wenn diese Begriffe keine inhaltliche Differenz zur Kategorie der Lernbehinderung ausdrückten. Nach den aktuellen Vorgaben der deutschen KMK soll die Bezeichnung „sonderpädagogisch förderbedürftig im Förderschwerpunkt Lernen" den früheren Begriff „lernbehindert" ersetzen (Kretschmann 2007, 4). Alleine aus sprachästhetischen Gründen darf die Dauerhaftigkeit eines solchen Begriffs bezweifelt werden.

Die verschiedenen Gruppen, die Kanter als „lernbehindert" oder „lerngestört" bezeichnet, erfahren in der amerikanischen Sonderpädagogik Zuschreibungen nach 3 verschiedenen Kategorien. Die leichtere Form von „mental retardation", die auch mit „mild" tituliert wird, gehört dazu, aber auch „learning disabilities" bzw. „specific learning disabilities".

Definition und Abgrenzung von „learning disabilities" bereiten der amerikanischen Sonderpädagogik zunehmend größere Schwierigkeiten (Chalfant/Reynolds 2007; Swanson/Harris/Graham 2013). Hierzu hat nach Ansicht von Edelston/Thornton (2007) auch die amerikanische Bundesgesetzgebung beigetragen, die im „Individuals with Disabilities Education Improvement Act" (IDEIA) des Jahres 2004 nur sehr unklare Merkmalszuschreibungen zulässt und dazu führte, dass in verschiedenen Bundesstaaten unterschiedliche Beschreibungen erfolgen oder Feststellungen von „learning disabilities" ganz unterbleiben. Die Definition in der „Encyclopedia of Special Education" des Jahres 1987 konnte sich noch an den Festlegungen im Federal Register des Jahres 1977 orientieren. Dort war von Störungen in einem oder mehreren, der für den mündlichen oder schriftlichen Sprachgebrauch wichtigen psychischen Prozessen, die Rede. Darunter zählten die Fähigkeiten zum Hören, Denken, Sprechen, Lesen, Schreiben, Buchstabieren, aber auch mathematische Fähigkeiten. Sinnesschädigungen, körperliche und geistige Behinderungen und Retardierungen, emotionale Störungen, kulturelle und sozioökonomische Benachteiligungen sollten dabei ausgeschlossen werden (McLoughlin 1987). Eine aktuelle Aufarbeitung und Spezifizierung der Klassifikation haben Fletcher u.a. (2007) vorgelegt. Behinderungen des Lesens (Begriffsverständnis, Flüssigkeit, Textverständnis) und des sprachlichen Ausdrucks sowie des mathematischen Bereichs werden als Komponenten von „learning disabilities" betrachtet.

Auch im aktuellen Umgang mit der Kategorie „Förderschwerpunkt Lernen" in der deutschsprachigen Sonderpädagogik spiegelt sich die ganze Problematik wider, die durch die extreme Heterogenität von Ursachenfaktoren bei dieser Kategorie entstanden ist. Festlegungen, wie sie in Kanters Definition aus den 1970er Jahren erfolgten, werden von einer deutschsprachigen Sonderpädagogik inzwischen nicht mehr vertreten. Stattdessen dominieren Hinweise auf komplexe Problemlagen, die schulisches Lernversagen verursachen oder gar ein Abrücken von einschlägigen Begriffen und dahinter liegenden Vorstellungen zugunsten der Beschreibung erschwerter Bedingungen des Aufwachsens und Lernens im Lebenslauf (z.B. bei Schroeder 2015).

Sprachbehinderung (Förderschwerpunkt Sprache)
Im Zusammenhang mit Problemen der Sprache sind recht unterschiedliche Begriffe im Gebrauch, die zumeist synonym verwendet werden. So ist die Rede von Sprachheilpädagogik, Pädagogik bei Sprachstörungen, Sprachbehindertenpädagogik, Pädagogik bei gestörter Kommunikationsfähigkeit (vgl. Lechta 2003) oder Förderschwerpunkt Sprache als aktuellem Begriff (Grohnfeldt 2015).
Wenn wir Sprachbeeinträchtigungen als Oberbegriff betrachten, könnte unterschieden werden zwischen Sprachbehinderungen und Sprachstörungen. Im Sinne der Unterteilung von Bach sind Behinderungen umfänglich und weitgehend, während Störungen weniger weitgehend und zeitlich eher begrenzt sind.
Sprachbehinderung in diesem Sinne wäre eine vorübergehende oder dauernde Unfähigkeit, die allgemeine Umgangssprache in Laut und Schrift altersüblich zu verstehen, zu verarbeiten und zu äußern. Ungeachtet der an verschiedenen Studienstätten nach wie vor unterschiedlichen Begrifflichkeit, hat sich überwiegend der Begriff der Sprachbehinderungen als Oberbegriff durchgesetzt. Es sind aber weitgehend die gleichen Symptombilder, die in den jeweiligen Darstellungen als Aufgabenbereiche genannt werden. Die nachfolgende Auflistung von Sprachbehinderungen durch Grohnfeldt findet sich inhaltlich ähnlich, aber in veränderter Form der Darstellung bereits bei Knura (1977).

> Grohnfeldt (2001, 136) rechnet zu den **Sprachbehinderungen** die Störungen der Sprachentwicklung (z.B. Störungen der Aussprache, der Semantik und des grammatischen Regelsystems), Störungen der Rede (Stottern, Poltern, Mutismus, Sprechangst), zentrale Sprach- und Sprechstörungen (z.B. Aphasie als Störung des Sprachausdrucks und Apraxie als Beeinträchtigung des Bewegungsablaufs der Sprechorgane), Dysphonien (Stimmstörungen), Rhinophonien („Näseln“) und myofunktionelle Störungen (z.B. bedingt durch die Zungenlage).

Der Begriff „Sprachbehinderung“ wird nur dann angewandt, wenn Sprachstörung nicht als Folge beispielsweise einer Hör- oder intellektuellen Beeinträchtigung zu sehen ist.
Mit dem Erwerb der Sprache im Vorschulalter können verschiedene Auffälligkeiten und Entwicklungsrückstände auftreten. Der Spracherwerb ist ein komplexer Prozess, bei dem an den unterschiedlichsten Stellen Probleme auftreten können. Welling (2006, 83) unterscheidet zwischen Sprachentwicklungsverzögerung und Sprachent-

wicklungsstörung. Die Sprachentwicklungsverzögerung ist „eine zeitlich charakterisierbare Verlangsamung oder Verspätung der Sprachentwicklung des Kindes“, während die Sprachentwicklungsstörung auf strukturelle Besonderheiten verweist, „die das Kind in seiner Entwicklung nicht mehr von selber wird aufholen können“ (ebd.).

Verhaltensstörung (Förderschwerpunkt emotionale und soziale Entwicklung)
Der Begriff der Verhaltensstörungen ist international seit etwa der Mitte des 20. Jahrhunderts gebräuchlich. Verhaltensstörungen sind zumeist mit der Übertretung von Normen verbunden und ihre Diagnose ist infolgedessen in hohem Grade vom gesellschaftlichen Umfeld abhängig. So kann die Konfliktlösung zwischen Buben mit körperlicher Gewalt in entsprechendem Umfeld als rollenkonformes Verhalten toleriert, andernorts aber als Problemverhalten eingestuft werden. Die nachfolgende Definition gibt ein im Fachgebiet weit verbreitetes Verständnis von Verhaltensstörungen wieder.

> „**Verhaltensstörung** ist ein von den zeit- und kulturspezifischen Erwartungen abweichendes maladaptives Verhalten, das organogen und/oder milieureaktiv bedingt ist, wegen der Mehrdimensionalität, der Häufigkeit und des Schweregrades die Entwicklungs-, Lern- und Arbeitsfähigkeit sowie das Interaktionsgeschehen in der Umwelt beeinträchtigt und ohne besondere pädagogischtherapeutische Hilfe nicht oder nur unzureichend überwunden werden kann.“ (Myschker 2005, 45)

Hillenbrand (2006, 174ff) rechnet Aggressionen, Hyperaktivität und Angststörungen zu den am häufigsten beschriebenen Störungen. Darüber hinaus stellt sich das Symptombild aber außerordentlich komplex dar. Die Frage der Verursachung lässt auch kulturellen und milieubezogenen Faktoren Raum, betont aber in der Regel die Vielzahl von Faktoren, welche die Verhaltensgenese bei Kindern und Jugendlichen ungünstig beeinflussen können und verweist auch auf unterschiedliche Modelle zur Erklärung der Verhaltensgenese (ebd., 74).
Am Begriff der Verhaltensstörung wurde bereits in den 1970er Jahren aus pädagogischer Sicht die Verortung des Problems im Kinde unter Absehung vom erzieherischen Kontext bemängelt. Der alternativ vorgeschlagene Begriff der „Erziehungsschwierigkeit“ konnte sich nicht durchsetzen, vermutlich wegen seiner fachlichen Einengung auf Erziehung bei Phänomenen, die von verschiedenen Wissenschaften thematisiert wurden (Hillenbrand 2008, 8f).
Ausgehend vom Terminus „Förderschwerpunkt emotionale und soziale Entwicklung“ der deutschen Kultusministerkonferenz ersetzt der Begriff der „emotionalen und sozialen Entwicklungsstörungen“ inzwischen häufig den stärker negativ konnotierten Ausdruck der „Verhaltensstörungen“. Gleichzeitig erleichtert dies eine Abkehr von einer primär schulpädagogischen Sicht auf das Phänomen und eine Hinwendung zu einer Verknüpfung mit weiteren Lebensbereichen und einer auf den gesamten Lebenslauf bezogenen Orientierung (z.B. bei Wevelsiep 2015).

Komplexe und mehrfache Behinderung

Schwerste Behinderung wurde mit „fehlender Handlungsfähigkeit“ als letzte sonderpädagogische Kategorie wissenschaftlich beschrieben (Fröhlich 1991). Komplexe (Fornefeld 2008), mehrfache (Bernasconi/Böing 2015) und multiple Behinderung sind weitere Begriffe, die in den vergangenen Jahren verwendet wurden, um Menschen mit besonders hohem Plege- und/oder Unterstützungsbedarf zu bezeichnen. Die Begriffe können allerdings nicht synonym verwendet werden. Auch wenn es sich um Gruppen handelt, die aufgrund ihres Ausmaßes an notwendiger Unterstützung zur Bewältigung alltäglicher Verrichtungen in jeglicher Institution erhöhte Aufmerksamkeit erfordern und daher eine wesentliche Schnittmenge an Merkmalen aufweisen, so sind sie doch bei verschiedenen Wissenschafter/innen unterschiedlich beschrieben. Fornefeld orientiert sich beim Terminus „Komplexe Behinderung“ am international gebräuchlichen Begriff der „People with complex needs“ (Fornefeld 2008, 11) und versteht darunter „Personen mit geistiger Behinderung, die innerhalb der Gesamtpopulation der Menschen mit Behinderung vom System als die angeblich Leistungsschwächsten übersehen werden“ (ebd., 10).

Eine weitere Gruppe, die erst in den letzten Jahren von der Sonderpädagogik in den Blick genommen wurden, sind Kinder mit Anenzephalie, die zwar über einen Hirnstamm verfügen, bei denen aber wesentliche Teile des menschlichen Gehirns nicht existieren (Goll/Jaquier/Römelt 2009). Die geringe Anzahl an Kindern, die kurze postnatale Lebenserwartung von oft nur wenigen Stunden oder Tagen und die kaum vorhandenen postnatalen Entwicklungsmöglichkeiten führten dazu, dass sie außerhalb klinischer Interventionen nicht registriert wurden. Erst langsam erwacht ein Bewusstsein darüber, dass sie als Menschen und Teil von Familien Anerkennung und Unterstützung beanspruchen dürfen, aber auch von Systemen pädagogischer Dienstleistungen beachtet werden müssen.

Hochbegabung als sonderpädagogische Kategorie?

Während Hochbegabung im deutschsprachigen Raum zumeist nicht als Kategorie der Sonderpädagogik betrachtet wird, sehen wir im angloamerikanischen Raum häufig eine andere Bewertung dieses Phänomens. „Education of the gifted“ wird hier auch als Angelegenheit der Sonderpädagogik angesehen. Dies hat eine lange Tradition bis in die 1920er Jahre, als eine Studie sich mit angeblichen körperlichen und sozialen Schwächen sowie schulischen Zurückweisungen dieser Gruppe beschäftigte (Feldhusen 2007). In den 1950er Jahren gab es in begrenztem Umfang Sonderprogramme, die auch zur Einrichtung von Sonderschulen für besonders begabte Schüler/innen führten. Dabei war lange nicht klar, was unter Hochbegabung zu verstehen sei. Der Marland Report an den amerikanischen Senat von 1972 verstand Hochbegabung als herausragende Fähigkeit oder Potenzial in den Bereichen allgemeiner intellektueller Leistung, wissenschaftlicher Eignung, kreati-

ven und produktiven Denkens, aber auch von Führungsfähigkeiten, künstlerischen und psychomotorischen Begabungen (ebd., 972).
Parallel zu den Beschreibungen der spezifischen Fähigkeiten der Gruppe erschienen aber auch Studien, die auf die unzureichende individuelle Ausschöpfung dieses Potenzials und Behinderungen des Lernens hinwiesen. Darüber hinaus wurde auch auf Lernschwierigkeiten bei hochbegabten Kindern hingewiesen (Fournier 2007).
Die Pädagogische Psychologie wurde erst durch Einflüsse des angloamerikanischen Raumes zu verstärkten Forschungen angeregt. Mittlerweile liegen hier verschiedene Studien und zusammenfassende Darstellungen vor (vgl. Heller 2001).
Die geläufigen Definitionen von Hochbegabung werden von Holling und Kanning (1999) in folgende Typen unterteilt:

> „1. **Ex-post-facto-Definitionen:**
> Diesen Definitionen zufolge wird jemand als hochbegabt bezeichnet, wenn er etwas Hervorragendes geleistet hat. Mit einer solchen Definition werden vornehmlich Erwachsene oder Kinder höheren Alters erfasst.
>
> 2. **IQ-Definitionen:**
> Diese Definitionen spezifizieren einen bestimmten Grenzwert der Intelligenz, meist einen IQ von 130. Wer oberhalb dieses Wertes liegt, gilt als hochbegabt.
>
> 3. **Talentdefinitionen:**
> Durch diese Definitionen sollen Sonderbegabungen und Begabung in einer Vielzahl von Bereichen mit einbezogen werden. Als hochbegabt werden solche Personen bezeichnet, die in einem spezifischen künstlerischen oder akademischen Bereich besondere Leistungen erbringen.
>
> 4. **Prozentsatzdefinitionen:**
> Hier wird ein bestimmter Prozentsatz der Bevölkerung als hochbegabt definiert, z.B. 15-20% aller Schüler der Sekundarstufe II. Bei dem Kriterium kann es sich um Noten, um Schulleistungstests oder auch um Werte in Intelligenztests handeln.
>
> 5. **Kreativitätsdefinitionen:**
> Diese Klasse von Definitionen betont originelle und produktive Leistungen als kennzeichnend für Hochbegabung und lehnt eine reine Definition nach dem IQ ab.“ (Holling/Kanning 1999, 5f)

Nicht selten finden sich in Definitionen, die empirische Studien verwenden, auch Kombinationen aus mehreren dieser Typen, abhängig von den jeweils zugrunde liegenden Begabungstheorien.
Hochbegabungen kamen in der deutschsprachigen Sonderpädagogik lange Zeit nur vereinzelt in Kontexten der Verhaltensgestörtenpädagogik vor. Erst Ende der 1990er Jahre wurde erstmals in der deutschsprachigen Sonderpädagogik die Frage aufgeworfen, ob sie Hochbegabungen als ihre Angelegenheit betrachten soll (Hoyningen-Süess/Lienhard 1998) und in jüngerer Zeit gab es auch erste Studien, die diese Frage unter Zuhilfenahme empirischer Erhebungen klären wollten (Hoyningen-Süess/Gyseler 2006).

2.4 Behinderungen, Lernschwierigkeiten und Benachteiligungen: die Einteilungen der OECD

In den vergangenen Jahren erschienen mehrere Publikationen der OECD, die versuchten, die Populationen von Schüler/innen mit „special educational needs" in den verschiedenen Ländern miteinander zu vergleichen. Dabei wurden die in den einzelnen Ländern gebräuchlichen Kategorien aufgearbeitet und einander gegenübergestellt. Die verwendeten Kategorien unterscheiden sich erheblich, was ihre Zahl betrifft, aber auch welche Problemlagen in welchem Ausmaß Gegenstand einer Kategorisierung wurden. Das Centre for Educational Research and Innovation (CERI) der OECD hat in einer außerordentlich detaillierten Übersicht alle in den Mitgliedsländern gebräuchlichen Kategorien dargelegt (OECD/CERI 2005). Die Anzahl der von den Bildungsverwaltungen verwendeten Kategorien schwankte zwischen 19 in der Schweiz und 2 in Großbritannien. Die meisten Länder hatten etwa 12 bis 13 Kategorien (ebd., 25).

Die Ländervergleiche zeigen, dass verschiedene Kategorien nur in einem Teil der Länder ausgewiesen werden. Wo die verwendeten Behinderungskategorien begrifflich gleich sind, deuten die angegebenen Zahlen aber auf ein unterschiedliches Verständnis der Begriffe hin, selbst bei Sinnesbehinderungen wie Blindheit oder Gehörlosigkeit, wo man die Unterschiede nicht so groß vermuten würde.

Den Versuch, das statistische Material eher vergleichbar zu machen, möchte die OECD mit einer eigenen Unterteilung erreichen. Vom Begriff der „special educational needs" möchte sie wegen den sehr unterschiedlichen Auslegungen abrücken und ihn durch andere Unterteilungen ersetzen (OECD/CERI 2005, 12). Eine stärkere Anbindung an das Umfeld der International Standard Classification of Education (ISCED) der UNESCO wird mit den neuen Kategorien intendiert. In der Neufassung der ISCED der UNESCO im Jahre 1997 wurde der Begriff „special education", womit in der ursprünglichen Fassung eher Sonderschulbesuch assoziiert wurde, durch „special needs education" ersetzt. Bereits damals erfolgte ein Hinweis, dass sich die Gruppe damit ausweitet.

Die bislang vorgelegten Übersichten der OECD waren eher verwirrend, da quantitative Zuordnungen zwischen den Ländern extrem differierten und zu Quoten zwischen 1% und 30% für alle kategorisierten Kinder im schulpflichtigen Alter führten. Das Problem liegt vermutlich am Fehlen eigener Erhebungen nach einem einheitlichen Maßstab. Die vorgelegten Daten greifen auf die vorhandenen Datenbestände der staatlichen Bildungsverwaltungen und statistischen Ämter zurück, mit denen diese ihr jeweiliges Angebot an zusätzlichen pädagogischen Maßnahmen dokumentieren. Die Durchsicht der Tabellen zeigt eindrucksvoll, wie extrem unterschiedlich die Zuordnungen in den einzelnen Ländern sind.

Die OECD ordnet die in den Mitgliedsländern vorhandenen Kategorien neuen länderübergreifenden Kategorien („cross-national categories") zu und bezeichnet

diese mit A, B und C. Diese werden von der OECD wie folgt beschrieben (OECD/CERI 2005, 4):
Kategorie A (Behinderungen, „disabilities“): Es sind Schüler/innen, deren Behinderungen oder Schädigungen primär organisch verursacht sind. Gemeint sind insbesondere Defekte im sensorischen, motorischen oder neurologischen Bereich. Der Erziehungs- und Bildungsbedarf („educational needs“) entsteht vorwiegend aufgrund dieser Behinderungen.
Kategorie B (Lernschwierigkeiten, „learning difficulties“): Hier sind Schüler/innen mit emotionalen und Verhaltensstörungen oder speziellen Lernstörungen gemeint. Der Erziehungs- und Bildungsbedarf entsteht primär aus den Interaktionen zwischen Schüler/innen und dem erzieherischen Umfeld.
Kategorie C (Benachteiligungen, „disadvantages“): Die Benachteiligungen dieser Schüler/innen entstehen vorwiegend aus sozio-ökonomischen, kulturellen und/oder sprachlichen Gegebenheiten. Der Erziehungs- und Bildungsbedarf ergibt sich aus der Notwendigkeit, Benachteiligungen aufgrund der genannten Faktoren zu kompensieren.
Abgesehen von den beschriebenen Problemen, ergibt die von der OECD gewählte Systematik aber durchaus Sinn, weil unterschiedliche Phänomene angepasstere Interventionsformen nach sich ziehen sollten.

Tab. 2.3: Länderübergreifende Kategorien der OECD

A	Behinderungen	(„disabilities“)	Behinderungen mit organischer Ursache
B	Lernschwierigkeiten	(„learning difficulties“)	Lern- und Verhaltensstörungen
C	Benachteiligungen	(„disadvantages“)	Soziale, kulturelle und sprachliche Benachteiligungen

Statt von „special educational needs“, wie in früheren Darstellungen, ist im Kontext von „inclusion“ in den Publikationen der OECD inzwischen durchgängig von „disabilities“, „learning difficulties“ und „disadvantages“ die Rede. Die langfristigen Folgen dieser begrifflichen Veränderungen auf die Klassifizierung der heilpädagogischen Klientel sind bisher noch nicht abzusehen. Während sich der vorausgegangene Begriff der „special educational needs“ noch sehr eng an der traditionellen Klientel der Heilpädagogik orientierte, ist eine deutliche Ausweitung der Adressatengruppe von Klassifizierungen mit dem Begriff der „disadvantages“ zu erwarten. Die traditionelle Bezugsgruppe der Heilpädagogik spiegelt sich im Wesentlichen in den Kategorien A und B wieder. Schüler/innen mit Benachteiligungen aufgrund des soziokulturellen Hintergrundes und der Sprache (Kategorie C) stellen in den deutschsprachigen und den meisten übrigen entwickelten Ländern eine wesentlich höhere Quote als die bisher sonderpädagogisch etikettierten Kinder dar.

2.5 Das bio-psycho-soziale Modell von Behinderung

Die „International Classification of Impairments, Disabilities and Handicaps“ (ICIDH) der Weltgesundheitsorganisation (WHO) von 1980 verstand sich als Ergänzung zur ICD. Während die Internationale Klassifizierung der Krankheiten sich an ätiologischen Gesichtspunkten orientiert, sollte die ICIDH zur Beschreibung von Behinderungen als Folge von Schädigungen führen (WHO 1980). Weiterhin sollte sie eine einheitliche Sprache in gesundheitlichen Kontexten liefern, wobei sie auch den Anspruch erhob, ein Instrument für die Kommunikation mit nichtmedizinischen Fachgebieten zu liefern.

Im Zusammenhang mit körperlichen Behinderungen gab es bereits in den frühen 1960er Jahren in der amerikanischen Sonderpädagogik eine Taxonomie, welche somatische, personale wie soziale Aspekte des Behinderungsphänomens gleichermaßen in den Blick nehmen wollte. So unterschied eine sonderpädagogische Publikation von Stevens bereits 1962 zwischen „impairment“, „disability“ und „handicap“ (Ward/Fletcher-Janzen 2007, 733). Die Unterscheidung dieser drei Dimensionen wurde von der Weltgesundheitsorganisation (WHO) in ihre Klassifikation der Behinderungen aufgenommen und als bio-psycho-soziales Modell von Behinderung bezeichnet. In der ICIDH waren „impairment“, „disability“ und „handicap“ bereits im Titel genannt und gaben damit auch die inhaltliche Ausrichtung dieser Klassifikation an. Die ICIDH verstand sich als Teil der Familie medizinischer Klassifikationen. Während die ICD die Klassifizierung von Krankheiten zum Ziel hatte, ging es bei der ICIDH um die Beschreibung von Behinderungen als Krankheitsfolgephänomene.

Für die Verständigung zwischen verschiedenen Fachgebieten wie Rechtswissenschaft, Heilpädagogik, Soziologie oder Medizin hat die ICIDH und das mit ihr transferierte bio-psycho-soziale Modell von Behinderung eine sehr wichtige Rolle gespielt. Auch auf die Theoriebildung der Sonderpädagogik hat die ICIDH in den vergangenen Jahrzehnten erhebliche Auswirkungen gehabt.

Bei der Übersetzung der Begriffe „impairment“, „disability“ und „handicap“ ins Deutsche gab es verschiedene Versionen. Lindmeier hat die zwischen 1962 und 1990 gebräuchlichen Unterteilungen des somatischen, personalen und gesellschaftlichen Aspektes von Behinderungen zusammengestellt und kam dabei auf nicht weniger als 21 Versionen (Lindmeier 1993, 190). Als offizielle Übersetzung der ICIDH darf wohl die mit dem Logo der WHO versehene und als Buch erschienene von Rolf-Gerd Mathesius angesehen werden (WHO/Mathesius 1995). Dort wird „impairment“ mit „Schädigung“, „disability“ mit „Fähigkeitsstörung“ und „handicap“ mit „Beeinträchtigung“ übertragen. Dass zwischen dieser Übersetzung und der in der Heilpädagogik gebräuchlichen Terminologie deutliche Unterschiede bestehen, lässt sich an allen einschlägigen Lehrbüchern belegen. Die Verwendung des Begriffs „Beeinträchtigung“ ist hier ganz anders als bei Bach, was sicherlich auch damit erklärbar ist, dass die Übertragung von Mediziner/innen vorgenommen wurde und andere fachliche Aspekte in den Begriffswahlen kaum Berücksichtigung fanden.

Als Beispiel für abweichende Übertragungen in der Sonderpädagogik sei Bleidick und Hagemeister (1995) genannt, die „impairment" auch als „Schädigung", „disability" aber als „Beeinträchtigung" und „handicap" als „Benachteiligung" übersetzen.
Die Inhalte der deutschen und der englischen Begriffe dürften hier wohl am Ehesten übereinstimmen. „Impairment" ist die Schädigung des Körpers, „disability" das fehlende Handlungsvermögen und „handicap" thematisiert die Benachteiligungen im sozialen Umfeld.
Was ist konkret unter dieser Dreiteilung von Schädigung, Behinderung und Benachteiligung zu verstehen? Dies lässt sich an einem Beispiel veranschaulichen: Eine schwangere Frau erkrankt an Röteln. Dadurch werden die sich bildenden Gehörnerven des Kindes geschädigt („impairment"). Als Folge kann es später nicht hören („disability"). An der lautsprachlichen Kommunikation seiner Umgebung kann es nur sehr wenig teilnehmen und ist von vielen weiteren Bereichen des öffentlichen Lebens der Hörenden ausgeschlossen („handicap").
Im Jahre 1993 ergänzte die WHO den Text um ein Vorwort und kündigte an, dass Veränderungen erforderlich seien. So sollte eine Anpassung an die 1992 publizierte ICD-10 erfolgen, da ICD und ICIDH in einigen Bereichen nicht mehr kompatibel seien. Weiterhin wurde auf Kritiken Bezug genommen, dass die ICIDH nicht deutlich genug die Rolle der sozialen und natürlichen Umwelt bei der Entwicklung von Beeinträchtigungen berücksichtige und eine „Medikalisierung der Behinderung" fördern könne (WHO/Mathesius 1995, 213).
Eine Neufassung sollte auf eine breitere Anwendbarkeit, eine Erleichterung der Verwendung in Praxisfeldern und eine Sensibilisierung gegenüber kulturellen Unterschieden hinarbeiten. Die bewährte Unterscheidung „impairment", „disability" und „handicap" (I/D/H) sollte erhalten bleiben. Unter dem Namen ICIDH-2 wurden mehrere Versionen für einen Neuentwurf erarbeitet und jahrelang Feldversuchen unterzogen. Die Endfassung wurde im Mai 2001 der Generalversammlung der WHO vorgelegt und angenommen.

2.6 Schädigung, Aktivitätsbegrenzung und Partizipationsbeschränkung als Strukturmerkmale einer transdisziplinären Sicht von Behinderung

Mit der Beschlussfassung wurde auch ein neuer Name für die Klassifikation eingeführt. Das Dokument hieß nicht mehr wie zuvor ICIDH-2, sondern ICF (DIMDI/WHO 2005). ICF ist die Abkürzung für „International Classification of Functioning, Disability and Health", übersetzt also „Internationale Klassifikation der Funktionsfähigkeit, Behinderung und Gesundheit".
Die ICIDH aus dem Jahre 1980 verlor damit ihre Gültigkeit. Als Anwendungsbereiche der neuen Klassifikation werden Statistik, Forschung, klinischer Bereich, Sozialpolitik, Gesetzgebung, Umweltgestaltung, Entwicklung der Gesetzgebung,

Wirtschaft, Versicherungswesen und Erziehung genannt (DIMDI/WHO 2005, 7), sofern sich Beziehungen zum Bereich der Gesundheit herstellen lassen. Auch wenn diese Klassifikation in medizinischen Kontexten entstanden ist, möchte sie doch nicht eine Klassifikation des Fachgebiets Medizin sein, sondern sie erhebt den Anspruch, mit ihrer Systematik eine gemeinsame Terminologie für die verschiedenen Fachgebiete bereit zu stellen.

Während der Anspruch der ICIDH in der Klassifizierung von Behinderungen als Krankheitsfolgephänomenen bestand, möchte die ICF auch Komponenten von Gesundheit erfassen.

Im Einführungstext der ICF heißt es, das Dokument habe sich fortentwickelt von einer Klassifikation der Krankheitsfolgen zur Klassifikation der Komponenten von Gesundheit (DIMDI/WHO 2005, 5). Behinderung im Sinne der ICF kann definiert werden als „das Ergebnis der negativen Wechselwirkung zwischen einer Person mit einem Gesundheitsproblem (ICD) und ihren Kontextfaktoren auf ihre funktionale Gesundheit“ (Schuntermann 2007, 34).

Die ICF verfolgt damit auch einen im weiteren Sinne salutogenetischen Ansatz. Prinzipiell ist es daher möglich Klassifizierungen mit der ICF in Bezug auf alle Menschen zu machen, nicht nur bezüglich derjenigen mit Behinderung.

In einem Einführungskurs in die ICF wird Behinderung wie folgt beschrieben: Die ICF betont, dass nicht eine Klassifizierung von Menschen erfolge, sondern eine Klassifikation der Gesundheitsmerkmale in der Berührung einer individuellen Lebenssituation mit den Umweltbedingungen. Die Einheiten der Klassifikation seien nicht die Menschen, sondern die Kategorien innerhalb beschriebener Bereiche (ebd., 10). Behinderung wird als Produkt der Wechselwirkung von Gesundheitsmerkmalen und kontextuellen Faktoren betrachtet.

In den ethischen Leitlinien für den Gebrauch der ICF heißt es, sie dürfe niemals dazu gebraucht werden um Menschen zu etikettieren oder Behinderungskategorien zuzuordnen (DIMDI/WHO 2005, 313f).

Die Unterschiede zwischen den beiden Klassifizierungen lassen sich vielleicht am besten an einem Beispiel aufzeigen. Anhand der Kategorie „geistige Retardierung“ aus der ICIDH von 1980 lässt sich dies veranschaulichen. Unter der Rubrik „Schädigungen“ wurde unter den Ziffern 10-13 geistige Retardierung hohen, schweren, mäßigen und leichten Grades unter Zuordnung bestimmter IQ-Werte unterschieden. Unter der Ziffer 12 etwa war hier zu lesen: „Mäßige geistige Behinderung; IQ 35-49; Personen, die einfache Kommunikation, elementare Gewohnheiten zum Schutze ihrer Gesundheit und Sicherheit sowie einfache manuelle Fertigkeiten erlernen können, aber keine Fortschritte im funktionalen Lesen und Rechnen erreichen“ (WHO/Mathesius 1995, 269). In der ICF sucht man den Begriff der geistigen Retardierung vergeblich. Statt der hier noch ersichtlichen problematischen Kombination unterschiedlicher Merkmale müssen die Anwender/innen der Klassifikation eine differenzierte Beschreibung anhand der Items der verschiedenen Bereiche leisten.

Die Einteilung der ICIDH von 1980 hatte mit den drei Begriffen „impairment" für die körperliche, „disability" für die individuelle und „handicap" für die gesellschaftliche Perspektive eine gut nachvollziehbare Struktur. Diese Begriffe haben mit der Revision eine sehr unterschiedliche Karriere durchlaufen. „Impairment" wurde im Zusammenhang mit „body functions and structures" weiterverwendet, „disability" wurde zum Oberbegriff für alle drei Perspektiven und „handicap" wurde nicht weiter verwendet. Die Herausnahme des Begriffs „handicap" wurde mit seinem stigmatisierenden Charakter begründet (DIMDI/WHO 2005, 310).
Im Zusammenhang mit der Feststellung von Behinderungen wird in heilpädagogischer Literatur zunehmend auf die ICF und deren Begriffsgerüst Bezug genommen. Um diese Systematik zu verstehen und damit anwendbar und diskutierbar zu machen, ist es nötig, sich auf das gesamte begriffliche und argumentative System der ICF einzulassen. Auch im Hinblick auf die überragende Bedeutung für aktuelle und zukunftsweisende Entwicklungen im Fachgebiet, ist es unumgänglich, sich mit diesem Dokument intensiv vertraut zu machen. Daher soll diese Klassifikation nachfolgend ausführlich beschrieben werden. Insbesondere soll dargestellt werden, *was* klassifiziert wird und *wie* dies geschieht.

Was klassifiziert die ICF?

Ausgangsproblem ist eine Gesundheitsstörung oder eine Krankheit. Abbildung 2.6 gibt die begriffliche Struktur recht gut wieder. Die in diesem Zusammenhang genannten Begriffe (Körperfunktionen und -strukturen, Aktivitäten, Partizipation, Umweltfaktoren und personbezogene Faktoren) werden in der ICF als *Komponenten* bezeichnet. Diese wiederum bestehen aus *Domänen*. In einer Fußnote ist beschrieben, was darunter zu verstehen ist:

> „Eine Domäne ist eine praktikable und sinnvolle Menge von miteinander im Zusammenhang stehenden physiologischen Funktionen, anatomischen Strukturen, Handlungen, Aufgaben oder Lebensbereichen" (DIMDI/WHO 2005, 3).

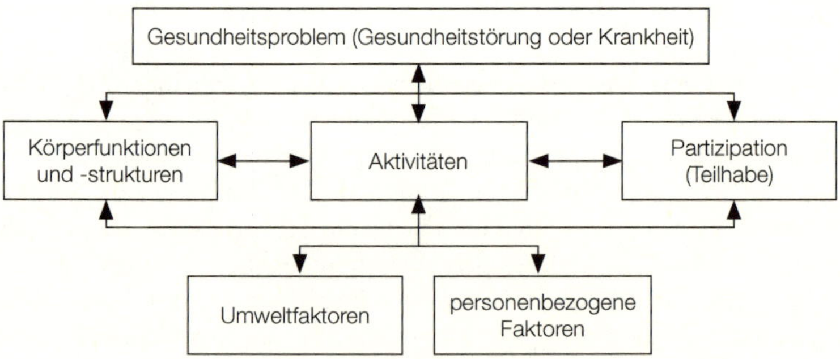

Abb. 2.6: Komponenten der ICF (Darstellung in Anlehnung an DIMDI/WHO 2005, 21)

Was ist unter den 5 in der Übersicht genannten Komponenten zu verstehen und welche Domänen umfassen sie?

1. Komponente: Mit der Komponente *Körperfunktionen* sind die physiologischen bzw. organischen, aber auch psychische oder mentale Funktionen des Menschen gemeint (DIMDI/WHO 2005, 11). Zu den mentalen Funktionen gehören beispielsweise solche der Orientierung, der Intelligenz, Temperament und Persönlichkeit, kognitiv-sprachliche Funktionen oder Selbstwahrnehmung und Zeitwahrnehmung (ebd., 39). Zu den Körperfunktionen gehören aber auch Sinnesfunktionen wie Sehen, Hören, Schmecken, Tasten oder das Empfinden von Schmerz (ebd. 39f). Für heilpädagogische Zugänge besonders relevant sind auch Stimm- und Sprechfunktionen oder bewegungsbezogene Funktionen.

Unter *Körperstrukturen* sind die organischen Bestandteile wie z.B. Gliedmaßen oder innere Organe zu verstehen. Analog zu den Funktionen werden in 8 Kapiteln die entsprechenden Körperstrukturen aufgelistet. Genannt werden etwa Strukturen des Nervensystems, Auge und Ohr, Stimm- und Sprechwerkzeuge und Körperstrukturen, die mit dem Bewegungsapparat im Zusammenhang stehen (ebd., 44ff). Wenn bei diesen Strukturen eine wesentliche Abweichung oder ein Verlust eintritt, liegt eine Schädigung vor.

2. und 3. Komponente: Unter *Aktivität* ist die Durchführung einer Aufgabe oder einer Handlung durch den Menschen zu verstehen. Unter *Partizipation* oder Teilhabe ist die Einbezogenheit eines Menschen in eine Lebenssituation oder einen Lebensbereich gemeint. Während in ersten Beratungsentwürfen der ICIDH-2 noch der Versuch gemacht wurde, Aktivität und Partizipation getrennt zu behandeln, hat sich im Laufe des Diskussionsprozesses die Erkenntnis durchgesetzt, dass dies nicht möglich sei. Beide Aspekte werden daher gemeinsam klassifiziert. Für Aktivitäten und Teihabe werden Domänen in 9 Kapiteln aufgelistet: Lernen und Wissensanwendung (wozu Zuschauen, Lesen lernen oder Rechnen gehören), allgemeine Aufgaben und Anforderungen (z.B. Mehrfachaufgaben übernehmen oder mit Stress umgehen), Kommunikation (z.B. Mitteilungen schreiben oder Diskussion), Mobilität, Selbstversorgung, zwischenmenschliche Beziehungen, bedeutende Lebensbereiche (wie Erziehung und Bildung, Arbeit und Beschäftigung), aber auch soziales und staatsbürgerliches Leben. Dazu zählen so unterschiedliche Themen wie Erholung, Religion und Menschenrechte.

4. Komponente: Die *Umweltfaktoren* umfassen die materielle und gesellschaftliche Umgebung, in der ein Mensch lebt. Sie sind unterteilt in Produkte und Technologien (Kapitel 1), natürliche und vom Menschen veränderte Umwelt (Kapitel 2), Unterstützung und Beziehungen (Kapitel 3), Einstellungen (Kapitel 4) sowie Dienste, Systeme und Handlungsgrundsätze (Kapitel 5). Die Liste der Umweltfaktoren berührt in breitem Umfang auch heilpädagogische Aufgaben- und Handlungsfelder. Es ist daher lohnend, sich diese näher anzusehen.

Die angeführten Produkte und Technologien, die jeweils bereitgestellt werden können, beziehen sich beispielsweise auf Mobilität, Bildung, Erwerbstätigkeit oder Kultur. Bauprodukte und Technologien in öffentlichen Gebäuden, wie z.B. Rampen, werden aber ebenfalls in den Blick genommen. Es gehört auch das weite Feld der Dienstleistungen im Bereich des Sozial- und Bildungswesens dazu, wenngleich die Zahl der Kategorien hier vergleichsweise gering ist.
5. Komponente: Die *personenbezogenen Faktoren* sind diejenigen Aspekte, die ausschließlich mit der betreffenden Person zu tun haben wie Name oder Geburtsdatum. In der Einführung zur ICF finden sich Hinweise, was zu den personbezogenen Faktoren gerechnet werden kann. Genannt werden „Geschlecht, ethnische Zugehörigkeit, Alter, andere Gesundheitsprobleme, Fitness, Lebensstil, Gewohnheiten, Erziehung, Bewältigungsstile, sozialer Hintergrund, Bildung und Ausbildung, Beruf sowie vergangene und gegenwärtige Erfahrungen" und weitere Faktoren (DIMDI/WHO 2005, 20). Schuntermann (2007, 24) nennt weiterhin Charakter, Motivation, Handlungswille und Mut. Die personbezogenen Faktoren bilden einen Bereich, der mit sozialwissenschaftlichen und damit auch heilpädagogischen Inhalten gefüllt werden kann. Die hier eher zufällig zusammengetragenen Punkte zeigen auf, um welch weites Feld das Spektrum möglicher Inhalte ergänzt werden kann. Eine Fülle spezifisch heilpädagogischer Inhalte, insbesondere aus dem Theoriebestand bisheriger Verhaltensgestörtenpädagogik, ließe sich hier noch hinzufügen. Unterschiedliche fachliche Zugänge können in ihrer Wirkung durchaus komplementär sein.

Wie klassifiziert die ICF?
Zur Beantwortung dieser Frage sollten wir uns einige der hier verwendeten Begriffe in ihrem Verwendungszusammenhang anzuschauen.
Die ICF ist in zwei Teile gegliedert. Der erste, sehr umfangreiche, ist überschrieben mit „Funktionsfähigkeit und Behinderung". Er ist mehr als dreimal so lang wie der zweite, der mit „Kontextfaktoren" überschrieben ist, aber nur einen der beiden Kontextfaktoren enthält, nämlich die Umweltfaktoren. Auf eine Klassifizierung von personenbezogenen Faktoren hat die ICF verzichtet. Unabhängig von der formalen Gliederungsstruktur bewegt sich der eigentliche Klassifizierungsprozess daher in Bezug auf Körperfunktionen und -strukturen, Aktivitäten und Teilhabe, ergänzt um Umweltfaktoren, die durch positive wie durch negative Begriffe ausgedrückt werden können. Jede dieser Komponenten besteht aus Domänen. Diese wiederum umfassen Kategorien. Die Kategorien umfassen die Einheiten der Klassifikation.

Eine Unterscheidung zwischen Aktivität und Teilhabe ist in manchen Fällen möglich, in anderen nicht. Dies ist auch der Grund, warum beide Komponenten gleichzeitig klassifiziert werden.

Tab. 2.4: Struktur der ICF (in Anlehnung an die Übersicht in DIMDI/WHO 2005, 12)

	Teil 1: Funktionsfähigkeit und Behinderung		**Teil 2: Kontextfaktoren**	
Komponenten	Körperfunktionen und -strukturen	Aktivitäten und Partizipation (Teilhabe)	Umweltfaktoren	personbezogene Faktoren
Domänen	Körperfunktionen Körperstrukturen	Lebensbereiche (Aufgaben, Handlungen)	Äußere Einflüsse auf Funktionsfähigkeit und Behinderung	Innere Einflüsse auf Funktionsfähigkeit und Behinderung
Konstrukte	Veränderung in Körperfunktionen physiologisch Veränderung in Körperstrukturen (anatomisch)	Leistungsfähigkeit Durchführung von Aufgaben in einer standardisierten Umwelt Leistung Durchführung von Aufgaben in der gegenwärtigen tatsächlichen Umwelt	fördernde oder beeinträchtigende Einflüsse von Merkmalen der materiellen, sozialen und einstellungsbezogenen Welt	Einflüsse von Merkmalen der Person
positiver Aspekt	Funktionale und strukturelle Integrität	Aktivitäten Partizipation (Teilhabe)	positiv wirkende Faktoren	nicht anwendbar
	Funktionsfähigkeit			
negativer Aspekt	Schädigung	Beeinträchtigung der Aktivität Beeinträchtigung der Partizipation (Teilhabe)	negativ wirkende Faktoren (Barrieren, Hindernisse)	nicht anwendbar
	Behinderung			

Aktivität und Teilhabe erstrecken sich über die folgenden 9 Bereiche, die in der ICF als Domänen bezeichnet werden (vg. Abb. 2.7).

	Domänen
d1	Lernen und Wissensanwendung
d2	Allgemeine Aufgaben und Anforderung
d3	Kommunikation
d4	Mobilität
d5	Selbstversorgung
d6	Häusliches Leben
d7	Interpersonelle Interaktionen und Beziehungen
d8	Bedeutende Lebensbereiche
d9	Gemeinschafts-, soziales und staatsbürgerliches Leben

Abb. 2.7: Domänen der Aktivitäten und Teilhabe (Darstellung in Anlehnung an DIMDI/WHO 2005, 16)

Welche Kategorien gehören zu diesen Domänen? Der Gesundheits- und mit Gesundheit zusammenhängende Zustand eines Menschen kann durch Auswahl des oder der geeigneten Codes der Kategorien dokumentiert werden.
Dies lässt sich am Beispiel der Domäne „d4" (Mobilität) anhand der Änderung und Aufrechterhaltung der Körperpositionen erläutern. Wir finden hier eine Unterteilung in die folgenden Items:

„d410 Eine elementare Körperposition wechseln
d415 In einer Körperposition verbleiben
d420 Sich verlagern
d429 Die Körperposition ändern und aufrecht erhalten, anders oder nicht näher bezeichnet" (DIMDI/WHO 2005, 48).

Jede dieser einzelnen Items ist auf einer weiteren Gliederungsebene aufgeschlüsselt. Zum alphanumerischen Code d410 gehören daher noch d4100 (Sich hinlegen), d4101 (Hocken), d4102 (Knien), d4103 (Sitzen), usw. (ebd., 173f). Jede dieser einzelnen Körperstellungen ist dann mit einem kurzen Text, zumeist einem einzelnen Satz beschrieben. Für die Klassifikation wird jeweils zwischen Leistung („performance") und Leistungsfähigkeit („capacity") unterschieden. Mit Leistung ist gemeint, was der Mensch in der gegenwärtigen Lebenssituation tatsächlich tut. Unter Leistungsfähigkeit ist das höchstmögliche Niveau gemeint, das ein Mensch in einer bestimmten Domäne erreichen kann (ebd., 17).

Kapitel 1: Lernen und Wissensanwendung

Dieses Kapitel befasst sich mit Lernen, Anwendung des Erlernten, Denken, Probleme lösen und Entscheidungen treffen.

Bewusste sinnliche Wahrnehmungen (d110–d129)

d110	**Zuschauen** Absichtsvoll den Sehsinn zu benutzen, um visuelle Reize wahrzunehmen, wie einer Sportveranstaltung oder dem Spiel von Kindern zuschauen
d115	**Zuhören** Absichtsvoll den Hörsinn zu benutzen, um akustische Reize wahrzunehmen, wie Radio, Musik oder einen Vortrag hören
d120	**Andere bewusste sinnliche Wahrnehmungen** Absichtsvoll andere elementare Sinne zu benutzen, um Reize wahrzunehmen, wie die materielle Struktur tasten und fühlen, Süßes schmecken oder Blumen riechen
d129	**Bewusste sinnliche Wahrnehmungen, anders oder nicht näher bezeichnet**

Abb. 2.8: Klassifikation bewusster sinnlicher Wahrnehmungen (Darstellung in Anlehnung an DIMDI/WHO 2005, 157)

Bei Abbildung 2.8 sind wir in der ersten Domäne (d1) der Klassifikation der Aktivitäten und Teilhabe. Diese Domäne ist unterteilt in drei Bereiche, nämlich bewusste sinnliche Wahrnehmungen, elementares Lernen und Wissensanwendung. Bewusste sinnliche Wahrnehmungen werden zwischen d110 und d129 kodiert. Die Bezeichnung der letzten Code-Nummer am Ende mit einer 9 bedeutet immer, dass keine passenden Begriffe zu finden sind.

Elementares Lernen (d130–d159)	
d130	**Nachmachen, nachahmen** Imitieren oder Nachahmen als elementare Bestandteile des Lernens, wie eine Geste, einen Laut oder einen Buchstaben des Alphabets nachmachen
d135	**Üben** Wiederholen einer Folge von Dingen oder Zeichen als elementarer Bestandteil des Lernens, wie in Zehnerfolgen zählen oder das Vortragen eines Gedichtes einüben
d140	**Lesen lernen** Die Fähigkeit zu entwickeln, Geschriebenes (einschließlich Braille) flüssig und richtig zu lesen, wie Zeichen und Buchstaben erkennen, Wörter in richtiger Betonung äußern sowie Wörter und Wendungen verstehen
d145	**Schreiben lernen** Die Fähigkeit zu entwickeln, Symbole zu produzieren, die der Darstellung von Lauten, Wörtern oder Wendungen dienen, um Bedeutungen zu vermitteln (einschließlich schreiben in Braille), wie richtig buchstabieren und die Grammatik korrekt verwenden
d150	**Rechnen lernen** Die Fähigkeit zu entwickeln, mit Zahlen umzugehen sowie einfache und komplexe mathematische Operationen auszuführen, wie mathematische Zeichen für Addition und Subtraktion benutzen sowie die richtige mathematische Operation auf ein Problem anwenden

Abb. 2.9: Klassifikation elementaren Lernens (Darstellung in Anlehnung an DIMDI/WHO 2005, 157f)

Beim elementaren Lernen (d130 bis d159) geht es beispielsweise unter anderem um Lesen lernen und Rechnen lernen. Die festgestellten Probleme werden in der ICF wie in Abbildung 2.10 dargestellt skaliert.

xxx.0	Problem nicht vorhanden	(ohne, kein, unerheblich...)	0-4%
xxx.1	Problem leicht ausgeprägt	(schwach, gering...)	5-24%
xxx.2	Problem mäßig ausgeprägt	(mittel, ziemlich...)	25-49%
xxx.3	Problem erheblich ausgeprägt	(hoch, äußerst...)	50-95%
xxx.4	Problem voll ausgeprägt	(komplett, total...)	96-100%
xxx.8	nicht spezifiziert		
xxx.9	nicht anwendbar		

Abb. 2.10: Ausmaß und Größe von Problemen (Darstellung in Anlehnung an DIMDI/WHO 2005, 27)

„XXX“ gibt auf dieser Übersicht den alphanumerischen Code der zweiten Gliederungsstufe wieder. Die mit alphanumerischen Codes versehenen Kategorien werden hier durch weitere Beurteilungen ergänzt, die das Ausmaß oder die Größe der Funktionsfähigkeit oder Behinderung in der Kategorie spezifizieren, oder das Ausmaß angeben, in welchem die Umweltfaktoren fördernd oder beeinträchtigend wirken.

Diese Skalierung ist natürlich nicht unproblematisch. Den Werten 0 bis 4 ist das Vorhandensein eines Problems zwischen 0 und 100 Prozent zugeordnet. Diese Zuordnung von Zahlen für die Größe des Problems wird als Skalierung bezeichnet. Es können unter Umständen einem Item mehrere Skalierungswerte zugeordnet werden. Ein Beispiel: Zuerst wird die Leistung beurteilt, danach die Leistungsfähigkeit ohne Assistenz, dann die Leistungsfähigkeit mit Assistenz und schließlich die Leistung ohne Assistenz (ebd., 295).

Die einzelnen Kategorien bestehen aus einem Buchstaben am Anfang und 3 oder 4 nachfolgenden Ziffern. Die Buchstaben stehen für Bereiche, und zwar „b“ für Körperfunktionen („body functions“), „s“ für Körperstrukturen („body structures“), „d“ für Aktivitäten und Partizipationen („activity“ und „participation“), „e“ für Umweltfaktoren („environmental factors“). Die danach folgende Ziffer steht für einen Oberbegriff innerhalb dieser Rubrik und ist gleichzeitig die Kapitelüberschrift. Die daran anschließenden Ziffern bezeichnen konkrete Kategorien oder eine Gruppe von Kategorien.

d140.2	mäßige Probleme beim Erlernen des Lesens
d	Aktivitäten und Partizipationen
1	Lernen und Anwenden von Wissen
140	Lesen lernen
2	mäßiges Problem

Abb. 2.11: Beispiel für die Zusammensetzung einer Kategorie in der ICF

Diese Systematik lässt sich an obigem Beispiel erläutern (vgl. Abb. 2.11). Unter dem Kürzel „d“ für Aktivitäten und Partizipationen lautet das Kapitel 1 „Lernen und Wissensanwendung“. Der darunter eingeordnete Code d140 lautet „Lesen lernen“, d145 bedeutet „Schreiben lernen“. Zum jeweiligen Code gehört dann noch die auf der vorausgegangenen Übersicht dargestellte Kennung in skalierter Form. Sie gibt an, ob es bei der jeweiligen Kategorie ein Problem gibt. Die Kennung ist durch einen Punkt abgetrennt und umfasst die Skala von 0 für „kein Problem“ bis 4 für „vollständiges Problem“. Die Kennungen 8 und 9 sind für „nicht spezifiziert“ und für „nicht anwendbar“ vorgesehen. Für mäßige Probleme beim Erlernen des Lesens wird der Code d140.2 verwendet.

Wo bleibt in der ICF die Behinderung? Behinderungen sind über Schädigungen im Zusammenwirken mit Beeinträchtigungen der Aktivität und Teilhabe zu betrachten. Schädigungen werden als Abweichungen vom allgemein anerkannten Standard bezüglich des biomedizinischen Zustandes des Körpers betrachtet (DIMDI/WHO 2005, 18). Sie werden unabhängig von ihrer Ätiologie und Entwicklung erfasst und können nur von einer Fachperson festgestellt werden. Die Verletzung des Nervenstrangs in der Wirbelsäule könnte somit eine Schädigung („impairment") darstellen. Die Beeinträchtigung der Aktivität („activity limitation") könnte darin gesehen werden, dass ein Mensch seine Beine nicht mehr fortbewegen kann. Die Beeinträchtigung der Partizipation (Teilhabe) („participation restriction") bestünde darin, dass die betroffene Person Gebäude, die nur über steile Treppen betreten werden können, nicht mehr erreichen kann. Die Treppe wäre gleichzeitig ein Umweltfaktor und könnte als Barriere („barrier") für die Teilhabe an einem Lebensbereich betrachtet werden. Mit dem Einbau eines Aufzugs würde hingegen die Zugangsmöglichkeit gefördert („facilitator").

Zuletzt wurde von einer internationalen Arbeitsgruppe der WHO die ICF-CY (International Classification of Functioning, Disability and Health – Children and Youth) als Modifikation für Kinder und Jugendliche bis 18 Jahre erarbeitet und erst im Oktober 2007 offiziell präsentiert (WHO 2007). Die deutsche Übersetzung erschien einige Jahre später (Weltgesundheitsorganisation 2011). Die Entwicklung der ICF-CY zielte auf eine Änderung von Beschreibungen, die Zuordnung neuer Inhalte zu nicht genutzten Kodes, eine Änderung der Kriterien für Inklusion und Exklusion und eine Erweiterung des Beurteilungsmerkmals, um entwicklungsbedingte Aspekte aufzunehmen (ebd., 11). Bestehende Textteile der ICF wurden weder begrifflich noch inhaltlich verändert, sondern komplett in die ICF-CY übernommen. Häufig erfolgten Textergänzungen auf den darunter liegenden Gliederungsebenen. Besonders relevante Bereiche wie z.B. Erziehung und Bildung sind in der ICF-CY durch zusätzliche Items differenzierter unterteilt (ebd., 216-219). Während Schulbildung in der ICF nur einen kurzen Absatz aus 5 Zeilen mit der alphanumerischen Kennung d820 umfasst (DIMDI/WHO 2005, 208), unterteilt die ICF-CF dies auf der nächsten Gliederungsstufe mit den Kennungen d8200 bis d8209 mit Abstufungen für den Eintritt, das Verbleiben, das Vorankommen und das Abschließen von Bildungsprogrammen (Weltgesundheitsorganisation 2011, 217f). Es wurden aber auch Themen aufgenommen, die für die Entwicklung von Kindern entscheidende Bedeutung haben, wie etwa das Spiel (ebd. 222f).

Die ICF/ICF-CY wird zunehmend auch für pädagogische Anwendungsfelder ausgearbeitet, wenngleich ihre Verwendung deutlich geringer ist als in anderen Bereichen, wie etwa den sozialen Hilfesystemen. Die Bildungsdirektion des Schweizer Kantons Zürich hat ein Anleitungsbuch entwickelt, um „schulische Standortgespräche" im Sinne einer Diagnostik anhand der Klassifikation führen zu können (Hollenweger/Lienhard 2008). Für die involvierten Pädagog/innen gibt es Fragen-

listen zu den verschiedenen Lebensbereichen (Domänen) der ICF/ICF-CY, die sich an Items zu Aktivitäten und Partizipationen orientieren (ebd., 18). Judith Hollenweger stellt kritisch fest, dass weiterhin wichtige konzeptuelle Klärungen fehlen, die „Bezüge zwischen ICF Komponenten und den theoretischen Grundlagen der Sonderpädagogik, Soziologie und Psychologie herstellen könnten“ (Hollenweger 2016, 164).
Wie ist die ICF als Klassifikation mit medizinischem Ursprung aus der Perspektive der Heilpädagogik, insbesondere was diagnostische Aufgabenstellungen betrifft, zu bewerten? Es gibt zahlreiche Überschneidungen in den Aufgabenbereichen medizinischer und pädagogischer Diagnostik. Die Medizin hat in Form der ICF ein Instrument gefunden, das sich gegenüber den Möglichkeiten der Heilpädagogik in einigen Punkten hervorhebt:

1. Es stellt einen begrifflichen Konsens weiter Teile des Fachgebietes dar.
2. Es ist außerordentlich detailliert und kann Phänomene präzise bezeichnen.
3. Es stellt einen einheitlichen Rahmen für weitere Forschungsarbeiten und für die Entwicklung von Messinstrumenten für Teilbereiche dar.

In der Heilpädagogik ist kein vergleichbar differenziertes Klassifikationssystem entstanden. In der Diskussion über die ICF fallen einige Problemkomplexe auf, die sich für Heilpädagogik und Medizin gleichermaßen stellen.
So haben die Positionen von Menschen mit Behinderungen und ihren Eltern, die sich gegen stigmatisierende und diskriminierende Begriffe wandten, für beide Fachgebiete zu Veränderungen geführt. Die WHO betont, Positionen von Menschen mit Behinderungen und von Verbänden wie z.B. „Inclusion International“ seien in den Revisionsprozess der ICF von Anfang an mit einbezogen worden. Ihre Eingaben hätten zu grundlegenden Veränderungen in der Terminologie, den Inhalten und der Struktur der ICF geführt (WHO 2001, 190). So wird im Anhang 5 der englischsprachigen Fassung darauf hingewiesen, dass statt „mentally handicapped person“ der Begriff „person with a problem in learning“ verwendet würde.
Auch wenn in der ICF eine Verbindung von körperlichen, personalen und sozialen Faktoren propagiert wird, so setzt doch die Ausarbeitung deutlich fachspezifische Schwerpunkte und verweist damit auf den Ursprung in einer Organisation des Gesundheitswesens. Die körperlichen Funktionen und Strukturen stellen nicht nur quantitativ den Schwerpunkt des Dokuments dar. Umweltfaktoren nehmen deutlich weniger Raum ein, während der Bereich der personalen Faktoren gar nicht ausgearbeitet wurde. Hier könnten medizinische und heilpädagogische Perspektiven sich durchaus ergänzen.
Als Resultat ihrer sehr differenzierten Analyse stellt Marianne Hirschberg fest, die WHO habe sich mit der ICF zunehmend von der medizinischen Interpretation von Behinderung entfernt (Hirschberg 2009, 309). Sie vollziehe aber keinen Bruch mit dem defizitorientierten, auf Anpassung und Fürsorge ausgerichteten medizini-

schen Paradigma, sondern entwickle es weiter hin zu einer stärkeren Beachtung der gesellschaftlichen Bedeutung von Behinderung.
Ungeachtet auch weiterer andernorts vorgetragener Kritikpunkte muss festgestellt werden, dass die ICF ein außerordentlich umfangreiches Werkzeug ist, das für die Medizin die Möglichkeit einer differenzierten Beschreibung bietet. Es ist weltweit einsetzbar und mittlerweile Ausdruck eines Konsenses zahlreicher Vertreter/innen unterschiedlicher Fachgebiete über eine gemeinsame Sprache und somit für eine transdisziplinäre Anwendung geeignet.

2.7 Aktuelle Problemlagen für Klassifizierungen in pädagogischen Kontexten

Noch vor 30 Jahren hatte die Sonderpädagogik der damaligen Zeit keine Probleme mit Nominalisierungen und sprach selbst in den Titeln der Handbücher der Sonderpädagogik von „Behinderten", „Körperbehinderten" oder „Geistigbehinderten", so als handle es sich um die dominanten Wesensmerkmale der so bezeichneten Menschen. Zwischenzeitlich ist mehr Sensibilität für die Wirkung sozialer Zuschreibungen aufgetreten und es ist eher die Rede von „Menschen mit Behinderung". Gegenwärtig ist ein breites Spektrum von Begriffen in Verwendung, das kategoriale Festlegungen zwar umschreibt, aber die bisherige Behinderungskategorien nicht sinnvoll ersetzt. Dass „herausforderndes Verhalten" weniger stigmatisierend wirkt als „verhaltensgestört", oder die Zuschreibung einer Lernschwierigkeit weniger abwertend ist als die Zuordnung einer geistigen Behinderung ist evident. Problematisch an der Substitution von Einzelbegriffen ist, dass sie sich nur allzu oft keinem konsistenten Begriffssystem zuordnen lassen und Missverständnissen im öffentlichen wie im fachlichen Diskurs Tür und Tor öffnen.
Je komplexer ein soziales Phänomen ist, das definiert werden soll, umso größer ist die Variabilität der Beschreibungsmöglichkeiten (Altman 2001, 118). Norwich (2008, 64) bezeichnet die gegenwärtige Situation als gekennzeichnet durch unangemessene Modelle und ein Fehlen theoretischer Analyse. Sie dienten politisch-administrativen Zwecken, der curricularen und unterrichtsbezogenen Planung sowie der Bereitstellung von Ressourcen.
Während die Behinderungskategorien der 1960er und 1970er Jahre für möglichst eindeutige Zuschreibungen vorgesehen waren, wurden Konsequenzen aus der Systematik der ICF für das Bildungswesen erst teilweise gezogen. Auch wenn Einteilungen nach Behinderungskategorien obsolet geworden sind, fehlen doch konsensfähige neue Systematiken. In einer Inklusiven Pädagogik sind sie nicht mehr vorgesehen (siehe Kapitel 5 dieses Buches).

Unter Bezugnahme auf die ICF wäre es eine notwendige Entwicklungsaufgabe für die Zukunft, Schädigungen und Beeinträchtigungen der Aktivität und Teilhabe unter Berücksichtigung von Umweltfaktoren und personbezogenen Faktoren zu klassifizieren, um Barrieren abzubauen und Bildungs- und Entwicklungsprozesse von Menschen mit Behinderungen zu erleichtern. Auch wenn die ICF beansprucht, ein neues transdisziplinäres System zur Klassifizierung zu liefern, löst dies keinesfalls die Aufgabenstellungen der Pädagogik. Funktionale Gesundheit als Hauptanliegen der ICF (Schuntermann 2007) sowie Bildung als primär pädagogische Aufgabenstellung implizieren unterschiedliche Ziele. Die Logik der ICF entspricht nicht bildungswissenschaftlichen Schwerpunktsetzungen. Trotzdem kann sie eine Inklusive Pädagogik insbesondere im Bereich diagnostischer Aufgaben ergänzen. Die Partizipation an Lebensbereichen, umweltbezogene und personbezogene Faktoren können in weiten Bereichen mit originär pädagogischen Inhalten besetzt werden.
Fachpolitische Wirkungen sind aufgrund des neuen Denkens im Bereich der Heilpädagogik und Inklusiven Pädagogik bereits jetzt absehbar. Die insbesondere in Deutschland hochgradig differenziert ausgebaute kategoriale universitäre Sonderpädagogik mit eigenen Lehrstühlen für Lernbehinderten-, Körperbehinderten- oder Geistigbehindertenpädagogik gerät in Legitimationsprobleme, wenn die dieser fachlichen Einteilung zugrunde liegende Systematik verloren geht. Wenn nicht mehr die Behinderungsfachrichtung Arbeitsfelder strukturiert, sondern pädagogische Aufgabenstellungen, die sich unabhängig von kategorialen Einteilungen ergeben, wird die aus den 1970er Jahren überkommene fachliche Gliederung der Sonderpädagogik vermutlich verloren gehen. Um kein fachliches Vakuum zu hinterlassen ist es eine dringende Aufgabe, Bildung, Erziehung und Entwicklung von Menschen mit Behinderungen unter einer neuen klassifikatorischen Basis, wie sie die ICF darstellt, aufzuarbeiten, auch im Hinblick auf eine begriffliche Fundierung Inklusiver Pädagogik. Judith Hollenweger, eine der wenigen Sonderpädagog/innen, die sich an der Erarbeitung der ICF beteiligte, weist auf zukünftige Möglichkeiten hin, welche die ICF bietet:

> „In ihrer Anwendung in der Bildungsstatistik und durch die Verwendung ihrer Systematik als Pool von Variablen, die in verschiedenen Forschungsdesigns auf ihre Zusammenhänge und Wirkungen untersucht werden können, haben wir das Werkzeug erhalten, Bildungssysteme systematisch auf diskriminierende oder hemmende Faktoren und Abläufe zu untersuchen. Hier kann der Ausgangspunkt für eine Inklusive Pädagogik geschaffen werden, die sich zwar nicht von der Vision einer gerechten Schule für alle abwendet, aber sich daran macht, diese Umwelt und ihre Wirkung auf die Funktionsfähigkeit der einzelnen Person oder ganzer Populationen auch wirklich zu erforschen und zu verbessern." (Hollenweger 2006, 59)

Es steht nicht nur die deutschsprachige Sonderpädagogik vor einer neuen Herausforderung. Die zahlenmäßig größte und fachpolitisch einflussreichste Wissenschaftler/innengemeinde im Zusammenhang mit einer Pädagogik bei Behinderungen findet

sich in den USA. Trotz umfänglicher gesellschaftlicher Strömungen, die sich gegen diskriminierende Zuschreibungen wenden, ist traditionelles kategoriales Denken in der dortigen Sonderpädagogik noch weit verbreitet, wie sich an der „Encyclopedia of Special Education“ (Reynolds/Fletcher-Janzen 2007) gut belegen lässt.
Eine begriffliche Weiterentwicklung von pädagogischen Klassifizierungssystemen im internationalen Rahmen, welche die neue Sichtweise der ICF berücksichtigt, die Hinwendung zu inklusiven institutionellen Strukturen mit aufnimmt und die Rechte und die Perspektive behinderter Menschen ernst nimmt (siehe Kapitel 4 und 5 dieses Buches), ist daher eine ebenso notwendige wie anspruchsvolle Aufgabe für die Zukunft.
Die bestehenden Klassifikationen der WHO sind gleichzeitig einem internen Diskussionsprozess unterworfen, der langfristig vielleicht zu grundlegenden Änderungen führt und neue Formen der Verknüpfung von Klassifikationen generiert. Gegenwärtig arbeitet die WHO daran ihr System von Klassifikationen und auch deren Beziehungen untereinander weiterzuentwickeln, hin zu formalen Ontologien im Sinne von Netzwerken von Informationen mit logischen Relationen untereinander (Hollenweger 2016, 164).

Vorschlag zur vertiefenden Lektüre:

Der Zugang zum Verständnis und einer sachgerechten Verwendung der ICF ist nicht einfach. Das Buch von Schuntermann „Einführung in die ICF“ führt gut strukturiert mit zahlreichen Fallbeispielen in die neue Systematik ein und leitet einen sachgerechten Umgang mit diesem Instrument an (Schuntermann 2007). Ergänzend dazu schärft Almut-Hilde Meyers Buch „Kodieren mit der ICF: Klassifizieren oder Abklassifizieren?“ einen kritischen Blick auf das Dokument aus der Perspektive einer Autorin, die aufgrund ihrer eigenen Behinderung eine potenzielle Adressatin für diese Klassifikation geworden ist (Meyer 2004).

Fragestellung zur Diskussion:

Inwieweit unterscheidet sich der Begriff von „Behinderung“, welcher der ICF zugrunde liegt, vom Begriff der „Behinderung“ in der Verwendung bei Heinz Bach? Vergleichen Sie den Begriff „Beeinträchtigung“ bei Heinz Bach mit „Behinderung“ in der ICF!

Nützliche Links:

Deutsches Institut für Medizinische Dokumentation und Information: Hier lassen sich medizinische Klassifikationen wie ICD und ICF einsehen oder herunterladen: http://www.dimdi.de/static/de/klassi/icf/index.htm

Weltgesundheitsorganisation (WHO): Die englischsprachige Originalfassung der ICF mit weiteren ergänzenden Informationen über aktuelle Entwicklungen bei Klassifikationen der WHO findet sich hier: http://www.who.int/classifications/icf/en/

WHO-FIC: Diese Seite dokumentiert den Entwicklungsprozess der Weltgesundheitsorganisation zur Verbindung der verschiedenen Klassifikationen als Netzwerk von Informationen mit logischen Relationen untereinander: http://www.who.int/classifications/network/en/

3 Heilpädagogische Grundbegriffe und Aufgabenstellungen

Worum es geht…

Für die Heilpädagogik und Inklusive Pädagogik gelten dieselben zentralen pädagogischen Begriffe und Aufgaben wie für andere Bereiche der Bildungswissenschaft auch. Bildung und Erziehung sind Grundbegriffe, bezeichnen aber zugleich Aufgabenstellungen für das praktische pädagogische Handeln. Die Sichtweise der menschlichen Veränderungsprozesse im Sinne von Entwicklung entspricht der Titulierung heilpädagogischen Handelns als „Förderung". Diese Bezeichnung für entwicklungsorientiertes pädagogisches Handeln nimmt darüber hinaus spezifische Akzentuierung im Bereich von Beratung, Rehabilitation, Therapie und Prävention vor.

Mit der Darstellung von Grundbegriffen und Aufgabenstellungen zielt das nachfolgende Kapitel auf verschiedene Formen pädagogischer Tätigkeiten, die zumindest in ihrer Systematik abgegrenzt werden sollten. Im praktischen pädagogischen Handeln gehen solche Unterscheidungen oft verloren. Die nachfolgende Darstellung unterscheidet sich somit von Formen des psychologischen Zugangs, wo diese verschiedenen Tätigkeiten nicht selten unter dem Begriff der „Interventionen" zusammengefasst werden (so auch bei Borchert 2000).

3.1 Bildung und Erziehung als pädagogische Grundbegriffe

Zu Bildung und Erziehung gibt es eine Fülle sehr unterschiedlicher Definitionen und Theorien. Erziehung und Bildung gehören zu den zentralen Begriffen der Erziehungswissenschaft (Krüger/Helsper 2007; Lenzen 2004), an deren Theoriebestand die Heilpädagogik gleichermaßen anknüpft. Bildung kann als ein Begriff, in dem sich das jeweilige Zeit- und Weltverständnis der Menschen widerspiegelt, nicht „zeitlos definiert, sondern nur in seiner historisch-systematisch-dynamischen Vielschichtigkeit erschlossen werden" (Böhm 2005, 90). Ungeachtet der zahlreichen spezifischen Definitionen, lassen sich doch unterschiedliche Schwerpunktsetzungen zwischen beiden Begriffen erkennen. Bildung zielt auf die Aneignung der Welt, während Erziehung eher die Entwicklung von Haltungen intendiert (Antor/Bleidick 2016, 19). Es gibt aber auch theoretische Reflexionen zum Bildungsprozess, die über Ansätze der allgemeinen und systematischen Pädagogik hinausgehen und die in einem heilpädagogischen Lehrbuch eigens herausgearbeitet werden sollten, auch im historischen Rückblick.

Im Jahre 1806 erschien das Werk „Allgemeine Pädagogik" von Johann Friedrich Herbart, einem der Begründer der wissenschaftlichen Pädagogik. Er führte dort einen Begriff ein, der einen Kerngedanken seines Fachgebiets ausdrückt. Es war der Begriff der Bildsamkeit, unter dem er ein Arsenal von Kräften verstand, das erzieherisch geweckt werden konnte und sollte (Böhm 2005, 89f). Bildsamkeit wurde als Voraussetzung für Bildungsprozesse betrachtet und damit zu einem zentralen Begriff der Pädagogischen Anthropologie. Die Sicht des Menschen als Mängelwesen, wie dies Arnold Gehlen formulierte, aber auch die Hinweise auf weitere Defizite in seiner natürlichen Ausstattung lieferten Begründungen für seine Erziehungsbedürftigkeit (Roth 1971a, 109ff).

Die Erkenntnis der Bildsamkeit behinderter Kinder, die häufig von der Entdeckung geeigneter Methoden begleitet war, führte zur Schaffung heilpädagogischer Institutionen, die neben Pflege und Betreuung auch Bildung und Erziehung als ihre ureigenste Aufgabe ansahen (Ellger-Rüttgardt 2008, 22ff). Die Entdeckung der Bildsamkeit war eine notwendige, keinesfalls aber eine hinreichende Bedingung zur Initiierung von Bildungsprozessen. Es bedurfte einer normativen Grundsatzentscheidung gesellschaftlicher Gruppen, auch solchen Kindern Bildung zuzugestehen, die zuvor von institutionellen Bildungsangeboten ausgeschlossen waren.

Vera Moser (1997) sieht in der Geschichte der Sonderpädagogik einen unterschiedlichen Umgang mit Bildung und Erziehung. Während Bildung als öffentliche Aufgabe betrachtet wurde, sei Erziehung eher an den Bereich privater Aktivitäten delegiert worden. Die Hilfsschulpädagogik habe daher an der Entwicklung des öffentlichen Bildungswesens partizipieren können, während Institutionen für geistig behinderte Kinder eher von privaten Trägern der Wohlfahrtspflege initiiert und betrieben wurden. Sie schlägt vor, insbesondere für die Integration behinderter Schüler/innen Erziehung und Bildung in einem sinnvollen Zusammenhang aufeinander zu beziehen, der auch den Bereich des Sozialen umfasst und als Aspekte von Enkulturation zu betrachten (ebd., 8).

Es existieren mehrere spezifische Theorien zum Bildungsprozess in der Heilpädagogik. Wilfried Datler geht der Frage nach dem Verhältnis von Bilden und Heilen unter der Perspektive einer psychoanalytischen Erziehungswissenschaft nach (Datler 2005). Die Studie mündet in einer Differenzierung zwischen psychotherapeutischen, heilpädagogischen und anderen pädagogischen Praxisformen und postuliert die Erarbeitung einer psychoanalytisch-pädagogischen Bildungstheorie (ebd., 257).

Dass Erziehung und Bildung Aufgaben sind, die für Kinder mit Behinderungen gleichermaßen gelten, kann nicht unbedingt als Gemeingut aller gesellschaftlichen Gruppen vorausgesetzt werden. Dies belegen Erkenntnisse der Historiographie der Heilpädagogik ebenso wie international und interkulturell vergleichende Studien. Der Begriff der Bildungsunfähigkeit geisterte als Erbe des NS-Staates auch durch die Schulgesetzgebung der Nachkriegszeit, explizit in Deutschland durch die Weitergeltung des Reichsschulpflichtgesetzes, implizit aber auch in Österreich in Form fehlender Versuche ein Bildungsrecht einzulösen. Im historischen Rückblick ist man leicht geneigt, dies als bloßen Prozess der Vergangenheit zu betrachten und dabei zu übersehen, dass viele dieser Fragen, bezogen auf bestimmte Gruppen von Kindern wieder von Neuem diskutiert werden können.

Eine Bildsamkeit wurde Kindern mit schwersten Behinderungen sehr spät zuerkannt. Verschiedentlich wird sie immer noch bestritten oder periodisch wieder in Frage gestellt. In Band 12 des Handbuchs der Sonderpädagogik ist der Begriff der schwersten Behinderung definiert (Fröhlich 1991). Andreas Fröhlich, der Herausgeber dieses Werks, sieht schwerste Behinderung bei Kindern und Erwachsenen gegeben, deren kognitiver Entwicklungsstand das Fehlen gezielter Handlungsfähigkeit zur Folge hat. Fehlende Handlungsfähigkeit vergleicht er mit einem Entwicklungsalter von weniger als einem halben Jahr. Während in bisherigen Bildungstheorien die Handlungsfähigkeit als Voraussetzung für Bildung und Erziehung betrachtet wurde, war die Eindrucksfähigkeit, also die Fähigkeit äußere Impressionen wahrzunehmen und zu verarbeiten, der Ausgangspunkt der Schwerstbehindertenpädagogik.

In den vergangenen 25 Jahren entwickelten sich neue Methoden zur Initiierung von Bildungsprozessen, wovon die basale Stimulation von Andreas Fröhlich vermutlich die bekannteste ist (Fröhlich 1998). Auch hier haben wir es mit der etwas verspäteten Entdeckung der Bildsamkeit zu tun. Menschen, bei denen schwerste Beeinträchtigungen vorliegen, wurden nicht unbedingt als Zielgruppe pädagogischer Bemühungen angesehen. Es ist erst wenige Jahrzehnte her, dass im Bewusstsein von Institutionen und Öffentlichkeit lediglich pflegerische Versorgung als nötig für diese Gruppe erachtet wurde. Impulse zur Entwicklung einer Pädagogik bei schwerster Behinderung entstanden erst ab den 1970er Jahren und waren verbunden mit der Etablierung des Fachs Geistigbehindertenpädagogik an den Universitäten. Grundlegende Bildungskonzepte wie die von Pfeffer (1988), Stinkes (1993) und Fornefeld (1995), welche die Bildung schwerstbehinderter Kinder auf phänomenologischer Grundlage begründeten, entwickelten sich erst zu einem Zeitpunkt, als die Notwendigkeit schulischer Bildung für alle anderen Kinder mit Behinderungen längst nicht mehr diskutiert werden musste. Auch hier bestätigt sich die Sichtweise von Andreas Möckel, dass erst mit der Entdeckung geeigneter Methoden institutionelle Bildungsprozesse in Gang kommen konnten (Möckel 2007).

In vielen Ländern der Erde wird, infolge eines Mangels an fachlichem Wissen, die Bildbarkeit schwerstbehinderter Kinder nicht anerkannt. Auch wo Bildungseinrichtungen für schwerstbehinderte Kinder etabliert sind, müssen sich diese einem erhöhten Rechtfertigungsdruck unterwerfen und sind in Zeiten knapper Kassen leicht von Streichungen bis hin zur öffentlichen Infragestellungen ihres Bildungserfolgs bedroht.

3.2 Entwicklung als Veränderung im Lebenslauf

Während Erziehung und Bildung als die zentralen Begriffe der Pädagogik gelten, war der Entwicklungsbegriff lange Zeit selbst in Standard-Wörterbüchern der Pädagogik (wie etwa in dem von Winfried Böhm) nicht zu finden. Inzwischen ist er auch dort als eigenes Stichwort vertreten. Mit dem Hinweis auf das lateinische Wort „evolutio" verweise Entwicklung auf das Aufwickeln und damit Sichtbarmachen von etwas Vorhandenem und sei damit weder richtungslos noch zufällig (Böhm 2005, 179).

> Bundschuh (2007b, 58) beschreibt Entwicklung für die Heilpädagogik als komplexen, mehrdimensionalen „Prozess zwischen Anlage, Reifung, Umwelt, Erziehungs- und Lernbedingungen (Sozialisationsbedingungen) sowie Selbstentfaltungskräften der Person". Als Veränderungsprozess führe er von einfachen zu komplexen Strukturen.

Die Entwicklung des Kindes wird nicht selten eher als die Domäne der Psychologie betrachtet, die in Gestalt ihres Teilgebietes der Entwicklungspsychologie die damit zusammenhängenden Prozesse näher beforscht. Im Unterschied zur allgemeinen Pädagogik ist der Entwicklungsgedanke aber zentral für die Heilpädagogik. Die Erleichterung und Ermöglichung von Entwicklungsprozessen ist eine vorrangige Aufgabe heilpädagogischen Handelns.

Wenn Heilpädagogik ihren Ausgang nimmt von einer Pädagogik bei schwerster Behinderung, wird der Entwicklungsbegriff auch bei pädagogischen Laien eher akzeptiert als Bildung und Erziehung. Jedes Kind entwickelt sich bereits vom ersten Tag an, wenn auch unterschiedlich schnell. Dies gilt auch für Kinder mit schwerster Behinderung. Die Erkenntnis, dass damit auch die Bildsamkeit begründet war, war nicht nur Folge systematischer Reflexionen der Schwerstbehindertenpädagogik, sondern auch ihrer Akzeptanz bei denjenigen gesellschaftlichen Kräften, die die nötigen Ressourcen bereitstellen konnten.

Für die Heilpädagogik hat der Begriff der Entwicklung keine geringere Bedeutung als Bildung und Erziehung. Deshalb sollte die Heilpädagogik auch die Frage nach der Verortung des Entwicklungsgedankens in der Bildungswissenschaft stellen und Fragen seiner Anwendung und Begründung im Kontext von Bildung und Erziehung stellen.

Ein bekanntes Werk der Pädagogik, das den Entwicklungsbegriff dem Begriff der Erziehung gleichgestellt hat, war der mehr als 600 Seiten umfassende zweite Band der Pädagogischen Anthropologie von Heinrich Roth aus dem Jahre 1971. Roth (1971b, 71) stellt einen Bedeutungswandel fest, den der Entwicklungsbegriff auch in der Entwicklungspsychologie des 20. Jahrhunderts erfahren hat. Der Begriff stamme aus der Biologie und habe ursprünglich den Gedanken einer „endogen programmierten organischen Entfaltung" (ebd.) ausgedrückt. Mit der Aufnahme der Bedeutung der sozialen und kulturellen Umwelt habe er sich aber in seiner Bedeutung gewandelt bis hin zu der Einsicht, dass es Lehr- und Bildungsprozesse

seien, die den Entwicklungsfortschritt des Kindes zunehmend stärker bestimmen. Die Erkenntnis, dass die Entwicklung des Kindes in hohem Maße von institutionellen Erziehungs- und Bildungsprozessen beeinflusst wird, ließ für Heinrich Roth Entwicklung zu einem zentralen Begriff auch der Pädagogik anvancieren.
Rainer Benkmann (1998) knüpft an diesen Überlegungen von Heinrich Roth an, die im Bereich der Allgemeinen Pädagogik, insbesondere der Pädagogischen Anthropologie beheimatet sind. Er stellt fest, dass Heinrich Roth die Kinder mit Entwicklungsstörungen und Entwicklungsgefährdungen nur am Rande berücksichtigte (ebd., 24). Benkmann bezeichnet Roths Ansatz als Entwicklungspädagogik und unternimmt den Versuch, ihn auf die Gruppe der Kinder mit Entwicklungsstörungen zu übertragen. Er reflektiert die Bedeutung des Rothschen Zuganges zu dieser Gruppe und versucht in seiner Habilitationsschrift, Heinrich Roths Entwicklungspädagogik weiterzuentwickeln.
Ähnlich wie Heinrich Roth in seinem Werk relevante Autoren bis Ende der 1960er Jahre aufgearbeitet hat, versucht Benkmann in der Auseinandersetzung mit den Konzepten von Kohlberg, Piaget und George Herbert Mead, Vygotski und Dewey einen Zugang zu den Entwicklungsproblemen der Kinder mit gravierenden Lernschwierigkeiten zu bekommen. Sein Konzept möchte er nutzbar machen für Forschungen zur schulischen Integration. Benkmanns theoretische Arbeit ist für die Grundlegung der Heilpädagogik insofern von Bedeutung, als er im Entwicklungsbegriff den Ausgangspunkt für heilpädagogische Theoriebildung und Forschung sieht und nicht nur in den Zugängen über Bildung und Erziehung.
Heilpädagogische Studien, insbesondere auch zur frühen Kindheit, gehen ganz selbstverständlich vom Entwicklungsbegriff aus, auch wenn eine reflektierte theoretische Grundlegung, wie sie beispielsweise Benkmann unternimmt, dabei außen vor bleibt.

3.3 Diagnostik als Feststellung der Rahmenbedingungen

Wie viele andere Fachbegriffe kann das Wort Diagnostik auf einen altgriechischen Ursprung verweisen. Mit „diagnosis“ geht es um „das Unterscheiden“. Diagnosen können auch als Konzepte der Entscheidungsvorbereitung betrachtet werden, die Fehlentscheidungen vorbeugen sollen. Diagnose und Diagnostik werden vorwiegend mit dem medizinischen Aufgabenbereich assoziiert. Psychodiagnostik ist aber ebenso ein Bereich der Psychologie. Diagnostik kann auch betrachtet werden als Oberbegriff für Verfahren und Methoden zur Messung individueller Unterschiede (Häcker/Stapf 1994, 179).
Im Kontext der Heilpädagogik haben wir es auch mit Problemen der Entwicklung und der psychischen Verfassung des Menschen zu tun. So kann es nicht verwundern, dass Diagnostik im heilpädagogischen Arbeitsfeld anfangs vorwiegend im Sinne einer

Psychodiagnostik verstanden wurde. Anfänge fanden sich zu Beginn des 20. Jahrhunderts mit Binets Versuchen, das Entwicklungsalter von Kindern festzustellen.

> In heilpädagogischen Kontexten wird unter Diagnostik zumeist die Gesamtheit der Verfahren und Theorien verstanden, mit denen Verhalten und psychische Prozesse sowohl von Personen wie von Gruppen erforscht werden können (Bundschuh 2007a, 48).

Im Zusammenhang mit sonderpädagogischer Diagnostik ging es sehr lange um Platzierungsfragen, beispielsweise ob ein Kind an der Regelschule bleiben könne oder ob ein anderer Ort der Bildung (in der Regel die Sonderschule) hier angemessener sei. Die bis in die 1970er Jahre üblichen Verfahren stammten aus der Psychodiagnostik (Bundschuh 1991). Sie lokalisierten Probleme im jeweiligen Kind, bei unzureichender Berücksichtigung von Umweltfaktoren. Intelligenztests bei Schulversagen waren üblich und legitimierten den Schulwechsel in die Sonderschule. Sie wurden zwar durch andere Verfahren gelegentlich ergänzt, es entwickelte sich aber eine Diskussion über die Angemessenheit dieser Vorgehensweise bei Schulproblemen. In diesem Zusammenhang gerieten sowohl die Sonderschulüberweisung als schulische Maßnahme in die Kritik, als auch die Zielsetzung des diagnostischen Prozesses, bei dem es vorwiegend um die Aufspürung von Defiziten bei Kindern ging. Darüber hinaus wurden die Testverfahren selbst in Frage gestellt. Als Alternative wurde das Erkennen von Kompetenzen und Ressourcen als Anspruch einer sich entwickelnden Förderdiagnostik proklamiert (Klauer 2003, 137).
Der Begriff der Förderdiagnostik steht für eine andere Sichtweise von Diagnostik, welche die Aufgabe hat, pädagogische Prozesse zu unterstützen. Förderdiagnostik ist eine Entwicklungsdiagnostik, die nicht nur den Entwicklungsstand eines Kindes über psychometrische Verfahren aufnimmt, sondern auch die Umweltbedingungen untersucht, unter denen es sich entwickelt. Sie ist also keine ausgesprochene Psychodiagnostik, sondern sehr viel breiter angelegt. Förderdiagnostik versteht sich bewusst nicht als Selektionsdiagnostik, sondern als eine solche, die pädagogische Maßnahmen flankiert.

> „Allgemein formuliert liegt der Schwerpunkt der Förderungsdiagnostik weniger auf den durch Testverfahren ermittelten Ergebnissen, als auf den Empfehlungen für anschließende Fördermaßnahmen" (Hofmann 2003, 106).

Der Begriff der Förderdiagnostik wurde Mitte der 1970er Jahre im Zusammenhang mit der Diskussion testdiagnostischer Untersuchungen bei Sonderschulüberweisungsverfahren eingeführt. Förderdiagnostik verstand sich von Anfang an als Gegenkonzept zur Selektionsdiagnostik, der es eher um schulische Platzierungsfragen ging. Hofmann (2003, 107) sieht in der sonderpädagogischen Diskussion um die Förderdiagnostik eine Entwicklung von theorieorientierten wissenschaftlichen Positionen in den 1980er Jahren hin zu Handreichungen für förderdiagnostisches Handeln in der letzten Zeit.

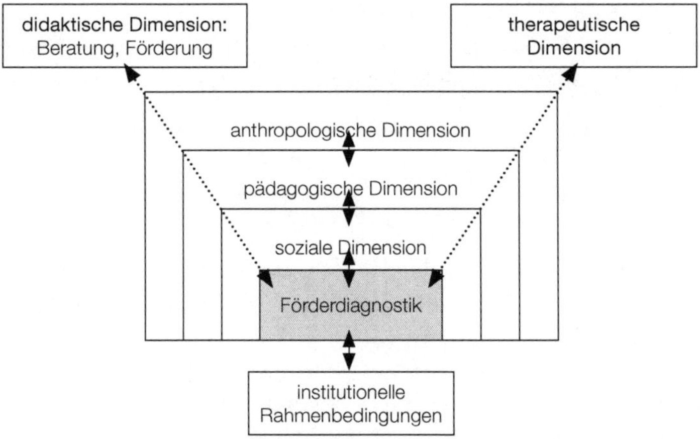

Abb. 3.1: Dimensionen der Förderdiagnostik (nach: Bundschuh 2007c, 78)

Neben dem Einsatz von psychodiagnostischen Verfahren, die vor allem den Entwicklungsstand des Kindes erfassen sollen, spielt auch die diagnostische Analyse der Umwelt eine zentrale Rolle. Sie soll auf Veränderungen der Rahmenbedingungen für die Kinder abzielen und wird auch in Verbindung mit der Beratung von Lehrkräften durchgeführt. Bundschuh (2007c) formuliert in seinem Lehrbuch „Förderdiagnostik konkret“ 5 verschiedene Dimensionen: die anthropologische, die pädagogische, die soziale, die didaktische und die therapeutische Dimension.
Sein Modell versteht er als „pragmatisch-eklektischen Ansatz“, da er den Diagnostiker als Handelnden in einem pädagogischen Feld betrachtet, der für seine Tätigkeit ganz unterschiedliche fachliche Bezugspunkte findet (Bundschuh 2007c, 79). Die anthropologische Dimension verweise auf die Erziehungsbedürftigkeit des Menschen und umfasse Fragestellungen, die im Umfeld schwerer Behinderungen von besonderer Bedeutung seien. Die pädagogische Dimension ziele auf das Verstehen des Kindes, während die soziale Dimension sich vor allem auf das Umfeld des Kindes beziehe. Die didaktische Dimension habe insbesondere den Unterricht im Blick, während die therapeutische Dimension vorwiegend auf psychische Probleme und Auffälligkeiten des Kindes ziele.

3.4 Beratung als Erweiterung des Arbeitsfeldes der Pädagog/innen

Beratung wurde lange nicht als spezielles Aufgabenfeld der Pädagogik betrachtet, eher als dasjenige von Psychologie und Sozialarbeit. Dabei hat pädagogische Beratung eine lange Tradition, etwa im Zusammenhang mit pädagogischen Beratungsstellen, die bereits in den 1920er Jahren in Wien ausgebaut wurden.

Im Zusammenhang mit dem Aufbau von mobilen sonderpädagogischen Diensten im schulischen Bereich, kommt ihr im Hinblick auf integrative und inklusive Schulmodelle eine wachsende Bedeutung zu.

> Beratung kann „verstanden werden als eine professionelle Hilfeleistung, die ein Berater oder eine Beraterin erbringt und die von einem oder einer Ratsuchenden nachgefragt wird. Jede Beratung setzt sich aus drei Elementen zusammen: dem oder den Beratern, dem oder den Ratsuchenden und dem Thema der Beratung." (Möller 2000, 541)

Die Literatur zur Beratungsforschung hat zumeist Erwachsene als Ratsuchende im Blick. Beratungsgespräche können sich aber auch an Kinder und Jugendliche richten. Neben älteren Modellen wie der Lehrer-Schüler-Konferenz von Gordon gibt es auch neuere Ansätze aus dem sonderpädagogischen Bereich, wie etwa das konstruktivistische lösungs- und entwicklungsorientierte Beratungsmodell (Spiess 2000).
Der Ansatz der kooperativen Beratung von Mutzek (2002) wurde im Zusammenhang mit der Beratung von Lehrkräften entwickelt und eignet sich demzufolge auch in besonderem Maße für ein schulisches Anwendungsfeld. Sie setzt auf eine kooperierende, symmetrische Interaktion zwischen Berater/innen und Ratsuchenden und versucht dabei Probleme zu klären und auch Lösungsmöglichkeiten zu erarbeiten. Kooperative Beratung geht aus vom Ansatz einer personenorientierten Gesprächsführung und ist sowohl als Beratung von Einzelpersonen wie auch von Gruppen möglich. Als Gruppenberatung ist sie auch in der Form einer kollegialen Supervision denkbar (ebd., 133ff).
Die Supervision kann als eine Sonderform von Beratung angesehen werden. Hierunter ist eine zumeist längerfristig angelegte kritische Reflexion des eigenen beruflichen Handelns durch in diesem Verfahren speziell ausgebildetes Fachpersonal zu verstehen. Hier sind sehr unterschiedliche Verfahren gebräuchlich, die von verhaltenstheoretisch orientierten bis hin zu psychoanalytisch ausgerichteten Aufarbeitungen beruflicher Tätigkeit reichen (Möller 2000, 544f; Steinhardt 2005). Supervision gewinnt inzwischen auch im Feld der Sonderpädagogik eine zunehmende Bedeutung, insbesondere auch im Hinblick auf Qualitätsentwicklung und Qualitätssicherung pädagogischer Arbeit (Mutzek 2000, 563f). Gegenstand von Supervisionen sind häufig schwierige Interaktionsprozesse im Berufsalltag. Supervision kann damit auch verstanden werden als eine professionelle Hilfe zur Selbsthilfe.

3.5 Förderung als zentraler Begriff in administrativen Kontexten

Der Begriff der Förderung wurde in Komposita wie „Förderdiagnostik" oder „Sonderpädagogischer Förderbedarf" bereits verwendet. Über das Studium der einschlägigen Fachliteratur lässt sich sehr schnell aufzeigen, dass der Terminus Förderung über keine erziehungs- und bildungswissenschaftliche Herleitung verfügt. Trotzdem entwickelte er sich zu einem zentralen Begriff im heilpädagogischen Feld. Wenn wir uns seine Verwendung näher anschauen, stellen wir fest, dass er Aspekte umfasst, die wir auch mit den Begriffen Bildung, Erziehung und Therapie bezeichnen können. In Bezug auf das allgemeine Bildungswesen wird eine Notwendigkeit von Förderung zumeist dort postuliert, wo Kinder, bezogen auf eine jeweils gültige Leistungsnorm Rückstände aufweisen. Dort sollen dann „Fördermaßnahmen" greifen, etwa auch in der Form von schulischen „Förderkursen". Nachdem Heilpädagogik sich traditionell an Schüler/innen wendet, die den verschiedensten Normen nicht genügen, ist es nicht verwunderlich, dass die Notwendigkeit von Förderung häufiger postuliert wird.

Was unter Förderung im bildungswissenschaftlichen Sinne verstanden werden kann, ist damit aber noch nicht geklärt. Dies ist vielleicht am Ehesten möglich, wenn wir uns anschauen, was Heilpädagog/innen tun, wenn sie beanspruchen, die Förderung eines Kindes vorzunehmen. Sie fragen dann zumeist, welche Probleme das Kind hat und warum es sie hat. Sie orientieren sich dabei am Entwicklungsstand und an den Umweltbedingungen des Kindes. Sie möchten das Kind dort abholen wo es steht und von dort aus weiterführen. Ihr pädagogisches Handeln ist somit entwicklungsorientiert.

> In heilpädagogischen Kontexten bezeichnet der Begriff *Förderung* entwicklungsorientiertes pädagogisches Handeln. Obwohl Förderung sich zu einem der zentralen Begriffe in heilpädagogischen Feldern entwickelt hat, verfügt er über keine erziehungs- und bildungswissenschaftliche Herleitung.

Erziehung und Bildung als Grundbegriffe der Pädagogik haben eine lange Tradition. Vom Begriff „Förderung" kann man das nicht behaupten. Bis in die 1960er Jahre tauchte „Förderung" in pädagogischen wie heilpädagogischen Kontexten eher marginal auf, meistens in Form von Komposita. Im Register von Heinrich Hanselmanns „Einführung in die Heilpädagogik" findet sich der Begriff der „Förderklasse", der mit Spezialklasse, i.d.R. für „Geistesschwache" gleichgesetzt wird (Hanselmann 1966, 637).

Es stellt sich die Frage, warum „Förderung" sich so inflationär im Fach Sonderpädagogik durchsetzen konnte. Nachdem Förderung nicht mit eigenen Aufgabenstellungen gegenüber anderen Grundbegriffen abgrenzbar ist, können die Ursachen vielleicht auch in der Unschärfe des Begriffs liegen. Wenn Förderung schon keine spezifischen Aufgaben bezeichnet, so eignet sich der Begriff zur Zusammenfassung der verschiedenen heilpädagogisch relevanten Aktivitäten. Nicht in der Klarheit des Begriffs, sondern in seiner fehlenden Spezifität wären die Gründe für seinen häufigen Gebrauch zu finden.

Als Markstein für die Durchsetzung des Förderungsbegriffs in der Sonderpädagogik können die Empfehlungen des Deutschen Bildungsrats „Zur pädagogischen

Förderung behinderter und von Behinderung bedrohter Kinder" aus dem Jahre 1973 angesehen werden (Deutscher Bildungsrat 1974). Die hier vorgenommene Begriffswahl von Förderung als zentralem sonderpädagogischem Konzept findet ihre Fortsetzung in den fachrichtungsbezogenen Gutachten und Studien, die unter der Herausgeberschaft von Jakob Muth in den nachfolgenden Jahren entstanden. Ab dem Ende der 1970er Jahre war Förderung als zentraler Begriff der Sonderpädagogik etabliert, nicht infolge der Stringenz seiner Begründung, sondern durch die Häufigkeit seiner Verwendung in den unterschiedlichsten Zusammenhängen.

Während der Deutsche Bildungsrat eine zentrale Rolle für die Etablierung des Begriffs im Fach Sonderpädagogik spielte, sind die Dokumente der Deutschen Kultusministerkonferenz von großer Bedeutung für die inflationäre Ausweitung der Begriffsverwendung in den vergangenen Jahren. Besonders zu nennen sind hier die Empfehlungen zur Ordnung des Sonderschulwesens von 1972 und die Empfehlungen zur sonderpädagogischen Förderung in den Schulen der Bundesrepublik Deutschland von 1994.

Die begriffliche Verschiebung von Bildung und Erziehung zu Förderung im bildungspolitischen Sprachgebrauch gilt auch für Österreich. In Texten aus Österreich ist der Begriff Förderung gleichermaßen präsent wie in Deutschland. Auch der Wandel von der Feststellung einer Sonderschulbedürftigkeit hin zur Feststellung eines sonderpädagogischen Förderbedarfs wurde mit der Novelle des österreichischen Schulorganisationsgesetzes von 1993 vollzogen.

Im „Wörterbuch Heilpädagogik" von Bundschuh, Heimlich und Krawitz (2007, 76) ist Förderung wie folgt definiert: „Mit Förderung sind in der Heilpädagogik solche Konzepte pädagogischen Handelns angesprochen, die auf den sozialen Umgang mit Behinderungen abzielen". Diese die sonderpädagogische Verwendungen treffende Beschreibung von Förderung gibt aber auch das ganze Dilemma wieder, in dem sich der Begriffsgebrauch bewegt. Förderung ist pädagogisches Handeln bezogen auf Behinderungen, lautet die Kernaussage. Wenn wir pädagogisches Handeln als jegliche zielgerichtete Tätigkeit der Pädagogin oder des Pädagogen betrachten, kann hier gleichermaßen Bildung, Erziehung, Beratung, Hilfe, Therapie oder auch etwas anderes gemeint sein.

Das Handlexikon der Behindertenpädagogik von Dederich, Beck, Antor und Bleidick (2016) enthält als Stichwort „Fördern, Förderung, Förderbedarf". Interessanterweise beginnt der Beitrag ohne weitere Herleitung, Begründung und Definition mit folgendem Satz: „Mit der Programmatik der KMK-Empfehlungen von 1994 (…) wurde(n) (…) der sonderpädagogische Förderbedarf und der Begriff der Förderung zu neuen Schlüsselkategorien der Behindertenpädagogik." (Schuck 2016, 116) Damit gibt dieses Handlexikon zutreffend einen Sachverhalt wieder, der aus bildungswissenschaftlicher Sicht sehr problematisch ist: Nicht die Bildungspolitik orientiert sich an wissenschaftlich begründeten Konzepten, sondern die dort ver-

wendeten Konzepte werden ohne nähere Prüfung als Termini des wissenschaftlichen Sprachgebrauchs importiert.
Aus der Sonderpädagogik liegen mittlerweile auch verschiedene Kritiken an der häufigen Verwendung des Begriffs Förderung vor. Barbara Fornefeld (1995, 90) sieht das „Auf-den-Weg-Bringen“ als eine Deutung des sonderpädagogischen Gebrauchs des Förderungsbegriffs. Gleichzeitig kritisiert sie, dass das Kind hier eine passive Rolle hat. Im Gebrauch verschiedener Autor/innen sieht sie eine Verwendung des Begriffs im Sinne von Entwicklungsförderung. Man könnte folglich „Förderung“ als pädagogisches Handeln bei Entwicklungsbeeinträchtigungen betrachten. Es bleibt aber die Frage offen, warum dann nicht gleich der Begriff „Entwicklungsförderung“ verwendet wird.
Eine andere Einordnung wäre auf der Grundlage der ICF zwar möglich, ist aber in der gegenwärtigen sonderpädagogischen Literatur nicht gebräuchlich. In der englischen Fassung findet sich der Begriff „facilitator“ im Zusammenhang mit Umweltfaktoren. Ins Deutsche wurde er mit „Förderfaktor“ übersetzt. In diesem Sinne könnte auch „facilitation“ im Sinne von „Förderung“ verwendet werden, um den Abbau von Barrieren in der Umwelt zu bezeichnen. Damit wäre er als pädagogischer Begriff im Kontext der Systematik der ICF verwendbar.

3.6 Rehabilitation als umfassende Sicht der Aufgabenstellungen

In medizinischen Kontexten findet der Begriff Rehabilitation häufig Verwendung, in der Sonderpädagogik dagegen oft nur bezogen auf den beruflichen Bereich. Anders war es in der Pädagogik der DDR, wo er in Form der Rehabilitationspädagogik zum Leitbegriff für die Erziehung bei vorliegenden Behinderungen wurde (siehe auch Kapitel 1). Im internationalen Rahmen wird der Rehabilitationsbegriff in den letzten Jahren zunehmend verwendet.
Rehabilitation ist kein Begriff der Pädagogik, aber pädagogische Tätigkeiten können unter bestimmten Voraussetzungen auch als Bestandteil von Rehabilitation betrachtet werden. Definitionen in Lexika lassen den pädagogischen Bereich häufig aus und sehen nur medizinische, berufliche und soziale Komponenten von Rehabilitation. Brutting (2007, 1705f) definiert Rehabilitation für die amerikanische Sonderpädagogik als Prozess, Verfahren oder Programm, das es behinderten Menschen ermöglicht, Funktionsfähigkeiten zu erreichen, die ein unabhängigeres und persönlich befriedigenderes Leben ermöglichen. Die Autorin bezieht bei ihrer Auflistung der Funktionsfähigkeiten ausdrücklich die körperlichen, psychischen, emotionalen, sozialen, beruflichen und die auf den Bildungsprozess bezogenen Faktoren mit ein.
Baudisch (2004, 9f) beschreibt Rehabilitation als „komplexen Prozess (alle relevanten Maßnahmen und Hilfen) der Eingliederung und Wiedereingliederung von

Menschen mit Behinderungen oder Beeinträchtigungen in die Gesellschaft, in Beruf und Arbeit“.

Diese Begriffsverwendung steht im Einklang mit den „Standard Rules on Equalization of Opportunities for Persons with Disabilities“, die von den Vereinten Nationen im Jahre 1994 beschlossen wurden. Die Definition der Vereinten Nationen hat sich weltweit in rehabilitativen Kontexten durchgesetzt. Von daher hat diese Definition ebenfalls Bedeutung für Aussagen im Bereich von Medizin, Sozialgesetzgebung oder auch in der Heilpädagogik.

> Die Vereinten Nationen definieren in den am 20.12.1993 beschlossenen „UN Standard Rules on Equalization of Opportunities for Persons with Disabilities“ Rehabilitation wie folgt: „The term ‚rehabilitation‘ refers to a process aimed at enabling persons with disabilities to reach and maintain their optimal physical, sensory, intellectual, psychiatric and/or social functional levels, thus providing them with the tools to change their lives towards a higher level of independence. Rehabilitation may include measures to provide and/or restore functions, or compensate for the loss or absence of a function or for a functional limitation. The rehabilitation process does not involve initial medical care. It includes a wide range of measures and activities from more basic and general rehabilitation to goal-oriented activities, for instance vocational rehabilitation.“

Dieser Begriff von Rehabilitation ist einerseits sehr weit gefasst, andererseits wird eine ganze Reihe von Punkten benannt, die ihn näher bestimmen. So enthält die Definition eine Zielvorgabe, nämlich das Erreichen des optimalen Funktionsniveaus in verschiedenen Bereichen. Es handelt sich hier um den körperlichen Bereich, Sinnesfunktionen und Wahrnehmung, die kognitive Entwicklung, Emotionalität und das gesellschaftliche Leben. Die hier genannten Bereiche decken sich mit Zielsetzungen auch in der Heil- und Sonderpädagogik.

Rehabilitation ist aus dem lateinischen „habilis“ abgeleitet, das so viel wie „fähig“ oder „geschickt“ bedeutet. Habilitation bedeutet daher die Herstellung, *Re*habilitation bedeutet wörtlich die *Wieder*herstellung einer Fähigkeit. Rehabilitation wird aber auch verwendet im Sinne von Wiederherstellung des sozialen Ansehens oder die (Wieder-)Einsetzung in frühere Ehrenrechte. Bei einem wörtlichen Gebrauch wäre der Begriff Rehabilitation nur anzuwenden, wenn zuvor eine Fähigkeit verloren gegangen wäre. Der Begriff wird beim Vorliegen einer Behinderung aber auch dann angewendet, wenn eine Fähigkeit erstmals hergestellt wird.

Wenn wir uns die Definition von Rehabilitation in den „Standard Rules“ der UN näher anschauen, können wir hier ebenfalls beide Aspekte entdecken. Rehabilitation kann erfolgen beim Verlust wie auch beim Fehlen von Körperfunktionen und -strukturen von Anfang an. Der Aspekt der Wiederherstellung ist also gleichermaßen enthalten, wie derjenige der erstmaligen Herstellung von Fähigkeiten. Ausgeschlossen ist aber der Prozess der medizinischen Behandlung, der nicht als Teil der Rehabilitation betrachtet wird.

3.7 Therapie als spezifisch heilpädagogische Aufgabe

Der Begriff Therapie ist abgeleitet vom altgriechischen „therapeia“, was so viel wie „Dienen“ oder „Dienst“ bedeutet (Bundschuh 2007d, 272). Therapie wird in medizinischen Kontexten im Sinne von Heilbehandlung gebraucht. Therapien spielen aber auch in verschiedenen Humanwissenschaften eine Rolle, insbesondere in der Psychologie. Es sind Störungen und Abweichungen von der Norm beim menschlichen Leben und Verhalten, die zum Gegenstand therapeutischer Bemühungen werden. In heilpädagogischen Kontexten sind es psychische Störungen und Entwicklungsdefizite, die therapeutisch angegangen werden. Es ist also auch hier die Orientierung an einer Norm, in diesem Fall bezogen auf den Entwicklungsstand, die zum Einsatz von Therapien führt. Therapie setzt somit die Erhebung des Ist-Standes, also eine Diagnose voraus.

Ferdinand Klein und Gerhard Neuhäuser bezeichnen mit ihrem Buchtitel Heilpädagogik als „therapeutische Erziehung“ (Klein/Neuhäuser 2006). Sie plädieren für einen interdisziplinären Zugang, der ärztliche und erzieherische Hilfe umfasst (ebd., 9). Auch wenn der Therapiebegriff der beiden Autoren sich am Leitbild der Gesundheit orientiert und nahe am medizinischen Verständnis liegt, sind es doch im Wesentlichen pädagogische Akteure, mit deren Konzepten therapeutische Erziehung inhaltlich gefüllt wird.

Als handlungsleitende Konzepte sind Therapien für die Heilpädagogik im doppelten Sinne relevant:

1. Es gibt eine ganze Reihe therapeutischer Ansätze, die entweder in der Arbeit mit behinderten Menschen entstanden sind oder die sich hier mit großem Erfolg anwenden lassen.
2. Jede Form heilpädagogischer Arbeit weist therapeutische Elemente auf. Auch beim Unterricht in einer Sprachheilschule hat die Lehrkraft den Gedanken sprachheiltherapeutisch zu wirken stets vor Augen. Sprachtherapie vollzieht sich nicht nur in Therapiestunden, sondern im alltäglichen Umgang mit den Kindern.

Das Ziel heilpädagogischer Therapien kann in der Reduzierung von Störungen, der Minderung von Entwicklungsverzögerungen, aber auch im Erwerb von Strategien zum Leben mit Behinderung liegen. In den wenigsten Fällen dürfte es um die vollständige Beseitigung von beeinträchtigenden Phänomenen gehen, wie Therapie (i.S. von Heilbehandlung) implizieren könnte.

Die therapeutische Orientierung kann als ein durchgängiges Prinzip in der heilpädagogischen Praxis angesehen werden. So gibt es z.B. auch Begriffe wie „therapeutisches Milieu“ (Fritz Redl, Bruno Bettelheim), mit denen ausgesagt wird, dass das Umfeld, in dem der Mensch sich bewegt, bewusst so gestaltet wird, dass die weitere Entwicklung positiv beeinflusst wird. Aber auch der Unterricht in einer Schule für erziehungsschwierige Kinder ist nur mit einer therapeutischen Orientierung denkbar. Nicht selten orientieren sich Pädagog/innen dabei an Konzepten wie Verhaltenstherapie oder Gestalttherapie.

Es ist nicht ganz einfach, Beispiele für Therapien in heil- und sonderpädagogischen Praxisfeldern zu nennen, nicht weil es so wenige, sondern weil es so viele gibt. Eine Auswahl könnte daher als Bewertung betrachtet werden. So gibt es Reittherapie, Ergotherapie oder Mototherapie (Kiphard 1994). Aber es gibt auch so ausgefallene Dinge wie Delfintherapie für behinderte Kinder mit schweren Kontaktstörungen (Breitenbach u.a. 2006).

Häufig werden Kinder, insbesondere auch mit schweren Behinderungen, im musischen Bereich angesprochen. Kunst- und musiktherapeutische Ansätze haben deshalb im Bereich der Heilpädagogik eine herausragende Bedeutung. Bereits um die Mitte des 19. Jahrhunderts wurde die Funktion bildnerischen Gestaltens für die Entwicklung behinderter Kinder entdeckt. Kunst lebte damals aber noch von der gegenständlichen Zeichnung. Erst mit der Entwicklung der modernen Kunst im 20. Jahrhundert, die mit einer Abwendung vom gegenständlichen Zeichnen und der Entdeckung einer Fülle neuer gestalterischer Techniken verbunden war, konnte die Grundlage für die Kunsttherapie gelegt werden. Kunsttherapie findet heute in pädagogischen und in klinischen Settings Verwendung (Richter 1984).

Musiktherapie beruht auf der Erfahrung, dass Musik seelische Erlebnisse auslösen kann und in belastenden Lebenssituationen zu einer Besserung führt bis hin zu psychotherapeutischen Zugängen zu Menschen mit schweren Mehrfachbehinderungen (Becker 2002). In der Musiktherapie gibt es eine große Anzahl verschiedener Ansätze. Heilpädagogische Anwendung fand die Orff-Musiktherapie mit eigens konzipierten Instrumenten. Der Musikbegriff wird verschiedentlich sehr weit gefasst, wie etwa beim Ansatz von Harald Goll bei Menschen mit schweren geistigen Behinderungen, der jegliche Kommunikation mit Geräuschen und Rhythmus zum musikalischen Tätigsein rechnet (Goll 1993).

Der Einbezug immer neuer Therapien in die Heilpädagogik hat auch zu Gegenpositionen geführt. Rudi Krawitz (1992) wendet sich gegen Versuche pädagogisches Handeln durch Therapie zu ersetzen oder als Therapie zu deuten und bezieht damit eine kritische Position zu Entwicklungen, die er als Ersetzung von Pädagogik durch Therapie deutet.

3.8 Prävention als gesellschaftliche und pädagogische Aufgabe

Die Heilpädagogik verwendet Prävention oft im Sinne von Vorbeugung bei drohenden Behinderungen oder Entwicklungsstörungen. Dieses Verständnis liegt auch den KMK-Empfehlungen von 1994 zugrunde, wo präventive Maßnahmen unter der Überschrift „Sonderpädagogische Förderung durch vorbeugende Maßnahmen“ angesprochen werden. Es heißt dort: „Je früher vorbeugende Maßnahmen einsetzen, desto größer ist ihre Wirksamkeit." (Drave/Rumpler/Wachtel 2000, 35) Laut KMK wirken präventive Maßnahmen der Entstehung einer Behinderung entgegen. Bei einer bestehenden Behinderung sei es das Ziel der Prävention, weitergehende Auswirkungen zu vermeiden.

Prävention bezieht sich oft auf Maßnahmen zur allgemeinen Entwicklungsförderung im vorschulischen Bereich. Zu nennen wäre hier z.B. das aufwendige Vorschulprogramm Head-Start in den USA, bei dem Kindern in problematischen Wohngegenden spezielle kompensatorische Kindergartenprogramme angeboten wurden (Warren/Davis 2007).

Die Einrichtung von Spielstuben in sozialen Brennpunkten gehört zu den Maßnahmen der Prävention. Prävention kann sich aber auch auf Programme zu spezifischen Problemlagen bei spezifischen Problemgruppen beziehen (z.B. Gewaltprävention bei Jugendgruppen).

Prävention ist ein multidisziplinäres Arbeitsfeld, d.h. es arbeiten hier ganz verschiedene wissenschaftliche Teildisziplinen und die dazugehörenden Berufsgruppen zusammen: Neben der Heilpädagogik gehören hierzu auch Fächer wie Medizin, Psychologie oder Kriminologie.

Mit dem Begriff der Prävention werden durchaus verschiedene Dinge bezeichnet. Von daher ist eine Differenzierung nach verschiedenen Formen der Prävention sinnvoll. Die „UN Standard Rules on Equalization of Opportunities for Persons with Disabilities" von 1993 unterscheiden zwischen primärer und sekundärer Prävention. Unter primärer Prävention verstehen sie die Verhinderung von körperlichen, intellektuellen, psychischen und sensorischen Schädigungen (bzw. Behinderungen). Die sekundäre Prävention zielt nach diesem Dokument auf die Verhinderung von weiteren Folgeschäden bei bereits vorliegenden permanenten funktionalen Einschränkungen oder Behinderungen.

Der Amerikaner Pianta überträgt eine aus den Gesundheitswissenschaften stammende Unterscheidung zwischen primärer, sekundärer und tertiärer Prävention auf psychologische und pädagogische Kontexte (Goetze 2016, 160). Unter der *primären* Prävention versteht er die Einwirkung auf eine soziale Gruppe, z.B. die Schüler/innen einer Schule, bevor Problemsituationen auftreten. Man geht hier von der Einschätzung der belastenden Faktoren in den Lebensumständen einer sozialen Gruppe oder auch eines Menschen aus, aus denen Entwicklungsprobleme resultieren könnten, auch ohne dass diese bereits festgestellt wurden. Primäre Prävention wird auch verstanden als gezielte Verstärkung der Psychohygiene ganzer Bevölkerungsgruppen. Die Schulung der sozialen Kompetenzen im Konfliktlösungsverhalten in der Schule, um potentielle Gewaltanwendungen zu vermeiden, wäre ein Beispiel für primäre Prävention. Primäre Prävention zielt, etwas vereinfacht ausgedrückt, auf die generelle Verhinderung von Schädigungen und Störungen für alle Angehörigen eines sozialen Feldes (Sander 2007, 210; Morrow/Morrow 2007).

Von *sekundärer* Prävention spricht man, wenn erste Problemverhaltensweisen bereits auftreten. Schlechte Leistungen in der Schule verbunden mit gelegentlichem Schulabsentismus können Verhaltensweisen sein, die für sich gesehen noch nicht gravierend sind, bei denen aber gezieltere Einwirkungen angesagt sind. Sekundäre Prävention ist auch dann angesagt, wenn Hochrisikogruppen identifiziert sind. Eine Schule, die in einem sozialen Brennpunkt liegt, lässt aufgrund des häuslichen Milieus der Schüler/innen präventive Maßnahmen in verschiedenen Bereichen geboten erscheinen. So kann vermutet werden, dass häufiger zu Konfliktlösungen unter Anwendung von Gewalt gegriffen wird oder auch Lernprobleme von Schüler/innen verstärkt auftreten.

Wenn bereits deutliche Probleme auftreten und das Ziel darin besteht, dass sich die Situation nicht verschlimmert, spricht Pianta von *tertiärer* Prävention (Goetze 2016, 160). Im Unterschied zur primären Prävention, aber auch noch zur sekundären Prävention handelt es sich hier also um reaktive Maßnahmen. Wenn wir uns die pädagogische Praxis anschauen, so stellen wir fest, dass dies die verbreitetste Form von Prävention darstellt. Bei bestehenden Problemlagen wird die Notwendigkeit weiterer Vorbeugung erkannt.

Die Unterteilung in primäre, sekundäre und tertiäre Prävention findet sich mittlerweile auch an prominenter Stelle im „World Report on Disability" (WHO/The World Bank 2011, 8). Von sonderpädagogischen Autor/innen wurde die Unterteilung übernommen, verschiedentlich aber auch in abgewandelter Form. Am konkreten Fall ist es oft nicht einfach zu sagen, welcher Form von Prävention die Maßnahme zugeordnet werden soll.

Prävention gehört zu den elementaren Aufgaben der Heil- und Sonderpädagogik. Was Prävention bedeutet unter Zugrundelegung der Unterteilung von Pianta, lässt sich an einigen Beispielen veranschaulichen. Kinder, die in ihrem Elternhaus für ihre kognitive Entwicklung nur wenige Anregungen bekommen, sind auf öffentliche Erziehung angewiesen. Der Besuch des Kindergartens ist hier eine präventive Maßnahme, die das Scheitern in den ersten Schuljahren verhindern kann. Im Sinne der Unterteilung von Pianta könnte man die Kindergartenerziehung als Akt primärer Prävention ansehen.

In Deutschland ist es vor allem die Pädagogische Frühförderung, die im Vorschulalter präventiv arbeitet (siehe auch Kapitel 8 dieses Buches). Ein spezifischer Bereich ist die Frühförderung bei Kindern mit psychosozialen Risiken (Klein 2002). Wir könnten dies als eine Maßnahme der sekundären Prävention bezeichnen. Die pädagogische Frühförderung ist ein institutioneller Bereich für die Altersgruppe von 0-6 Jahren. Neben Kindern, bei denen schon früh eine Behinderung manifest ist, werden von der Pädagogischen Frühförderung auch solche Kinder betreut, die in besonderen Risikolagen leben. Merkmale solcher Risikolagen sind häufig ungünstige häusliche Bedingungen wie z.B. ein wenig anregendes Wohnumfeld oder eine schwierige familiäre Situation. Präventive Maßnahmen sind aber für alle Gruppen gefährdeter Kinder angesagt, wobei die institutionellen Formen sich je nach Altersstufe unterscheiden.

3.9 Assistenz als Entwicklungsbegleitung

Assistenz zu den Grundbegriffen einer Heilpädagogik und Inklusiven Pädagogik zu rechnen, ist keinesfalls unumstritten. Im Sozialrecht ist Assistenz noch nicht überall als fachliche Tätigkeit mit Professionalisierungstendenz akzeptiert. So wird sie nicht selten als Hilfstätigkeit im Alltag betrachtet, die weder besondere Fähigkeiten noch Voraussetzungen erfordert. Dies trifft in besonderem Maße auf die persönliche Assistenz im Alltag zu. Dass diese Sichtweise problematisch ist, verdeutlichen die Problemlagen, die sich für Menschen mit intellektueller Beeinträchtigung (sog. „geistiger Behinderung") stellen (Hähner u.a. 2005). Als Arbeitskonzept in der Behindertenhilfe impliziert es eine Veränderung in der Herangehensweise des Fachpersonals. Statt Betreuung steht eine Entwicklungsbegleitung im Vordergrund, die die Vorstellungen und Wünsche des/der Begleiteten achtet.

Assistenz ist für alle Lebensbereiche denkbar, in die Menschen mit Behinderungen involviert sind. Neben dem Wohn- und Freizeitbereich ist das Arbeitsleben ein bevorzugtes Feld assistierender Tätigkeit zugunsten erwachsener Menschen mit Behinderung. Darüber hinaus kann aber auch der Bereich von Bildungsinstitutionen für Kinder und Jugendliche unter dem Aspekt der Entwicklungsbegleitung unter einer veränderten Perspektive diskutiert werden.

Loeken und Windisch (2005) grenzen verschiedene Assistenzkonzepte voneinander ab. Im Idealfall impliziere Assistenz „die vollständige Kontrolle und Entscheidung in allen Fragen der Sicherstellung erforderlicher Hilfeleistungen" (ebd., 146). Die Verortung von Assistenz im Spektrum professionellen pädagogischen Handelns führe aber zu einem Zuwachs an Macht auf der Seite der Professionellen, was dem Selbstbestimmungsgedanken widerspreche. Weiterhin „laufen die Vorstellungen einer konzeptionellen Verknüpfung von Assistenz mit sozialarbeiterischen und pädagogischen Handlungsstrukturen Gefahr, Machtverhältnisse und asymmetrische Rollenverteilungen zu verschleiern, anstatt sie transparent zu machen" (ebd., 147). Die Autor/innen plädieren daher für integrationspädagogische Zielsetzungen, „Unterstützungsbündnisse", die Chancen selbstbestimmten Handelns ermöglichen, gleichzeitig aber auch intervenierende Aspekte professionellen Handelns ermöglichen.

Auch wenn Assistenz sich als Gegenmodell zur Fürsorge versteht, so kann es insbesondere für Menschen mit sehr hohem Unterstützungsbedarf sichtbare und verschleierte Machtstrukturen enthalten (Weber 2016). Weber schlägt vor den Assistenzgedanken in das Selbstverständnis der Unterstützer/innen und der Einrichtungen und Dienste aufzunehmen, statt ‚lebenslänglicher Hilfen' eine ‚offene Entwicklungsperspektive' zu praktizieren, strukturelle und offene Gewalt zu analysieren und praxisrelevante Fort- und Weiterbildungen für Unterstützer/innen zu ermöglichen (ebd., 519). Bedenken äußert er gegenüber Modellen für kognitiv beeinträchtigte Menschen, die Begriffe wie facilitatorische oder lernzielorientierte

Assistenz verwenden und damit wieder in die Nähe überkommener Fördermodelle rücken (ebd., 516).

In dem in den USA entstandenen Modell der Persönlichen Zukunftsplanung („person-centered planning") wird eine veränderte Form der Entwicklungsbegleitung erwachsener Menschen mit Behinderung angesprochen. Bei diesem Konzept geht es darum, dass Menschen die Möglichkeit erhalten sollen „über ihre eigenen Träume, Wünsche, Vorstellungen und Ziele für ihr Leben nachzudenken und diese in gangbare Schritte umzusetzen" (Niehoff 2016, 523). Theunissen (2002a, 174) versteht Persönliche Zukunftsplanung als Konzept, „bei dem Menschen, die als lern- oder geistig behindert gelten, mit oder ohne Unterstützung (Assistenz) gemeinsam mit Bezugspersonen (nach eigener Wahl) über ihre Lebenszukunft nachdenken, sich Lebensziele setzen und diese gemeinsam mit Unterstützern konkret umzusetzen versuchen". Fragen des Arbeitsplatzes, Wohnen, Freizeit und Partnerschaftsangelegenheiten können Themen dieser persönlichen Zukunftsplanung mit einem Unterstützerkreis sein. Der Anwendungsbereich Persönlicher Zukunftsplanung hat sich mittlerweile stärker herausdifferenziert und umfasst neben biografischen auch institutionelle Felder (Kruschel/Hinz 2015).

Arbeitsaufgabe:

Suchen Sie den Begriff „Rehabilitation" auf den Internetseiten von freien Trägern der Behindertenhilfe. Vergleichen Sie die Verwendung des Begriffs auf den dortigen Seiten mit der Definition von Rehabilitation durch die „Standard Rules" der Vereinten Nationen aus dem Jahre 1994!

Vorschlag zur vertiefenden Lektüre:

Das „Handlexikon der Behindertenpädagogik" von Dederich, Beck, Antor und Bleidick (2016), auf das in diesem Kapitel auch schon verschiedentlich Bezug genommen wurde, verbindet Ansprüche eines Handbuchs und eines Lexikons, indem die Schlüsselbegriffe nur innerhalb einer übergreifenden Systematik alphabetisch geordnet sind. In Kombination mit der angeführten Referenzliteratur eignet sich das Buch für die Aneignung der zentralen Begriffe im Bereich der Heilpädagogik und liefert damit eine brauchbare Basis für ein vertiefendes Studium der jeweils relevanten Fachliteratur.

4 Ethische Fragestellungen

Worum es geht…

Mit der „Singer-Debatte“ Anfang der 1990er Jahre realisierte die Heilpädagogik die Bedeutung ethischer Fragestellungen. Durch die rasante Entwicklung neuer Erkenntnisse im Bereich der Humangenetik und die Erweiterung der Möglichkeiten der Intensivmedizin entstehen neue Problemlagen am Beginn und Ende des menschlichen Lebens, auf die die Heilpädagogik Antworten finden muss. Hinzu kommen nach wie vor „alte“ Fragestellungen im Bereich der Berufsethik und der Lebensgestaltung behinderter Menschen sowie sozialphilosophische Fragestellungen.

Ethische Fragestellungen spielten noch bis in die 1980er Jahren in der universitären Sonder- und Heilpädagogik nur eine untergeordnete Rolle. Erst als sie bemerkte, dass das Lebensrecht schwer behinderter Menschen in aktuellen Diskussionen wieder in Frage gestellt wurde, entdeckte sie ihr diesbezügliches Theoriedefizit. Inzwischen hat die Sonderpädagogik als Disziplin eine starke ethische Akzentuierung vorgenommen (Moser 2003, 73). Gleichzeitig spielen berufsethische Fragen eine erhebliche Rolle. Daraus ergeben sich mehrere relevante Themenstellungen, die nachfolgend zumindest angerissen werden sollen.

4.1 Begründungsverfahren von Moral und Ethik

Die Moral bezeichnet die Forderungen, die sich an das Handeln der Menschen richten. Moral wird auch als System von sittlichen Grundsätzen und Normen bezeichnet, welches das Verhalten der Menschen reguliert. Mit Ethik ist meistens das diesem zugrundeliegende Wertesystem gemeint oder auch das Nachdenken über Moral. Moralisches Handeln ist daher die Umsetzung ethischer Maßstäbe. Die Unterscheidungen sind aber nicht eindeutig.

Um Entscheidungen in moralischen Fragen zu fällen, gibt es mehrere Verfahren. Nachfolgend sollen vier Ethiktypen beschrieben werden, die für heilpädagogische Diskussionen Bedeutung haben.

Tab. 4.1: Ethiktypen mit Bedeutung für die Heilpädagogik

Bezeichnung	Annahmen	Vertreter und Werk
Prinzipienorientierte Ethik	Messung moralischen Handelns an festgelegten Werten	Kant (1983, Erstausg. 1797), „Metaphysik der Sitten"
Folgenorientierte Ethik	Fragen nach den Folgen des Handelns	Utilitaristen, z.B. Mill (2006, engl. Erstausg.1871), „Utilitarismus"
Diskursethik	Positionen werden unter den Beteiligten ausgehandelt	Habermas (1992), „Erläuterungen zur Diskursethik"
Advokatorische Ethik	Handeln für einen Anderen in dessen Interesse	Brumlik (2004), „Advokatorische Ethik"

Die drei erstgenannten Ethiktypen sind für die Heilpädagogik als Begründungsverfahren von Interesse (Antor/Bleidick 2000, 76ff), während die Advokatorische Ethik in diese Liste aufgrund der Nähe der inhaltlichen Positionen zu heilpädagogisch relevanten Fragestellungen aufgenommen wurde.

Für **prinzipienorientierte** Ethiken gelten bestimmte Werte, an denen moralisches Handeln gemessen wird. Ethische Positionen in Anlehnung an Immanuel Kant gehören zu dieser Gruppe. Es wird z.B. gefragt, ob ein Handeln vernünftig ist. Neben weiteren Schriften war es vor allem die „Metaphysik der Sitten" aus dem Jahre 1797, die jene ethische Position dargelegt hat (Kant 1983) und an denen sich Jahrhunderte lang andere Philosophen orientierten bzw. mit denen sie sich auseinandersetzten.

Eine weitere Gruppe bilden **folgenorientierte** Ethiken. Man fragt: Was passiert, wenn ich dies oder jenes mache? Der Utilitarismus gehört zu diesen Ethiktypen. Als Vertreter dieser Positionen im ausgehenden 18. und frühen 19. Jahrhundert wird der englische Philosoph Jeremy Bentham betrachtet. Nachfolgend war John Stuart Mill der wichtigste Vertreter, der im Jahre 1871 ein bekanntes Werk mit dem Titel „Utilitarismus" veröffentlicht hat (Mill 2006). Ein aktueller Vertreter einer heutigen Spielart des Utilitarismus ist Peter Singer (1984), dessen Ansatz in diesem Kapitel später noch dargestellt wird.

Ein weiteres wichtiges Begründungsverfahren wird als **Diskursethik** bezeichnet. Der Frankfurter Philosoph Jürgen Habermas (1992) hat diesbezügliche Positionen entwickelt. Im Diskurs sprechen verschiedene Betroffene gemeinsam über ein Problem, tauschen ihre Argumente aus und finden dann eine Entscheidung. Möglich ist ein Konsens in der Sache. Möglich ist im Diskurs aber auch ein Dissens, wenn alle Argumente ausgetauscht wurden, aber unterschiedliche Positionen weiterhin existieren. Mit dem Ziel, eine Gemeinsamkeit durch den Austausch von Argumenten zu gewinnen, auch bei ansonsten unterschiedlichen Positionen, ist Diskursethik eine Verhandlungsethik. Es handelt sich hier um das gesellschaftliche Aushandeln von Moral unter den Akteuren und entspricht damit vielem, was im öffentlichen Raum in aufgeklärten, sich wandelnden Gesellschaften geschieht.

Dieses Diskursmodell setzt voraus, dass alle Beteiligten nicht nur Zugang zum Diskurs haben, sondern auch über die Fähigkeiten verfügen, ihre Argumente einzubringen. In pädagogischen, insbesondere in heilpädagogischen, Problemlagen haben wir es mit Menschen zu tun, die oft dazu nicht in der Lage sind. Entscheidungen in moralischen Fragen können sich daher nicht immer auf einen geäußerten Konsens der Betroffenen berufen.

In Abgrenzung zur Diskursethik haben wir es in pädagogischen Kontexten oft mit einem Prozess der Entscheidungsfindung zu tun, der seine Grundlage in einer **advokatorischen** Ethik finden kann. Der Advokat ist der Anwalt eines Menschen, also jemand, der stellvertretend für ihn spricht. Advokatorisches Handeln ist also das Handeln für einen Anderen, gleichzeitig aber auch das Einbringen von dessen Interessen. Advokatorisches Handeln ist in vielen Situationen üblich, etwa wenn Eltern für ihre Kinder entscheiden. Advokatorisches Handeln setzt also ein Mündigkeits-, aber auch ein Machtgefälle voraus, das bei Kindern nicht auf Dauer angelegt ist. Die Eltern als Advokaten müssen sich eventuell für ihre Entscheidungen in der Zukunft verantworten. Aus dem anfangs asymmetrischen Verhältnis wird später oft ein symmetrisches.

Advokatorische Ethik beschäftigt sich mit Wertentscheidungen für Andere und für deren Interessen. Brumlik (2004, 82) versteht unter advokatorischer Ethik eine Theorie moralischen Handelns, „die klärt, ob, unter welchen Umständen und aufgrund welcher Rechtstitel Personen das Recht haben, ohne das Wissen oder gegen den erklärten Willen anderer Menschen in eben ihrem Namen zu handeln". Er entwickelte sein Konzept aus der Einschätzung heraus, dass diskursethische Verfahren sich für moralische Begründungen pädagogischen Handelns nicht eignen (ebd., 8f). Brumliks Überlegungen zielen nicht nur auf das advokatorische Handeln von Erwachsenen bezüglich Kindern. Der Ansatz advokatorischer Ethik kann sehr viel weiter gedacht werden und ist auf andere Gruppen übertragbar.

Stellvertretendes Handeln kann auch dann nötig werden, wenn Menschen aufgrund von schweren Behinderungen nicht in der Lage sind, für sich selbst zu sprechen. Das asymmetrische Verhältnis bleibt hier auf Dauer erhalten und das Machtgefälle wird in der Zukunft nicht aufgehoben. Advokatorisches Handeln birgt Probleme in sich, da Interessen anderer Menschen wahrgenommen werden sollen, die sich selten feststellen, oft auch nur schwer erschließen lassen. Der französische Philosoph Lévinas hat sich mit der Problematik des stellvertretenden verantwortlichen Handelns auseinandergesetzt und sein Werk wurde verschiedentlich für heilpädagogische Fragestellungen aufgearbeitet (Stinkes 1993; Kleinbach 1994).

Advokatorisches Handeln wird vor allem dann problematisch, wenn die Entscheidung irreversibel ist, weil es um Leben oder Tod geht. Dies kann bei einer gefährlichen Operation an einem bewusstlosen Menschen der Fall sein, oder bei der Frage, ob intensivmedizinische Maßnahmen bei einem Koma-Patienten fortgesetzt werden.

Auch Entscheidungen von Sonderpädagog/innen, die weniger schwerwiegend sind, haben nicht selten advokatorischen Charakter. Die Sonderschullehrerin oder der Sonderschullehrer, der ein diagnostisches Gutachten über ein Kind abgibt, das in der Schule versagt, trifft eine Entscheidung mit weitreichenden moralischen Implikationen. Die Maßnahmen, die er vorschlägt, sollen die beste der bestehenden Chancen für das Kind eröffnen, auch bei Entscheidungen über die weitere schulische Platzierung. Diese kann in der Regelschule oder in der Sonderschule sein, mit weitreichenden Konsequenzen für die spätere Lebensführung.

4.2 Das Recht auf Leben

Im Jahre 1984 erschien unter dem Titel „Praktische Ethik" in deutscher Übersetzung ein Buch des australischen Philosophen Peter Singer, das damals allenfalls am Rande von Philosoph/innen zur Kenntnis genommen wurde (Singer 1984). Erst als der Autor 1989 als Teilnehmer verschiedener Veranstaltungen (u.a. eines Symposiums der Lebenshilfe in Marburg) angekündigt wurde, fiel auch einer breiten Öffentlichkeit in Deutschland auf, dass das Lebensrecht behinderter Menschen in fachlichen Diskursen wieder zur Disposition gestellt wurde. Neben Protesten und Veranstaltungsabsagen führte dies dazu, dass die Sonderpädagogik erstmals damit begann, in prominentem Umfang über ethische Grundlagen heilpädagogischen Handelns nachzudenken. Da diese Debatte für die Selbstpositionierung der deutschsprachigen Heilpädagogik eine wichtige Rolle spielte und die angeführten Argumentationen nach wie vor in den ethischen Diskursen (auch zu verwandten Problemlagen) weltweit nicht unbedeutend sind, macht es Sinn, auch zum gegenwärtigen Zeitpunkt noch diese Diskussion zu rezipieren.
Worum ging es in Singers Buch? Singer beschäftigt sich mit so unterschiedlichen Themen wie der Unterscheidung von Mensch und Tier, den moralischen Komponenten der Unterschiede zwischen Arm und Reich, dem Töten von Tieren, der Abtreibung und der Euthanasie.
Die kontroversen Diskussionen machten sich vor allem an Singers Äußerungen zu Euthanasie fest. Die Position, von der er argumentiert, bezeichnet er als Präferenz-Utilitarismus. Vorbereitet wurden seine Ausführungen zur Euthanasie mit begrifflichen Neufestlegungen, die sich an einer angelsächsischen, hierzulande weniger vertrauten philosophischen Tradition orientierten. Er schlägt vor, den Begriff „menschlich" in der Diskussion aufzugeben und durch die Begriffe „Mitglied der Gattung Homo sapiens" und „Person" zu ersetzen (Singer 1984, 105f). Von Locke übernimmt er die Definition von Person als „denkendes intelligentes Wesen, das Vernunft und Reflexion besitzt und sich als sich selbst denken kann, als das selbe denkende Seiende in verschiedenen Zeiten und an verschiedenen Orten" (ebd., 106). Rationalität, Selbstbewusstsein und Wissen über Vergangenheit, Gegenwart und

Zukunft werden somit zu Bestimmungsmerkmalen von Personen. Dies hat für ihn zur Folge, dass Personen denkbar wären, die nicht zu unserer Gattung gehören, aber auch Angehörige unserer Gattung, die nicht Personen wären (ebd.).
Zum Wert des Lebens von Mitgliedern der Gattung Homo sapiens schreibt er:

> „Die biologischen Fakten, an die unsere Gattung gebunden ist, haben keine moralische Bedeutung. Einem Lebewesen bloß deshalb den Vorzug zu geben, weil das Lebewesen unserer Gattung angehört, würde uns in dieselbe Position bringen wie die Rassisten, die denen den Vorzug geben, die zu ihrer Rasse gehören" (ebd., 107).

Nachdem er in der beschriebenen Art und Weise das Lebensrecht aufgrund der bloßen Zugehörigkeit zur Gattung „Mensch" diskreditiert hat, fragt er nach dem Wert des Lebens einer Person. Seine eigene Position beschreibt er folgendermaßen:

> „Für Präferenz-Utilitaristen ist das Töten einer Person in der Regel schlimmer als das Töten eines anderen Wesens, weil ein Wesen, das sich nicht selbst als eine Wesenheit mit einer Zukunft sehen kann, keine Präferenz hinsichtlich seiner eigenen zukünftigen Existenz haben kann" (ebd., 122).

Wer nicht zu den Personen gehört, führt er unter dem Abschnitt „Bewußtes Leben" weiter aus:

> „Es gibt viele Wesen, die bewusst und fähig sind, Lust und Schmerz zu erfahren, aber nicht selbstbewusst und vernunftbegabt und somit keine Personen. Viele nichtmenschliche Lebewesen gehören nahezu mit Sicherheit zu dieser Kategorie; das gilt auch für Neugeborene und einige Geisteskranke" (ebd., 117).

In seinem Kapitel über das Töten von Tieren macht er folgende Ausführungen:

> „Manche Angehörigen anderer Gattungen sind Personen: manche Angehörigen unserer eigenen Gattung sind es nicht. Keine objektive Beurteilung kann dem Leben von Mitgliedern unserer Gattung, die keine Personen sind, mehr Wert verleihen als dem Leben von Mitgliedern einer anderen Gattung, die Personen sind. Im Gegenteil gibt es, wie wir sahen, starke Gründe dafür, das Leben von Personen über das von Nichtpersonen zu stellen. So scheint es, dass etwa die Tötung eines Schimpansen schlimmer ist als die Tötung eines schwer geistesgestörten Menschen, der keine Person ist" (ebd., 134f).

Auf der Grundlage der dargelegten Begriffe und Gedanken, entwickelt Singer seine Vorstellungen zum Thema „Euthanasie", dem er ein ganzes Kapitel seines Buches widmet. Was die Wogen der Erregung besonders hoch hat schlagen lassen, sind Singers Ausführungen zu dem, was er als „nichtfreiwillige Euthanasie" bezeichnet.

> „In Kapitel 4 haben wir gesehen, dass die Zugehörigkeit eines menschlichen Wesens zur Spezies Homo sapiens allein keine Bedeutung dafür hat, ob es verwerflich ist, es zu töten; entscheidend sind vielmehr Eigenschaften wie Rationalität, Autonomie und Selbstbewusstsein. Missgebildete Säuglinge haben diese Eigenschaft nicht. Sie zu töten kann daher nicht gleichgesetzt werden mit dem Töten normaler menschlicher Wesen" (ebd., 179).

> „Kein Säugling – mag er nun missgebildet sein oder nicht – hat in gleichem Maße Anspruch auf das Leben wie Wesen, die fähig sind, sich selbst als distinktive Entitäten zu sehen, die in der Zeit existieren“ (ebd., 180).

Die Entscheidung für oder gegen das Leben eines Kindes soll sich nach Singers Vorstellung von utilitaristischen Prinzipien leiten lassen. Wichtig ist für ihn, welche Qualität von Leben der Säugling erwarten kann (ebd., 180).

> „Der Kern der Sache ist freilich klar: die Tötung eines behinderten Säuglings ist nicht moralisch gleichbedeutend mit der Tötung einer Person. Sehr oft ist sie überhaupt kein Unrecht“ (ebd., 188).

Mit der Frage der Euthanasie schwerbehinderter Kinder setzt sich Singer anhand einiger weniger exemplarischer Fälle in seinem Buch „Muss dieses Kind am Leben bleiben?“ auseinander, das er gemeinsam mit Helga Kuhse veröffentlicht hat (Kuhse/Singer 1993). Auch darin sind, wie im Buch „Praktische Ethik“ verschiedene Fälle diskutiert, zumeist Kinder mit Down-Syndrom.

Bemerkenswert ist, dass Singers Positionen zum Lebensrecht behinderter Menschen im deutschsprachigen Raum zu heftigen Gegenreaktionen führten, nicht jedoch im englischsprachigen Raum, wo Singer vorwiegend als Vertreter des Tierschutzgedankens bekannt ist. Die Ursachen sind unschwer der geschichtlichen Hypothek durch die Euthanasie des NS-Staates zuzuordnen. Diese geschichtliche Erfahrung hat für die möglichen realen Folgen spekulativer philosophischer Erörterungen sicherlich mehr Sensibilität geschaffen als in anderen Ländern.

Die mit den Positionen Peter Singers neu aufgeworfenen Fragestellungen dominierten Diskussionen in heilpädagogischen Fachzeitschriften in der ersten Hälfte der 1990er Jahre. Singers Buch löste damit eine Selbstfindungsdebatte der Heilpädagogik aus, die auch begann, ihre Stellung in der Gesellschaft zu suchen und neu zu definieren. Einerseits entstand ein weitgehender Konsens im Eintreten für das Lebensrecht behinderter Menschen, andererseits wurden aber auch fehlende Antworten auf aktuelle neue Problemlagen moniert (Anstötz 1990; Hegselmann/Merkel 1991). Dieser Vorwurf kann der Heilpädagogik gegenwärtig nicht mehr gemacht werden. Auch die Auseinandersetzung mit den verschiedenen (nicht nur utilitaristischen Personbegriffen) und ihren Folgen für die Heilpädagogik ist mittlerweile erfolgt (Bleidick 2003).

Eine ganz andere Problemlage bringt der Wunsch behinderter Menschen zu sterben und die Einforderung der Beendigung lebenserhaltender Maßnahmen oder die Unterstützung bei der freiwilligen Beendigung des Lebens. Adrienne Asch (2001) hat sich anhand konkreter, vor amerikanischen Gerichten verhandelter Fälle mit den dabei entstehenden Problemlagen auseinander gesetzt. Häufig waren es Vertreter/innen von Organisationen behinderter Menschen, die sich gegen die ärztliche Begleitung des Freitods (“physician-assisted suicide“) ausgesprochen haben, auch wenn behinderte Menschen hier ein Recht auf Selbstbestimmung reklamierten.

Neben der Vernachlässigung der psychosozialen Komponenete des Todeswunsches sahen sie darin eine öffentliche Abwertung des Stellenwerts des Lebens behinderter Menschen (ebd., 315).

4.3 Humangenetik und Pränataldiagnostik

Neben Fragen des Lebensrechts behinderter Menschen gibt es eine Reihe weiterer ethischer Fragestellungen, an denen die Heilpädagogik ein begründetes Mitspracheinteresse hat. Für Versuche Antworten auf die neuen Problemlagen zu finden, die sich im Zusammenhang mit der Entwicklung menschlichen Lebens ergeben, hat sich der Begriff „Bioethik" durchgesetzt. Themen der Bioethik finden nicht nur in der Wissenschaft und Fachöffentlichkeit, sondern auch im übrigen öffentlichen Leben mittlerweile Beachtung. Fragen wie Embryonenschutz oder Biopolitik sind auch Themen, mit denen sich die Heilpädagogik befasst (Dederich 2003).

Die wissenschaftlichen Entwicklungen im Bereich der Biowissenschaften verlaufen äußerst rasant. Die Entschlüsselung des menschlichen Erbguts hat einem weiteren Zweig der Medizin in den vergangenen Jahrzehnten einen großen Aufschwung verschafft, nämlich der Humangenetik, auch wenn ihre Geschichte in den deutschsprachigen Ländern eher negativ vorbelastet ist.

Von der Kenntnis des Codes der menschlichen Erbanlagen, der auch durch das weltweite Genomprojekt in zuvor unerwartetem Ausmaß entziffert werden konnte, bis zur Forderung nach Qualitätspflege dieses Erbmaterials ist es inhaltlich kein allzu großer Schritt. Otto Speck (2005) spricht in diesem Zusammenhang von einer neuen und liberalen Eugenik, die er von der alten des ausgehenden 19. und frühen 20. Jahrhunderts abgrenzt. Während die alte Eugenik auf die Ausmerzung als negativ bewerteten Erbgutes hinzielte, seien die Zielsetzungen der neuen Eugenik eher verdeckt (ebd., 43ff). Hinter dem Anspruch, Heilung und Leidminderung zu bringen, stecke aber nicht selten das Motiv der Kostenersparnis. So ergänzen sich wissenschaftliche mit wirtschaftlichen und kommerziellen Interessen. Die Versprechungen, die mit der neuen Eugenik einhergingen, erwiesen sich unterdessen häufig als Illusionen (ebd., 118ff).

Die technischen Möglichkeiten, bestimmte Behinderungen bereits vor der Geburt festzustellen, konnten in den letzten Jahren beträchtlich ausgeweitet werden. Was als Angebot vorhanden ist, wird nicht selten von werdenden Eltern und auch von der Umgebung als Verpflichtung angesehen. So werden Untersuchungen, die das Ziel verfolgen Behinderungen bereits vorgeburtlich zu diagnostizieren, zunehmend häufiger in Anspruch genommen.

Andrea Strachota (2006) gibt in ihrem Buch einen guten Überblick über die gegenwärtig gebräuchlichen Methoden zur pränatalen Diagnostik. Diese werden un-

terschieden in invasive und nicht-invasive Verfahren. Invasive Verfahren dringen in den Körper ein, sind also im weiteren Sinne chirurgische Eingriffe (ebd., 13).
Zu den nicht-invasiven Verfahren gehören die Ultraschall-Untersuchung, der Combined-Test und der Triple-Test. Ultraschalluntersuchungen gehören mittlerweile zu den Routineverfahren, die in den verschiedensten Feldern medizinischer Diagnostik Anwendung finden, aber auch in der ärztlichen Beobachtung des Schwangerschaftsverlaufs. Für die Suche nach Behinderungen wird die Ultraschalluntersuchung in Form der Nackenfaltenmessung zwischen der 10. und 14. Schwangerschaftswoche eingesetzt. Diese kann erste, aber noch unzuverlässige Hinweise auf chromosomale Abweichungen, Organ- und Skelettfehlbildungen liefern (ebd., 14). Im Combined-Test wird die Nackenfaltenmessung mit der Bestimmung zweier Hormone kombiniert. Der Triple-Test ergänzt dies um die Bestimmung verschiedener Werte im Blut der Mutter. All diese nicht-invasiven Verfahren können allenfalls Hinweise auf die Wahrscheinlichkeit des Auftretens verschiedener Behinderungen geben. Zuverlässige Diagnosen sind damit nicht möglich.
Zu den invasiven Verfahren werden die Chorionzottenbiopsie und die Amniozentese gerechnet. Die Chorionzottenbiopsie wird im Regelfall zwischen der 10. und 12. Schwangerschaftswoche durchgeführt. In diesem Falle wird der Fruchthülle eine Gewebeprobe entnommen. Diese Zellen werden auf Chromosomenabweichungen, Stoffwechsel- und Erbkrankheiten untersucht (ebd., 20). Zu einem relativ späten Zeitpunkt, nämlich erst zwischen der 15. und 18. Schwangerschaftswoche, erfolgt die Amniozentese, auch Fruchtwasserpunktion genannt. Über eine Hohlnadel werden dem Fruchtwasser abgelöste Zellen entnommen, die im Labor dann weitergezüchtet und vermehrt werden. Nach zwei bis vier Wochen (also zwischen der 17. und 22. Schwangerschaftswoche) können dann Chromosomenaberrationen (z.B. die Trisomien 21, 13 und 18), Neuralrohrdefekte (z.B. Spina bifida) sowie verschiedene Stoffwechsel- und Erbkrankheiten relativ sicher diagnotiziert werden (ebd., 21).
Mit insgesamt 14 Falldarstellungen werden die psychosozialen Folgen von Befunden pränataler Diagnostik für die betroffenen Familien, insbesondere die Frauen, in Strachotas Buch eindrucksvoll dokumentiert. Die Praxis, die sich in den letzten Jahren entwickelt hat, ist aus ethischen Gründen in mehrfacher Hinsicht fragwürdig. Die Suche nach möglichen Behinderungen im Rahmen der pränatalen Diagnostik hat das Ziel, die Geburt eines behinderten Kindes zu verhindern.
Als Konsequenz aus den Berichten der betroffenen Eltern zeichnet Strachota ein recht düsteres Bild der Wirkungen pränataler Diagnostik:

> „Die individuelle Entscheidung ist im Grunde gesellschaftlich vorentschieden: Zu wollen, was man soll, hat nichts mit Selbstbestimmung zu tun. Die gesellschaftlich vorentschiedene Entscheidung wird aber als individuelle, autonome Entscheidung ‚verkauft'; als individuelle Entscheidung, die daher auch individuell zu verantworten ist. Keine gesellschaftliche Verantwortung – keine gesellschaftliche Solidarität; keine gesellschaftliche Solidarität – keine Entscheidung für ein Leben mit einem Kind mit Behinderung" (ebd., 200).

Die Konsequenz positiver Befunde der pränatalen Diagnostik ist in den allermeisten Fällen die Abtreibung des risikobehafteten Fötus. In Österreich ist die Abtreibung im Strafgesetzbuch in §96 (Strafbarkeit) und in §97 (Ausnahmen) geregelt. Dort heißt es:

„§ 97. (1) Die Tat ist nach § 96 nicht strafbar,

1. wenn der Schwangerschaftsabbruch innerhalb der ersten drei Monate nach Beginn der Schwangerschaft nach vorhergehender ärztlicher Beratung von einem Arzt vorgenommen wird; oder
2. wenn der Schwangerschaftsabbruch zur Abwendung einer nicht anders abwendbaren ernsten Gefahr für das Leben oder eines schweren Schadens für die körperliche oder seelische Gesundheit der Schwangeren erforderlich ist oder eine ernste Gefahr besteht, dass das Kind geistig oder körperlich schwer geschädigt sein werde, oder die Schwangere zur Zeit der Schwängerung unmündig gewesen ist und in allen diesen Fällen der Abbruch von einem Arzt vorgenommen wird; oder
3. wenn der Schwangerschaftsabbruch zur Rettung der Schwangeren aus einer unmittelbaren, nicht anders abwendbaren Lebensgefahr unter Umständen vorgenommen wird, unter denen ärztliche Hilfe nicht rechtzeitig zu erlangen ist."

Ein Hinweis auf die drohende Behinderung wie in den österreichischen Gesetzen ist in den vergleichbaren Bestimmungen des deutschen Strafrechts nicht mehr vorhanden. Diese früheren Passagen über eine eugenische bzw. embryopathische Indikation wurden zwar im Gesetzestext entfernt, von der Sache her sind die analogen Folgemaßnahmen über die medizinische Indikation nach § 218a Abs.2 Strafgesetzbuch aber weiterhin möglich.
In Österreich wie in Deutschland existiert eine Fristenregelung von 3 Monaten, die eine Beratung voraussetzt und keinen näheren Nachweis erfordert. Bei dem Vorliegen einer Behinderung (in Österreich) bzw. einer medizinischen Indikation (in Deutschland) gelten aber keine Fristen, d.h. eine Abtreibung ist zu einer späten Phase der Schwangerschaft noch möglich.
Markus Dederich gibt einen Bericht über eine Abtreibung bei der Diagnose Down-Syndrom aus der Frauenklink Oldenburg wieder. Es heißt dort: „Das Baby, das ein Geburtsgewicht von 690 Gramm hatte, überlebte den Eingriff und wurde zunächst zehn Stunden nicht behandelt – offensichtlich in der Hoffnung, es möge bald sterben. Erst danach berieten sich die Ärzte mit den Eltern und begannen mit der Versorgung des frühgeborenen Kindes" (Dederich 2000, 267). Die Mutter wollte danach die Ärzte verklagen, weil sie sich unzureichend über das Risiko, nämlich das Überleben des Kindes, informiert sah. Es wird berichtet, dass bei ca 30 % der Abtreibungen kurz nach der 20. Schwangerschaftswoche der Fötus den Eingriff überlebt (ebd.).
Für alle Betroffenen führt diese Situation zu einem Dilemma. Für den Arzt oder die Ärztin kehrt sich die Aufgabe um. Die mit einer medizinischen Indikation eingeleitete Tätigkeit, deren Ziel in der Tötung des Fötus bestand, verfolgt nun das Ziel

das Leben des Kindes zu bewahren. Die Eltern haben unter Umständen ihr ganzes Leben lang mit dem Selbst-Vorwurf zu kämpfen, die Behinderung des Kindes noch dadurch verschlimmert zu haben, dass sie die Frühgeburt veranlassten.
Nicht zu vergessen für die moralische und ethische Bewertung solcher Handlungen ist hier auch die Position des Kindes und späteren Erwachsenen mit einer Behinderung. Durch die mit der misslungenen Abtreibung eingetretene Frühgeburt sind die Entwicklungsbeeinträchtigungen vermutlich größer als bei einer Geburt zu dem errechneten regulären Termin. Ein daraus resultierenderer höherer Grad an Funktionsbeeinträchtigungen reduziert für den betroffenen Menschen zusätzlich die Chancen zur Teilhabe am gesellschaftlichen Leben. Selbst in der Argumentation einer folgenorientierten (utilitaristischen) Ethik ergeben sich hier weitere Problemlagen. Die Aufwendungen der Gesellschaft für die lebenslange Unterstützung werden höher veranschlagt werden müssen, als bei weniger schwerwiegenden Beeinträchtigungen.
Angebote der Pränataldiagnostik werden umso eher angenommen, je leichter sie verfügbar sind. Wie weit sie angenommen werden, lässt sich auch in anderen Ländern und Zusammenhängen beobachten. So werden in urbanen Regionen in der indischen Mittelschicht inzwischen deutlich mehr Buben als Mädchen geboren. Da sich Familien eher männliche als weibliche Kinder wünschen, führen pränataldiagnostische Verfahren hier zur negativen Selektion weiblicher Föten.
Diagnostische Verfahren dienen in der Medizin der Vorbereitung von Therapien. Im Unterschied zu anderen diagnostischen Verfahren führt Pränataldiagnostik aber nicht zur Therapie, sondern zur Verhinderung der Geburt unerwünschter Kinder. Damit handelt es sich um eine reine Selektionsdiagnostik. Der Pränataldiagnostik wird vorgeworfen, sie führe zu einer potentiellen Diskriminierung behinderten Lebens.
In diese Kritik wird auch die humangenetische Beratung einbezogen, nach Meinung von Dederich aber oft zu Unrecht.

> „Bei der humangenetischen Beratung handelt es sich in der Praxis um Gespräche zu Fragen und Problemen bezüglich möglicher Erkrankungen oder Schädigungen eines Embryos oder Fötus, in denen nach dem Verständnis der meisten Berater der Fokus auf die Vermittlung von Sachinformationen gelegt wird, die es den Klientinnen ermöglichen sollen, zu möglichst eigenständigen Entscheidungen bezüglich der Durchführung von pränatalen Untersuchungen und möglicherweise daraus resultierenden Folgeproblemen zu gelangen“ (Dederich 2000, 272).

Das Prinzip der nicht-direktiven Beratung und der Patientinnenautonomie liege also hier zu Grunde. Aber auch das Bemühen um die eigenständige Entscheidung der betroffenen Frau kann die entstehenden kurzfristigen Entscheidungszwänge nicht beseitigen. Die Diagnose des Down-Syndroms erfordert eine sofortige Entscheidung über den Abbruch der Schwangerschaft, die Möglichkeit einer psychischen Verarbeitung und einer durch argumentatives Abwägen gereiften Entscheidung besteht hier nicht. Langfristige psychische Folgeprobleme, egal wie die Entscheidung der Frau ausfällt, sind hier schon fast vorprogrammiert.

4.4 Behinderungen bei frühgeborenen Kindern

Von einer Frühgeburt wird gesprochen, wenn die Schwangerschaft vor der 37. Woche beendet wird (Dederich 2000, 284f). Auf Grund der Entwicklung der Intensivmedizin bleiben heute sehr viele frühgeborene Kinder am Leben, für die vor wenigen Jahrzehnten keine Überlebenschancen bestanden hätten. Die Übersicht in Tabelle 4.2 wurde aus Zahlenmaterial erstellt, das Markus Dederich (2000) einem in mehreren Auflagen erschienenen und weit verbreiteten Buch von Jürgen Steidinger und Klaus Uthicke über frühgeborene Kinder entnommen hat (Steidinger/Uthike 1989).
Bei der ersten in der linken Spalte dargestellten Gruppe betragen die Überlebenschancen mindestens 95%. Bei der zweiten knapp 90%. Wie weit der medizinische Fortschritt ist, zeigt sich daran, dass die Überlebenswahrscheinlichkeit vor 1980 nur bei 30% lag. Von der dritten Gruppe überleben immerhin noch 50%, während es vor 1980 für diese Gruppe noch kaum Überlebenschancen gab. Selbst von der vierten Gruppe überlebt immerhin noch eine Minderheit. Während die Entwicklung der ersten Gruppe weitgehend normal verläuft, treten bei der zweiten Gruppe bereits bei 12-15% vorübergehende und behandlungsbedürftige Störungen auf. Bei der dritten Gruppe liegen bei rund 20% der Kinder Entwicklungsstörungen vor. Bei der Hälfte der vierten Gruppe treten später schwere Störungen auf, bei 11 bis 19% deutliche und zum Teil bleibende schwere Behinderungen.

Tab. 4.2: Gruppen frühgeborener Kinder (Übersicht erstellt nach Angaben von Steidinger/Uthicke 1989, wiedergegeben in: Dederich 2000, 284f)

Geburtsgewicht	**unter 2500 gr.**	**unter 1500 gr.**	**unter 1000 gr.**	**unter 750 gr.**
Schwangerschaftswochen	über 30	27-30	25-26	unter 25
Überlebensrate	ca 95%	fast 90 %	über 50%	bis 50%
Entwicklungsstörungen und Behinderungen	Verschwinden in den ersten Lebensjahren	vorübergehende behandlungsbedingte Störungen bei 12-15%	Entwicklungsstörungen bei 20%	Störungen bei ca. 50%, bleibende Behinderungen bei 11-19%

Untersuchungen haben gezeigt, dass Frühgeborene bei einer Schwangerschaftszeit von über 32 Wochen in einem Alter von zwei bis viereinhalb Jahren anfängliche Entwicklungsrückstände aufholen und keine Unterschiede mehr zur Gruppe der Normalgeborenen aufweisen (ebd., 285).
In den verschiedenen Untersuchungen zu den Altersgruppen hat sich folgende, auch einen Laien nicht überraschende, Tendenz gezeigt: Je kürzer die Schwanger-

schaftszeit bei Frühgeborenen war, desto größer die Gefahr von bleibenden Entwicklungsrückständen und Behinderungen. Insbesondere bei sehr früh geborenen Kindern ist nicht nur das statistische Risiko, von einer Behinderung betroffen zu sein hoch, auch die Schwere der Behinderung steigt an.

Als unterste Grenze für die Überlebensfähigkeit wird die 23. Schwangerschaftswoche angesehen. Ein Geburtsgewicht von 400 Gramm wird in der medizinischen Literatur als unterste Grenze angesehen, bei der lebenserhaltende Maßnahmen nach der Geburt noch erfolgreich sein können. Die medizintechnische Entwicklung ermöglicht in diesen Fällen inzwischen die Aktivierung und Aufrechterhaltung der Atmung. Künstliche Ernährung, Kreislaufstützung durch technische Apparaturen und ein vollkommen künstlich gestaltetes Lebensumfeld ermöglichen Lebensfunktionen, stützen aber nicht unbedingt die weitere Entwicklung des Kindes.

Intensivmedizinische Maximalbehandlung und selektive Nichtbehandlung stellen die beiden Pole auf der medizinischen Interventionsskala dar. Dazwischen gibt es noch eine Anzahl von Abstufungen dessen, was möglich und zumutbar ist. Entscheidungen liegen heute im Wesentlichen im Ermessen der Ärzteschaft. Vom Gesetz her besteht eine Behandlungspflicht, auch ärztlicher Ethos zielt auf Hilfe und Heilung. Im konkreten Fall bewegen sich ärztliche Entscheidungen nicht nur in einer rechtlichen Grauzone, sehr oft fehlen auch ethische Maßstäbe, nach denen über das Ausmaß von Behandlungen entschieden werden kann.

Ärzt/innen können das Ausmaß der Folgen vollzogener oder nicht durchgeführter Behandlungen bei extrem Frühgeborenen zumeist nicht überblicken. Eine Intensivierung der Diskussion und die Entwicklung ethischer Maßstäbe sind für die Postnatalmedizin angesagt. Es sollte aber keine innermedizinische Diskussion bleiben, sondern sie sollte die verschiedenen Fachgebiete mit einbeziehen. Der Beitrag der Heilpädagogik liegt hier in mehreren Bereichen: Sie kann Möglichkeiten der Entwicklung von Kindern mit schweren und schwersten Behinderungen aufzeigen und gleichzeitig für diese Kinder Partei ergreifen. Gleichzeitig kann sie aber auch auf Entwicklungsschäden durch bestimmte Behandlungsformen und die Grenzen der Zumutbarkeit von Behandlungen für diese Kinder verweisen.

4.5 Sterilisation und Elternschaft

Während in der NS-Zeit die Sterilisation von Menschen mit Behinderungen ihren Stellenwert im Rahmen des rassenhygienischen Programms hatte, wurde sie in der Bundesrepublik Deutschland als eine besonders sichere Form der Empfängnisverhütung von Eltern behinderter Jugendlicher für ihre Kinder in Anspruch genommen. Bis 1991 konnten Eltern in Deutschland vor der Volljährigkeit ihres Kindes stellvertretend für diese den Eingriff beantragen. Dies hatte zur Folge, dass Sterilisationen an ca. 1.000 minderjährigen geistig behinderten weiblichen Jugendlichen jährlich durchgeführt wurden. Dies änderte sich mit dem neuen Betreuungsrecht, das die Sterilisation Minderjähriger prinzipiell nicht mehr erlaubte. Auch für Erwachsene, die unter Betreuung stehen, wurde das Recht auf Selbstbestimmung in dieser Angelegenheit verankert, mit weitgehenden Kontroll- und Rücktrittsmöglichkeiten bis unmittelbar vor der Durchführung des Eingriffs. Sterilisierungen behinderter Menschen sind seitdem in Deutschland zu eher seltenen Vorkommnissen geworden. Parallel dazu stieg die Zahl der Schwangerschaften speziell bei Frauen mit geistiger Behinderung leicht an. In Österreich wurden mit der Änderung des Kindschaftsrechtsgesetzes im Jahre 2001 Regelungen über die Sterilisierung getroffen. Vorher gab es keine gesetzlichen Festlegungen. Die Änderungen, die durch das Kindschaftsrechtsänderungsgesetz 2001 erfolgten, führten zu Änderungen im ABGB, wo es nun unter § 146d heißt:

> „Weder ein minderjähriges Kind noch die Eltern können in eine medizinische Maßnahme, die eine dauernde Fortpflanzungsunfähigkeit des minderjährigen Kindes zum Ziel hat, einwilligen".

Vorher gab es keine klaren Regelungen, Sterilisationen weiblicher geistig behinderter Menschen waren aber weit verbreitet. Mit der neuen Gesetzeslage gibt es praktisch keine Sterilisationen geistig behinderter Jugendlicher mehr. Auch bei erwachsenen geistig behinderten Frauen ist die Anzahl vorgenommener Sterilisationen mittlerweile recht gering. An ihre Stelle sind als Empfängnisverhütung mittlerweile die übrigen, auch in der sonstigen Bevölkerung gebräuchlichen Verfahren getreten. In Deutschland wie Österreich gibt es keine statistischen Daten über die Elternschaft von Menschen mit Behinderungen. Angesichts der Geschichte verbietet sich eine breite Erhebung solcher Daten und wird auch von niemandem gefordert. Für die Planung sozialer Dienstleistungen wären nähere Informationen allerdings von Nutzen und wurden in eher bescheidenem Umfang bereits stichprobenartig erhoben.

Menschen mit Behinderungen unterscheiden sich in ihrem Wunsch nach eigenen Kindern nicht vom Rest der Bevölkerung. Die Erziehung der Kinder kann mitunter auf Probleme stoßen, die zusätzliche Hilfen erforderlich machen. Dies muss aber nicht der Fall sein. In dem bekannten deutschen Film „Jenseits der Stille" aus dem Jahre 1996 wurde sehr einfühlsam die Situation eines hörenden Mädchens dargestellt, das bei gehörlosen Eltern aufwuchs. Das Aufwachsen von nicht behinderten Kindern mit ihren gehörlosen, blinden oder körperbehinderten Eltern ist in der Regel nicht von Problemen begleitet, die über das Maß hinausgehen, das sich in allen Familien stellt, in denen Kinder aufwachsen. Schwierig wird die Situation aber dann, wenn die Eltern auch trotz Hilfestellung nicht in der Lage sind, das Kind selber zu erziehen. Dies ist häufig bei Eltern mit geistiger Behinderung der Fall.

Die Frage, ob Menschen mit geistiger Behinderung Kinder haben dürfen, lässt sich für Deutschland mit einem Blick in die im Grundgesetz verankerten Grundrechte schnell beantworten: sie dürfen. Das Recht Kinder zu bekommen ergibt sich aus den Rechten auf Menschenwürde, Gleichheit, freier Entfaltung der Persönlichkeit, dem Schutz von Ehe und Familie und dem Benachteiligungsverbot gegenüber Menschen mit Behinderungen.

Es kann aber ein Konflikt auftreten zwischen den Rechten der Eltern und den Rechten des Kindes, wenn Kinder nicht angemessen versorgt werden und eine Gefährdung des Kindeswohls vorliegt. Der Konflikt muss aber nicht zwangsläufig auftreten, wenn Menschen mit geistiger Behinderung Hilfen bei der Versorgung und Erziehung ihrer Kinder erhalten. Mit Unterstützung des deutschen Bundesgesundheitsministeriums wurde Mitte der 1990er Jahre eine Erhebung zur Elternschaft von Menschen mit geistiger Behinderung durchgeführt (Pixa-Kettner/Bargfrede/Blanken 1995). Durch die Befragung von Einrichtungen erhielten die Projektmitarbeiter/innen Kenntnis von 969 Fällen von Elternschaften geistig behinderter Menschen (ebd., 188). Insgesamt waren es 1.366 Kinder, die zumindest ein Elternteil (in der Regel die Mutter) mit einer geistigen Behinderung hatten. Mit 30 geistig behinderten Elternteilen wurden biografische Interviews durchgeführt, die eine nähere Beschreibung der Erfahrungen und der Lebenssituation ermöglichten. Die Fälle waren sehr unterschiedlich gelagert und die Ergebnisse verwiesen auf ganz unterschiedliche noch ungeklärte Problemfelder. Der Wunsch der werdenden Mutter, das Kind auszutragen und später auch selber zu versorgen, wurde meistens von der Umgebung abgelehnt.

Entgegen einem landläufigen Vorurteil bekommen geistig behinderte Eltern nur in äußerst seltenen Fällen auch geistig behinderte Kinder. Im Normalfall sind also die Eltern oder ein Elternteil geistig behindert, die Kinder sind es nicht. Mit der Erhebung wurden Erfahrungen dokumentiert, die sich teilweise ähneln. Je älter die Kinder werden, desto größer wird die kognitive Entwicklungsschere zwischen Eltern und Kindern. Die Kinder freuen sich, dass sie im ersten Grundschuljahr lesen lernen, erkennen aber gleichzeitig, dass ihre Eltern es nicht können. Für die Eltern ist es beschämend zu erfahren, wie ihre kleinen Kinder ihnen so vieles voraushaben und relativ schnell das erlernen, wozu sie selbst nicht in der Lage sind. Häufig wird von Disziplinkonflikten zwischen Eltern und Kindern berichtet, bei denen die Eltern das Nachsehen haben. Sie können nicht erziehen, wollen es aber häufig auch nicht, so dass nicht selten das Jugendamt einschreitet und die elterliche Sorge oder das Aufenthaltsbestimmungsrecht neu regelt.

Es gibt inzwischen mehrere Modellprojekte in Deutschland und Skandinavien, in denen Erfahrungen bei der Unterstützung von Eltern mit geistiger Behinderung gesammelt und Hilfsstrategien erarbeitet wurden (Pixa-Kettner/Bargfrede/Blanken 1996). Angesichts beschriebener Probleme mit entstandenen Beziehungsabbrüchen konnten doch auch positive Beispiele für erfolgreiche Beratung und Assistenz in diesem noch unterentwickelten Feld sozialer Dienstleistungen aufgezeigt werden.

Zwischenzeitlich sind die Erfahrungen in der Begleitung des Erziehungs- und Entwicklungsprozesses breiter entwickelt, lassen aber nach wie vor noch viele Fragen offen (Pixa-Kettner 2006).

4.6 Benachteiligungen und Verteilungsgerechtigkeit

Angesichts der Dominanz bioethischer Fragen sind sozialphilosophische Überlegungen mit ethischen Bezügen in den letzten Jahren in der Heilpädagogik eher wieder in den Hintergrund getreten. Auch zuvor waren Versuche, gesellschaftspolitisch relevante Fragen mit ethisch begründeten Antworten zu versehen, nur in eher bescheidenem Umfang zu finden. Walter Thimm (2006, 235ff) hat in einem Beitrag auf die Bedeutung des Werks des amerikanischen Sozialphilosophen John Rawls für sozialtheoretische Überlegungen bei Behinderungen hingewiesen. Darüber hinaus wird in unterschiedlichsten Zusammenhängen von verschiedenen sonderpädagogischen Autor/innen kurz auf Fragmente von Rawls Theorie Bezug genommen.
Christian Liesen (2006, 183ff) arbeitet Rawls Aussagen zum Gleichheitsprinzip in seiner Dissertation auf und überträgt diese auf die Diskussion zur schulischen Integration. Diese Arbeit dürfte in der aktuellen deutschsprachigen Sonderpädagogik vermutlich noch die umfangreichste Auseinandersetzung mit Rawls sein. Eine grundlagentheoretische Aufarbeitung der „Theorie der Gerechtigkeit als Fairness" von Rawls für die Heilpädagogik steht noch aus. Liesen moniert die starke Fixierung der Sonderpädagogik in ethischen Fragen an der Lebensrechtdiskussion im Anschluss an Peter Singer. Die sozialethische Dimension sei dagegen dramatisch unterbestimmt (ebd., 223).
Wo bestehen Anknüpfungspunkte an Rawls Theorie für die Heilpädagogik? Ausgehend von den Vertragstheorien von Locke, Rousseau und Kant verknüpft Rawls diese mit neueren Ansätzen zur Spiel- und Entscheidungstheorie. Gleichheit und Differenz sind die beiden grundlegenden Prinzipien, an denen entlang er seine Gerechtigkeitstheorie entwickelt (Rawls 1998, 81). Von den in den angelsächsischen Ländern dominierenden utilitaristischen Ansätzen grenzt sich Rawls ab. Die Morallehren von Bentham und Mill hätten eher deren gesellschafts- und wirtschaftstheoretischen Interessen gedient (ebd., 11). Rawls geht es um eine systematische Analyse der Gerechtigkeit, die „der vorherrschenden utilitaristischen Position überlegen ist" (ebd., 12).
Für Rawls ist Gerechtigkeit die erste Tugend sozialer Institutionen, vergleichbar mit der Stellung, welche die Wahrheit in den Gedankensystemen hat (ebd., 19). Gerechtigkeit ist für ihn auch soziale Gerechtigkeit. Damit meint er „die Art, wie die wichtigsten gesellschaftlichen Institutionen Grundrechte und -pflichten und die Früchte der gesellschaftlichen Zusammenarbeit verteilen" (ebd., 23). Seine Vorstellung vom Ausgangspunkt einer Gerechtigkeit als Fairness ist die eines fiktiven

Urzustandes, bei dem Verfahrensregeln über den Umgang zwischen den Menschen aus rationalen Überlegungen resultieren:

> „Der Leitgedanke ist vielmehr, dass sich die ursprüngliche Übereinkunft auf die Gerechtigkeitsgrundsätze für die gesellschaftliche Grundstruktur bezieht. Es sind diejenigen Grundsätze, die freie und vernünftige Menschen in ihrem eigenen Interesse in einer anfänglichen Situation der Gleichheit zur Bestimmung der Grundverhältnisse ihrer Verbindung annehmen würden. Ihnen haben sich alle weiteren Vereinbarungen anzupassen; sie bestimmen die möglichen Arten der gesellschaftlichen Zusammenarbeit und der Regierung. Diese Betrachtung der Gerechtigkeitsgrundsätze nenne ich Theorie der Gerechtigkeit als Fairness". (ebd., 28)

Damit kommt er auch zu einer für die Heilpädagogik durchaus interessanten Einstufung der Rolle, die die schwächsten Glieder in dieser Gesellschaft haben und wie mit ihnen zu verfahren sei:

> „Ich behaupte, dass die Menschen im Urzustand zwei ganz andere Grundsätze wählen würden: einmal der Grundrechte- und -pflichten; zum anderen den Grundsatz, dass soziale und wirtschaftliche Ungleichheiten, etwa verschiedener Reichtum und verschiedene Macht, nur dann gerecht sind, wenn sich aus ihnen Vorteile für jedermann ergeben, insbesondere für die schwächsten Mitglieder der Gesellschaft. Nach diesen Grundsätzen kann man Institutionen nicht damit rechtfertigen, dass den Unbilden einiger ein größerer Gesamtnutzen gegenüberstehe." (ebd., 32f)

Dies hat auch Konsequenzen für die Bewertung gesellschaftlicher und wirtschaftlicher Ungleichheiten:

> „Geht man von den Institutionen aus, wie sie von der gleichen Freiheit für alle und der fairen Chancengleichheit gefordert werden, so sind die besseren Aussichten der Begünstigten genau dann gerecht, wenn sie zur Verbesserung der Aussichten der am wenigsten begünstigten Mitglieder der Gesellschaft beitragen". (ebd., 96)

Dies führt in der Konsequenz bei Rawls auch zu einem Benachteiligungsausgleich für die weniger Begünstigten. Da Ungleichheiten der Geburt und natürliche Gaben unverdient seien, müssten sie ausgeglichen werden (ebd., 121). Daher folgert er:

> „Das Prinzip besagt also, wenn alle Menschen gleich behandelt werden sollen, wenn wirkliche Chancengleichheit herrschen soll, dann müsse die Gesellschaft sich mehr um diejenigen kümmern, die mit weniger natürlichen Gaben oder in weniger günstige gesellschaftliche Positionen geboren werden. Der Gedanke ist der, die zufälligen Unterschiede möglichst auszugleichen. Nach diesem Prinzip würde man vielleicht mehr für die Bildung der weniger Begabten als der Begabteren aufwenden, jedenfalls in einem bestimmten Lebensabschnitt, etwa den ersten Schuljahren." (ebd., 121)

An anderer Stelle betont Rawls auch den Wert der Bildung zur Erschließung der kulturellen Werte der Gesellschaft, auch hier unter Betonung der Perspektiven für die weniger begünstigten Gesellschaftsmitglieder. Für eine ethische Fundierung heilpädagogischen Handelns auf sozialphilosophischer Grundlage bietet John

Rawls Theorie der Gerechtigkeit einen interessanten, aber einstweilen eher wenig gewählten Zugang.
Viele der in diesem Kapitel behandelten spezifischen Problemstellungen stehen im Zusammenhang mit der Stellung behinderter Menschen in unserer Gesellschaft. Diese kann zwischen Annahme und Zurückweisung pendeln. Brumlik (2004, 41) würdigt den unmittelbaren Zugang zu ethisch-politischen Fragestellungen im Werk John Rawls, zu dem sich andere Ansätze erst mühsam vorarbeiten müssen. Verteilungsgerechtigkeit und Institutionalisierungen führten daher zu Fragen von Bildungsreform und Chancengleichheit.
Anerkennungstheorien stellen eine weitere in den vergangenen Jahren für die Heilpädagogik bedeutsam gewordene Theoriegruppe dar. Axel Honneth, der sich mit Habermas' Diskursethik auseinandergesetzt hat, entwickelt in seinem erstmals 1994 veröffentlichten Werk „Kampf um Anerkennung", aufbauend auf den Werken von Marx, Sorel und Sartre einen sozialphilosophischen Ausblick auf Moral und gesellschaftliche Entwicklung (Honneth 2012). Er gelangt dabei zu einer Struktur sozialer Anerkennungsverhältnisse, die er in der nachfolgenden Übersicht darstellt (siehe Tab 4.3).

Tab. 4.3: Struktur sozialer Anerkennungsverhältnisse (nach: Honneth 2012, 211)

Anerkennungsweise	**emotionale Zuwendung**	**kognitive Achtung**	**soziale Wertschätzung**
Persönlichkeits-dimension	Bedürfnis- und Affektnatur	moralische Zurechnungsfähigkeit	Fähigkeiten und Eigenschaften
Anerkennungs-formen	Primärbeziehungen (Liebe, Freundschaft)	Rechtsverhältnisse (Rechte)	Wertgemeinschaft (Solidarität)
Entwicklungs-potential		Generalisierung, Materialisierung	Individualisierung, Egalisierung
praktische Selbstbeziehung	Selbstvertrauen	Selbstachtung	Selbstschätzung
Mißachtungsformen	Mißhandlung und Vergewaltigung	Entrechtung und Ausschließung	Entwürdigung und Beleidigung
Bedrohte Persönlichkeitskomponente	physische Integrität	soziale Integrität	„Ehre", Würde

Honneth unterscheidet drei verschiedene Anerkennungsweisen, die *emotionale Zuwendung*, die *kognitive Achtung* und die *soziale Wertschätzung*. Mit diesen Anerkennungsformen korrespondieren bestimmte Formen der Anerkennung oder der Missachtung. Anerkennungsformen bei der emotionalen Zuwendung sind Liebe und Freundschaft, Missachtung zeigt sich dagegen in Misshandlung und Vergewaltigung. Im Bereich kognitiver Achtung zeigt sich Anerkennung durch Rechte und Missachtung durch Entrechtung und Ausschließung. Im Bereich sozialer Wertschätzung steht Solidarität für Anerkennung und Entwürdigung und Beleidigung für Missachtung. Dederich (2001) vertritt in seinem Buch „Menschen mit Behinderung zwischen Ausschluss und Anerkennung" die These, dass eine kritische Auseinandersetzung mit gegenwärtigen Entwicklungen in der Gesellschaft zu den zentralen Aufgaben der Behindertenpädagogik gehört. Er gelangt dabei zu einer „Ethik der Anerkennung", die emotionale Zuwendung, rechtliche Anerkennung und solidarische Zustimmung als drei verschiedene Anerkennungstypen umfasst, womit er sich weitgehend an Honneths Modell orientiert.

Emotionale Zuwendung
Ihr entspricht eine kontextsensible, auf Differenz beruhende Ethik der Fürsorge
Korrelierende Missachtungsformen: Misshandlung und Gewalterfahrungen, Isolation und Deprivation

Rechtliche Anerkennung
Ihr entspricht eine universalistische, von Gleichheit ausgehende Gerechtigkeitsethik
Korrelierende Missachtungsformen: Entrechtung und Ausschließung

Solidarische Zustimmung
Ihr entspricht eine kommunitäre, Solidarität fokussierende Sozialethik
Korrelierende Missachtungsformen: Nichtanerkennung und Herabstufung sozialer Wertschätzung

Abb. 4.1: Anerkennungstypen (nach: Dederich 2001, 210)

Ergebnisse der Bindungsforschung, der Resilienzforschung und Positionen der Schwerstbehindertenpädagogik verweisen auf die Bedürfnisse nach emotionaler Zuwendung und Fürsorge (ebd., 211). Während die rechtliche Anerkennung die Gleichheit betone, kämen bei der solidarischen Zustimmung gruppenbezogene Differenzen ins Spiel (ebd., 214). Die Independent-Living-Bewegung in den USA sieht Dederich als Beispiel für einen Kampf um Anerkennung.
Für die zukünftige Entwicklung folgert er:

> „Die Mitwirkung an der Entwicklung einer Ethik und Politik der Anerkennung ist in den kommenden Jahren eine der vorrangigsten Aufgaben einer offensiven Behindertenpädagogik: Einer Ethik und Politik, die nicht homogenisierend ist, die dem Anderen als Anderen einen hohen Stellenwert einräumt, die Heterogenität und Differenz würdigt, die von der Asymmetrie menschlicher Beziehungen ausgeht, dabei das Prinzip der Gerechtigkeit nicht aus den Augen verliert und die Herausbildung neuer solidarischer Strukturen in der Gesellschaft unterstützt." (ebd., 222).

4.7 Die Berufsethik der Heilpädagogik

Seit es praktizierende Sonder- und Heilpädagog/innen gibt, existieren auch Vorstellungen darüber, von welchen moralischen Maßstäben sie sich leiten lassen sollen. Das Eintreten für Bedürftige, Schwache oder Gebrechliche wurde bereits im 19. Jahrhundert mit der Hilfsschullehrer/innenrolle assoziiert. Die Parteinahme für Ausgegrenzte und Benachteiligte wird auch heute noch in Lehrbüchern als ureigenste heilpädagogische Aufgabenstellung angesehen (Haeberlin 2005). Wir können feststellen, dass ethische Maximen in heilpädagogischen Berufen eine Rolle spielen, wie in nur wenigen anderen professionellen Handlungsfeldern. Dabei werden auch Berufstugenden wie Geduld Gegenstand ethischer Überlegungen (z.B. bei Kleinbach 1994, 172f). Für einzelne heilpädagogische Konzepte haben wertethische Fundierungen eine herausragende Stellung, sind nicht selten grundlegend für den gesamten pädagogischen Zugang, wie etwa die Achtung vor dem Kinde bei Janusz Korczak (Klein 1996).

Berufsethik bezieht sich aber nicht nur auf die Tätigkeit von Heilpädagog/innen, sondern auch auf die Aufgabenstellungen des Fachgebiets als Ganzes. Urs Haeberlin bezeichnet das ganze Fach Heilpädagogik als eine wertgeleitete erziehungswissenschaftliche Disziplin. Als zentrale Werte nennt er die Unverletzbarkeit menschlichen Lebens, die Gleichwertigkeit aller Menschen bei extremster individueller Verschiedenartigkeit und die unverlierbare Würde jedes Menschen. In einem ganzen Kapitel seines Lehrbuches beschäftigt er sich mit der Berufsethik für die Heilpädagogik (Haeberlin 2005). Darin formuliert er ethische Prinzipien und Tugenden und wendet sich gleichzeitig gegen eine Fundierung in Utilitarismus, Kantianismus und Diskursethik. Die zu Beginn dieses Kapitels dargestellten drei Typen von Begründungsverfahren sind seiner Meinung nach für die Heilpädagogik nicht tragfähig. Die abschließende Darstellung ethischer Grundnormen hat für ihn mehr einen „subjektiv-plausiblen als intersubjektiv rationalistischen Charakter" (ebd., 338). So nennt er als normative Grundprinzipien ideologische Offenheit aus den negativen Erfahrungen der DDR, das Eintreten für das Lebensrecht als Folge der Singer-Debatte, das Erkennen der Bildbarkeit und das Eintreten für ein Bildungsrecht, die Forderung nach Selbständigkeit und Lebensqualität wie sie auch dem Normalisierungsprinzip entspringt, aber auch pädagogische Effizienzkontrolle und Selbstkritik (ebd., 339-346). Haeberlins Position könnte vielleicht als Typ einer prinzipienorientierten normativen Ethik mit deutlich advokatorischen Elementen bezeichnet werden.

Ein interessanter Versuch berufsethische Positionen zu begründen und professionelles Handeln unter den neuen Rahmenbedingungen der UN-Behindertenrechtskonvention aufzuzeigen wurde von Barbara Brachmann (2016) vorgelegt. Sie baut auf den anerkennungstheoretischen Positionen Axel Honneths wie auch auf dem Werk des Philosophen Emmanuel Lévinas auf, der im Bereich der Pädagogik bei schweren Behinderungen bereits seit rund zwei Jahrzehnten rezipiert wird. Brachmann verbindet Lévinas' Konzept der Verantwortung und der Alterität mit Honneths Prinzip der Anerkennung zur Generierung einer Theorie professionellen Handelns in der Behindertenpädagogik für eine Umsetzung in stationären Einrichtungen der Behindertenhilfe.

Ungewohnt an dieser Arbeit ist, dass aus sozialethischen Überlegungen recht konkrete Handlungsempfehlungen selbst für die Gestaltung professioneller Arbeit in Wohneinrichtungen der Behindertenhilfe abgeleitet werden. Handlungsempfehlungen von Mitarbeiter/innen in Bezug auf Menschen mit Komplexen Behinderungen sind daher „vom Anderen her zu denken“ (ebd., 210ff). Aber auch beim Schutz vor Missbrauch und Gewalt und bei „bildenden Verhältnissen“ sieht Brachmann Anerkennungstheorien als Grundlage für eine professionelle Entwicklung, die auf eine Umsetzung der Normen der UN-Behindertenrechtskonvention in den Wohneinrichtungen der Behindertenhilfe zielt.

Arbeitsaufgabe:

Im Buch zur Pränataldiagnostik von Andrea Strachota findet sich die folgende Schilderung einer Frau, die auf Anraten des Arztes eine Fruchtwasseruntersuchung vornehmen ließ:

> „Jetzt begann die Zeit des Wartens. Mir wurde gesagt, dass ich in drei Wochen das Ergebnis haben würde. Im Endeffekt waren es gute vier Wochen, die mir ewig erschienen. Ich habe in dieser Zeit oft darüber nachgedacht, was ich im Falle eines schlechten Ergebnisses machen würde. Aus den ersten Wochen wusste ich, dass ich sehr, sehr traurig wäre, sollte die Schwangerschaft nicht klappen. Außerdem hatte ich ein berührendes Erlebnis an einem Sonntag im Park: Ich saß mit meinem Mann auf einer Bank. Ein ca. 2,5-jähriger entzückender Bub mit Down-Syndrom spielte genau vor unseren Augen. Er war so fröhlich und unbeschwert wie andere Kinder auch. Mir tat das Herz weh, bei dem Gedanken, vielleicht so ein entzückendes Kind absichtlich nicht zu wollen. Ich sagte auch zu meinem Mann: ‚Kannst Du Dir vorstellen, so ein liebes Kind umzubringen?‘ Er meinte darauf: ‚So habe ich das noch gar nicht gesehen‘. Ich wusste, es würde eine schwierige Entscheidung werden, und ich hoffte, es musste keine geben. Während der Wartezeit wurde mir auch klar, dass eine Entscheidung in so einem Fall nicht mit dem Verstand zu lösen ist, denn da ist so viel Gefühl im Spiel, Zuneigung zu seinem ungeborenen Baby.“ (aus: Strachota 2006, 82)

Reflektieren Sie anhand dieser Darstellung die psychischen Folgen der Pränataldiagnostik! Welche moralischen Erwägungen werden bei der werdenden Mutter evoziert? Nehmen Sie auf der Grundlage einer prinzipienorientierten, einer utilitaristischen und einer advokatorischen Ethik zu den hier beschriebenen Problemlagen Stellung!

Vorschläge zur vertiefenden Lektüre:

Markus Dederich hat in den letzten Jahren mehrere Bücher zu ethischen Fragestellungen für die Heilpädagogik veröffentlicht. Seine Habilitationsschrift „Behinderung – Medizin – Ethik“ stellt eine gründlich recherchierte Analyse und gleichzeitig kritische engagierte Stellungnahme zu mehreren gegenwärtig relevanten Bereichen wie Gentechnologie, Pränataldiagnostik oder Sterbehilfe dar (Dederich 2000) und empfiehlt sich für eine vertiefte inhaltliche Auseinandersetzung mit den verschiedenen Positionen.

Studierenden mit philosophischen Interessen, die sich auf eine vertiefte Einführung in Grundfragen einer heilpädagogischen Ethik vom Standort der Kritischen Theorie einlassen möchten, kann das Buch „Heilpädagogik zwischen Anthropologie und Ethik“ von Hajo Jakobs (1997) empfohlen werden.

5 Konzepte der gesellschaftlichen und fachlichen Entwicklung

Worum es geht...

Inklusion und Partizipation (Einbeziehung und Teilhabe) stellen mit ihrer Verankerung in der Diskussion über die Rechte behinderter Menschen eine neue fachliche Perspektive für die Heilpädagogik dar, die von einer Umdefinition ihrer Aufgaben bis zur Auflösung des Fachgebietes als solchem reichen kann. Im Begriff der Inklusiven Pädagogik kommt diese inhaltliche Wende zum Ausdruck.

Das nachfolgende Kapitel zeichnet diese Entwicklung nach, mit dem Ausgang von Normalisierungs- und Integrationskonzepten bis zu den aktuellen Modellen zur Umgestaltung regulärer Institutionen, die Vielfalt und die Teilhabe an möglichst allen Lebensbereichen fördern.

5.1 Normalisierung als Leitlinie der Reform der Behinderteneinrichtungen

Der Begriff „Normalisierung" geht nicht auf einen Pädagogen zurück, sondern auf den dänischen Juristen und Verwaltungsbeamten Bank-Mikkelsen in den 1950er Jahren. Normalisierung bezeichnete das Bestreben, Menschen mit geistiger Behinderung ein so normales Leben wie möglich zu gestatten (Thimm 2005). Der Begriff fand Eingang in das dänische „Gesetz über die Fürsorge für geistig Behinderte" aus dem Jahre 1959 (Thimm 1990, 18). Eine weitere theoretische Ausarbeitung erfolgte in den darauf folgenden Jahren nicht. Die Neuorganisierung des Fürsorgesystems für Menschen mit geistiger Behinderung orientierte sich in den nachfolgenden Jahren in Dänemark, aber auch sehr bald in Schweden, an diesem Prinzip. Die erste systematische Darstellung des Normalisierungsprinzips erfolgte erst 1969 durch Bengt Nirje. Für ihn war das Normalisierungsprinzip ein Mittel, das Menschen mit geistiger Behinderung gestattete, Errungenschaften des täglichen Lebens ebenso zu nutzen wie die übrige Bevölkerung. Es sollte ein Leitbild für medizinische, pädagogische, psychologische, soziale und politische Tätigkeit auf diesem Gebiet sein (ebd., 19).

Nirje erläuterte das Normalisierungsprinzip anhand von acht Bereichen. Die nachfolgende Übersicht und Beschreibung orientiert sich an einem Text, der erstmals 1969 in englischer Sprache erschienen ist (Nirje 1999).

1.	Normaler Tagesrhythmus
2.	Trennung der Lebensbereiche (insbesondere Arbeit und Wohnen)
3.	Normaler Jahresrhythmus
4.	Normaler Lebensablauf
5.	Berücksichtigung der Wünsche und Willensäußerungen
6.	Leben in einer bisexuellen Welt
7.	Normale wirtschaftliche Standards
8.	Gleiche Standards von Behinderteneinrichtungen und Einrichtungen des Regelbereichs

Abb. 5.1: Bereiche des Normalisierungsprinzips nach Bengt Nirje

1. Ein normaler Tagesrhythmus bedeutet, dass Menschen morgens aus dem Bett aufstehen und abends nicht früher zu Bett gehen müssen als Gleichaltrige auch. Der Tagesablauf ist rhythmisiert und umfasst auch gemeinsame Mahlzeiten.
2. Verschiedene Aktivitätsbereiche wie Wohnen, Arbeit und Freizeit sind auch räumlich getrennt. Dies entspricht der Lebensweise der übrigen Mitglieder in der Gesellschaft, die im Regelfall auch nicht dort arbeiten, wo sie wohnen.
3. Auch das Jahr ist in verschiedene Phasen strukturiert, wozu auch Urlaubszeiten mit Reisen gehören.
4. Der Lebenslauf behinderter Menschen umfasst diejenigen Phasen und Institutionen, die auch andere Menschen durchlaufen. Dies bedeutet, dass es für kleine Kinder, ältere Kinder und Jugendliche, Erwachsene und alte behinderte Menschen jeweils eigene Einrichtungen gibt.
5. Willensäußerungen, Wünsche und Bitten geistig behinderter Menschen sollen soweit wie möglich respektiert werden. Dazu gehört auch, dass für erwachsene Menschen kein Zwang besteht, an Gruppenunternehmungen teilzunehmen.
6. Einrichtungen sollen stets für männliche und weibliche Nutzer/innen eingerichtet werden und zu einem Miteinander der Geschlechter führen.
7. Auch geistig behinderten Menschen soll ein solcher wirtschaftlicher Standard ermöglicht werden, dass sie ein weitgehend normales Leben führen. Dies kann ermöglicht werden durch ein garantiertes Mindesteinkommen oder durch finanzielle Zuweisungen im Rahmen der Sozialgesetzgebung, wie z.B. Alterspensionen.
8. An die Einrichtung für geistig behinderte Menschen wie Schulen, Wohnheime oder Krankenheime werden die Maßstäbe angelegt, die auch für sonstige Institutionen der Gesellschaft gelten. Sie sollen nicht so groß werden, dass sie sich nicht mehr in die Nachbarschaft einfügen können. Sie sollen aber auch nicht in abgelegenen Gegenden errichtet werden.

Durch die Gestaltung der Einrichtungen für behinderte Menschen sind diese Prinzipien mittlerweile auch in Mitteleuropa weitgehend umgesetzt. Viele der zuvor großen Institutionen wurden in dezentrale Einheiten aufgegliedert.
Der Amerikaner Wolf Wolfensberger schlägt 1972 eine Neuformulierung des Normalisierungsprinzips vor. Die Konzepte Bengt Nirjes rezipierte er ab 1968 und entwickelte daraus ein Instrument zur Bewertung von Dienstleistungen der Behindertenhilfe (Wolfensberger 1999, 251ff). Unter der Bezeichnung PASS (=Program-Analyses of Service Systems) fand es bald weite Verbreitung. Wolfensberger schreibt über die Zeit seiner Begegnung mit den Ideen der Skandinavier:

> „In dieser Zeit war ich an der Universität von Nebraska tätig und arbeitete als Mitautor an einem Buch, das im Auftrag des vom amerikanischen Präsidenten ins Leben gerufenen Ausschuß für geistige Behinderung (President's Committee on Mental Retardation) erstellt wurde. Dieses Buch sollte die Grundlagen für eine Bestandsaufnahme und eine Reform der Anstalten für behinderte Menschen schaffen. Eines Tages – es war 1968 – wurde mir plötzlich klar, daß das Normalisierungskonzept eine ausgezeichnete ideologische und theoretische Ausgangsposition für einen ganz neuen und besseren Aufbau der Dienste für geistig behinderte Menschen sein könnte“ (ebd., 250).

Unter Normalisierung versteht Wolfensberger die Anwendung von Mitteln, die der kulturellen Norm so weit wie möglich entsprechen, mit der Absicht, persönliche Verhaltensweisen und Merkmale zu entwickeln bzw. zu erhalten, die ebenfalls den kulturellen Normen angepasst sind. Damit wird noch einmal klar herausgestellt, dass das Normalisierungsprinzip sich sowohl auf die Mittel der Betreuung von Menschen mit Behinderungen, als auch auf das Erscheinungsbild und die Verhaltensweisen des behinderten Menschen selbst bezieht (Thimm 1990, 27f).
Im Jahre 1983 kommt es zu einer Neuformulierung des Normalisierungsprinzips. Wolfensberger schreibt, die Einschätzung von Menschen hänge vor allem von der Einstufung der sozialen Rolle ab.
Als angesehen bezeichnet er Steuerzahler, Staatsbürger, Wähler, Kunde, Arbeitgeber, Gastgeber und Student (Wolfensberger 1999, 252). Minderwertige Rollen seien Herumtreiber, Vagabund, Trinker, Fanatiker oder Invalide. Für die Aufwertung und Erhaltung der sozialen Rolle sieht er zwei Wege: die Verbesserung des Image, aber auch die Erweiterung der Kompetenz bei Menschen mit Behinderungen. Er schreibt, aufgrund dieser Erkenntnisse habe er das Konzept überarbeitet. Statt von Normalisierung spricht er jetzt von der Aufwertung der sozialen Rolle oder *Valorisation*. Dies ist ein Lehnwort aus dem Französischen. Er versteht darunter den weitest möglichen „Einsatz kulturell positiv bewerteter Mittel mit dem Ziel, Menschen eine positiv bewertete Rolle zu ermöglichen, sie zu entwickeln, zu verbessern und/oder zu erhalten“ (ebd.).
Wolfensberger betont, dass es sich hierbei nicht um eine bloße Namensänderung, sondern um eine Änderung des Konzeptes handele.

Im Zuge dieser neuen Sichtweise entwickelte er ein Modell verschiedener Handlungsebenen der Interaktion und Interpretation in verschiedenen Systemen.

Tab. 5.1: Wolfensbergers Weiterentwicklung des Normalisierungsprinzips (1983) (erstellt in Anlehnung an Thimm 1990)

Grundannahme:	Die Aufwertung (Valorisation) der sozialen Rolle kann erfolgen durch die tatsächliche Kompetenz und das soziale Image einer Person oder Gruppe.	
Handlungsebenen (horizontal); Person- und Systemebenen (vertikal)	**Interaktion** (Handlungen gegenüber Menschen mit Behinderung)	**Interpretation** (Darstellung von Menschen mit Behinderung nach außen)
Person	Erlernen gesellschaftlicher akzeptierter Verhaltensweisen (z.B. selbstständiges Essen, Beherrschen von Umgangsformen)	Bezeichnung von Personen in der Öffentlichkeit (z.B. Anrede mit dem Nachnamen statt dem Vornamen)
Primäre soziale Systeme	Gestaltung des Lebens in Familien und Heimen (Entwicklung von Fähigkeiten und Gewohnheiten als liege keine Behinderung vor)	Namensgebung von Institutionen (Verwendung neutraler oder positiv besetzter Namen statt z.B. „Wohnheim für Behinderte")
Gesellschaftssysteme	Gestaltung des gesetzlichen Rahmens (z.B. Einbeziehung von Werkstätten in das System der Sozialversicherung)	Beeinflussung gesellschaftlicher Wertvorstellungen zur Anerkennung von Abweichungen

Interaktion bezieht sich auf Handlungen gegenüber Menschen mit Behinderungen, während mit Interpretation die Darstellung von Menschen mit geistiger Behinderung nach außen gemeint ist. Beide Dimensionen, Interaktion und Interpretation, lassen sich auf drei Ebenen behandeln: der Ebene der Person, der primären sozialen Systeme und der Gesellschaftssysteme.

Primäre soziale Systeme sind die sozialen Gruppen, Institutionen und Organisationen, in denen Menschen mit Behinderungen leben. Dies können Familien, Nachbarschaften, Schulen, Heime, Anstalten oder Elternverbände sein (Thimm 1990, 29). Der Begriff der Gesellschaftssysteme ist bei Wolfensberger relativ weit gefasst. Dazu gehören für ihn z.B. Schulwesen, Sozialgesetzgebung oder Verwaltungsstrukturen.

Wie lässt sich die Unterteilung von Wolfensberger konkretisieren? Auf der Ebene der Person sollen Kompetenzen erworben und erhalten werden wie z.B. das Beherrschen der Ausscheidungsfunktionen, selbständiges Essen, An und Auskleiden, aber auch das Beherrschen sprachlicher Umgangsformen wie Grüßen oder jemanden um etwas bitten. Andererseits sollen die Personen auch so, wie dies gesellschaftlich

üblich ist, angesprochen werden. So verbietet es sich, behinderte Menschen mit dem Vornamen anzusprechen, wenn ansonsten Anreden wie „Herr Müller“ oder „Frau Meier“ gesellschaftlich üblich sind.
Eine analoge Verfahrensweise sollte auch in Familien und Institutionen gepflegt werden. Hier sollten solche Gewohnheiten und Fähigkeiten entwickelt werden, als liege keine Behinderung vor. Auf der anderen Seite sollten sich Wohnstätten nicht schon durch Schilder am Eingang als „Wohnheim für geistig Behinderte“ darstellen, sondern neutrale (z.B. nur Straße und Hausnummer wie bei den Nachbarhäusern) oder positiv besetzte Bezeichnungen wählen (z.B. „Haus Sonnenschein“).
Auf der Ebene der Gesellschaftssysteme entsprechen Aufnahmen in die regulären Sozialversicherungen (z.B. Krankheit-, Pensionsversicherung) oder Mitarbeitervertretungen in Werkstätten der Dimension der Interaktion, während Kampagnen in den Medien (z.B. Spots der „Aktion Mensch“ im deutschen Fernsehen) als Interpretation zu deuten sind.
Das Normalisierungsprinzip war vermutlich einflussreich wie kein anderes Konzept der Behindertenhilfe für die Umgestaltung von Institutionen für geistig behinderte Menschen. Für rund zwei Jahrzehnte war das Normalisierungskonzept Impulsgeber für viele Reformmaßnahmen auf allen Ebenen. In den europäischen Ländern sind diese Vorstellungen inzwischen zumeist umgesetzt.

5.2 Integration als Abkehr von Sondereinrichtungen

Ulrike Schildmann (1997) sieht Normalisierung als Begriff des Sozialwesens und Integration als einen des Bildungswesens. Während die wichtigsten Vertreter des Normalisierungsprinzips Juristen (Bank-Mikkelsen, Nirje), Geisteswissenschaftler (Nirje) und Psychologen (Wolfensberger) waren, handelte es sich bei den Vertreter/innen der schulischen Integration um Pädagog/innen. In der inhaltlichen Ausrichtung beider Prinzipien sieht Schildmann daher einen wesentlichen Unterschied: das Normalisierungsprinzip strebe die Normalität an, während die Integrationspädagogik kritisch reflektiere, was gesellschaftliche Normalität sei (ebd., 94).
Auch wenn Integration im Konzept der Integrationspädagogik als Leitbegriff erscheint, so haben wir es hier keinesfalls mit einem genuin pädagogischen Begriff zu tun. Er geht auf das lateinische Wort „integer“ zurück, was soviel wie „heil, unversehrt, vollständig, ganz“ bedeutet, sowie „integrare“, das sich mit „erneuern“ übersetzen ließe (Kobi 1988, 54). Das „Wörterbuch der Soziologie“ von Hillmann (1994, 377) versteht unter Integration die Wiederherstellung eines Ganzen, bezogen auf Prozesse der verhaltens- und bewusstseinsmäßigen Eingliederung in, beziehungsweise Angleichung an Wertstrukturen und Verhaltensmuster. Diesen Sachverhalt bezieht er auf 3 Bereiche:

a. Integration könne sich auf einzelne Personen bezüglich Gruppen, Organisationen oder relevanten Bereichen einer Gesellschaft beziehen.
b. Sie könne zwischen verschiedenen Gruppen, Schichten, Klassen und Rassen einer Gesellschaft stattfinden.
c. Integration könne es zwischen verschiedenen Gesellschaften zugunsten der Herausbildung neuer gemeinsamer kultureller Strukturen und sozialer Ordnungen geben.

Winfried Böhm (2005, 313) weist in seinem „Wörterbuch der Pädagogik" auf die unterschiedlichen Zusammenhänge hin, in denen Integration in der Pädagogik Verwendung findet. Dabei nennt er Ausländerpädagogik, Interkulturelle Pädagogik und Sonderpädagogik als Anwendungsfelder. Entsprechend seiner Herkunft aus dem Lateinischen deutet er Integration als „Wiedereinbeziehung" oder „Eingliederung in ein Ganzes". Bezogen auf die Sonderpädagogik werde Integration „im Sinne einer gemeinsamen Erziehung und Bildung von behinderten und nichtbehinderten Menschen vermehrt in den Blick genommen" (ebd.). Integration solle sich aber nicht nur auf Schule, sondern auch auf Wohnen, Freizeit und Arbeit beziehen. Der Deutsche Bildungsrat verstand unter Integration eine Konzeption, die weitmögliche gemeinsame Unterrichtung von Kindern mit und ohne Behinderung vorsieht und selbst für behinderte Kinder, für die eine gemeinsame Unterrichtung mit Nichtbehinderten als nicht sinnvoll erachtet wird, soziale Kontakte mit Nichtbehinderten ermöglicht (Deutscher Bildungsrat 1974).

In der „Enzyklopädie der Sonderpädagogik, der Heilpädagogik und ihrer Nachbargebiete" (Dupius/Kerkhoff 1992) ist Integration gleich in Form von 9 weiteren, kategorienbezogenen Stichwörtern zu finden wie Integration Blinder, Integration Gehörloser, Integration geistig Behinderter, Integration Körperbehinderter, Integration und Lernbehinderung, Integration Schwerhöriger und Ertaubter. Auch wenn sie auf spezielle Problemlagen bei den einzelnen Gruppen hinweisen, bringen sie zur Bestimmung der Begriffsbedeutung wenig Neues im Vergleich zur Definition des Deutschen Bildungsrats.

Jakob Muth (1986, 26ff) sieht eine vorausgegangene Desintegration als Voraussetzung für Integration an. Integration dürfe nicht allein aus der Perspektive des behinderten Kindes gesehen werden. Nötig seien auch Einstellungsänderungen der nichtbehinderten Menschen.

Eine differenzierte Auseinandersetzung mit der Entstehung und Vielschichtigkeit des Begriffs legt Kobi (1988) in der ersten Auflage des Handbuchs der Integrationspädagogik vor. Er verweist auf die erstmalige Verwendung in der Mathematik des 17. Jahrhunderts. Über die Philosophie habe der Begriff Eingang in andere Wissenschaften gefunden und sich in den letzten Jahrzehnten in fast inflationärer Weise in der Alltagssprache ausgebreitet (ebd., 54). Die Bedeutung des Begriffs „Integration" sei aber in den einzelnen Wissenschaften sehr unterschiedlich.

Für den Bereich der Heilpädagogik gibt er die Verwendung von „Integration“ in der Fachliteratur anhand von folgenden 7 Gegensatzpaaren wieder (ebd., 58ff):

Tab. 5.2: Verwendungen des Begriffs Integration (nach Kobi 1988)

1	Prozess	Zustand
2	Methode	Ziel
3	individuale Angelegenheit	soziale Angelegenheit
4	Aufgabe	Vorgabe
5	Parzellierbare Daseinsform	ganzheitliche Daseinsform
6	Struktur	Wert
7	intentionale Lebens- und Daseingestaltung	koexistentielle Lebens- und Daseinsgestaltung

Was versteht der Autor darunter?

1. Integrationsprozesse stellen Annäherungs- und Lernprozesse zwischen Integratoren und Integranden dar. Integration als Zustand beziehe sich eher auf äußerliche und personunabhängige Tatbestände administrativer Art (ebd., 58).
2. Integration könne als Ziel aber auch als Methode gesehen werden. Gelegentlich seien aber auch beide Momente miteinander verknüpft: Integration als Ziel solle durch Integration als Methode erreicht werden.
3. Integration als individuale Angelegenheit bedeute, dass einzelne behinderte Kinder den normalschulischen Angelegenheiten entsprechen können (Einzelintegration). Wird sie als soziale Angelegenheit betrachtet, heißt dies, dass sich die Bildungsinstitutionen öffnen und verändern.
4. Als Vorgabe sei Integration Programmpunkt eines umfassend egalitären Bildungssystems, als Aufgabe abhängig von den örtlichen, zeitlichen und personalen Verhältnissen.
5. Als parzellierbare Daseinsform sei Integration auch in einzelnen schulischen Maßnahmen möglich (sog. „Teil-Integration“). Integration als ganzheitliche Daseinsform impliziere eine Schule für alle Kinder im jeweiligen Einzugsgebiet.
6. Als formaler Begriff beschreibe Integration eine Struktur und sei erst einmal wertfrei. Mit der Festlegung eines bestimmten Gestaltungsrahmen benenne er einen Optimierungsprozess für soziale Beziehungen und beschreibe damit einen angestrebten Wert (ebd., 61).
7. Die vorausgegangenen Gegensatzpaare ließen sich auf eine einzige Gegenüberstellung reduzieren. Integration könne einerseits eine seinsverändernde Intention haben und andererseits eine seinsbestätigende Koexistenzform darstellen.

Zusammenfassend hält Kobi fest, Integration stelle keine Methode dar, die nach Erfolgskriterien evaluiert werden könne, sondern sie sei eine Lebens- und Daseinsform zwischen Behinderten und Nichtbehinderten, für oder gegen die sich eine Gesellschaft und ihre Untersysteme (wozu auch Schule gehöre) entscheiden könne, und die situativ und temporal frei wählbar bleiben müsse (ebd., 62).

5.3 Inklusion als Umbau der Regeleinrichtungen

Statt von Integration ist in jüngeren Veröffentlichungen häufiger von Inklusion die Rede. Dabei sind die konzeptionellen Unterschiede, die den Begriffswechsel begleiten, nicht immer transparent. Die Begriffsbedeutung erschließt sich eher über die noch recht junge Geschichte, die nachfolgend knapp skizziert werden soll.

Inklusion war als Terminus der Sozialwissenschaften in der Soziologie Niklas Luhmanns bereits vor seiner Verwendung im Bereich der Bildungswissenschaften gebräuchlich. In verschiedenen Beiträgen Anfang der 1990er Jahre sah er ihn als Gegenbegriff zu Exklusion. Dabei betrachtete er Inklusion und Exklusion als Primärdifferenzierung von Gesellschaftssystemen. Im Unterschied zum Integrationsbegriff bezeichne die Unterscheidung Inklusion/Exklusion kein positives gesellschaftliches Ziel, sondern eher eine Abkehr vom normativen Ziel einer „guten" Gesellschaft (Wansing 2005, 40).

Der nachfolgend dargestellte Begriff von Inklusion im Kontext der Bildungswissenschaft hat andere Wurzeln und auch eine andere Bedeutung, wenngleich Bezüge zur Systemtheorie (Luhmann 2006) im Kontext der Soziologie der Behinderung vorgenommen werden (z.B. bei Wansing 2005).

Die Entstehung und Verbreitung des Begriffs Inklusion

Der bildungswissenschaftliche Begriff Inklusion ist jungen Datums und wurde vom englischen „inclusion" (=Einbeziehung) abgeleitet. Selbst in den angloamerikanischen sonderpädagogischen Wörterbüchern war er in den 1980er Jahren noch nicht zu finden. Die damals übliche Bezeichnung für die Gemeinsamkeit von Schüler/innen mit und ohne Behinderungen lautete in den USA „mainstreaming", im Sinne der Hineinnahme einer Minderheit in den Hauptstrom der Gesellschaft und in diesem Falle auch in die reguläre Schule. Außerhalb der USA, auch in Großbritannien und Australien, war für die unterrichtliche Gemeinsamkeit von Kindern mit und ohne „special needs" von „integration" die Rede. Die Substituierung von „mainstreaming" und „integration" durch „inclusion" erfolgte relativ rasch in wenigen Jahren zwischen etwa 1990 und 1995.

Während die Begriffsentstehung in US-amerikanischen Diskussionen zur Bildungspolitik angesiedelt werden kann, spielte für die rasche weltweite Verbreitung eine kleine Gruppe britischer Wissenschaftler/innen und deren Einbindung in Aktivitäten der UNESCO eine wichtige Rolle. In Workshops, insbesondere für Entwicklungsländer, wurde das Fortbildungsprogramm „Special Needs in the Classroom" entwickelt, das, ohne den Begriff „inclusion" bereits zu verwenden, die wesentlichen pädagogischen und didaktischen Inhalte für die neue Schule schon enthielt (UNESCO 1993). Ähnliches gilt für das Buch „Effective Schools for All" von Mel Ainscow (1991). Der Wechsel zum neuen, von amerikanischen Diskussionen inspirierten Begriff „inclusion" ist bei der vorwiegend britischen Berater/innengruppe der UNESCO mit der Erarbeitung und Beschlussfassung über die Erklärung von Salamanca im Jahre 1994 festzustellen. Nachfolgend wurde auch von den involvierten britischen Wissenschaftler/innen „inclusion" als Leitbegriff verwendet (Clark/Dyson/Millward 1995). In der Folge setzte sich „inclusion" in wenigen Jahren weltweit durch, während die Inhalte, die mit dem Begriff assoziiert werden, zunehmend differieren.

Im deutschsprachigen Raum wurde zwar der begriffliche Wechsel bemerkt, Rückschlüsse auf mögliche inhaltliche Veränderungen wurden nicht gezogen. Die Österreichische UNESCO-Kommission übersetzte 1996 die Salamanca-Erklärung ins Deutsche und übertrug „inclusion" mit „Integration" und „inclusive school" mit „integrative Schule". Es bestand zum damaligen Zeitpunkt noch kein Bewusstsein darüber, dass diese Übersetzung möglicherweise den Sachverhalt nicht genau trifft. Erste inhaltliche Aufarbeitungen der neuen angloamerikanischen Konzepte erfolgten erst mehrere Jahre später (Biewer 2000; Hinz 2002). „Inclusion" wurde dabei von Anfang an mit „Inklusion" übertragen, ungeachtet der Kritik, dass der ebenfalls denkbare Bezug auf das lateinische „includere" (=einschließen, einsperren) unpassende Assoziationen wecken könnte. Auch der Alternativvorschlag, „inclusion" im fachlichen Sprachgebrauch mit „Einbeziehung" zu übertragen (Biewer 2001) blieb folgenlos.

Seit wenigen Jahren ist für den deutschsprachigen Raum eine ähnlich rasche Begriffssubstitution des Begriffs „Integration" durch „Inklusion" zu beobachten, wie in der ersten Hälfte der 1990er Jahre im anglophonen Raum von „mainstreaming/integration" zu „inclusion". Auch hier gilt, dass der begriffliche Wechsel nicht unbedingt Änderungen inhaltlicher Konzepte nach sich zieht. Nicht selten werden auch die neuen Begriffe über die alten, wenig geänderten Inhalte gelegt. Neben der raschen Begriffsübernahme gibt es aber auch kritische Reflexionen zum Wechsel des Begriffs und den damit verbundenen Konzepten aus sehr unterschiedlichen Beweggründen (siehe Dederich/Greving/Mürner/Rödler 2006).

Inklusion als bildungspolitischer und bildungswissenschaftlicher Begriff

Der begriffliche Wechsel von „mainstreaming/integration" zu „inclusion" war in den 1990er Jahren in Großbritannien und den USA auch verbunden mit inhaltlichen Diskussionen zu Neubestimmungen der Aufgaben der Regelschule im Um-

gang mit Schüler/innen mit „special educational needs“. Die neu anzustrebenden Schulen wurden als „inclusive schools“ bezeichnet.
„Inclusive Schools“ sollen sich in ihrer gesamten Struktur ändern, während im Integrationsansatz eine bloße Addition integrativer Hilfsdienste bei der Aufnahme behinderter Kinder in einer ansonsten traditionell weiterarbeitenden Schule gesehen wird. Eine Darstellung aus Großbritannien sieht im Integrationskonzept den Bedarf bei speziellen Schüler/innen mit dem Ziel diese Schüler/innen zu heilen oder zu ändern, während das Inclusion-Konzept von den Rechten aller Schüler/innen seinen Ausgang nehme und die Schule zu verändern suche. Weiterhin sehe das Integrationskonzept durch technische Interventionen wie speziellen Unterricht und Therapie den Nutzen für den einzelnen zu integrierenden Schüler, wohingegen der Inclusion-Ansatz mit gutem Unterricht für alle den Vorteil für jeden Schüler hervorhebe (Thomas/Walker/Webb 1998, 14).
Bei der Durchsicht der britischen Literatur der 1990er Jahre finden sich häufig die folgenden Merkmale, die das Konzept der „inclusive school“ beschreiben:

1. Die Verschiedenheit der Schüler/innen stellt den Ausgangspunkt des Schulkonzepts dar und wird als positiver Wert angesehen, nicht als ein Problem oder ein Erschwernis für Lehrkräfte.
2. Zentral in diesem Modell ist die Verschiedenheit der Schüler/innen, sowohl im Hinblick auf pädagogische wie auch gesellschaftliche Dimensionen. Behinderung ist nur ein Aspekt der Heterogenität der Schüler/innen neben geschlechtlicher, ethnischer, kultureller, religiöser und sozialer Verschiedenheit.
3. Als inklusive Schule ändert die Schule ihre Arbeitsweise grundlegend, um dieser Verschiedenheit gerecht zu werden. Es handelt sich also auch um ein Modell der grundlegenden Schulreform.
4. Die Veränderungen betreffen insbesondere die Gestaltung von Lehr- und Lernprozessen, aber auch die Organisationsform der Schule.
5. Die Umgestaltung im Sinne der Inklusion erhöht die Effektivität der Schule für das Lernen aller Schüler/innen.
6. Die inklusive Schule ist ein Beitrag zur Entwicklung einer inklusiven Gesellschaft.

Andreas Hinz (2002) stellt in einem Beitrag in der Zeitschrift für Heilpädagogik die Praxis der Integration der Praxis der Inklusion gegenüber und nennt hier in einer Übersicht (Tab. 5.3) insgesamt 15 Punkte, in denen sich beide Konzepte unterscheiden.
Die Gegenüberstellung ist sowohl eine Auflistung vieler Punkte der angloamerikanischen Diskussion, wie auch deren inhaltliche und begriffliche Adaptierung an analoge Konzepte des deutschsprachigen Raums.

Tab. 5.3: Praxis der Integration und Inklusion im Vergleich (nach: Hinz 2002, 359)

Praxis der Integration	Praxis der Inklusion
• Eingliederung von Kindern mit bestimmten Bedarfen in die Allgemeine Schule	• Leben und Lernen für alle Kinder in der Allgemeinen Schule
• Differenziertes System je nach Schädigung	• Umfassendes System für alle
• Zwei-Gruppen-Theorie (behindert/nicht-behindert; mit/ohne sonderpädagogischem Förderbedarf)	• Theorie einer heterogenen Gruppe (viele Minderheiten und Mehrheiten)
• Aufnahme von behinderten Kindern	• Veränderung des Selbstverständnisses der Schule
• Individuumszentrierter Ansatz	• Systemischer Ansatz
• Fixierung auf die institutionelle Ebene	• Beachtung der emotionalen, sozialen und unterrichtlichen Ebenen
• Ressourcen für Kinder mit Etikettierung	• Ressourcen für Systeme (Schule)
• Spezielle Förderung für behinderte Kinder	• Gemeinsames und individuelles Lernen für alle
• Individuelle Curricula für einzelne	• Ein individualisiertes Curriculum für alle
• Förderpläne für behinderte Kinder	• Gemeinsame Reflexion und Planung aller Beteiligter
• Anliegen und Auftrag der Sonderpädagogik und Sonderpädagogen	• Anliegen und Auftrag der Schulpädagogik und Schulpädagogen
• Sonderpädagogen als Unterstützung für Kinder mit sonderpädagogischem Förderbedarf	• Sonderpädagogen als Unterstützung für Klassenlehrer, Klassen und Schulen
• Ausweitung von Sonderpädagogik in die-Schulpädagogik hinein	• Veränderung von Sonderpädagogik und Schulpädagogik
• Kombination von (unveränderter) Schul- und Sonderpädagogik	• Synthese von (veränderter) Schul- und Sonderpädagogik
• Kontrolle durch Expertinnen und Experten	• Kollegiales Problemlösen im Team

Die von Hinz hier vorgenommene Unterscheidung zwischen Integration und Inklusion wird bezüglich des deutschsprachigen Raumes verschiedentlich von Wissenschafter/innen in Frage gestellt. So wird der Begriffsgebrauch von Integration im Deutschen mit seinem Postulat zur Veränderung der Praxis der allgemeinen Schule auch als affin zum englischen Begriff „inclusion" gesehen. Hans Wocken hat diese Sicht in einer Schrift recht differenziert herausgearbeitet und gelangt zu insgesamt 10 Punkten, die er als Feststellungen oder auch als Fragen formuliert, an denen unterschiedliche Verständnisse von Inklusion und Integration festgemacht werden können (Wocken 2011b):

Tab. 5.4: Der Inklusionsbegriff in Abgrenzung zum Integrationsbegriff (Übersicht erstellt nach dem Beitrag von Wocken 2011b, 59-90)

Inklusion & Integration (nach Wocken 2011b)
1. Inklusion – und/oder/statt/gleich – Integration
2. Inklusion als Gegenstück zu „bad practice of integration"?
3. Inklusion als optimierte Integration?
4. Inklusion als die erweiterte Integration?
5. Inklusion nicht als „die assimilierte Integration"?
6. Inklusion als ultimative Integration?
7. Inklusion als menschenrechtsbasierte Integration
8. Inklusion als enthinderte Integration
9. Inklusion als visionäre Integration
10. Inklusion/Integration

Ähnlich wie Kobi in Bezug auf Integration (siehe vorausgegangene Ausführungen in diesem Kapitel) die unterschiedlichen möglichen Verständnisse sondiert hat, hinterfragt Wocken den Inklusionsbegriff insbesondere im Hinblick auf seine Abgrenzung zum Integrationsbegriff. Was meint Wocken mit diesen Fragen und Aussagen? Er bezieht sich auf die Beliebigkeit der Begriffsverwendung (1) sowie den Verzicht auf eine Integrationspraxis, die von einer Zweigruppentheorie, der Tendenz Kinder lediglich an bestehende Strukturen anzupassen und der Fokussierung auf die Defizite der Kinder geleitet ist (2). Inklusion sieht Wocken aber auch generell benutzt, um sich von gegenwärtig negativen Aspekten der Integration zu distanzieren, wie der Beschränkung auf die Primarstufe oder die Zuweisung der Zuständigkeit an die Sonderpädagogik (3). Als „erweiterte Integration" sieht er die Aufnahme weiterer Heterogenitätsdimensionen wie Gender, soziale Herkunft, Sprache oder Nationalität (4). Der Assimilationsvorwurf bezieht sich auf die Forderung der Anpassung an bestehende Normen statt der Akzeptanz der Verschiedenheit (5). Der Terminus der „ultimativen Integration" zielt auf die zeitliche Entwicklung, die mit dem kompletten Ausschluss aus Lebensbereichen begann und über Zwischenschritte der Segregation und Integration zur vollen Inklusion führt (6) und ist auch verwandt mit dem menschenrechtlichen Zugang (7). Unter „enthinderter Integration" meint er das Abrücken vom Behinderungsbegriff und das zuvor in dieser Arbeit bereits beschriebene Phänomen der Dekategorisierung (8). Die „visionäre Integration" ist verbunden mit dem Leitbild der inklusiven Gesellschaft, die in allen ihren Lebensbereichen frei ist von Barrieren (9). Die Doppelbezeichnung (10) stellt auch ein sprachästhetisches Problem dar, so dass es nicht verwundert, wenn Wocken am Ende seines Beitrags für die Verwendung des Begriffs der Inklusion plädiert, mit der Aussage die Zeit der Abgrenzung von Integration sei mittlerweile vorbei (Wocken 2011, 86).

Inklusion in den Dokumenten der UNESCO

Gegenwärtig ist „inclusion“ als Leitbegriff in internationalen Organisationen wie auch in Beschreibungen der Bildungssysteme einzelner Länder weltweit im Gebrauch. Hinter einem gemeinsamen Begriff verbergen sich aber viele unterschiedliche inhaltliche Vorstellungen. Da die Erklärung von Salamanca nicht nur zur weltweiten Verbreitung von „inclusion“ einen besonderen Beitrag geleistet hat, sondern auch zu dessen inhaltlicher Normierung, empfiehlt es sich dieses Dokument und seine Entstehungszusammenhänge etwas näher zu betrachten.

Nachdem die besonderen Problemlagen von Kindern mit Behinderungen auf der Konferenz „Bildung für alle“ 1990 in Jomtien/Thailand weitgehend ausgeblendet wurden, konzipierte die UNESCO hierzu eine eigene groß angelegte internationale Tagung. Im Juni 1994 fand diese mit Vertreter/innen von 92 Ländern und verschiedenen Nichtregierungsorganisationen in Salamanca (Spanien) statt. Sie wurde von der UNESCO gemeinsam mit dem spanischen Bildungsministerium organisiert und verabschiedete eine Abschlusserklärung per Akklamation, die Empfehlungscharakter für die Weltgemeinschaft haben sollte (UNESCO 1994).

Auch wenn der Text verschiedentlich als Kompromiss aus verschiedenen Positionen bezeichnet wird (Dyson 1999), enthält er für Abschlussdokumente großer Tagungen internationaler Organisationen doch ungewöhnlich deutliche konzeptionelle Festlegungen. In Abschnitt 2 der Erklärung von Salamanca wird für Kinder mit speziellem Erziehungs- und Bildungsbedarf der Zugang zur regulären Schule gefordert. Durch eine kindzentrierte Pädagogik soll sie diesem speziellen Bedarf nachkommen („those with special educational needs must have access to regular schools which should accomodate them within a child-centered pedagogy capable of meeting these needs“, ebd., viii). Regelschulen mit dieser inklusiven Ausrichtung werden als Mittel zum Kampf gegen Vorurteile und auch als Einflussmöglichkeit auf die Gesellschaft angesehen. Gleichzeitig sollen sie der Mehrheit der Kinder eine effektive Erziehung ermöglichen und auch eine kostengünstigere Alternative für das Erziehungswesen darstellen (ebd., ix).

Während das Salamanca Statement eher globale Äußerungen macht, stellt der dazugehörende Aktionsrahmen („framework for action“) ein bildungspolitisches Programm mit konkreten Handlungsvorschlägen dar. „Inclusive schools“ werden hier als solche Schulen beschrieben, die alle Kinder aufnehmen, unabhängig von körperlichen, intellektuellen, sozialen und sprachlichen Voraussetzungen. Dazu sollen gleichermaßen behinderte wie auch hochbegabte Kinder gehören. Weiterhin umfassen sie Schüler/innen aus kulturellen Minderheiten und sozialen Randgruppen (UNESCO 1994, 6). Die Aufnahme von Kindern in Sonderschulen, besondere Klassen oder spezielle Bereiche der regulären Schule sollen seltene, möglichst zu vermeidende Ausnahmen bleiben (ebd., 12). Ländern, die noch kein Sonderschulsystem haben, wird geraten auch keines aufzubauen, sondern ihre Anstrengungen auf die Entwicklung von „inclusive schools“ und mobile Unterstützungsdienste zu

konzentrieren (ebd., 13). Für Entwicklungsländer werden Sonderschulen als teuer und nur einer kleinen urbanen Minderheit dienend, abgelehnt (ebd.). Kinder mit Behinderungen sollen diejenige Schule in der Nachbarschaft besuchen („neighbourhood school"), die für sie auch zuständig wäre, wenn sie keine Behinderung hätten (ebd., 17). Bei den seltenen Fällen eines Sonderschulbesuchs sollen sie zumindest während eines Teiles der Zeit am Unterricht der regulären Schule teilnehmen.
Die „inclusive school" ist nicht nur deshalb eine veränderte Schule, weil sie behinderte Kinder aufnimmt, sondern weil sie durch höhere Qualitätsstandards schulisches Lernen für alle Kinder erfolgreicher gestaltet. Für Kinder mit speziellem Erziehungs- und Bildungsbedarf wird ein abgestuftes Unterstützungssystem empfohlen, das von geringfügigen Hilfen in der regulären Klasse bis zu Speziallehrer/innen und mobilen Unterstützungsdiensten von außerhalb reicht (ebd., 22f). Einbindung in die Gemeinde, Teamarbeit der Lehrer/innen und Mitarbeit der Eltern sind weitere Merkmale der inklusiven Schule (ebd., 24). Die Realisierung der „inclusive school" auf nationaler Ebene wird weiterhin auch als wissenschaftliche Entwicklungsaufgabe gesehen. Besonders hervorgehoben wird Handlungsforschung bezüglich innovativer Lehr- und Lernstrategien, bei der Forscher/innen und Lehrer/innen zusammenarbeiten (ebd., 24f). Positive Erfahrungen sollen über Dokumentationszentren weiterverbreitet werden. Universitäten soll eine Schlüsselrolle bei Entwicklungsaufgaben zufallen. Für die Ausbildung von Speziallehrer/innen wird ein non-kategorialer Ansatz empfohlen, der aber spätere Spezialisierungen erlaube (ebd., 28).
Die hier getroffenen Aussagen geben weitgehend das von der Berater/innengruppe aus überwiegend britischen Wissenschaftler/innen entwickelte Modell von „inclusion" wieder, das seit Ende der 1980er Jahre in den internationalen Workshops über das Lehrerfortbildungsprogramm der UNESCO verbreitet wurde (vgl. Biewer 2000). Zwischenzeitlich wurde „inclusion" in diesem Sinne weiterentwickelt von einem Konzept, das sich überwiegend an Kindern mit „special needs" orientiert, zu einem Modell, das eine ganze Palette von Problemlagen bei Kindern im Blick hat. In den „Guidelines for Inclusion" der UNESCO (2005, 11) werden als Adressat/innen neben Kindern mit Behinderungen weitere Gruppen genannt, die von Marginalisierung und Ausschluss bedroht sind. Im Einzelnen werden missbrauchte und arbeitende Kinder, sprachliche, ethnische und religiöse Minderheiten, Kinder in Konflikten und Kindersoldaten, Nomadenkinder, von Armut betroffene und entwurzelte Kinder (auch aus Flüchtlingsfamilien) angeführt. Während in der Erklärung von Salamanca der Hauptfokus auf Kindern mit Behinderungen lag, betrachten die „Guidelines" von 2005 Kinder mit Behinderungen nur noch als eine Gruppe von vielen, die von Randständigkeit und Ausschluss bedroht sind. Gegenüber der in der Salamanca-Erklärung genannten Gruppe von Kindern mit „special educational needs" handelt es sich hier um eine deutliche Ausweitung der Adressat/innen von „inclusion".

Den bisherigen Entwicklungsprozess von der Zurückweisung bis zum gegenwärtig angestrebten Modell von „inclusion“ wird in der Form einer Treppe dargestellt, die aus vier Stufen besteht und einen in der Salamanca-Erklärung noch nicht erkennbaren Unterschied zwischen „special needs education“ und „inclusion“ macht.

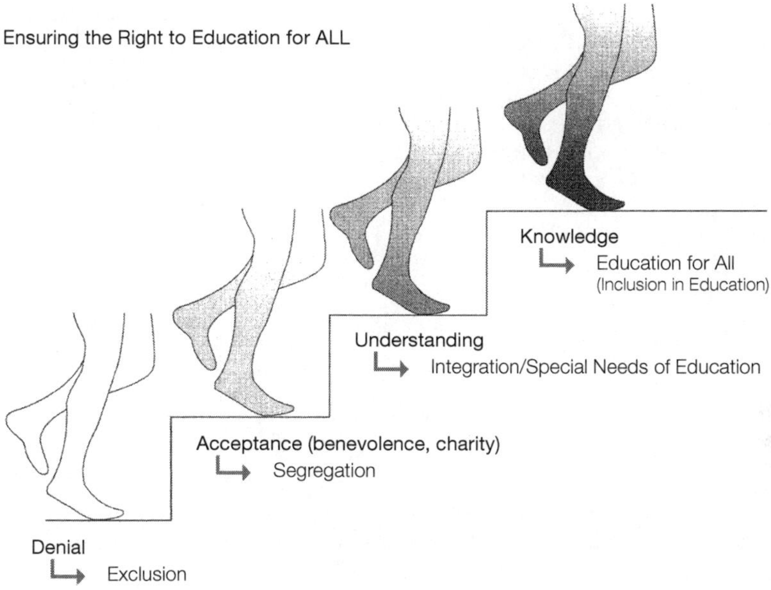

Abb. 5.2: Stufen von der Exklusion zur Inklusion (aus: UNESCO 2005, 24)

Inklusion wird als Prozess (nicht als Ergebnis) des Eingehens auf die Verschiedenheit des Bedarfs aller Lernenden gesehen, durch Erhöhung der Teilhabe an Lernprozessen, Kulturen und Gemeinschaften und die Reduzierung von Ausschlüssen aus dem Bildungswesen und innerhalb des Bildungswesens (UNESCO 2005, 13). Abbildung 5.2 möchte die Entwicklung von Exklusion zu Inklusion in ihrer historischen Genese, aber auch zur Beurteilung aktueller Strukturen darstellen. Die unterste Stufe bezeichnet den Ausschluss aus Institutionen formaler Bildung. Segregation ziele auf spezielle Angebote auch im Sinne der Etablierung von Sonderschulen. Die dritte Stufe ziele auf die Aufnahme der Kinder mit speziellem Bedarf in integrative Settings, während Inklusion die Bildung für Alle bedeute. Diese Entwicklung wird als Teil des Prozesses zur Ausweitung der Rechte behinderter Menschen gedeutet (ebd., 14).

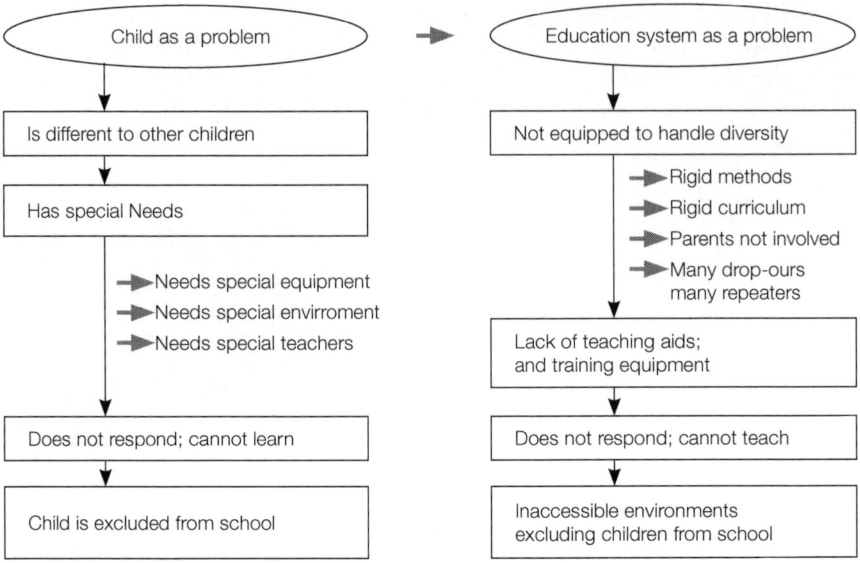

Abb. 5.3: Vom Problemkind zum problematischen Bildungssystem (aus: UNESCO 2005, 27)

Der Wechsel zur Sicht des Erziehungsprozesses als Inklusionsprozess ist verbunden mit einer Neudefinition von Problemlagen. Während im vorausgegangenen Modell der „special needs education" das Kind als Problem betrachtet wird, blickt der inklusive Ansatz auf die Schwächen des Erziehungssystems (siehe Abb. 5.3). So wird aus der Abweichung des Kindes die unzureichende Fähigkeit der Bildungsinstitutionen, mit der Verschiedenheit der ihnen anvertrauten Schüler/innen umzugehen. Während der Special-Needs-Ansatz die Probleme mit speziellen Ausstattungen, Umgebungen und Lehrer/innen zu lösen sucht, sieht der Inclusion-Ansatz die Lösungen in geeigneten Unterrichtsmethoden, passenden Curricula und vor allem in einer angemessenen Lehrer/innenaus- und Weiterbildung.

Es ist erstaunlich, dass die „Guidelines for Inclusion" eine solch strikte begriffliche Unterscheidung zwischen „special needs education" und „inclusive education" vornehmen. Inhaltlich entsprechen die in Abbildung 5.3 veranschaulichten Positionen vollkommen denen, die die UNESCO bereits im Jahre 1993 in ihrem „Teacher Education Resource Pack" formuliert hat (UNESCO 1993). Bereits dort wurde zwischen dem Blick auf das Kind auf der einen Seite und der Sicht auf das Curriculum auf der anderen Seite gesprochen und die Lösung in der Umgestaltung der Lehrmethoden gesehen (Biewer 2002b).

Die bereits Mitte der 1990er Jahre angelegte Erweiterung des Blicks von Kindern mit „special educational needs" hin zu weiteren marginalisierten Gruppen und zur Fokussierung auf Fragen des Lernens für alle, fand in den nachfolgenden Jahren ihre

Fortsetzung. Florian Kiuppis konnte die Archive der UNESCO in Paris einsehen und im Rahmen seines Dissertationsprojektes die Entwicklung von 1994 bis zum Jahre 2000 analysieren (Kiuppis 2014). Er beschreibt 3 Phasen, die in der Formulierung eines „new thinking in special needs education" in der Salamanca-Erklärung im Jahre 1994 ihren Ausgang nahmen und bis zur Auflösung der „Special Education Unit" der UNESCO im Jahre 2000 reichten. Als erste Phase definiert er die Monate nach der Salamanca-Konferenz, die das neue Denken mit dem Begriff „inclusion" formulierte, allerdings in dem Bewusstsein einer Kontinuität zu den Positionen, die in den Workshop-Reihen seit dem Ende der 1980er Jahre entwickelt wurden. Erst in einer zweiten Phase zwischen 1994 und 1997 begann die Leitformel der „Education for All" die „Special Needs Education"-Programmatik zu überdecken. Es stand also der Fokus auf dem Lernen heterogener Gruppen mit unterschiedlich vulnerablen und marginalisierten Kindern im Fokus. Die dritte Phase von 1997 bis 2000 sieht Kiuppis durch ein Wegrücken von Adressat/innengruppen hin zu einer Programmlogik geprägt. Als zentralen Befund seiner Arbeit sieht er die UNESCO nicht als starken, sondern eher als getriebenen Akteur der Ansprüche ihres Umfeldes (ebd., 208).
Die von Kiuppis dargestellte Entwicklung, die vom „new thinking in special needs education" ihren Ausgang nahm, fand mit den „Guidelines for Inclusion" (UNESCO 2005) ihre inhaltlich konzeptionelle Fixierung und wurde mit den „Policy Guidelines on Inclusion in Education" (UNESCO 2009) in einen Empfehlungsrahmen für bildungspolitische Akteure transferiert. Diese Empfehlungen zielen auf einen Einstellungswandel, die Schaffung inklusiver Curricula, Veränderungen des Lernumfeldes und die Unterstützung zielgerichteter bildungspolitischer Aktivitäten in Bezug auf das gesamte Bildungssystem.
Kiuppis Arbeit ist von daher aufschlussreich, als sie hilft die konzeptionellen Schwierigkeiten und unterschiedlichen Definitionen von „inclusive education" mit den Einflüssen verschiedener Interessengruppen auf die Aktivitäten dieses globalen Akteurs zu verbinden und dadurch die nach wie vor unklaren Begriffsverwendungen in ihrer Genese zu verstehen.

Programmatische Entwürfe zur Schulreform

Die „Guidelines for Inclusion" der UNESCO nennen auch den in England entwickelten „Index for Inclusion" als Instrument zur Bildungsplanung (Booth/Ainscow 2002). Nicht nur aus diesem Grunde macht es Sinn, sich mit diesem Dokument näher zu beschäftigen. Er ist gleichzeitig auch als Instrument zu werten, Schule im Sinne des Ansatzes der Inklusion umzugestalten.
Der von Tony Booth und Mel Ainscow gemeinsam mit Lehrer/innengruppen in der 2. Hälfte der 1990er Jahre entwickelte „Index for Inclusion" wurde nach zweijähriger Erprobungsphase an verschiedenen Schulen im Jahre 2000 mit finanzieller Unterstützung des Bildungsministeriums an alle englischen Schulen der Grund- und Sekundarstufe versandt. Während im Lehrer/innenfortbildungsprogramm der

UNESCO die Veränderung der pädagogischen Arbeit der Klasse die Schule effektiver machen soll, richtet der „Index for Inclusion" sein Hauptaugenmerk auf die Organisationsentwicklung der Schule. Drei Bereiche stehen im Vordergrund: die Schaffung inklusiver Kulturen, die Etablierung inklusiver Strukturen und die Entwicklung inklusiver Praktiken. Diesen Bereichen sind weitere Unterpunkte mit verschiedenen Indikatoren zugeordnet, die jeweils mit einem eigenen Fragenkatalog erfasst werden können. Im Anhang dazu finden sich noch Fragebögen für die verschiedenen Gruppen, die in das schulische Geschehen involviert sind wie Lehrer/innen, Eltern und Schüler/innen. Der „Index for Inclusion" soll die jeweilige schulische Situation erfassen, um mit diesem Wissen ein Schulprogramm zu entwerfen, Prioritäten bei der Realisierung zu setzen und den Umgestaltungsprozess zu reflektieren. Diese vier Zyklen können auf jeder Stufe der Schulentwicklung wiederholt werden, so dass der Index auch als Instrument permanenter Qualitätssicherung und -kontrolle zu nutzen ist.

Neben dieser Fassung für die Schule gibt es inzwischen eine für den Vorschulbereich (Booth/Ainscow/Kingston 2004), die für die geänderte Bezugsgruppe adaptiert wurde, aber ansonsten die gleiche Systematik verfolgt. Beide Anleitungen wurden mittlerweile ins Deutsche übertragen. Es handelt sich dabei um keine exakten Übersetzungen, so dass sie für eine Verwendung im wissenschaftlichen Bereich weniger geeignet sind. Dies ist wohl auch nicht ihr Anspruch. Es geht hier eher um Anleitungen zur Organisationsentwicklung für im pädagogischen Bereich Tätige. Mit dieser Zielsetzung haben beide Papiere in den Kreisen reformorientierter Pädagog/innen inzwischen weite Verbreitung gefunden. Darüber hinaus gibt es mittlerweile einen kommunalen Index für Inklusion, der die gleichen Vorgehensweisen für die Gemeindeentwicklung nutzbar machen möchte (Montagstiftung Jugend und Gesellschaft 2012). Abgesehen von einer häufig genannten Praktizierung in der niederösterreichischen Gemeinde Wiener Neudorf, wurde dieses Modell inklusiver Kommunalentwicklung, im Unterschied zu den pädagogischen Ansätzen, bislang wenig umgesetzt.

Die Schulversion des „Index for Inclusion" wurde in zahlreiche Sprachen übersetzt und auch die Vorschulversion hat mittlerweile eine weite Verbreitung gefunden. Entsprechend zahlreich sind die Berichte, die sich über Literaturrecherchen finden lassen und es gibt auch für den deutschsprachigen Raum Darstellungen der gewonnenen Erfahrungen, insbesondere aus dem Bereich der Kindertageseinrichtungen und Grundschulen (z.B. in Boban/Hinz 2015).

Problemlagen und offene Fragen

Der recht weit gehende gesellschaftliche und politische Anspruch von „inclusion", der gleichermaßen die britischen Initiativen wie die programmatischen Entwürfe der UNESCO bestimmt, wird nicht überall geteilt. Die amerikanische Sonderpädagogik ist hier, soweit sich dies von Außenstehenden beurteilen lässt, sehr gespalten.

Entschiedene und einflussreiche Befürworter/innen von Modellen, die sehr nahe an den Positionen der UNESCO liegen, sind Lipsky/Gartner (1997) und Stainback/Stainback (1996). Es gibt auch einflussreiche entschiedene Vertreter/innen der ungeteilten Inklusion im Klassenzimmer, die ihre Position bereits in der ersten Hälfte der 1990er Jahren als „full inclusion" bezeichneten (Jülich 1996). Andererseits sind eher skeptische Positionen in der amerikanischen Sonderpädagogik tonangebend. Die Definition von „inclusion" in der amerikanischen „Encyclopedia of Special Education" liegt sehr viel näher an den alten traditionellen Modellen des „mainstreaming", wenn es heißt: „Inclusion refers to the placement of students who display one or more disabilities in age-appropriate general education classrooms together with needed accomodations and supports" (Arzola 2007, 1086). Nach einer Erörterung verschiedener Argumente für und gegen „inclusion" hält die Autorin fest, dass es verschiedene Sichtweisen auf die Thematik gäbe und möglicherweise Schüler/innen mit leichten Behinderungen am meisten von „inclusion" profitierten. Gegenwärtig sei vor allem Forschung und Evaluation zu Wirkungen verschiedener inklusiver Modelle auf Schüler/innen mit unterschiedlichen Leistungsfähigkeiten, Behinderungen und Störungen sowie deren Lehrer/innen und Mitschüler/innen angesagt.

Während die Forschungsaktivitäten britischer Vertreter/innen der „inclusive education" häufig auf Veränderungsprozesse der Schulen über Handlungsforschung („action research") hinzielen, häufen sich kritische Stimmen, die wesentliche Parameter des schulischen Geschehens vernachlässigt sehen. Die in den „Guidelines for Inclusion" der UNESCO (2005) unterstellte Steigerung der Effektivität des Bildungswesens bei gleichzeitiger Kostengerechtheit inklusiver Systeme wird nicht als nachgewiesen betrachtet, insbesondere da dies bisher noch nicht durch entsprechende empirische Untersuchungen belegt werden konnte. Verschiedentlich wird auch auf die Gefahr des Absinkens pädagogischer Qualität für Kinder mit Behinderungen hingewiesen, wenn in inklusiven Settings keine adäquaten Hilfesysteme installiert werden (Biewer 2005).

Auch wenn in der britischen und US-amerikanischen Pädagogik „inclusion" und „inclusive education" weitgehend synonym verwendet wurden und dabei die schulische Inklusion gemeint ist, liegt es nahe dieses Konzept auf die gesamte Lebensspanne des Menschen zu beziehen. Diese Entwicklung ist seit Jahren zu beobachten. Während die Ausweitung auf den Bereich der vorschulischen Bildung recht schnell erfolgte, findet sich mittlerweile zunehmend häufiger der Gebrauch in Bezug auf andere Lebensbereiche wie Wohnen, Arbeiten und Institutionen des öffentlichen Raumes (Theunissen 2007). Dabei ist häufig nicht ganz klar zu erkennen, worin der Unterschied zum Begriff der Partizipation (Teilhabe) besteht (siehe nachfolgende Ausführungen in diesem Kapitel). Aus der Begriffsgeschichte liegt bei Inklusion der Bezug zu Institutionen näher, während Teilhabe die weitere lebensbereichsbezogene Perspektive evoziert. Häufig sind solche Unterschiede im Sprachgebrauch nicht mehr zu erkennen und es entsteht der Eindruck einer synonymen Verwendung.

5.4 Menschen mit Behinderungen als Träger von Rechten

Dederich (2001, 212) unterscheidet drei Arten von Rechten, die von besonderer Relevanz für Menschen mit Behinderungen sind: liberale Freiheitsrechte (wie Schutz an Leib, Leben und Eigentum), politische Teilnahmerechte und soziale Wohlfahrtsrechte (siehe auch Kapitel 4).

Wer im Alltag von den Rechten behinderter Menschen spricht, denkt zumeist an Sonderrechte oder, im Sinne der obigen Unterteilung von Dederich, an „soziale Wohlfahrtsrechte“: die Freifahrtberechtigung in der Eisenbahn (eventuell auch für eine Begleitperson), den erhöhten Kündigungsschutz am Arbeitsplatz, den verbilligten Eintritt im Theater oder den freizugebenden Sitzplatz in öffentlichen Verkehrsmitteln. Die Bereitschaft, Menschen mit Behinderungen solche besonderen Rechte einzuräumen als Ausgleich für sonstige Benachteiligungen in allen Lebensbereichen, wird in den europäischen Ländern heute nicht mehr infrage gestellt.

Dabei spielen zwei verschiedene Argumentationsfiguren im Zusammenhang mit Gleichheit und Verschiedenheit eine Rolle. Gleiche Rechte werden für behinderte Menschen gefordert, gleichzeitig wird aber auch die besondere Problemlage gesehen, die mit den jeweiligen behinderungsbedingten Lebenserschwernissen zusammen hängt. Unter den Bedingungen vollständiger formaler Gleichheit haben behinderte Menschen möglicherweise das Nachsehen. Daher sind besondere Zuwendungen legitim, um gleiche Chancen überhaupt erst zu ermöglichen.

„Die Würde des Menschen ist unantastbar“. Mit diesen Worten beginnt in Artikel 1 des Grundgesetzes der Bundesrepublik Deutschland die Auflistung der Grundrechte. Es wurde damit ein grundlegendes ethisches Prinzip zur Grundlage der deutschen Verfassung gemacht (Antor 2003, 49). Auch die weiteren Menschenrechte leiten sich von der Menschenwürde ab. Während bei allen Rechten wie bei dem Recht auf Meinungsäußerung Ausnahmen denkbar sind, ist dies bei der Menschenwürde nicht der Fall. Die Menschenwürde ist eben unantastbar.

Im Zusammenhang mit der Menschenwürde gibt es eine Reihe von Fragestellungen, bei denen Freiheitsrechte mit der Menschenwürde kollidieren können. Die Forschung an abgetriebenen Föten ist solch ein Punkt, an dem die Forschungsfreiheit mit der Menschenwürde kollidieren kann (Neuer-Miebach 2003). Die Antwort auf die Problematik fällt ganz unterschiedlich aus.

Bei der Frage nach dem Ursprung der Menschenwürde, wird häufig auf die christliche Ethik verwiesen, bei den Menschenrechten auf die französische Revolution. Egal wo wir den Ursprung von Menschenwürde und Menschenrechten ansehen, so besteht doch mittlerweile ein weltweiter Konsens, dass es sich hier um schützenswerte Güter handelt, wie ja auch die Deklaration der Menschenrechte durch die Vereinten Nationen zum Ausdruck bringt. Aus der Würde des Menschen leiten sich Rechte ab, deren erstes das Recht auf Leben ist. Die Lebensrechtdiskussion im Zusammenhang mit Peter Singer macht deutlich, dass für behinderte Menschen auch dieses bedroht sein kann.

Die Argumentation mit den Menschenrechten spielt heute im Zusammenhang mit behinderten Menschen eine zunehmende Rolle, insbesondere wenn es um die Frage der Teilhabe am gesellschaftlichen Leben geht. Mit der Aufnahme des Diskriminierungsverbots ins deutsche Grundgesetz wurde dieser gesellschaftlichen Diskussion Rechnung getragen.

So heißt es dort in Artikel 3: „Niemand darf wegen seines Geschlechtes, seiner Abstammung, seiner Rasse, seiner Sprache, seiner Heimat und Herkunft, seines Glaubens, seiner religiösen oder politischen Anschauungen benachteiligt oder bevorzugt werden." Dann kommt folgender Nachsatz: „Niemand darf wegen seiner Behinderung benachteiligt werden."

Bezüglich der gesetzlichen Festschreibung von Diskriminierungsverboten aufgrund von Behinderungen können die USA bereits auf eine längere Tradition als die europäischen Staaten zurückblicken. Bereits 1973 wurde im US-Rehabilitationsgesetz Trägern öffentlich finanzierter Programme die Zurückweisung von Menschen aufgrund einer Behinderung untersagt (Bickenbach 2001, 569). Der „Americans with Disabilities Act" von 1990 brachte ein Verbot der Diskriminierung behinderter Menschen im Arbeitsleben, bei öffentlichen Dienstleistungen, im Transportwesen und bei Kommunikationsdienstleistungen.

Gleichbehandlung und Gleichstellung

Bei der Frage nach den Rechten behinderter Menschen sollten zwei Sachverhalte begrifflich getrennt werden, die häufig nicht unterschieden werden, nämlich die Unterscheidung zwischen Gleich*behandlung* und Gleich*stellung*. Wenn für alle formal gleiche Regeln eingehalten werden, können wir von einer Gleichbehandlung sprechen. Aufgrund unterschiedlicher Voraussetzungen haben Menschen unter solchen Bedingungen aber unterschiedliche Chancen.

Im Zusammenhang mit der Diskussion über gemeinsamen Unterricht von Kindern mit und ohne Behinderungen wurde dieser Sachverhalt verschiedentlich über eine Fabel wiedergegeben: Die Tiere veranstalteten einen Kletterwettbewerb. Teilnehmer waren Wolf, Katze, Eichhörnchen und Schlange. Sieger war, wer als erster den Baumgipfel erreichte. Alle hatten den gleichen Abstand zum Baum und durften zur gleichen Zeit starten.

Wie dieser Wettbewerb unter den Bedingungen formal gleicher Regeln enden musste, konnte sich jeder ausmalen, bevor er begonnen hatte. Unter den Bedingungen der *Gleichbehandlung* hatten im vorigen Beispiel einige deutliche Vorteile, andere große Nachteile. Die Idee der *Gleichstellung* geht über Gleichbehandlung hinaus. Es werden die unterschiedlichen Voraussetzungen realisiert. Bezogen auf das obige Beispiel könnten Aufgaben, Hilfestellungen und Schwierigkeitsgrade variiert werden. Im realen Leben der Menschen sind individuell angepasste Dienstleistungen denkbar. Sie könnten einen gleichen Grad an Lebensqualität für behinderte Menschen anvisieren, wie er für nichtbehinderte selbstverständlich ist. Dies wäre nicht Gleichbehandlung, sondern Gleichstellung.

Verschiedene europäische Länder haben in den letzten Jahren Gleichstellungsgesetze beschlossen. Auf der Ebene des Bundes erfolgte dies in Deutschland im Jahre 2002, verschiedene Gleichstellungsgesetze der deutschen Bundesländer folgten. Barrierefreiheit öffentlicher Räume, ein Verbandsklagerecht gegen Diskriminierungen, die Anerkennung der Gebärdensprache und die besondere Berücksichtigung der Belange behinderter Frauen stellen wesentliche Aspekte des Bundesgleichstellungsgesetzes dar. In der Schweiz gilt seit dem 1. Januar 2004 ebenfalls ein Gleichstellungsgesetz. Österreich beschloss im Jahre 2005 ein Bundes-Behindertengleichstellungsgesetz, das am 1.1. 2006 in Kraft trat. Dieses enthält zwar ein Diskriminierungsverbot, von den Interessenverbänden behinderter Menschen wurde aber das Fehlen wichtiger Inhalte kritisiert. Die Barrierefreiheit öffentlicher Räume ist eine der Zielsetzungen dieses Gesetzes. Es birgt auch eine Beschwerdemöglichkeit gegen Barrieren, aber keinen Rechtsanspruch auf Herstellung von Barrierefreiheit. Die Zulassung von Klagen ist sehr begrenzt und kann erst nach vorausgegangenem Mediationsverfahren erfolgen.

Menschenrechte, Rechte behinderter Menschen und UN-BRK

Das Nachdenken über die Rechte behinderter Menschen ist auf dem Hintergrund von Diskussionen über Gesetzgebungsprojekte in vielen europäischen Ländern hochaktuell. Dies steht auch im Einklang mit neueren Diskussionen, welche die Frage nach den Rechten behinderter Menschen in den Kontext der Menschenrechtsdiskussion stellen. Damit geraten Freiheitsrechte besonders in den Blick und freiheitsbeschränkende Maßnahmen werden zu einem Problem.

Seit einigen Jahren gibt es Diskussionen über die Rechte von Menschen mit Behinderung als Teil der Debatte über die Menschenrechte. Neben der langen philosophischen Tradition der Freiheitsrechte in der Aufklärung und der französischen Revolution, ist in diesem Zusammenhang auch ein jüngeres internationales Dokument von besonderer Bedeutung.

Am 10. Dezember 1948 beschloss die Generalversammlung der Vereinten Nationen die Allgemeine Erklärung der Menschenrechte, bestehend aus insgesamt 30 Artikeln. Darin enthalten waren einige Passagen, auf die in aktuellen Diskussionen über die Rechte behinderter Menschen wieder Bezug genommen wird.

Auswahl von Artikeln aus der UN-Erklärung der Menschenrechte aus dem Jahre 1948:

Artikel 1: „Alle Menschen sind frei und gleich an Würde und Rechten geboren."

Artikel 6.: „Jeder hat das Recht, überall als rechtsfähig anerkannt zu werden."

Artikel 7: „Alle haben Anspruch auf gleichen Schutz gegen jede Diskriminierung."

Artikel 8: „Jeder hat Anspruch auf einen wirksamen Rechtsbehelf bei den zuständigen innerstaatlichen Gerichten gegen Handlungen, durch die seine ihm nach der Verfassung oder nach dem Gesetz zustehenden Grundrechte verletzt werden."

Artikel 12: „Niemand darf willkürlichen Eingriffen in sein Privatleben, seine Familie, seine Wohnung und seinen Schriftverkehr oder Beeinträchtigungen seiner Ehre und seines Rufes ausgesetzt werden. Jeder hat Anspruch auf rechtlichen Schutz gegen solche Eingriffe oder Beeinträchtigungen."

Artikel 16: „Heiratsfähige Männer und Frauen haben ohne jede Beschränkung auf Grund der Rasse, der Staatsangehörigkeit oder der Religion das Recht, zu heiraten und eine Familie zu gründen."
Artikel 23: „Jeder hat das Recht auf Arbeit, auf freie Berufswahl, auf gerechte und befriedigende Arbeitsbedingungen sowie auf Schutz vor Arbeitslosigkeit."
Artikel 25: „Jeder hat das Recht auf einen Lebensstandard, der seine und seiner Familie Gesundheit und Wohl gewährleistet, einschließlich Nahrung, Kleidung, Wohnung, ärztliche Versorgung und notwendige soziale Leistungen ..."
Artikel 26: „Jeder hat das Recht auf Bildung. ... Die Eltern haben ein vorrangiges Recht, die Art der Bildung zu wählen, die ihren Kindern zuteil werden soll."
Artikel 27: „Jeder hat das Recht, am kulturellen Leben der Gemeinschaft frei teilzunehmen."

Ergänzend hierzu wurde 1971 die Deklaration der Rechte geistig behinderter Menschen verabschiedet und 1975 die Deklaration der Rechte behinderter Menschen, beides allerdings Erklärungen, die für die Vertragsstaaten nicht bindend sind.
Am 20.12.1993 verabschiedeten die Vereinten Nationen die Rahmenrichtlinien für die Herstellung von Chancengleichheit behinderter Menschen („UN Standard Rules on Equalization of Opportunities for Persons with Disabilities"), die gleiche Lebenschancen für Menschen mit Behinderungen einforderten. Auf dieses Dokument wurde in Kapitel 3 im Zusammenhang mit dem Rehabilitationsbegriff bereits hingewiesen. Diese „UN Standard Rules" sind im Unterschied zu den Deklarationen von 1971 und 1975 ebenso für die Vertragsstaaten bindend wie die 1989 beschlossene Internationale Konvention über die Rechte des Kindes. Letztere wendet sich in Artikel 2 auch gegen Diskriminierungen von Kindern aufgrund einer Behinderung (Al Asiri u.a. 2001).
Nach mehreren vorherigen vergeblichen Anläufen haben die Vereinten Nationen im Jahre 2001 auf Antrag Mexikos beschlossen, eine Konvention über den Schutz und die Förderung der Rechte und der Würde von Menschen mit Behinderungen zu erarbeiten. Das Resultat dieses Prozesses wurde nach einem langen internationalen Diskussionsprozess am 13. Dezember 2006 der Generalversammlung der Vereinten Nationen unter dem Namen „Convention on the Rights of Persons with Disabilities" vorgelegt und beschlossen. Seit dem 30. März 2007 kann sie von den Mitgliedsstaaten der Vereinten Nationen unterschrieben werden. Dieser Schritt wurde am ersten Tag bereits von 88 Staaten vollzogen. Auch diese Konvention ist für die Vertragsstaaten bindend, sofern sie von den unterzeichnenden Ländern auch ratifiziert wird. Da sich im Diskussionsprozess der Konvention unterschiedliche Vorstellungen zwischen den beteiligten Ländern über den Umfang der Regelungen zur Kontrolle und Kommunikation herauskristallisierten, gab es eine Trennung in die eigentliche Konvention und ein Fakultativprotokoll („optional protocol"), das auch Verfahrensregeln bei Beanstandungen umfasst. Während die Unterzeichnung der Konvention lediglich eine Willenserklärung zur Einhaltung der genann-

ten Normen darstellt, ist die Ratifizierung die Übernahme in nationales Recht. Im Falle des Fakultativprotokolls ist es ähnlich: erst die Ratifizierung bringt die volle rechtliche Verbindlichkeit. Es gibt also 4 Stufen der Verbindlichkeit der UN-BRK:

1. Die Unterzeichnung der Konvention
2. Die Ratifizierung der Konvention
3. Die Unterzeichnung des Fakultativprotokolls
4. Die Ratifizierung des Fakultativprotokolls

Ende 2016 stellte sich die Situation wie folgt dar: die große Mehrheit der Staaten weltweit hat die UN-Behindertenrechtskonvention ratifiziert und die meisten davon haben sich auch dem Kontrollprozess über die Ratifizierung des Fakultativprotokolls unterworfen. Auffallend ist, dass die Anzahl der Ratifizierungen der Konvention nicht mehr geringer ist, als die der Unterzeichnerstaaten und dass die der Unterzeichnungen und der Ratifizierungen beim Fakultativprotokoll gleich ist. Damit haben alle Unterzeichnerstaaten sich dazu bekannt, die Inhalte der Konvention auch in nationales Recht zu übernehmen. Auffallend ist aber auch, dass das Fakultativprotokoll nur von rund 60% der Unterzeichnerstaaten übernommen wurde. Dies bedeutet, dass mehr als ein Drittel der Länder sich den internationalen Kontrollmechanismen, wie etwa der Überprüfung der Umsetzung der Konvention, nicht unterwerfen.

Tab. 5.5: Übernahme der UN-BRK Ende 2016 (Quelle: https://www.un.org/development/desa/disabilities/convention-on-the-rights-of-persons-with-disabilities.html)

Unterzeichnungen der Konvention	160
Ratifizierungen der Konvention	172
Unterzeichnungen des Fakultativprotokolls	92
Ratifizierungen des Fakultativprotokolls	92

Welches sind die Inhalte der Konvention über die Rechte von Menschen mit Behinderungen? Das umfangreiche Dokument umfasst insgesamt 50 Artikel, die Aussagen treffen zu Punkten wie Gleichheit und Nicht-Diskriminierung (Art. 5), Frauen und Kindern mit Behinderungen (Art. 6 und 7), Barrierefreiheit (Art. 9), Freiheit von Ausbeutung, Gewalt und Missbrauch (Art. 16), Selbständiges Leben und Inklusion in der Gemeinschaft (Art. 19), Bildung (Art. 24), Gesundheit, Rehabilitation und Arbeit (Art. 25, 26 und 27), angemessener Lebensstandard und sozialer Schutz (Art. 28), Teilhabe am politischen und öffentlichen Leben (Art. 29) sowie Teilhabe an Kultur, Erholung und Sport (Art. 30), um nur die für unser Fachgebiet vielleicht wichtigsten zu nennen. Artikel 3 (allgemeine Prinzipien) bezieht sich auf alle angesprochenen Bereiche.

Ausschnitte aus der „Convention on the Rights of Persons with Disabilities“:

Article 3
General principles
The principles of the present Convention shall be:

a. Respect for inherent dignity, individual autonomy including the freedom to make one's own choices, and independence of persons;
b. Non-discrimination;
c. Full and effective participation and inclusion in society;
d. Respect for difference and acceptance of persons with disabilities as part of human diversity and humanity;
e. Equality of opportunity;
f. Accessibility;
g. Equality between men and women;
h. Respect for the evolving capacities of children with disabilities and respect for the right of children with disabilities to preserve their identities.

(Quelle: http://www.un.org.disabilities/)

Da Artikel 3 die allgemeinen Prinzipien der Konvention beinhaltet, hat er überragende Bedeutung, auch für die weiteren Inhalte. Die hier genannten Aussagen sind für alle weiteren Aussagen der UN-BRK zu berücksichtigen.

Eine staatlich akkordierte Übersetzung für die deutschsprachigen Länder wurde 2008 vorgelegt. Viele Begriffsübertragungen waren wegen den damit verbundenen sozial- und bildungspolitischen Implikationen von Anfang an strittig, so dass eine „Schattenübersetzung“ der Vertretungsorganisationen behinderter Menschen vorgelegt wurde. Die deutschsprachige Version von 2008 übersetzte „inclusion“ mit „Integration“, „accessability“ mit „Zugänglichkeit“, „independence“ mit „Unabhängigkeit“ und „assistance“ mit „Hilfe“.

Der deutschsprachigen Übersetzung wurde in den nachfolgenden Jahren von Selbstvertretungsorganisationen behinderter Menschen vorgeworfen, die Normen der Konvention abzuschwächen, um Forderung nach Veränderungen des Bildungssystems und der sozialen Hilfesysteme nicht einleiten zu müssen. Anlässlich der Staatenprüfung Österreichs vor dem Ausschuss in Genf im Jahre 2013 wurde diese Übersetzung vom Ausschuss kritisiert und Österreich erhielt die Auflage vorhandene Falschübersetzungen, die den Zielsetzungen der Konvention zuwiderlaufen, zu korrigieren. Als Konsequenz überarbeitete Österreich den Text und legte eine korrigierte Fassung vor, die am 15. Juni 2016 im österreichischen Bundesgesetzblatt veröffentlicht wurde. In dieser korrigierten Fassung wurde „inclusion“ mit „Inklusion“, „accessibility“ mit „Barrierefreiheit“, „independence“ mit „Selbstbestimmung“ und „assistance“ mit „Assistenz“ übersetzt. Dieser Alleingang Österreichs erfolgte, nachdem es dem österreichischen Außenministerium nicht gelang, Deutschland und die Schweiz zu einer gemeinsamen korrigierten Übersetzung zu bewegen. Über die Gründe kann spekuliert werden: so wurde in öffentlichen Diskussionen die Vermutung geäußert, die klarere Akzentuierung der Behindertenpolitik auf Inklusion,

Barrierefreiheit, Selbstbestimmung und Assistenz sei wegen der rechtlichen und finanziellen Implikationen nicht erwünscht.

> **Artikel 24 Bildung (Ausschnitte)**
>
> (1) Die Vertragsstaaten anerkennen das Recht von Menschen mit Behinderungen auf Bildung. Um dieses Recht ohne Diskriminierung und auf der Grundlage der Chancengleichheit zu verwirklichen, gewährleisten die Vertragsstaaten ein inklusives Bildungssystem auf allen Ebenen […]
>
> (2) Bei der Verwirklichung dieses Rechts stellen die Vertragsstaaten sicher, dass […]
> b) Menschen mit Behinderungen gleichberechtigt mit anderen in der Gemeinschaft, in der sie leben, Zugang zu einem inklusiven, hochwertigen und unentgeltlichen Unterricht an Grundschulen und weiterführenden Schulen haben; […]
> c) angemessene Vorkehrungen für die Bedürfnisse des Einzelnen getroffen werden;
> e) in Übereinstimmung mit dem Ziel der vollständigen Inklusion wirksame individuell angepasste Unterstützungsmaßnahmen in einem Umfeld, das die bestmögliche schulische und soziale Entwicklung gestattet, angeboten werden.
>
> (3) Die Vertragsstaaten ermöglichen Menschen mit Behinderungen, lebenspraktische Fertigkeiten und soziale Kompetenzen zu erwerben, um ihre volle Teilhabe gleichberechtigt mit anderen an der Bildung und als Mitglieder der Gemeinschaft zu erleichtern. Zu diesem Zweck […]
> a) erleichtern sie das Erlernen von Brailleschrift, alternativer Schrift, ergänzenden und alternativen Formen, Mitteln und Formaten der Kommunikation, den Erwerb von Orientierungs- und Mobilitätsfertigkeiten sowie die Unterstützung durch andere Menschen mit Behinderungen und das Mentoring;
> b) erleichtern sie das Erlernen der Gebärdensprache und die Förderung der sprachlichen Identität der Gehörlosengemeinschaft;
> c) stellen sie sicher, dass blinden, gehörlosen, schwerhörigen, hörsehbehinderten oder taubblinden Menschen, insbesondere Kindern, Bildung in den Sprachen und Kommunikationsformen und mit den Kommunikationsmitteln, die für den Einzelnen am besten geeignet sind, sowie in einem Umfeld vermittelt wird, das die bestmögliche schulische und soziale Entwicklung gestattet. […]
>
> (4) Um zur Verwirklichung dieses Rechts beizutragen, treffen die Vertragsstaaten geeignete Maßnahmen zur Einstellung von Lehrkräften, einschließlich solcher mit Behinderungen, die in Gebärdensprache oder Brailleschrift ausgebildet sind, und zur Schulung von Fachkräften sowie Mitarbeitern und Mitarbeiterinnen auf allen Ebenen des Bildungswesens. […]
>
> (5) Die Vertragsstaaten stellen sicher, dass Menschen mit Behinderungen ohne Diskriminierung und gleichberechtigt mit anderen Zugang zu allgemeiner tertiärer Bildung, Berufsausbildung, Erwachsenenbildung und lebenslangem Lernen haben.
>
> Text aus: Bundesgesetzblatt für die Republik Österreich 2016 III

Für Angelegenheiten von Bildung und Erziehung ist der Artikel 24 von überragender Bedeutung. Der obige Text gibt Ausschnitte aus der 2016 von Österreich korrigierten amtlichen Übersetzung wieder. Dort steht, die beteiligten Staaten sollen ein inklusives Bildungssystem gewährleisten sowie lebenslanges Lernen (in der englischen

Ausgangsfassung: „States Parties shall ensure an inclusive education system at all levels and lifelong learning"). Absatz 2 desselben Artikel legt fest, dass inklusive Bildung in der Primar- und Sekundarstufe des Schulwesens in derjenigen Wohngemeinde erfolgen soll, in der behinderte Kinder gemeinsam mit den Alterskamerad/innen leben und dass sie in ihrer Schule die notwendige Unterstützung erhalten.
Die Propagierung eines inklusiven Bildungssystems im Sinne der BRK läuft in der Konsequenz auf die Abschaffung eines eigenen Sonderschulsystems hinaus. Gelegentlich wird die Behindertenrechtskonvention so interpretiert, dass in ihr primär eine Forderung zur Abschaffung der Sonderschulen gesehen wird. Diese Interpretation ist verkürzt und damit auch teilweise unzutreffend. Die Konvention sieht ihre institutionellen Adressaten weniger in den Sonderschulen, die sich auflösen, als im Regelschulwesen, das sich hin zur Realisierung inklusiver Prinzipien verändern soll.
Absatz 3 von Artikel 24 geht insbesondere auf die Rechte gehörloser und blinder Menschen ein. Auch angesichts der Forderung nach einem inklusiven Bildungswesen wurde das Recht gehörloser Menschen auf Kommunikation und Unterricht in Gebärdensprache betont. Auch als Folge der Aktivitäten der Vertreter/innen gehörloser Menschen in der Erarbeitungsphase der Konvention formuliert die endgültige Fassung der BRK ein Menschenrecht auf inklusive Bildung, aber unter Berücksichtigung der Bedürfnisse von Menschen mit Sinnesbehinderungen (Degener 2009, 214f). Für blinde, gehörlose und taubblinde Kinder wird hier die Bereitstellung der geeigneten Kommunikationsformen nochmals betont. Brailleschrift, Gebärdensprache und alternative Kommunikationsformen sollen daher ihren Platz im Unterricht sinnesgeschädigter Kinder haben.
Absatz 4 fordert die Einstellung auch behinderter Lehrkräfte, insbesondere blinder und gehörloser Lehrer/innen. Auch hier ist das Wirken der Vertretungsgruppen behinderter Menschen festzustellen, welche Brailleschrift auch über blinde und Gebärdensprache über gehörlose Lehrer/innen übermittelt sehen wollen. Es wird in diesem Absatz aber auch klar gestellt, dass Gebärdensprache und Brailleschrift Gegenstand der Lehrer/innenbildung sein sollen und dass entsprechende Fachkräfte für den Lehrberuf auszubilden sind.
Der letzte Absatz plädiert für den gleichberechtigten Zugang zu tertiärer Bildung, Berufsausbildung und lebenslangem Lernen. Auch Ländern, deren Schulsysteme weitgehend inklusiv sind, fehlen geeignete Zugangsmöglichkeiten von der Schule zum regulären Arbeitsmarkt. Auch im Bereich lebenslangen Lernens und der Erwachsenenbildung ist ein gleichberechtigter Zugang ohne Diskriminierung kaum gegeben.

Die Lebenssituation von Menschen mit Behinderung vor dem Hintergrund der Menschenrechtsdebatte

Die Diskussionen um die UN-Konvention und die nachfolgende Beschlussfassung auf internationalem Parkett haben eines zweifellos bewirkt: Die Lebenssituation von Menschen mit Behinderungen wird unter der Perspektive des Diskriminierungs-

verbots für alle Lebensbereiche kritisch analysiert und die rechtlichen Regelungen in einzelnen Ländern wie auch die tatsächlichen Lebensbedingungen behinderter Menschen werden immer häufiger auf ihre Vereinbarkeit mit den Erklärungen der Völkergemeinschaft befragt.
Die Ergebnisse sind zumeist eher ernüchternd. So ist die Arbeitslosenquote von behinderten Menschen in allen Staaten signifikant höher als im Bevölkerungsdurchschnitt. Vielerorts besteht kaum Zugang zu bezahlter Erwerbsarbeit. Weltweit haben Kinder mit Behinderungen in ihrer Mehrzahl keinen Zugang zu Angeboten formaler Bildung. Nichtregierungsorganisationen registrierten in den letzten Jahren eine Vielzahl eklatanter Menschenrechtsverletzungen, nicht nur in Entwicklungsländern.
Auch entwickelte Länder, die Gleichbehandlung oder auch die Gleichstellung behinderter Menschen propagieren, müssen sich kritische Fragen nach der Qualität ihrer Angebote gefallen lassen. Teure Sondereinrichtungen für Menschen mit Behinderungen in hoch entwickelten Ländern sehen sich mit dem Vorwurf konfrontiert, dass hier Aussonderung finanziert wird, die die Betroffenen nur deswegen akzeptieren, weil die gebotene Alternative nicht Inklusion, sondern der Ausschluss aus wichtigen Lebensbereichen wie Arbeit und Bildung ist.
Neben ethnischen und religiösen Minderheiten, alten Menschen, Menschen mit abweichender sexueller Orientierung und weiteren gesellschaftlichen Gruppen werden Menschen mit Behinderungen als Minorität betrachtet, die potenzielle Opfer von Diskriminierungen sein können. Den Diskussionen auf der Ebene der Vereinten Nationen, deren Resultate die UN-Behindertenrechtskonvention fixiert hat, gingen bereits Beschlüsse auf gesamteuropäischer wie auf der Ebene der europäischen Nationalstaaten voraus.
Die Verankerung des Benachteiligungsverbots in der Verfassung in Deutschland (1994) und gleichlautend in Österreich entspricht der Entwicklung auf europäischer Ebene. Auch in der Erklärung von Madrid zum europäischen Jahr der Menschen mit Behinderungen im Jahre 2003 wurden die Rechte von Menschen mit Behinderungen in den Kontext der Menschenrechtsthematik gestellt.
In den vergangenen Jahren findet sich die Argumentation mit den Rechten behinderter Menschen zunehmend in Dokumenten internationaler Organisationen und Institutionen wie der UNESCO, der Internationalen Arbeitsorganisation (ILO), der Organisation für wirtschaftliche Zusammenarbeit und Entwicklung (OECD) und der Weltbank.

5.5 Partizipation, Selbstbestimmung und Empowerment

Partizipation, Selbstbestimmung und Empowerment sind begriffliche Zugänge zur Lebenssituation von Menschen mit Behinderung, welche von deren Rechten ihren Ausgang nehmen und entsprechende Bewertungs- und Handlungsperspektiven implizieren. Trotz der engen thematischen Verbindung empfiehlt es sich aus systematischen Gründen diese Konzepte getrennt zu betrachten.

Partizipation

Eng verbunden mit der Frage nach den Rechten behinderter Menschen ist auch die Frage nach der Partizipation in den verschiedenen Lebensbereichen. Im Deutschen wird inzwischen der Begriff „Teilhabe" häufig synonym verwendet (Wacker/Bundesvereinigung Lebenshilfe 2005). Dies steht auch im Einklang mit der Ableitung des Wortes aus dem lateinischen „participium" im Sinne von „Anteil haben" oder „beteiligt sein" (Kluge 1999, 615).

In Kapitel 2 haben wir die Anwendung des Begriffs der Partizipation zur Klassifizierung von Behinderungen kennengelernt. Auch die ICF betrachtet Partizipation im Zusammenhang mit den Rechten behinderter Menschen. In der Einführung findet sich unter dem Abschnitt „Ziele der ICF" der Hinweis, dass sich die ICF auf die „UN Standard Rules on the Equalization of Opportunities for Persons with Disabilities" beziehe und diese Rahmenbestimmungen auch als Teil ihres eigenen Zugangs betrachte. In der Folge sieht sich die ICF auch als „ein geeignetes Instrument für die Umsetzung internationaler Aufträge bezüglich der erklärten Menschenrechte" (DIMDI/WHO 2005, 7). In Kapitel 9 der Klassifikation der Aktivitäten und Partizipation werden Menschenrechte mit dem Code „d940" eigens benannt. In der Beschreibung dieses Codes finden sich dann wieder explizite Bezugnahmen auf die Menschenrechtsdeklaration von 1948 und die UN Standard Rules von 1993 (ebd., 216). Im Anhang wird dann auch ein politischer Anspruch formuliert: „Die WHO wird sich weiterhin dafür einsetzen, dass Menschen mit Behinderungen durch die Klassifikation und die Beurteilung ermächtigt statt ihrer Rechte beraubt und diskriminiert werden" (ebd., 311).

Der Begriff der Partizipation hat in diesem Dokument eine zentrale Rolle gewonnen. Unter Partizipation im Sinne der ICF ist die Einbezogenheit in Lebensbereiche und Lebenssituationen zu verstehen. Behinderung ist, was ihren gesellschaftlichen Aspekt betrifft, eine Einschränkung der Teilhabe (= participation restriction).

Mit der Bezeichnung einzelner Domänen wird das Partizipationskonzept auch inhaltlich aufgeschlüsselt. Partizipation oder Teilhabe im Sinne der ICF kann sich auf die verschiedensten Lebensbereiche beziehen: Partizipation an der persönlichen Selbstversorgung, an Mobilität, am Informationsaustausch, an sozialen Beziehungen, am häuslichen Leben und an der Hilfe für andere, an Bildung und Ausbildung, an Erwerbsarbeit und Beschäftigung, am Wirtschaftsleben sowie Partizipation an der Gemeinschaft, am sozialen und am staatsbürgerlichen Leben.

Im Anhang 5 weist die WHO auf die Chancen hin, die sich mit der ICF ergeben, um für einen Ausbau der Rechte und die Erweiterung der Partizipationsmöglichkeiten hinzuarbeiten:

> „Das Eintreten für Behindertenrechte kann auch durch die Verwendung der ICF gestärkt werden. Das wichtigste Ziel dieses Engagements ist die Identifikation von Maßnahmen, welche das Maß an sozialer Partizipation [Teilhabe] von Menschen mit Behinderungen erhöhen können. Die ICF kann hier helfen, das Hauptproblem zu identifizieren, sei es nun die Umwelt durch ihre Barrieren oder fehlende Förderfaktoren, die eingeschränkte Leistungsfähigkeit des Individuums selber oder eine Kombination verschiedener Faktoren. Dank dieser Klärung können Maßnahmen gezielter eingesetzt und ihre Auswirkungen auf das Maß an Partizipation [Teilhabe] verfolgt und gemessen werden. So können konkrete, messbare Ziele erreicht und die langfristigen Zielsetzungen der Behindertenfürsprecher unterstützt werden". (DIMDI/WHO 2005, 311f)

In diesem Vorschlag wird die politische Dimension von Partizipation besonders hervorgehoben, die auch eine Rezeption des Partizipationsbegriffs für die Heilpädagogik aufgreifen sollte. Daher sind auch sozialwissenschaftliche Bestimmungen des Begriffs von Interesse. Hillmann (1994, 654) nennt in seinem „Wörterbuch der Soziologie" zwei verschiedene Bedeutungen von Partizipation. Es sei einmal die Beteiligung an und die Identifikation mit Institutionen, Werten und sozial relevanten Kräften. Partizipation könne aber auch als engagiertes und sich in praktisch-politischer Arbeit manifestierendes Beteiligen an demokratischen Prozessen und Strukturen verstanden werden. Die Überschneidung dieser stark politisch gefassten Deutung des Partizipationsbegriffes zum lebensbereichsbezogenen Partizipationsbegriff der ICF ist eher gering. Die verschiedenen Bereiche des täglichen Lebens, bezüglich deren Teilhabe die ICF fragt, befinden sich außerhalb dieses soziologischen und politischen Partizipationsverständnisses. Lediglich bei der Beteiligung an Institutionen findet sich eine Schnittmenge.

Das Partizipationsverständnis, das wir in pädagogischen Arbeiten der letzten Jahre finden, entspricht eher dem lebensbereichsbezogenen Partizipationsbegriff der ICF, weniger den institutionellen Deutungen der Politik- und Gesellschaftswissenschaften. Obwohl Partizipation in pädagogischen Zusammenhängen zunehmend häufiger verwendet wird, fehlt eine begriffliche Herleitung und Begründung, die unterschiedlichen Wurzeln herausarbeitet und auf ihre Konsequenzen für die fachliche Arbeit befragt. In den letzten Jahren findet sich ein fast schon inflationärer Gebrauch, der möglicherweise mit der Verwendung des Teilhabe-Begriffs im deutschen Sozialrecht im Zusammenhang steht, welcher seinerseits starke Anlehnungen aus der Erarbeitungsphase der ICF erhalten hat. Dabei bleibt das inhaltliche Verständnis bemerkenswert unreflektiert. Die zunehmend häufigere Verwendung steht im Gegensatz zum fast völligen Fehlen in einschlägigen Wörter- und Lehrbüchern der Pädagogik und ihrer Subdisziplinen, was einen deutlichen Indikator für ein Theoriedefizit in diesem Bereich darstellt.

Inhaltliche Überlegungen zur heilpädagogischen Fassung finden sich eher fragmentarisch. Interessant sind auch Überlegungen bei Rohrmann (2005), die politische und heilpädagogische Tradition von Teilhabe miteinander zu verknüpfen. Er greift

dazu auf das Werk Edouard Séguins zurück, bei dem er im 19. Jahrhundert diese Verbindung bereits sieht.
Nicht selten wird Teilhabe auch synonym mit Inklusion verwendet, wobei diese Gleichsetzung Probleme aufwirft. Die Geschichte des pädagogischen Begriffs von Inklusion ist eng mit institutionellen Entwicklungen, insbesondere der Schule, verbunden. Partizipation bezieht sich gleichermaßen auf nichtinstitutionelle Bereiche von Lebenserfahrungen.
Speziell in der soziologisch orientierten Literatur findet sich aber ein Inklusionsbegriff mit einem anderen Bedeutungsgehalt. Dies trifft auch auf die Dissertation von Gudrun Wansing (2005) zu, welche fachlich der Soziologie bei Behinderung zugeordnet ist und das Verhältnis von Inklusion und Teilhabe reflektiert. Ausgehend von der Unterscheidung zwischen Inklusion und Exklusion bei Niklas Luhmann, beschreibt sie Inklusionsbedingungen und Exklusionsrisiken der funktional differenzierten modernen Gesellschaft. Behinderung ist eines dieser Exklusionsrisiken. In der Einleitung ihres Buches beschreibt sie die Problemlage, die sich mit dem Begriff der Teilhabe stellt:

> „Wenngleich also die Zielperspektive Teilhabe an der Gesellschaft insgesamt auf einen breiten Konsens stößt – sowohl in Rehabilitationspolitik, -recht und -wissenschaften als auch bei Menschen mit Behinderung selbst –, steht eine konzeptionelle Grundlegung noch aus; dies betrifft ihre theoretische Fundierung ebenso wie ihre empirische Ausgestaltung. Damit unterliegt der Begriff der Teilhabe wie andere Leitbegriffe zuvor (Normalisierung, Selbstbestimmung) auch der Gefahr, vage und unspezifisch interpretiert zu werden und damit an Wirkkraft zu verlieren." (ebd., 17).

Der Teilhabe-Begriff, der in die Planungen sozialer Dienste einfließt, orientiert sich sehr eng am Partizipations-Verständnis der WHO und seiner inhaltlichen Ausdifferenzierung in der ICF. Aufschlussreich ist hierzu ein Beitrag von Wacker, Wansing und Hölscher (2003a) in der Zeitschrift „Geistige Behinderung". Die Autorinnen sprechen von einem Perspektivenwechsel in der Behindertenhilfe mit den Veränderungen durch die ICF und das SGB IX als Ausgangspunkt im Jahre 2001. Im Rehabilitationsprozess stehe das neue Ziel der Teilhabe im Widerspruch zum alten Ziel der Anpassung (ebd., 112). Im alten System der Gleichbehandlung sei es zu Anpassungen der Klient/innen an die bestehenden Angebote und damit auch zu partiellen Überversorgungen einzelner gekommen. Auf der anderen Seite seien vorhandene und verfügbare Ressourcen nicht angesprochen, oder für die bestehenden Unterstützungszusammenhänge als unbedeutend oder gar als hinderlich betrachtet worden. Ausgehend von vorliegenden Studien zur Lebensqualität plädieren die Autorinnen für Hilfen, die den jeweiligen Bedarfen und Bedürfnissen der unterstützten Personen angepasst sind (ebd., 115). Für die Systeme der Behindertenhilfe bedeute dies ein Abrücken von anbieterorientierter pauschaler Versorgung und eine Hinwendung zu ziel- und passgenauen individuellen Unterstützungsangeboten (Wacker/Wansing/Hölscher 2003b, 198). Angepasste Konzepte hierfür ergeben sich über Modelle des persönlichen Budgets. Nach einem von den Autorinnen entwickelten Ansatz ist die Bedarfsermittlung „weniger auf seelische, körperliche oder geistige (Funktions-)Beeinträchtigung gerichtet, sondern vor allem auf Barrieren der Partizipation in der näheren und weiteren Umwelt, welche es durch passende Unterstützung zu beseitigen gilt" (Wacker/Wansing/Hölscher 2003c, 211). Die Methoden der Bedarfsermittlung orientieren sich sehr eng an den Partizipationsbereichen der ICF, wie Abbildung 5.4 zu entnehmen ist.

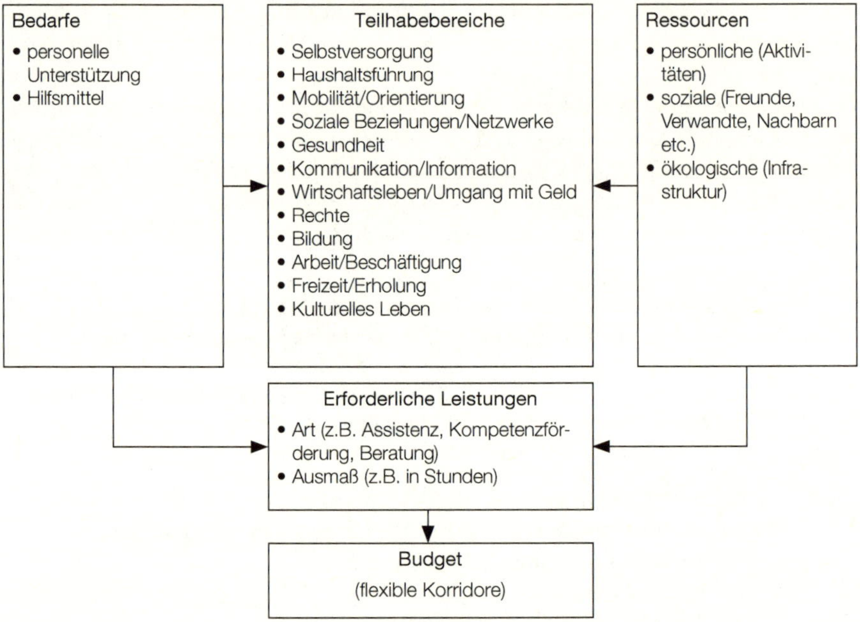

Abb. 5.4: Teilhabe-orientierte Leistungen (nach: Wacker/Wansing/Hölscher 2003c, 212)

Auch wenn die oben genannten Teilhabebereiche kein genaues Abbild von Domänen der ICF darstellen, so ist zumindest eine weitgehende inhaltliche Übereinstimmung erkennbar. Es sind aber auch solche Bereiche wie Selbstversorgung vertreten, die bereits seit Jahrzehnten als curriculare Inhalte im Bildungsprozess pädagogischer Institutionen für Kinder und Jugendliche mit Behinderung umgesetzt werden. In der Konsequenz bedeutet es, dass Teilhabe in der hier vorgenommenen Fassung auch heilpädagogisch orientierte Dienstleistungen tangiert.

Das Ausmaß an Teilhabe an den verschiedenen Lebensbereichen wird individuell für jede Person untersucht. Persönliche, soziale und ökologische Ressourcen werden erhoben und daraus wird der Bedarf an Assistenz und weiteren Dienstleistungen festgestellt. Daraus bestimmen sich die erforderlichen Leistungen, die in einem weiteren Schritt budgetmäßig erfasst werden müssen.

Selbstvertretung und Selbstbestimmung

Das Ziel der gleichberechtigten Teilhabe an allen Lebensbereichen wurde bereits seit den 1970er Jahren von Selbstvertretungsgruppen behinderter Menschen postuliert. Körperbehinderte Menschen organisierten sich in den 1960er und 1970er Jahren zu Gruppen, die offensiv für ihre Rechte eintraten. So gab es ab den 1970er Jahren die sog. „Krüppelgruppen", die mit öffentlichen Aktionen auf sich aufmerksam machten. Die ersten Anfänge werden aus den USA berichtet. An der Universität Berkeley in Kalifornien sammelte Ed Roberts, ein schwer körperbehinderter Student, mehrere Studierende in ähnlicher Lage um sich (Theunissen/Plaute 2002, 44). Sie erstellten als erstes eine Liste über behindertengerechte Wohnungen. Daraus entstand ein „Center for independent living", das bald ein Reihe von Nachahmern in anderen Städten fand. Sie wurden Orte zur Selbstorganisation und zur Beratung sinnes- und körperbehinderter Menschen. Aus dieser Arbeit entstand das Modell des Peer-Counseling als Beratung behinderter durch ebenfalls behinderte Menschen. Hier kann es um vielfältige Themen wie Rechtsangelegenheiten, Partnerschaft, Sexualität, Hilfsmittelberatung oder Arbeitsvermittlung gehen. Häufig orientierten sich die Beratungsstellen an Formen der klientenzentrierten Beratung im Sinne von Rogers.

In Bezug auf Menschen mit intellektueller Beeinträchtigung gab es analoge Entwicklungen zu einem späteren Zeitpunkt unter dem Schlagwort „self-advocacy". Dies bedeutet soviel wie „Selbstvertretung", womit das Sprechen für sich selbst und das selbständige Vertreten der eigenen Ansprüche gemeint ist. Fragt man nach den Anfängen der Selbstbestimmungsdebatte, so werden Freizeitklubs in Schweden genannt, die Gestaltungsaufgaben in die Hände der Betroffenen legten (Kniel/Windisch 2005, 20). Die skandinavischen Ideen wurden anfangs in Großbritannien rezipiert, danach in Kanada und den USA. Dort bildeten sich Selbsthilfezirkel, die sich „People-First"-Gruppen nannten. Mit zunehmender Verbreitung sprachen diese Gruppen auch von einer Bewegung und bezeichneten sich als Teil einer „self-advocacy-movement" (Rock 1996).

Speziell in England spielte der Kampf gegen stigmatisierende Bezeichnungen wie „mental handicap" eine nicht unwesentliche Rolle. Die Gruppenmitglieder bezeichneten sich selbst als „people with learning difficulties", ein Begriff, der inzwischen auch im öffentlichen Sprachgebrauch in Großbritannien eine breite Verwendung gefunden hat. Weitere Forderungen der Gruppen bestanden in:

- einem gleichberechtigten, akzeptierenden und taktvolleren Umgang der Hilfsdienste mit ihren Klient/innen
- eine Gestaltung des Verhältnisses zu den Eltern als ein Verhältnis zwischen Erwachsenen
- ein Mitsprache- und Entscheidungsrecht in allen persönlichen Angelegenheiten, insbesondere im Bereich von Wohnen und Arbeiten
- Wohnmöglichkeiten außerhalb von Spezialinstitutionen,
- reguläre Arbeitsstätten mit Löhnen, die den Lebensunterhalt ermöglichen.

Der Selbstvertretungsgedanke wurde im deutschsprachigen Raum erst relativ spät aufgegriffen. Nach einzelnen eher marginalen Erwähnungen in der Fachliteratur, brachte ein Kongress der Bundesvereinigung Lebenshilfe im Jahre 1994 unter dem Titel „Selbstbestimmung" hier einen Umschwung (Bundesvereinigung Lebenshilfe für geistig Behinderte 1996). Schon der äußere Rahmen war für Fachkongresse ungewohnt. Es gab zwei Kongresspräsidenten, einer davon Universitätsprofessor für Geistigbehindertenpädagogik, der zweite ein junger Mann mit Down-Syndrom, der in einer Werkstätte arbeitete. Das Tagungs-Programm hatte drei verschiedene Teile. Veranstaltungen, die sich an Menschen mit geistiger Behinderung wandten, waren auf grünem, solche für Menschen mit und ohne geistige Behinderung auf gelbem und solche für Menschen ohne geistige Behinderung (in der Regel Fachpersonal) waren auf blauem Papier gedruckt.

Die Duisburger Tagung, die damit auch den Gedanken, geistig behinderte Menschen in ihren Interessen und Bedürfnissen ernst zu nehmen, ins Bewusstsein des deutschsprachigen Fachpersonals und der Eltern transportierte, beeinflusste in den darauf folgenden Jahren Initiativen an zahlreichen Orten. Viele Beiträge in Fachzeitschriften flankierten diese Entwicklung. Interessant ist in diesem Zusammenhang auch, dass nicht Selbst*vertretung* wie im englischsprachigen Raum („self-advocacy"), sondern Selbst*bestimmung* zum leitenden Konzept der nachfolgenden Entwicklung wurde.

Die Situation der in den nachfolgenden Jahren in Deutschland entstandenen Selbstvertretungsgruppen wurde in einem Projekt der Universität Kassel erhoben (Kniel/Windisch 2005). Die Untersuchung erstreckte sich auf alle 21 zum damaligen Zeitpunkt existierenden Gruppen in Deutschland und ihre Unterstützer/innen durch Befragungen beider Gruppen. Von besonderem Interesse waren dabei die Selbstdarstellung und die Wirkung der People-First-Gruppen auf ihre Mitglieder. Es wurde festgestellt, dass die Präsentation nach außen sich nicht von derjenigen unterschied, die auch international gebräuchlich ist (ebd., 140f). Die Gruppen hatten durchschnittlich 12 Teilnehmer/innen, wobei die Zahl der Frauen leicht überwog. Die Mehrheit der Mitglieder war relativ jung, überwiegend in der Altersgruppe zwischen 20 und 30 Jahren. Häufig waren die Gruppen an Wohnheime oder Werkstätten institutionell angebunden. Als Unterstützer/innen traten häufig Mitarbeiter/innen dieser Institutionen in Erscheinung.

Die Mitarbeit in den Gruppen hat nach Ansicht der Autor/innen positive Auswirkungen auf die Entwicklung von Entscheidungsautonomie, sollte aber gegenüber anderen Umgebungsfaktoren wie offenen Wohnformen oder persongebunden Faktoren wie z.B. Alltagskompetenzen nicht überschätzt werden (ebd., 143).

Empowerment

Empowerment wird häufig als komplementäres Prinzip zu Selbstbestimmung genannt, wenn es darum geht, die Tätigkeit des Fachpersonals in Einrichtungen der

Behindertenhilfe zu beschreiben (Kulig/Theunissen 2002). Selbstbestimmtes Handeln bei Erwachsenen mit geistiger Behinderung schließt Unterstützung durch Professionelle oder Eltern im Sinne einer Hilfe zur Selbsthilfe nicht aus. Empowerment bezeichnet dieses Moment der Unterstützung durch Professionelle, aber auch durch andere Menschen in vergleichbarer Lebenslage.
Der Begriff Empowerment stammt aus den USA und könnte mit Selbst-Bemächtigung oder Selbst-Ermächtigung übersetzt werden. Obwohl ideengeschichtliche Wurzeln bis in die Sozialgeschichte der USA im 19. Jahrhundert zurück reichen, wurde der Begriff erstmals in der Bürgerrechtsbewegung der afro-amerikanischen Bevölkerung der 1960er Jahre verwendet. Von dort fand er den Weg in Frauen-, Ökologie-, Friedens- und Selbstvertretungsbewegungen und in der Folge auch in Konzepte der sozialen Arbeit (Theunissen/Plaute 2002, 15).
Empowerment war von Anfang an mit politischen Zielsetzungen verbunden und wurde zunehmend zur Bezeichnung eines Prozesses, in dem benachteiligte und ausgegrenzte Bevölkerungsgruppen ihre Angelegenheiten selbst in die Hand nehmen und sich für ihre Interessen einsetzen. Ein wichtiges Ziel besteht in der Herstellung von Kontrolle über die eigenen Lebensumstände.
In Aufarbeitung von Ideen der US-amerikanischen Selbsthilfebewegung formuliert Lenz folgende Elemente, die Empowerment inhaltlich bestimmen:

„– die Fähigkeit, eigene Entscheidungen zu treffen,
- über einen Zugang zu Informationen und Ressourcen zu verfügen,
- über verschiedene Handlungsalternativen und Wahlmöglichkeiten zu verfügen,
- das Gefühl zu haben, als Individuum etwas bewegen zu können,
- kritisch denken zu lernen und Konditionen zu durchschauen,
- Wut erkennen und äußern lernen,
- sich nicht allein zu fühlen, sondern als Teil einer Gruppe oder eines sozialen Netzwerkes,
- zu der Einsicht gelangen, dass jeder Mensch Rechte hat,
- Veränderungen im eigenen Leben und im sozialen Umfeld zu bewirken,
- neue Fähigkeiten zu erlernen, die man selbst für wichtig hält,
- die Wahrnehmung anderer bezüglich der eigenen Handlungskompetenz und -fähigkeiten zu korrigieren,
- das innere Wachstum und die innere Entwicklung als einen niemals abgeschlossenen, selbst beeinflussbaren und steuerbaren Prozess zu begreifen, sich ein positives Selbstbild zu erarbeiten und Stigmatisierungen zu überwinden." Lenz (2002, 14)

Nach Theunissen und Plaute (2002, 11) ist der Begriff Empowerment sehr weit gefasst. Dahinter „verbergen sich eine Philosophie, theoretische Annahmen und Leitideen wie aber auch Prozesse, Programme, Konzepte oder Ansätze." Bezugsgruppen sind Menschen in gesellschaftlich randständigen Positionen wie soziokulturell benachteiligte Menschen, ethnische Minderheiten, alleinerziehende Frauen, Personen mit einer psychischen Krankheit oder Behinderung, aber auch Familien mit behinderten Angehörigen. Die Betroffenen von diesen gesellschaftlich marginalen Positionen sollen ihre vorhandenen Stärken zum Ausgangspunkt nehmen und zu kollektiven und autonomen Formen der Selbsthilfe gelangen, auch im Sinne sozialer Netzwerke. So geraten die trotz widriger Lebenssituationen bestehenden Ressourcen besonders in den Blick. Theunissen (2002b, 139) sieht im Abrücken von der Defizitperspektive und in der Hinwendung zu den Stärken ein wesentliches Merkmal des Empowerment-Konzeptes.

Es können vier verschiedene Zugänge im Konzept von Empowerment unterschieden werden (nach Kulig/Theunissen 2002, 243):

1. der Verweis auf die individuellen *Selbstverfügungskräfte*: vorhandene Stärken ermöglichen es dem Einzelnen Belastungssituationen selbst zu bewältigen
2. die Verbindung mit einer *politisc*h ausgerichteten Durchsetzungskraft: Gruppen treten ein für den Abbau von Benachteiligung und Vorurteilen
3. im *reflexiven* Sinne: behinderte Menschen werden sich ihrer Kompetenzen bewusst und nehmen ihre Angelegenheiten selbst in die Hand
4. im *transitiven* Sinne: Menschen werden angeregt, verschüttete Stärken zu nutzen und zu entwickeln.

Insbesondere bei diesem letztgenannten Zugang ist die professionelle Perspektive besonders angesprochen und Empowerment impliziert damit einen Wechsel im traditionellen Helfer/innenmodell. Als Felder der Pädagogik und Sozialen Arbeit, in denen der Zugang über den Empowerment-Ansatz in den vergangenen Jahren verstärkt praktiziert wurde, nennt Theunissen (2007) die Arbeit mit Eltern und Familien, das Arbeitsleben, Bildung im Erwachsenenalter sowie Wohnen und Leben in der Gemeinde, aber auch Schule und Unterricht. Damit wäre Empowerment ein durchgängiges Konzept für alle Lebensalter, das auf Veränderung der Lebensverhältnisse für randständige und benachteiligte Bevölkerungsgruppen zielt.

5.6 Konsequenzen für die Heilpädagogik und Inklusive Pädagogik

Die in diesem Kapitel dargelegten Konzepte der gesellschaftlichen und fachlichen Entwicklung initiierten und begleiteten Diskussionsprozesse im Fach Heilpädagogik. Insbesondere die Fokussierung auf die Rechte von Menschen mit Behinderungen stellt tradierte heilpädagogische Aufgabenstellungen in einen veränderten Rahmen und eröffnet eine Fülle neuer Fragestellungen für die Wissenschaft.

Heilpädagogik und das Recht auf Bildung

In der Pädagogik trat die Berufung auf die Rechte in der Geschichte wiederholt auf, etwa im Eintreten für die Rechte des Kindes gegenüber den Ansprüchen der Erwachsenenwelt bei verschiedenen reformpädagogischen Autor/innen im ersten Drittel des 20. Jahrhunderts. Dass Kinder mit Behinderungen ein Recht auf Bildung haben,

trat erst sukzessive ins öffentliche Bewusstsein. Die Erkenntnis der Bildsamkeit war die Voraussetzung der Forderung nach einem Recht auf Bildung. Die Bildbarkeit blinder und gehörloser Kinder war spätestens am Ende des 18. Jahrhunderts in Mittel- und Westeuropa anerkannt, das Recht auf Bildung konnte im 19. Jahrhundert in mehreren Ländern durchgesetzt werden (siehe 1. Kapitel dieses Buches).
Bereits zu Beginn des 19. Jahrhunderts wurde die Bildbarkeit geistig behinderter Kinder in pädagogischen Versuchen nachgewiesen. Um 1840 entwickelte Édouard Séguin in Paris eine anspruchsvolle didaktische Konzeption für den Unterricht geistig behinderter Kinder, die selbst Vergleiche mit heutigen Bildungskonzeptionen nicht zu scheuen braucht (Seguin 1912; Rohrmann 2005). Der Nachweis der Bildbarkeit führte aber noch lange nicht zu einem gesellschaftlich einlösbaren Recht auf Bildung.
Das Recht auf Schulbesuch geistig behinderter Kinder wurde im deutschsprachigen Raum erst in den 1960er und 1970er Jahren durchgesetzt und war eine Folge politischen Engagements der Elternverbände ab den 1950er Jahren. In der öffentlichen Diskussion wurde das Recht auf Bildung noch bis in die jüngste Zeit mit der Frage der Brauchbarkeit verknüpft. Für Kinder mit schwerster Behinderung wurde Bildung nicht als Menschenrecht betrachtet, sondern eher als eine Serviceleistung, die die Gesellschaft gewährt oder auch nicht gewährt. Das Recht auf Schulbesuch bei schwerster Behinderung ist noch nicht in allen entwickelten Ländern durchgesetzt.
Der Nachweis der Bildbarkeit schwerstbehinderter Menschen war auch verbunden mit der Entwicklung geeigneter pädagogischer Konzepte und einer kritischen Hinterfragung gängiger Bildungstheorien. Pädagogik bei schwerster Behinderung ist der Teil der Heilpädagogik, der sich als Letztes entwickelte. Es ist sicher auch kein Zufall, dass der Band zur Pädagogik bei schwerster Behinderung (Fröhlich 1991) als letzter des 12-teiligen Handbuchs der Sonderpädagogik erst 1991 erschien, 14 Jahre nach Erscheinen des ersten Bandes dieser Reihe.
Erst zu diesem Zeitpunkt verfügte die Heilpädagogik über einen Methoden- und Theoriebestand, der eine untere Grenze der Bildbarkeit des Menschen nicht mehr diskutabel erscheinen ließ. Seit der Einführung des Begriffs der Bildungsunfähigkeit im Reichsschulpflichtgesetz von 1938 war die Unterscheidung zwischen bildbaren und nicht bildbaren Menschen nicht nur in der schulpolitischen Diskussion in Deutschland, sondern auch in Österreich präsent. Die deutschsprachige Heilpädagogik, die sich bis Anfang der 1990er Jahre um Diskussionen in anderen Fachgebieten und Sprachräumen zu wenig gekümmert hatte, stellte damals mit Erschrecken fest, dass gleichzeitig zur fachlichen Fundierung einer Pädagogik bei schwerster Behinderung nicht nur das Bildungsrecht, sondern auch das Lebensrecht schwerstbehinderter Menschen in philosophischen Diskussionen etwa von dem australischen Bioethiker Singer in Frage gestellt wurde.
Blicken wir in die Geschichte der Heilpädagogik, so stellen wir fest, dass Änderungen der Pädagogik nicht selten im Zusammenhang mit der Diskussion um politi-

sche Rechte standen. Die Diskussion über die Rechte von Menschen mit Behinderungen führte in den letzten Jahren auch zu kritischen, nicht selten provokanten Fragen an die Heilpädagogik als Wissenschaftsdisziplin.

Auswirkungen der Debatten über Normalisierung, Integration und Inklusion
Pädagogische Sondereinrichtungen für Menschen mit Behinderungen wurden noch in den 1970er Jahren ausgebaut, mit Spezialist/innen für verschiedene Funktionsbereiche versehen und nicht selten auch materiell gut ausgestattet. Vor allem in Deutschland und den Niederlanden, teilweise aber auch in Österreich entwickelte sich ein differenziertes Sonderschulwesen, das Kategorien wie Lernbehinderung, Sprachbehinderung, Verhaltensstörung, Körperbehinderung, Hör- und Sehbehinderung oder geistige Behinderung verwendete. Entlang dieser kategorialen Einteilung setzte sich der Ausbau von Sondereinrichtungen für Kleinkinder und auch für Erwachsene fort.

Eine Heilpädagogik, welche die Teilnahme des behinderten Kindes am Unterricht der Regelschule mit dem Recht auf Partizipation begründet, verändert auch tradierte fachliche Sichtweisen. Nicht die Frage des bestmöglichen Förderortes leitet heilpädagogisches Denken, sondern eher die Frage nach geeigneten pädagogischen Methoden für heterogene Gruppen.

Ab den 1970er Jahren traten Eltern für das Recht auf Besuch der Regelschule durch behinderte Kinder ein. Dass dies in den 1990er Jahren in Österreich durchgesetzt werden konnte, war eine Folge des Eintretens der Elterninitiativen für politische Rechte und weniger eine Wirkung des Erkenntnisfortschritts in der Heilpädagogik.

Eine Gegenbewegung zum Leben in Sondereinrichtungen entstand erst still und vom deutschen Sprachraum anfangs unbeachtet in den skandinavischen Ländern. Die Propagierung eines möglichst normalen Lebens und die Hebung der sozialen Rolle behinderter Menschen in der Debatte über Normalisierung legte den Grundstein für weitere Veränderungen. Die Bezugnahme auf die Rechte der betroffenen Menschen war in der Debatte über Normalisierung bereits vorhanden, wenngleich sie noch keine zentrale Argumentationsfigur darstellte. Die darin enthaltene politische Dimension für die Veränderung der Pädagogik wurde von Fachvertreter/innen der Heilpädagogik verschiedentlich benannt und im Hinblick auf ihre möglichen Auswirkungen auf Menschen mit schwersten Behinderungen problematisiert (als Beispiel: Gröschke 1998).

Ein aktueller pädagogischer Diskurs, in dem die Argumentation mit den Rechten von behinderten sowie von sozial und kulturell benachteiligten Kindern eine zentrale Rolle spielt, ist Teil der Debatte über „inclusive education“. Die Argumentation mit Rechten spielt auch hier eine zentrale Rolle. Die Position der „inclusive education“ übernahm auch die UNESCO mit der Erklärung von Salamanca im Jahre 1994. Ausgehend von dem Recht von Kindern auf den Besuch der Regelschule proklamiert sie den Verzicht auf Sonderbeschulungen.

Der inklusive Ansatz entstand zwar im schulischen Bereich, beansprucht aber inzwischen ein Konzept für alle Altersgruppen und viele Lebensbereiche zu sein. Er steht im Einklang mit der Forderung, die Rechte von Menschen mit Behinderung zu stärken. Er impliziert gegenwärtig einen fachlichen Entwicklungsbedarf und stellt nicht zuletzt auch eine Herausforderung für die heilpädagogische Forschung dar.
Vergleicht man gegenwärtig diskutierte Positionen in der Sonder- und Heilpädagogik mit denen, die noch vor 20 Jahren üblich waren, dann stellt man fest, dass die Berücksichtigung der Rechte von Menschen mit Behinderungen für die Theorieentwicklung des Faches inzwischen eine große Rolle spielt, aber auch eine ganze Reihe von Folgeproblemen mit sich bringt.
An einigen Beispielen lässt sich skizzieren, was es heißt, wenn Heilpädagogik den Rechten von Menschen mit Behinderungen einen zentralen Stellenwert einräumt. Für den Bereich der Schule ist die Diskussion über die Rechte des Kindes und seiner Eltern bereits weit entwickelt. Eine Pädagogik die den Besuch der Regelschule als Recht des Kindes und seiner Eltern betrachtet, muss die schulische Platzierung nicht mit dem Nachweis der besseren Förderung begründen. Es entfällt die Frage, wo Kinder mit Behinderungen besser zu beschulen wären: in der Sonder- oder in der Regelschule. Kennzeichnend besonders für die britische, aber auch die US-amerikanische Diskussion ist aber, dass zwei Argumentationsstränge zusammenkommen: die Begründung mit den Rechten aber auch die Begründung mit Effektivität und Effizienz. Einerseits löse inklusive Bildung ein Recht behinderter Kinder und ihrer Eltern ein, andererseits sei es eine, gemessen an den pädagogischen Zielen, effektive und gemessen an den ökonomischen Ressourcen effiziente und kostengerechte Form der Beschulung. Dieser Sichtweise hat sich auch die UNESCO mit der Erklärung von Salamanca angeschlossen.
Der Ansatz der inklusiven Pädagogik, Problemstellungen im Kontext der Erziehung von Kindern mit Behinderungen in der allgemeinen Pädagogik zu verankern ist nicht neu. Heilpädagogische Forschung kann sich sehr wohl in diesem Kontext verorten. Unter dem Begriff „diversity“ werden in der Diskussion über „inclusive education“ sehr unterschiedliche Aspekte zusammengefasst. Der Begriff „diversity“ kann als Verschiedenheit oder als Vielfalt in die deutsche Sprache übersetzt werden. Er bezeichnet nicht nur die Verschiedenheit aufgrund der Behinderung, sondern auch die des kulturellen, ethnischen und sozialen Hintergrundes. Verschiedenheit oder Vielfalt werden zu Zentralbegriffen einer inklusiven Pädagogik.
Doch dies bringt Folgeprobleme mit sich: Der besondere Bedarf von Kindern mit Behinderung kann sich hier schnell im allgemeinen Bedarf der Klasse auflösen. Problematisch ist auch die Reduzierung von schulischer Inklusion auf eine bloße Veränderung der Lehrmethoden an den Schulen, wie es das weltweit verbreitete Lehrer/innenbildungsprogramm der UNESCO „Special needs in the classroom“ suggeriert. Maßnahmen zur Sicherung der pädagogischen Qualität, insbesondere für behinderte Kinder, sollten daher eine inklusive Pädagogik begleiten (Biewer 2005).

Freiheitsrechte und Selbstbestimmung über die Lebensalter

Menschen mit geistiger Behinderung stellen diejenige Gruppe dar, bei denen Freiheitsbeschränkungen auch heute noch nicht selten auftreten. Oft können sie sich gegen eine Missachtung ihrer Wünsche nicht angemessen wehren. Die Form der Gegenwehr, die ihnen gelingt, wird leicht als Verhaltensstörung gedeutet und führt zu noch stärkeren Beschränkungen (Theunissen 2001). Erst mit dem neuen Heimaufenthaltsgesetz, das im Sommer 2005 in Kraft trat, trägt Österreich dem Schutzbedürfnis von Menschen mit geistiger Behinderung vor institutionellen Übergriffen Rechnung.

Das Recht von Erwachsenen mit geistiger Behinderung auf Gründung einer Familie mit Kindern ist ein solches Problem, das zu kontroversen Diskussionen geführt hat. Der Wunsch nach eigenen Kindern ist bei Erwachsenen mit geistiger Behinderung ähnlich verbreitet wie in der Durchschnittsbevölkerung. Der damit verbundenen Verantwortung gerecht zu werden überfordert häufig Menschen mit geistiger Behinderung. Seit in Modellprojekten nachgewiesen werden konnte, dass bei angemessener fachlicher Hilfestellung ein solches Eltern-Kind-Verhältnis durchaus funktionieren kann, ist die geplante Elternschaft geistig behinderter Menschen kein Tabuthema mehr, allerdings sehr wohl ein Gegenstand kontroverser Auseinandersetzungen (Sanders 2007).

Das Recht auf Arbeit ist für behinderte Menschen zunehmend schwerer einlösbar in einer Gesellschaft, in der auch nicht behinderte Menschen Schwierigkeiten haben einen Arbeitsplatz zu finden. Methoden der beruflichen Rehabilitation sind nur dann erfolgreich, wenn sie von gesetzgeberischen Maßnahmen flankiert werden, die die Verdrängung behinderter Menschen aus dem Arbeitsmarkt wirksam verhindern.

Die Barrierefreiheit im öffentlichen Leben ist gegenwärtig im Rahmen der Erarbeitung des Gleichstellungsgesetzes ein besonderes Problem. Die baulichen Implikationen werden vorwiegend unter dem Kostenaspekt diskutiert. Barrierefreiheit umfasst aber viele Lebensbereiche. Statt Geld ist häufig nur Kreativität und guter Wille nötig.

Zur Barrierefreiheit im öffentlichen Leben gehört auch die Gewährung gleicher Chancen in der Kommunikation. Die Gebärdensprache gehörloser Menschen wurde in der Vergangenheit sehr unterschiedlich bewertet. Auch Vertreter/innen des Integrationsgedankens traten für die lautsprachliche Kommunikation gehörloser Menschen ein und sahen dies als Beitrag zur gesellschaftlichen Integration. Sie übersahen dabei, dass sich in dieser Form von Kommunikation Menschen gegenüberstanden, die nur sehr unterschiedliche Chancen hatten. Es waren die Verbände und Selbstvertretungsgruppen gehörloser Menschen, die für ihr Recht eintraten, in derjenigen Sprache zu kommunizieren, die sie nicht ihrer Verhandlungschancen beraubte. Die Anerkennung der Gebärdensprache in vielen Ländern als Kommunikationsform im öffentlichen Leben war Resultat des Eintretens gehörloser Menschen für ihre Rechte als sprachliche und kulturelle Minderheit (Krausneker 2006).

Mit den Menschenrechten verbunden ist das Recht auf Bildung. Es ist wichtig darauf hinzuweisen, dass Bildung ein Menschenrecht ist, nicht nur eine Qualifizierung für das spätere Leben als berufstätiger Erwachsener. Für Kinder mit schwersten geistigen Behinderungen, die auch die wichtigsten Selbstversorgungshandlungen niemals erlernen werden, kann Bildung als Menschenrecht ebenso eingefordert werden, wie für Kinder mit progressiver Muskeldystrophie, bei denen prognostiziert wird, dass sie das Schulalter nicht überleben werden.
Das Recht auf Bildung wird für Kinder mit Behinderung in Deutschland zwar eingelöst, allerdings zumeist in Sonderschulen. Dies ist eine Tatsache, die als Diskriminierung gewertet werden kann. Aufgrund einer Klage kam es im Jahre 1997 zu einem Urteil des Bundesverfassungsgerichts über das Benachteiligungsverbot im Schulwesen. Eltern hatten gegen die Einweisung ihres Kindes in die Sonderschule geklagt mit der Begründung, diese Maßnahme verstoße gegen das Diskriminierungsverbot im Grundgesetz. Das Verfassungsgericht kam zu dem Urteil, die Einweisung in die Sonderschule stelle nicht für sich alleine eine verbotene Benachteiligung im Sinne des Grundgesetzes dar. Sie stelle aber dann eine Benachteiligung dar, wenn eine Unterrichtung in der allgemeinen Schule möglich sei, der dafür benötigte personelle und sachliche Aufwand mit den vorhandenen Personal- und Sachmitteln bestritten werden könne und weder organisatorische Schwierigkeiten noch schutzwürdige Belange Dritter dem entgegen stehen. Im Unterschied zu zahlreichen analogen Prozessen in den 1970er Jahren in den USA wurde damit der Ressourcenvorbehalt bezüglich schulischer Integration vom höchsten deutschen Gericht akzeptiert. Mit der Ratifizierung der UN-Behindertenrechtskonvention stellt sich der juridische Hintergrund inzwischen anders dar und man darf gespannt sein, wie Gerichte zukünftig entscheiden, wenn staatliche Organe mit nicht vorhandenen Ressourcen im Regelschulbereich argumentieren.
In dem Maße wie Rechte von Menschen mit Behinderungen und Aspekte von Partizipation die fachliche Diskussion bestimmen, verändern sich auch pädagogische Aufgabenstellungen. Bedingt durch veränderte Sozialgesetzgebung (in Deutschland insbesondere durch das SGB IX) wird die Qualität sozialer Dienstleistungen gemessen und die jeweiligen professionellen Tätigkeiten unterliegen einem erhöhten Legitimationsdruck. Betriebswirtschaftliche Konzepte halten zunehmend Einzug in vormals von heilpädagogischen Zielsetzungen geprägte Arbeitsfelder. Begriffe wie Qualitätsmanagement (Peterander/Speck 2004), die auf keine Fundierung im bisherigen Begriffsgerüst der Pädagogik zurückblicken können, sind zunehmend in der pädagogischen Diskussion vertreten. So treten auch neue Zielvorstellungen wie z.B. die Erreichung von Lebensqualität auf den Plan. Thimm (2006, 188) betrachtet Lebensqualität „als Funktion objektivierbarer Lebensumstände und individueller Erwartungen und Ansprüche". Die OECD nennt bereits in den 1970er Jahren Zielbereiche von Lebensqualität, welche die Pädagogik in Teilbereichen tangieren: Gesundheit, Persönlichkeitsentwicklung und Entfaltung durch Lernen, Arbeitsle-

ben, Freizeit, Verfügung über Güter und Dienstleistungen, physische Umwelt, Freiheitsrechte und Gemeindeleben (ebd., 189). Im Begriff der Lebensqualität vereinigen sich verschiedene Zugänge im Kontext von Rehabilitation und Partizipation.
Es bleibt festzustellen, dass Heilpädagogik mit der Berücksichtigung der Rechte von Menschen mit Behinderung gegenwärtig einen Entwicklungsprozess bei Zielsetzungen, Aufgabenstellungen wie den fachlichen Arbeitsmethoden durchläuft. Im bildungspolitischen Konzept der Inklusion in der aktuellen Lesart der UNESCO kristallisiert sich dieser Blickwinkel für das Schulwesen (UNESCO 2005). Grundlegend ändern sich aber auch professionelle Aufgaben bezüglich des Erwachsenenalters. Die neue Rolle der Fachkraft ist damit weniger die des Betreuers als des Assistenten oder Begleiters (Hähner u.a. 2005).

Perspektiven für die Forschung

Wenn hier nach den Folgen der Berücksichtigung der Rechte von Menschen mit Behinderung für die Heilpädagogik und die Inklusive Pädagogik gefragt wird, dann gehört hierzu sicherlich auch die Forschung, die zukünftig nicht nur über behinderte Menschen erfolgen darf, sondern auch mit ihnen geschehen sollte. Die WHO hat in Anhang 5 zur ICF diese Perspektive bereits für Forschungen formuliert:

> „Es ist zu hoffen, dass behinderte Menschen in verschiedenen Bereichen selber zur Anwendung in der Praxis und zur Weiterentwicklung der ICF beitragen. Als Forscher, in Leitungsfunktionen und als Politiker werden behinderte Menschen die Entwicklung von Protokollen und Verfahren unterstützen, die ihre Grundlagen in der ICF haben." (DIMDI/WHO 2005, 311)

Brown (2001, 155) vertritt die Position, Forschungen über Behinderungen könnten nur dann zu validen Ergebnissen gelangen, wenn behinderte Menschen in den Forschungsprozess eingebunden seien. Die Einbeziehung von Menschen mit Behinderungen in den Forschungsprozess ist unterschiedlich weit fortgeschritten. Dass die Entwicklung hier auf allen Feldern voran geht, zeigt nicht zuletzt auch die Tatsache, dass es mittlerweile selbst in Bezug auf intellektuelle Beeinträchtigungen detailliert ausgearbeitete Konzepte zur Gestaltung partizipatorischer und inklusiver Forschung (z.B. Walmsley/Johnson 2003) und eine breite Methodenauswahl (Emerson u.a. 2004) gibt.
Ramcharan, Grant und Flynn (2004) versuchten eine Bestandsaufnahme des damaligen Entwicklungsstandes partizipatorischer Forschung vorzunehmen. Dabei stellten sie fest, dass die von Optimismus über die neuen Möglichkeiten geprägte Vorlaufphase abgeschlossen sei. Es käme jetzt auf die Erhöhung des fachlichen Wissensbestandes, eine theoriegeleitete Reflexion und die Klärung ethischer Rahmenbedingungen und Praktikabilitätsfragen an. Dabei problematisieren sie, inwieweit Akademiker/innen Menschen mit kognitiven Beeinträchtigungen überhaupt bei Forschungsaktivitäten unterstützen können und ob diese den Wunsch und die

Möglichkeit haben, sich auf die von den Forscher/innen intendierten Abstraktionen einzulassen (ebd., 106).
Mittlerweile gibt es auch im deutschsprachigen Raum eine Anzahl von Studien, die sich als partizipativ oder partizipatorisch bezeichnen und auch theoretische Grundlagen und Forschungsregeln formulieren (Hedderich/Egloff/Zahnd 2015). Charakteristisch für diesen Zugang ist es auch, die Darstellung des Forschungsprozesses wie auch deren Ergebnisse für Menschen mit intellektueller Beeinträchtigung über die Dokumentation in leichter Sprache transparent werden zu lassen.
Einen guten aktuellen Überblick zur Geschichte, zu systematische Fragen sowie Einzelstudien aus deutsch- und englischsprachigen Ländern und Auseinandersetzungen mit Einzelfragen und kritische Reflexionen bietet der Sammelband „Inklusive Forschung" (Buchner/Koenig/Schuppener 2016). Der Band stellt gleichzeitig aber auch eine Momentaufnahme aktueller Problemlagen und ungelöster Fragen dar.

Arbeitsaufgabe:

Lesen Sie die nachfolgenden Passage aus Artikel 24 („Education") der UN Konvention über die Rechte behinderter Menschen:

1. States Parties recognize the right of persons with disabilities to education. …
2. In realizing this right, States Parties shall ensure that:
   a. Persons with disabilities are not excluded from the general education system on the basis of disability, and that children with disabilities are not excluded from free and compulsory primary education, or from secondary education, on the basis of disability;
   b. Persons with disabilities can access an inclusive, quality and free primary education and secondary education on an equal basis with others in the communities in which they live;
   c. Reasonable accommodation of the individual's requirements is provided;
   d. Persons with disabilities receive the support required, within the general education system, to facilitate their effective education;
   e. Effective individualized support measures are provided in environments that maximize academic and social development, consistent with the goal of full inclusion.

Diskutieren Sie die unterschiedlichen Interpretationsmöglichkeiten für die Gestaltung von Schule und Unterricht, die sich aus den gewählten Formulierungen ergeben können!

Nützliche Links:

BIDOK – Behindertenintegration Dokumentation: In dieser Datenbank des Instituts für Erziehungswissenschaft der Universität Innsbruck finden sich zahlreiche Beiträge im Volltext zu den in diesem Kapitel angeführten thematischen Schwerpunkten.
http://bidok.uibk.ac.at/

CSIE – Centre for Studies on Inclusive Education: Auf dieser Seite finden sich zahlreiche Hinweise und Dokumente zu britischen Aktivitäten zur „inclusion", inbesondere auch die Arbeit mit dem „Index for Inclusion".
http://www.csie.org.uk/

EENET – Enabling Education Network. Info-Netzwerk der Universität Manchester zu „inclusive education“ mit vielen Informationen zu weltweiten Entwicklungen: http://www.eenet.org.uk/

UNESCO – Inclusive Education: Über diese Seite erschließen sich Informationen, Texte und Berichte über weltweite Aktivitäten in Kooperation mit der UNESCO zur Implementierung von „inclusive education“:
http://www.unesco.org/new/en/education/themes/strengthening-education-systems/inclusive-education/

UN-Behindertenrechtskonvention und Fakultativprotokoll – Korrektur der Übersetzung im Bundesgesetzblatt der Republik Österreich vom 15. Juni 2016:
https://www.ris.bka.gv.at/Dokumente/BgblAuth/BGBLA_2016_III_105/BGBLA_2016_III_105.html

United Nations enable: Hier finden sich zahlreiche Texte und Informationen über Behinderung und Menschenrechte.
http://www.un.org/development/desa/disabilities/

6 Gesellschaft, Kultur und Behinderung

Worum es geht…

Die Ausführungen dieses Kapitels umfassen überwiegend Inhalte, die auch Gegenstand einer Soziologie der Behinderung sein könnten. Nur in einem rein medizinischen Modell wird Behinderung ohne ihr gesellschaftliches und kulturelles Umfeld gedacht. Der Vergleich zwischen Ländern und Kulturen beeinflusst aber auch unser Verständnis von Behinderung im eigenen Kulturkreis, wozu Ergebnisse ethnologischer Forschung wie auch der vergleichenden Heilpädagogik dienlich sind. Der Ansatz der Disability Studies nahm seinen Ausgangspunkt vom sozialen Modell von Behinderung, nahm aber eine kulturwissenschaftliche Wendung und thematisiert in jüngeren Arbeiten die soziale und kulturelle Konstruktion der Vorstellungen vom menschlichen Körper.

6.1 Soziologische Zugänge zu Behinderungen

Soziologie der Behinderten oder Soziologie der Behinderung (die Bezeichnung ist mittlerweile uneinheitlich) ist ein eher randständiger Bereich der Soziologie. Cloerkes definiert „Soziologie der Behinderten“ als Wissenschaft vom Zusammenleben der Menschen, deren spezieller Forschungsgegenstand die soziale Wirklichkeit von Menschen mit Behinderung sei (Cloerkes 2007, 3). Soziologische Problemstellungen im Kontext heilpädagogischer Themen betreffen immer die Verwobenheit des Menschen mit einer Behinderung in sein Umfeld und damit auch in die Gesellschaft. Gesellschaft als zentraler Gegenstand der Soziologie hat zahlreiche Definitionen erfahren. Auf allgemeinster Ebene benennt er das Zusammenleben der Menschen in einem zeitlichen und räumlichen Bereich (Hillmann 1994, 284).

Als „Spezielle Soziologie“ ist die Soziologie der Behinderung von der Theorieentwicklung des Fachgebiets ebenso betroffen wie andere Zweige (vgl. Forster 2004, 7). Soziologische Fragestellungen wurden ab den 1960er Jahren von der deutschsprachigen Heil- und Sonderpädagogik erst sehr langsam aufgenommen. Inzwischen ist das Fach „Soziologie der Behinderung“ mit eigenen Professuren und Forschungsressourcen an Hochschulen vertreten.

Walter Thimm, der erste deutsche Inhaber einer einschlägigen Professur, zeichnet mit einer Textsammlung diesen Weg nach (Thimm 2006). Er beschreibt, wie er mit seiner Arbeit zu Blindheit als gesellschaftlicher Kategorie eine neue Sichtweise auf die lange Geschichte der Blindenverbände gerichtet hat und im lange gewachsenen geschlossenen System der Blindenfürsorge damit Befremden hervorrief (ebd., 6).

Die Herangehensweise an das Behinderungsphänomen über den gesellschafts- statt den individualtheoretischen Zugang, ist für die Soziologie der Behinderung bis heute kennzeichnend. Von Bedeutung für die Entwicklung des Fachgebiets waren Themen wie Einstellungen gegenüber behinderten Menschen, Stigma-Theorie und Behinderung, soziale Herkunft und Schulversagen, soziale Probleme und soziale Rollen (vgl. Thimm 2006). Diese Schwerpunkte finden sich auch in einem Lehrbuch zur Soziologie der Behinderten (Cloerkes 2007), ergänzt um Themen wie Institutionalisierung von Behinderung, Inklusion und soziale Integration, Freizeit sowie Familien mit behinderten Kindern.

Auch in Behinderungsfachrichtungen sind einzelne Fragestellungen mittlerweile näher beforscht. So gibt der Band von Wüllenweber (2004) einen recht breiten Überblick über soziale Probleme von Menschen mit geistiger Behinderung wie Geschlecht und Partnerschaft, Einsamkeit und Ablösung vom Elternhaus, Gewalt und Delinquenz sowie Fremdbestimmung und Ausgrenzung.

Zwischenzeitlich ist das Spektrum soziologischer Themenstellungen deutlich breiter geworden als noch vor einigen Jahren und wissenschaftstheoretische und methodologische Grundlegungen geraten stärker in den Blick (vgl. Forster 2004). Darüber hinaus haben sich auch thematische Gewichtungen verschoben. Disability Studies (Waldschmidt/Schneider 2007) und Fragen der Partizipation (Wansing 2005) sind aktuelle thematische Schwerpunkte.

6.2 Etikettierung und Stigmatisierung

Forschungen zur Einstellung der Bevölkerung gegenüber Menschen mit Behinderung gab es bereits in den 1970er Jahren. Eine großangelegte Untersuchung (von Bracken 1976) zu Vorurteilen gegenüber behinderten Kindern, ihren Familien und Schulen zeigte, dass das Ausmaß abhängig ist von der Art der Behinderung. Menschen mit geistiger Behinderung erfuhren deutlich negativere Bewertungen als Menschen mit körperlichen Einschränkungen.

Als „Sonderfall eines sozialen Vorurteils“ wird das *Stigma* betrachtet (Cloerkes 2001, 135). Der Begriff „Stigma“ geht zurück auf den amerikanischen Soziologen Erving Goffman, der in der Tradition der amerikanischen Devianzforschung der 1950er Jahre stand. Das Wort Stigma stammt aus dem Altgriechischen und war der „Verweis auf körperliche Zeichen, die dazu bestimmt waren, etwas Ungewöhnliches oder Schlechtes über den moralischen Zustand des Zeichenträgers zu offenbaren“ (Goffman 1977, 9). Dieses wurde in den Körper geschnitten oder gebrannt und sollte öffentlich zeigen, dass der Träger dieses Zeichens Sklave, Verbrecher oder Verräter sei und gemieden werden solle.

Stigma ist für Goffman „die Situation des Individuums, das von vollständiger sozialer Akzeptierung ausgeschlossen ist“ (ebd., 7). Goffman unterscheidet drei Typen von Stigmata:

- physische Deformationen (z.B. körperliche Behinderungen),
- individuelle Charakterfehler (z.B. Alkoholsucht) und
- phylogenetische Stigmata (z.B. Zugehörigkeit zu bestimmten Rassen, Religionen und Nationen).

Stigma findet Verwendung in Bezug auf eine Eigenschaft, die zutiefst diskreditierend ist (ebd., 11). Doch nicht die Eigenschaft alleine diskreditiert, sondern die Eigenschaft in Bezug auf den Träger. Stigma kann angesehen werden als eine besondere Form von Beziehung zwischen Eigenschaft und Stereotyp, wobei hier eine doppelte Beziehung auftritt. Wenn die Umwelt über den Makel Bescheid weiß, so ist die Person diskreditiert. Wenn dies nicht der Fall ist, so ist sie diskreditierbar, sobald der Makel entdeckt wird. Dieser Prozess führt nach Goffman zur Organisation der Identität um ein deviantes, abweichendes Verhaltensmuster.
Goffman geht von einem soziologischen Identitätskonzept aus, wobei er zwischen *sozialer*, *persönlicher* und *Ich-Identität* unterscheidet. Soziale Identität bezieht sich auf die Zugehörigkeit zu einer sozialen Kategorie (z.B. Student, Behinderter). Die persönliche Identität bezeichnet die Einzigartigkeit des Menschen. Hierzu gehören biographische Daten wie Namen, Geburtstag und Wohnort. Mit Ich-Identität ist das subjektive Empfinden der eigenen Situation in seiner Kontinuität und Eigenart als Resultat der verschiedenen sozialen Erfahrungen gemeint.
Zu unterscheiden vom Begriff Stigma ist der Begriff der *Stigmatisierung*. Dieser kann sich sowohl auf eine einzelne Person, die gesamte soziale Kategorie, aber auch eine Gruppe innerhalb dieser Kategorie beziehen. Die beschädigte „Identität" steht am Ende dieses Stigmatisierungsprozesses.
Goffman beschreibt verschiedene Techniken der Bewältigung beschädigter Identität, wobei in seinem Buch vereinzelt auch Beispiele von behinderten Menschen vorkommen. Page (1984, 20ff) nennt „Covering" und „Passing" als die zwei hauptsächlichen Formen des Umgangs mit einem Stigma. „Covering" erfolgt etwa durch das Bedecken einer sichtbaren Augenschädigung mit einer dunklen Brille. Unter „Passing" ist das erfolgreiche Bestehen einer Alltags-Situation zu verstehen, welche die Gefahr der Diskreditierung birgt. Die Informationsaufnahme des Inhalts von Kurztexten über Gespräche mit anderen Menschen wäre eine solche Strategie bei Menschen, die nicht sinnerfassend lesen können. Bewältigungsstrategien können aber auch einen offensiven Charakter haben und von Gruppen behinderter Menschen verfolgt werden. Selbstvertretungsgruppen von Menschen mit körperlichen Beeinträchtigungen bezeichneten sich in den 1970er Jahren in provokativer Absicht als „Krüppel-Gruppen". Auch dies kann als kollektive Bewältigungsstrategie des Stigmas betrachtet werden, die gleichzeitig auf die Initiierung sozialer Reaktionen des Umfeldes zielte.
Ist das Konzept Stigma auch auf Menschen mit Behinderung sinnvoll anwendbar? Die Frage ist trotz der genannten Beispiele nicht ganz eindeutig zu beantworten. „Physische Deformationen" würden sich im Sinne Goffmans auch auf körperliche

Behinderungen und Sinnesbehinderungen beziehen. Wenn das Devianz-Konzept zugrunde gelegt wird, ist die Sache bereits etwas schwieriger. „Devianz wird dabei als Ergebnis einer Karriere verstanden, in deren Verlauf durch Typisierungen und Erwartungen der Umwelt dem Individuum ein minderwertiger Status zugewiesen wird" (Neubert/Billich/Cloerkes 1991, 674). Obwohl bei Behinderungen kein abweichendes (deviantes) Verhalten im engeren Sinne vorliegt, lässt sich nach Cloerkes (2001, 126) der Ansatz auch hier gut anwenden. Menschen mit Behinderungen entsprechen in ihrem Sosein nicht den gesellschaftlichen Erwartungen, wobei abweichendes Verhalten mit eingeschlossen sein kann, aber nicht eingeschlossen sein muss.

In Bezug auf andere heilpädagogische Adressat/innengruppen, wie Kinder mit Verhaltensstörungen oder aus sozial randständigen Lebensverhältnissen mit nachfolgenden Lernstörungen ist das Devianzkonzept ebenfalls anwendbar.

6.3 Behinderung in traditionellen Gesellschaften und fremden Kulturen

So wie Gesellschaft den zentralen Gegenstand der Soziologie darstellt, ist es die Kultur für die Ethnologie. Dieses Fach, das im Zuge des Kolonialismus im 19. Jahrhundert in verschiedenen europäischen Ländern entstand, hatte von Anfang an die Beschäftigung mit fremden Kulturen zum Gegenstand.

Was ist Kultur? Eine sehr bekannte und einflußreiche Kulturdefinition stammt von dem amerikanischen Ethnologen Clifford Geertz. Er schreibt: „Ich meine mit Max Weber, daß der Mensch ein Wesen ist, das in selbstgesponnene Bedeutungsgewebe verstrickt ist, wobei ich Kultur als dieses Gewebe ansehe" (Geertz 1995, 9). Dies entspricht einer ähnlich weitgefassten Definition der Pädagogik durch Nieke in seinem Buch „Interkulturelle Erziehung und Bildung". Er schreibt: „Kultur ist die Gesamtheit der kollektiven Deutungsmuster einer Lebenswelt" und fügt dann noch in Klammern hinzu: „einschließlich materieller Manifestationen" (Nieke 1995, 49). Unter Lebenswelt versteht Nieke im Sinne von Schütz und Luckmann „die Gesamtheit der fraglosen Gewißheiten des Alltags bei der Orientierung in der physischen und sozialen Umwelt" (ebd., 50). Den Begriff „Deutungsmuster" verwendet er entsprechend dem Begriffsgebrauch in Habermas' Theorie kommunikativen Handelns zur Bezeichnung des überlieferten und sprachlich organisierten Vorrats an Deutungen von Handlungen (ebd., 51).

Die Ethnologie ist für die Heilpädagogik auch von Interesse aufgrund der von ihr entwickelten Forschungsmethode. Ab dem ersten Drittel des zwanzigsten Jahrhunderts entwickelte sie die ethnografische Feldforschung, die zu einem veränderten Blick auf das Fremde führte. Zur differenzierten Wahrnehmung der ethnologischen

Sichtweise müssen wir eine wichtige begriffliche Unterscheidung vornehmen, deren Diskussion in den letzten Jahren einen breiten Raum, insbesondere in der amerikanischen Ethnologie, die sich dort als Kulturanthropologie („cultural anthropology") bezeichnet, eingenommen hat. Man spricht von der „emischen" und von der „etischen" Betrachtungsweise. Erstere Sichtweise ist die der Beteiligten „von innen". Die etische Betrachtungsweise meint die der Beobachterin oder des Beobachters „von außen".

In traditionellen Gesellschaften ist kein Begriff dessen vorhanden, was wir als „Behinderung" bezeichnen. Behinderung ist eine Kategorie, die der etischen Betrachtungsweise entspringt. Der am ehesten noch hiermit korrespondierende emische Begriff ist für die meisten Gesellschaften der Begriff „Krankheit".

Diese Problematik wurde in verschiedenen medizinethnologischen Arbeiten thematisiert. Ute Meiser beschreibt, dass in der pazifischen Tonga-Kultur Phänomene, die wir als Behinderung ansehen, als Krankheit bezeichnet werden, gleichzeitig aber auch als Ausdruck einer sozialen Grenzüberschreitung, eines Tabubruchs oder eines Konfliktes mit einer Autoritätsperson gedeutet werden (Meiser 1995).

Sowohl Krankheit als auch Behinderung sind Phänomene, die weitgehend von kulturellen Deutungsmustern bestimmt sind, wie in medizinethnologischen Forschungsarbeiten wiederholt aufgezeigt wurde. Behinderung ist dabei ein Konzept, das ausschließlich dem euroamerikanischen Kulturkreis entstammt, während Krankheit als emisches Konzept in allen bekannten Kulturen vorhanden ist. Dies darf aber nicht zu dem Fehlschluss führen, dass Menschen, die wir als behindert klassifizieren, in traditionellen Gesellschaften automatisch als krank gelten. Ihre kulturelle Einordnung kann außerordentlich unterschiedlich sein. Sie muss auch nicht mit negativen Attributen verbunden sein.

Von besonderem Interesse für die Heilpädagogik sind konkrete Beschreibungen der Lebenssituation von Menschen in ethnologischen Forschungsberichten, die von der Heilpädagogik unter die etische Kategorie der Behinderung subsummiert werden könnten.

Neubert und Cloerkes haben Mitte der 1980er Jahre eine Sekundäranalyse ethnologischer Forschungsberichte von insgesamt 24 Kulturen aus allen Erdteilen in Form einer Pilotstudie vorgelegt (Neubert/Cloerkes 2001). Sie unterschieden folgende Behinderungen: Körperbehinderungen, Sinnesbehinderungen, geistige Behinderung, psychische Behinderung, Altersbehinderung, Veränderungen der Sexualorgane und sonstige Andersartigkeiten (ebd., 36). Zu den sonstigen Andersartigkeiten mit schwerwiegenden Konsequenzen für die Lebensführung und die Akzeptanz in der Gemeinschaft zählten sie so unterschiedliche Dinge wie Linkshändigkeit oder Zwillingsgeburten.

Die Autoren stellten fest, dass starke körperliche Andersartigkeiten, die mit funktionellen Einschränkungen verbunden waren, in fast allen Kulturen zu negativen Bewertungen führten. Die Reaktionen darauf reichten aber von totaler Pflege bis zur Tötung der Neugeborenen. Die Autoren möchten daher konsequent zwischen Behinderung und der Person des Behinderten unterscheiden. Die negative Reaktion auf das Phänomen der Behinderung musste nicht notwendigerweise zur Stigmatisierung des Menschen mit Behinderung führen.

In Bezug auf geistige Behinderung wurde festgestellt, dass Andersartigkeiten in den Kulturen festgestellt wurden, die emischen Konzepte aber häufig von unserem Begriff geistiger Behinderung abwichen. Auch Abgrenzungen zu Sprachbehinderungen und psychischen Behinderungen gelangen in den untersuchten Kulturen häufig nicht (ebd., 44). In einer Reihe von Kulturen wurden Abstufungen beim Umfang geistiger Behinderung erkannt und führten auch zu unterschiedlichen Bewertungen und ganz verschiedenen Reaktionen. Diese reichten von Extremreaktionen wie der Tötung der Kinder bis zu besonderem Schutz in verschiedenen anderen Kulturen. Isolierende Reaktionen wurden nur in einem Fall beschrieben, sehr häufig waren auch modifizierte oder eingeschränkte Partizipationen (ebd., 66f).

Im Einzelnen wurden folgende Reaktionen in den ethnologischen Forschungsberichten im Umgang mit behinderten Menschen beschrieben: Von den Araukaniern, einem Indianerstamm in Südchile, wurde die Tötung geistig behinderter Neugeborener beschrieben. Auch aus mehreren anderen Gesellschaften aus anderen Erdregionen wurden Hinweise auf solche Vorgehensweisen berichtet. Als Gründe wurden völlige Nutzlosigkeit und von geistig behinderten Menschen ausgehende oft irreale Gefahren berichtet. Eingeschränkte gesellschaftliche Partizipation äußerte sich in sehr unterschiedlichen Formen. So werden verschiedentlich Beschränkungen beim Eingehen der Ehe oder auch der Verlust der Geschäftsfähigkeit berichtet. Die häufig beobachtete geschützte Rolle war nicht selten auch kombiniert mit einer toleranten Haltung bei der Einbeziehung in die üblichen Lebensabläufe. So wird von den Navahos in Nordamerika berichtet, dass sie in den Hütten bei Besuchen zwar nicht wie willkommene Gäste behandelt wurden, dass ihnen aber freundlich und mit Nachsicht begegnet wurde und dass man ihnen oft auch kleine Geschenke gab. In einer Studie zu den Navahos wird berichtet, dass ein Mann mit geistiger Behinderung mit der Aufgabe betraut war, einen blinden Mann zu führen (ebd., 66). Von den Lepcha, die im indischen Himalaya-Gebiet siedeln, wird berichtet, dass geistig behinderte Menschen vor Kritik ausdrücklich in Schutz genommen werden.

Die schon etwas älteren Befunde von Neubert und Cloerkes werden gestützt durch Ergebnisse neuerer medizinethnologischer Forschungsarbeiten, die sich mit Krankheiten in traditionellen Gesellschaften beschäftigen. Verena Keck (1997) unterscheidet zwischen Krankheit, Kranksein und der Person des Kranken. Sie stellt fest, dass die negative Bewertung von Krankheit und Kranksein nicht die Negativbewertung des dauerhaft und schwerwiegend Kranken bzw. des Menschen mit Behinderung zur Folge haben muss.

Für ihre ethnologische Doktorarbeit über die gesellschaftliche Stellung behinderter Menschen suchte sich die Doktorandin einer deutschen Universität ein Dorf auf der indonesischen Insel Java für ihre Feldforschungen aus (Dreezens-Fuhrke 1998). Sie befragte die Einwohner/innen nach den im Ort wohnenden Menschen mit Behinderungen, für die es in der indonesischen Sprache das Wort „orang cacat" gibt. Hierunter werden Menschen mit Sinnesschädigungen, körperlichen und intellektuellen Beeinträchtigungen verstanden. Ein gehörloser Mann und eine blinde Frau, welche die Forscherin im Dorf ausfindig macht, werden aber nicht unbedingt mit dem Begriff „cacat" assoziiert. Es sind andere Typisierungen, die ihre Rolle in der dörflichen Gemeinschaft bestimmen. Der gehörlose junge Mann wird aufgrund unpassender Verhaltensweisen wie Betteln oder uneingeladene Teilnahme bei Essensritualen als „schamlos" betrachtet. Die ältere blinde Frau hat in der Gemeinde Funktionen, die mit einer Schamanin vergleichbar sind und deren Dienste im Krankheitsfall in Anspruch genommen werden. Sie hat demzufolge die geachtete Stellung einer „Weisen". Das Beispiel zeigt wie sehr die Wahrnehmung des Phänomens „Behinderung" von kulturellen Deutungsmustern bestimmt ist. Ein Mensch ohne Sehvermögen würde bei uns in jedem Fall als behindert angesehen, ganz gleich wie seine Stellung in der Gesellschaft ist. Eine kulturfreie Fassung von „Behinderung" ist nicht möglich. Behinderung als Konzept des euroamerikanischen Kulturkreises wird durch die ethnologische Sichtweise damit zusätzlich problematisiert.

6.4 International und interkulturell vergleichende Zugänge zur Heilpädagogik und Inklusiven Pädagogik

Allemann-Ghionda (2004, 66f) stellt und beantwortet in ihrer „Einführung in die Vergleichende Erziehungswissenschaft" die Frage, warum es sinnvoll ist international und interkulturell zu vergleichen. Dabei nennt sie mehrere stichhaltige Gründe. So stellt sie fest, dass Bildungssysteme nicht isoliert entstehen und sich entwickeln, sondern transnational eingebunden sind. Darüber hinaus müssen die Akteure voneinander wissen. Die Beschäftigung mit Vergleichender Erziehungswissenschaft fördere darüber hinaus wichtige Kompetenzen bei den Studierenden: die Relativierung des eigenen ethnozentrischen Standpunkts, Ambiguitätstoleranz und den Erwerb eigener interkultureller Kompetenzen.

Wie artikuliert sich dies speziell im Fach Heilpädagogik? Es gibt mehrere Argumente, die dafür sprechen, sich in interkulturell und international vergleichender Absicht mit Behinderung zu beschäftigen, die durchaus im Einklang mit den Argumenten Allemann-Ghiondas stehen. So bietet das Ausland Anregungen für die eigene pädagogische Praxis. Der fachliche Entwicklungsstand, den wir gegenwärtig in der Heil- und Sonderpädagogik haben, konnte nur dadurch erreicht werden, dass „über den Zaun" gesehen wurde, dass man geschaut hat, wie es die Anderen machen. Dabei hat man festgestellt, dass sie es oft ganz anders machen und noch dazu recht erfolgreich. Aus den letzten Jahrzehnten lassen sich eine ganze

Reihe von Beispielen nennen, wo Erfahrungen aus dem Ausland den Anstoß für Entwicklungen im Inland gaben. Das geläufigste Beispiel ist hier die schulische Integration. So hat die Erfahrung in verschiedenen Ländern wie z.B. in Italien oder den skandinavischen Staaten belegt, dass eine Beschulung auch ohne Sonderschule flächendeckend möglich ist. Die Erfahrung in europäischen Ländern, die auf Sonderbeschulungen verzichten (Ianes/Demo 2015), stellen bis heute wichtige Informationsquellen für mitteleuropäische Schulreformdiskussionen dar.
Auch im außerschulischen Bereich war die Umgestaltung der Institutionen und der Hilfsdienste für Menschen mit Behinderungen sehr stark von skandinavischen Entwicklungen beeinflusst. Das Normalisierungskonzept, das zur grundlegenden Umgestaltung von Wohneinrichtungen von Menschen mit geistiger Behinderung geführt hat, ist in Dänemark und Schweden entstanden und wurde dann in den angelsächsischen Ländern weiterentwickelt. Ebenso verhält es sich mit der Debatte über Selbstbestimmung, die gegenwärtig die Diskussion über die Neugestaltung der sozialen Hilfsdienste für Menschen mit Behinderung bei uns prägt.
Vergleichende Arbeiten gab es in der Heilpädagogik mit den Darstellungen Kirmsses bereits vor rund 80 Jahren. Hopmann (2008, 76f) bezeichnet sie aber eher als eine bunte Mischung aus Fakten, Anekdoten oder Geschichten vom Hörensagen. Auch die heutige komparative Heilpädagogik sei trotz verschiedener Fortschritte noch weit davon entfernt, eine systematisch entfaltete und etablierte Disziplin zu sein.
Das umfangreichste und inhaltlich am breitesten angelegte Werk vergleichender deutschsprachiger Heilpädagogik ist vermutlich das Handbuch der Sonderpädagogik von Klauer und Mitter (1987). Es enthält sowohl eine Anzahl grundlegender und systematischer Arbeiten, wie beispielsweise diejenige von Gisela Trommsdorf zum Kulturvergleich (Trommsdorf 1987) wie auch zahlreiche Darstellungen einzelner Länder. Trotz der Fülle von Bezugnahmen auf die Entwicklungen anderer Länder in der heilpädagogischen Fachliteratur der vergangenen Jahre, fehlen komparative Studien mit einem elaborierten Forschungsdesign nach wie vor.
Bei der international vergleichenden Sonderpädagogik geht es darum, zwei oder mehr Länder nach einem übergreifenden Merkmal miteinander in Beziehung zu setzen. Das bloße Nebeneinanderstellen von zwei Ländern ohne Bezug zu einem gemeinsamen Kriterium macht wenig Sinn (Bürli 1997, 29). In seinem Buch „Sonderpädagogik International“ vergleicht Alois Bürli sonderpädagogische Kontexte nach verschiedenen Dimensionen wie z.B. die unterschiedlichen sonderpädagogischen Kategorien und Strukturen des Schulwesens.
Die Frage nach den Vergleichseinheiten („units of comparison“) hat die vergleichende Heilpädagogik mit allen anderen Bereichen der Bildungswissenschaft gemein. So können Orte, Systeme, Zeiten, Kulturen, Werte, Bildungsabschlüsse, Bildungsstrategien, Curricula, Erziehungsorganisationen, Lernwege und pädagogische Innovationen Gegenstand des Vergleichs sein (vgl. Bray/Adamson/Mason

2007). Der Vergleich von einzelnen Variablen enthält bereits eine Fülle methodischer Probleme, so dass pauschale Aussagen, inwieweit sich Bildungsysteme zweier Länder unterscheiden, eher spekulativen Charakter haben. Noch schwieriger ist der Vergleich zwischen verschiedenen Kulturen, da er auf hochkomplexe theoretische Konstrukte und auf Datenmaterial zurückgreifen muss, das unter unterschiedlichen Zielsetzungen entstand und in unterschiedlicher Weise dokumentiert wurde (Eckensberger/Plath 2003). Mark Mason (2007, 168f) nennt als Voraussetzung für den Vergleich zweier Kulturen, dass diese identifiziert und klar voneinander geschieden werden könnten. Genau dies sei aber in vergleichenden Studien, die über Sekundäranalysen vorausgegangener Studien eine Fülle von Daten integrieren, nicht der Fall. Diese Probleme, die gleichermaßen für alle sozialwissenschaftlichen Untersuchungen gelten, gilt es auch für kulturvergleichende Studien im Feld der Heilpädagogik und Inklusiven Pädagogik zu berücksichtigen.
Bürli (2006) spricht von einer internationalen und vergleichenden Heil- und Sonderpädagogik, deren Aktivitäten er hinsichtlich ihrer räumlichen und zeitlichen Bezugnahme, ihrer Methoden und Ziele betrachtet. Unter Bezugnahme auf Schriewer sieht er die Entwicklung der Nationalstaaten des 19. Jahrhunderts als Ursprung international-vergleichender Forschung (ebd., 27). Vergleichende Forschung erfolgte häufig unter dem Fokus von Staaten und Kulturen. Bürli fügt dem noch den Vergleichs innerhalb eines Landes (intranational) und die zeitliche Dimension (historisch) hinzu.

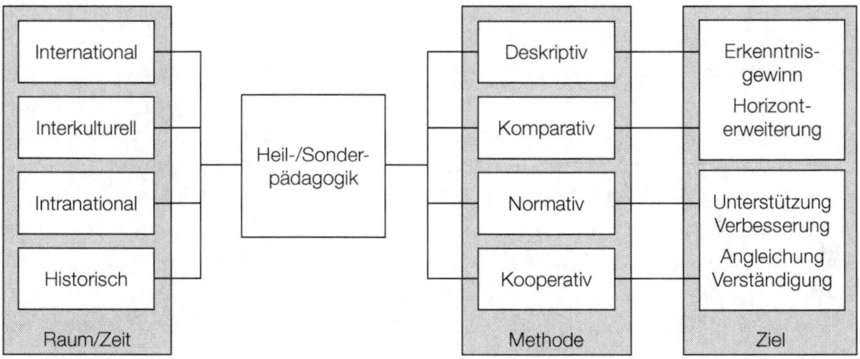

Abb. 6.1: Zugänge einer internationalen und vergleichenden Heil- und Sonderpädagogik (nach: Bürli 2006, 28)

Die Methoden können in all diesen Fällen deskriptiv, komparativ, normativ oder kooperativ sein. Deskriptive Arbeiten dienen zumeist dem Erkenntnisgewinn oder einer Erweiterung des Horizonts, normative und kooperative Arbeiten eher der Unterstützung, Verbesserung, Angleichung oder Verständigung. Für diese Möglichkeiten nennt er verschiedene Beispiele.

> „Die **international-deskriptive Heil-/Sonderpädagogik** beschreibt – vorab zwecks Erkenntnisgewinn und indirekt zur interkulturellen Verständigung – nationale oder länderübergreifende Merkmale und Tendenzen der Heil-/Sonderpädagogik. Eine reine Deskription ohne jeglichen vergleichenden Ansatz ist selten, der Übergang zur international-vergleichenden Heil-/Sonderpädagogik dementsprechend fließend.
>
> Die **international-komparative Heil-/Sonderpädagogik** ist gekennzeichnet durch systematisches Erheben und Herausarbeiten von Gemeinsamkeiten, Ähnlichkeiten und Unterschieden heil-/sonderpädagogischer Gesichtspunkte in verschiedenen Nationen mit dem Ziel, Erkenntnisse und Erfahrungen zu gewinnen, aber auch gegenseitige Verständigung, Beratung und Unterstützung vorzubereiten und zu ermöglichen. Im großen Stil sind solche Vergleiche vor allem Sache internationaler Organisationen (z.B. OECD, European Agency).
>
> Die **international-normative Heil-/Sonderpädagogik** beinhaltet die (gemeinsame) Erarbeitung von Empfehlungen, Richtlinien und Deklarationen zwecks Verbesserung, Angleichung, eventuell Vereinheitlichung. Typische Beispiele sind hier Deklarationen internationaler Organisationen (UN, EU, UNESCO Deklaration von Salamanca). Eine richtungsweisend-normative Funktion kann teilweise auch der Beratung zugerechnet werden, wenn es sich dabei um eine vorwiegend einseitige, direktive Anleitung oder Anweisung zuhanden von Institutionen oder Individuen handelt.
>
> Die **international-kooperative Heil-/Sonderpädagogik** stellt gegenseitige Zusammenarbeit und Beratung, Unterstützung und Aktionsprogramme in den Vordergrund. Diese Frage- und Aufgabenstellung ist von allgemeinem Interesse, historisch gesehen aber besonders typisch für Organisationen auf dem Gebiet der Entwicklungszusammenarbeit." (Bürli 2006, 28)

In der Arbeit der internationalen und vergleichenden Heil- und Sonderpädagogik sind unterschiedliche Gewichtungen denkbar. Möglich sind aber auch Abläufe verschiedener Modelle mit wechselseitigen Bezügen wie beispielsweise international vergleichende Studien, die aber auch auf eine Zusammenarbeit hinzielen (Bürli 2006, 28).

Auf Dokumente einer international-normativen Heilpädagogik wie z.B. der Erklärung von Salamanca, wird in aktuellen Veröffentlichungen, insbesondere im Umfeld einer Inklusiven Pädagogik, immer wieder Bezug genommen. Die kulturelle Dimension der Prozesse, die sich hier gegenwärtig vollzieht, ist bisher kaum Gegenstand wissenschaftlicher Untersuchungen und Reflexion geworden. Bei der Übernahme von Elementen einer „Weltkultur" (Meyer 2005) handelt es sich um den „Import" fremder Bruchstücke in die eigene Kultur und somit um eine Form von Kulturtransfer (Eisenberg 2003). Zum Verlauf solcher Entwicklung gibt es einzelne Studien, die mehrere Phasen unterscheiden. Gita Steiner-Khamsi nennt 3 Abschnitte von Transferprozessen im Bildungswesen: Externalisierung (Bezugnahme auf ein auswärtiges Modell), Rekontextualisierung (Modifizierung des fremden Modells vor Ort) und Internalisierung. In dieser letzten Phase der Internalisierung geht die Unterscheidung zwischen Neuheit und Fremdheit beim importierten Modell verloren, „bis es schließlich als einheimisches Modell ausgegeben wird" (Steiner-Khamsi 2003, 369).

Bereits in den ersten Jahren der Integrationsdiskussion in Deutschland in den 1970er Jahren, blickten neben reformorientierten Eltern und Lehrkräfte auch Wissenschaftler/innen nach Italien und Skandinavien, um zu verstehen, wie Bildungssysteme weitgehend auf Sonderschulstrukturen verzichten können. Nach Italien und Skandinavien sind in den letzten Jahren auch Strukturen außereuropäischer Bildungssysteme verstärkt aufgearbeitet worden, überwiegend als international-deskriptive Studien, aber auch mit international-komparativen Elementen nach der obigen Einteilung Bürlis (z.B. Köpfer 2013 und Johnson 2013). Es sind z.B. Schulentwicklungen hin zur inklusiven Schule und veränderte professionelle Zugänge, die auf Interesse stoßen. Während in den deutschsprachigen Ländern die Zusammenarbeit zwischen Regelschullehrkraft und Sonderpädagog/in ein vieldiskutierter Aspekt der professionellen Kooperation darstellt, ist festzustellen, dass andere Länder die institutionelle Entwicklung der Schulen stärker in den Blick nehmen. Der „Methods and Research Teacher“ bzw. das „Methods and Research Team“ in einigen Regionen Kanadas hat diese wichtige Funktion der Schulentwicklung. Dabei übt er unterschiedliche Aufgaben aus wie etwa die Teamentwicklung, das Auftreten als Anwalt benachteiligter Kinder, die Rolle als Unterstützer und Fallmanager, aber auch als Experte für Schulentwicklung (Köpfer 2013, 98f).

Während es bei dem kanadischen Modell um eine schulinterne Funktion geht, die von einer Person ausgeübt wird, handelt es sich bei „outside change agents“ in den USA um Handelnde von außerhalb der Schule, die Veränderungen hin zur inklusiven Strukturen initiieren und begleiten können (Johnson 2013, 94). Es kann sich dabei um staatliche oder universitäre Akteure handeln, oder auch um NGOs, die sich um Schulreformen kümmern.

Initiativen der deutschsprachigen vergleichenden Heilpädagogik zielten nach der Jahrtausendwende insbesondere auch auf die Intensivierung der Kontakte zu den mittel-/osteuropäischen Nachbarländern, mit deren Heilpädagogischen Universitätsinstituten Austauschmaßnahmen, Forschungskooperationen und gemeinsame Tagungen verstärkt gepflegt wurden (Sasse/Vitková/Störmer 2004; Albrecht/Bürli/Edélyi 2006; Biewer/Luciak/Schwinge 2008).

Behinderung und Flucht

Behinderung und Flucht („disability and forced migration“) als neue Thematik wurde erst in den letzten Jahren zum Objekt gesellschaftlicher Wahrnehmung und wurde bislang kaum Gegenstand wissenschaftlicher Forschung (Mirza 2014). Dabei verdient das Thema durchaus Aufmerksamkeit, da das Risiko von Behinderung betroffen zu werden bei der Gruppe eklatant höher ist als Folge von Gewaltanwendung, Unterernährung und fehlender Gesundheitsversorgung. Auf der anderen Seite sind speziell für behinderte Menschen Infrastrukturen sowohl in Gemeinden wie auch in Camps weniger zugänglich als für andere Flüchtlinge. Dies betrifft den Zugang zu Wasserstellen, Essensausgaben, Sanitäranlagen, Bildungsangeboten und Gesundheitsdiensten gleichermaßen (ebd., 422). Behinderte Flüchtlinge haben weniger Möglichkeiten sich von extrem einschränkenden Umweltgegebenheiten aufgrund eingeschränkter Mobilität wegzubewegen und sind beim Zugang zu Beschäftigungsmöglichkeiten zusätzlich beeinträchtigt, so dass Möglichkeiten der

Subsistenzsicherung durch Arbeit nicht möglich sind. Der Umstand, dass lange Fluchtwege aufgrund der Behinderung nicht bewältigt werden können, führt dazu, dass sie Regionen mit besserer Infrastruktur und mehr Hilfsangeboten noch weniger erreichen können als andere Flüchtlinge.

6.5 Behinderungen in Entwicklungsländern

Weltweit leben die meisten Menschen mit Behinderungen in Entwicklungsländern. Dies ist nicht nur Folge der globalen Bevölkerungsverteilung, sondern durch schwierige Lebensbedingungen mit verursacht (vgl. Biewer 2002a). So ist die Quote von Menschen mit Behinderungen deutlich höher als in entwickelten Ländern. Schlechte Wohn- und Lebensbedingungen, fehlender Zugang zu medizinischer Versorgung und fehlende Informationen über die Verursachung von Krankheiten erhöhen das Lebensrisiko. Während Blindheit in entwickelten Ländern in Zehntelprozenträngen gemessen wird, gibt es afrikanische Länder, in denen dieser Anteil bis zu 3% beträgt. Gleichzeitig fehlen adäquate Angebote zur Rehabilitation.

Innerhalb der international und interkulturell vergleichenden Heilpädagogik deutschsprachiger Länder haben Fragestellungen zu Entwicklungsländern mittlerweile eigenständige Diskurse begründet.

„Behinderung und Dritte Welt" entstand als Arbeitszusammenhang von Sonder- und Heilpädagog/innen ab Anfang der 1990er Jahre. An den Universitäten Frankfurt und Oldenburg gab es Wissenschaftler/innen, die gemeinsam mit Studierenden der Heil- und Sonderpädagogik Arbeitskreise gründeten. In der Folge entstanden Netzwerke über den Hochschulbereich hinaus und auch die Fachzeitschrift „Behinderung und Dritte Welt", die inzwischen den Namen „Behinderung und Internationale Entwicklung" trägt und im Volltext im Internet allgemein zugänglich ist (siehe Link am Ende dieses Kapitels).

In den nachfolgenden Jahren entstanden zahlreiche Studienabschlussarbeiten mit einschlägiger Thematik, von denen einige in Verlagen als Buch erschienen (z.B. Schwinge 2003). Es sind häufig länderbezogene Darstellungen zur Lebenssituation von Menschen mit Behinderungen und zu den jeweiligen Hilfsangeboten oder auch Bearbeitungen spezifischer Fragestellungen. Darüber hinaus erschienen in den vergangenen Jahren Dissertationen im Umfeld von Bildung, Entwicklung, Kultur und Behinderung wie etwa die Arbeit von Jana Zehle über Schulversagen an äthiopischen Grundschulen (Zehle 2008).

Während in entwickelten Ländern der Staat für die finanzielle Abdeckung von Bildungs- und Rehabilitationsangeboten zuständig ist, bleibt die Situation in Entwicklungsländern oft durch fehlende Bereitschaft und fehlende Möglichkeiten gekennzeichnet. Die wenigen Angebote für behinderte Menschen werden daher häufig von Nichtregierungsorganisationen, auch in Zusammenarbeit mit externen

Geldgebern, bereitgestellt (Ingstad 2001). Besonders in einigen der am wenigsten entwickelten Länder verstärken HIV-Infektionen als Massenphänomen die ohnehin durch extremen Mangel gekennzeichnete Situation im rehabilitativen Sektor.
Im Bereich der Hilfen für Menschen mit Behinderungen in Entwicklungsländern hat in den vergangenen Jahrzehnten ein Konzept der WHO weite Verbreitung erhalten, das Modell der „community-based-rehabilitation" (CBR), zu Deutsch also einer gemeindeorientierten Rehabilitation. „*Comunity*-based-rehabilitation" wird gesehen als Gegensatz zu einer „*institution*-based-rehabilitation", also der Einrichtung zentraler Institutionen. An Institution-Based-Rehabilitation wird die mangelnde Passung zur Situation in Entwicklungsländern kritisiert (Helander 1999). Hilfsinstitutionen seien von staatlicher Seite in Entwicklungsländern nicht bezahlbar und daher, so sie vorhanden seien, nur von einer schmalen begüterten Schicht nutzbar. „Institution-based-rehabilitation" wurde als ein Modell der Städte betrachtet, von dem die Landbevölkerung ohnehin abgeschnitten sei.
CBR bedeutet, dass Menschen mit Behinderungen dort betreut werden, wo sie leben, statt sie dorthin zu bringen, wo ein spezifisches Angebot bereitgestellt wird. Dies hat konkrete Auswirkungen für verschiedene Bereiche. Die Betreuung erfolgt etwa in der Familie statt im Heim. Die Sicherung des Lebensunterhalts soll durch eine Tätigkeit im natürlichen sozialen Umfeld erfolgen, statt in einer beschützenden Werkstätte.
CBR entstand in den späten 1970er Jahren im Rahmen von Aktivitäten der WHO. Damals standen noch ausschließlich medizinische und funktionale Aspekte der Rehabilitation im Mittelpunkt. Indem die WHO das Konzept in Kooperationen mit UNESCO und ILO ausbaute, gerieten auch Erziehungs- und Arbeitsmarktprobleme in den Blick. CBR ist entstanden vor dem Hintergrund fehlender Institutionen für Menschen mit Behinderungen. Das Modell war von Anfang an primär für ländliche Gemeinden, in der Regel Dörfer, konzipiert und betrachtet sich als Strategie zur Gemeindeentwicklung. Pädagogische Fragen tangiert es nur, soweit sie Teil der Gemeindeentwicklung sind. Als Ziele werden häufig Rehabilitation, Erreichung gleicher Chancen und soziale Einbeziehung von Kindern und Erwachsenen mit Behinderungen genannt.
Für das Verständnis von CBR, wie es sich weltweit im Sprachgebrauch durchgesetzt hat, spielt das von der WHO entwickelte Handbuch „Training in the community for people with disabilities" eine entscheidende Rolle (Helander u.a. 1989). Es ist eine Sammlung von 34 verschiedenen Heften für den praktischen Gebrauch, die einer durchgängigen einheitlichen Systematik unterliegen. Als Adressat/innen nennt es in erster Linie Menschen mit Behinderung und ihre Eltern, darüber hinaus aber auch Gemeindearbeiter/innen, Dorfschullehrer/innen, potenzielle Bereitsteller/innen von Arbeitsstätten oder andere Personen, die bereit sind sich für die soziale Integration von Menschen mit Behinderung einzusetzen.
Das Manual in seiner heutigen Fassung entstand über viele Jahre hinweg seit Anfang der 1980er Jahre und wurde immer wieder Feldversuchen in verschiedenen Entwick-

lungsländern unterzogen. Es wurde bewusst in einfacher Sprache verfasst und mit zahlreichen Illustrationen versehen, um es auch für Menschen mit geringer literarischer Bildung benutzbar zu machen. Eine Übersetzung in die jeweiligen Landessprachen wurde propagiert. Adressat/innenen sind alle Menschen, die auf lokaler Ebene mit Behinderungen in Kontakt kommen. Alle diese Gruppen sollen angesprochen und zur Etablierung formeller und informeller Hilfestrukturen angeregt werden.
Die Initiatorin oder der Initiator der örtlichen Projekte (im Handbuch als „local supervisor" bezeichnet) beginnt ihre/seine Arbeit mit einer Aufnahme des Ist-Standes in der Gemeinde. Dazu erstellt sie/er erst eine Karte, in der er/sie die Lage der einzelnen Häuser einzeichnet sowie markante Punkte im Ort wie Wasserstelle, Marktplatz, Kirche, Schule. Er fragt: Welche Menschen mit Behinderung gibt es im Dorf? Wo leben sie? Sieht man sie oder werden sie versteckt? Verlassen sie das Haus? Arbeiten sie? Wenn ja, was und wo? Nehmen sie an dörflichen Festen teil?
Er/sie besucht Menschen mit Behinderungen in Familien, eruiert ihre Situation, findet die Probleme heraus. Er versucht eine Gruppe von Dorfbewohner/innen zu bilden, die Interesse und möglichst auch Einfluss haben, um die Situation von Menschen mit Behinderungen zu verbessern. Als Mitglieder örtlicher Rehabilitationskomitees werden Eltern und Geschwister, Dorfautoritäten, Professionelle wie Lehrer/innen und Sozialarbeiter/innen, aber auch Menschen mit Behinderungen als Vertreter/innen ihrer eigenen Interessen angesprochen.
Ein eigenes Heft des Manuals richtet sich jeweils an eine dieser Gruppen. Der „Guide for Schoolteachers" beginnt mit einem kurzen Hinweis, was Behinderungen sind und was Kinder mit Behinderungen trotzdem zu leisten vermögen, wenn sie entsprechend trainiert werden. Es werden Gründe angeführt, warum die Kinder trotz ihrer Behinderung in die Schule gehen sollen. Der Guide gibt einige einfache Ratschläge, wie ein Schulbesuch eines behinderten Kindes in die Wege geleitet werden kann und wie die Rahmenbedingungen, wie etwa der Transport in die Schule mit den bestehenden Möglichkeiten gelöst werden kann. So soll etwa geklärt werden, dass andere Kinder, Nachbarn oder Familienangehörige sie dorthin bringen.

Why a person with a disability should do a job

- Doing a job makes a person feel useful. A person who works feels that he or she is helping himself or herself, the family, and the community.
- A person who works can use the payment that he or she gets to take care of the family or to help the family.
- A person who works is important to his or her family. Both the family and the person need to know this.

Abb. 6.2: Die Bedeutung der Einbeziehung von Menschen mit Behinderungen in den Arbeitsmarkt (aus: Helander u.a. 1989)

Für erwachsene Menschen mit Behinderung werden Strategien beschrieben, wie berufliche Tätigkeitsfelder gefunden, wie Menschen dort integriert und angelernt werden können.
CBR wurde mittlerweile in zahlreichen Projekten vorwiegend im ländlichen Raum umgesetzt, wobei die Qualität dieser Umsetzungen wohl sehr unterschiedlich war. Im Jahre 2003 versuchten Projektträger, Wissenschaftler/innen verschiedener Fachrichtungen und politisch Verantwortliche, eine Gesamtbilanz der vorausgegangenen 20 Jahre auf einer Tagung der WHO in Helsinki zu ziehen (WHO 2003). Dabei wurde auf die Abhängigkeit der Modelle von nationalen und kulturellen Rahmenbedingungen verwiesen. Die Einbeziehung der Selbsthilfe-Organisationen von Menschen mit Behinderung (DPOs) wurde als wichtige Aufgabe für die Weiterentwicklung des Models genannt. Festgestellt und bedauert wurde, dass in diesen Gruppen nur selten Bewohner/innen ländlicher Regionen und städtischer Armutsgebiete („Slums") zu finden seien.
Trotz häufig geäußerter Kritik an der Umsetzung in konkreten Projekten, steht Community-Based-Rehabilitation als erfolgreiches Strukturmodell der Behindertenhilfe nicht in Frage. Die Begrenztheit der zugrunde liegenden Prinzipien wie auch die Einfachheit der organisatorischen Vorschläge ermöglichten die Übertragung auf die unterschiedlichsten nationalen und regionalen Gegebenheiten. CBR arbeitet mit denjenigen Menschen, die sie in den bestehenden dörflichen Strukturen gewinnen kann. Selbst die Initiatorenrolle des „local supervisor" kann jede Person mit Interesse und Engagement übernehmen.
Der oftmals erfolgreichen Arbeit von Projekten in ländlichen Regionen stehen sehr gemischte Erfahrungen in städtischen Armutsgebieten entgegen. Als Folge der urbanen Sozialstrukturen war es kaum möglich, genügend freiwillige Mitarbeiter/innen zu rekrutieren, so dass häufig der Einsatz bezahlter Gemeindearbeiter/innen erforderlich war, damit die Projekte überhaupt realisierbar waren. So endete eine WHO-Tagung zu CBR in urbanen Armutsgebieten mit vielen offenen Fragen. Unklar blieb, ob Behinderung für Menschen in städtischen Armutsgebieten überhaupt als besonderes Problem wahrgenommen wird oder innerhalb der vielfältigen Probleme des Überlebenskampfes aller dort lebenden Menschen nicht eher eine Schwierigkeit unter vielen anderen ist. Es blieb auch unklar, inwieweit gemeindebezogene Aktivitäten von Menschen in Armutslagen überhaupt erwartet werden können und worin potenzielle Ressourcen von Menschen mit Behinderungen in städtischen Armutsgebieten überhaupt bestehen können (WHO/AIFO 2002).
Die Debatte über Inklusion hat in den vergangenen Jahren zunehmend auch Fragen der Entwicklungszusammenarbeit beeinflusst, auch auf dem Hintergrund der UN-Behindertenrechtskonvention mit ihren Artikeln 11 (Nothilfe) und 32 (Internationale Zusammenarbeit) (Kern 2016). Insbesondere staatliche Akteure sind dadurch verpflichtet die Perspektive behinderter Menschen in Programmen und

Projekten zu berücksichtigen. In Form eines „twin track approach" werden einerseits spezifische Maßnahmen für Menschen mit Behinderung geplant, andererseits müssen aber auch behinderte Menschen in jeglicher Form von Projekthilfe im Sinne eines „disability mainstreaming" mitbedacht werden (ebd., 632). Unter dem Motto „nichts über uns ohne uns" werden in Projekte der letzten Jahre zunehmend auch Menschen mit Behinderung und insbesondere DPOs in Planung, Implementierung und Bewertung von Projekten der Entwicklungszusammenarbeit mit einbezogen. Johanna Kern (ebd., 634) sieht Inklusion in der Entwicklungszusammenarbeit nicht als eine zusätzliche Aktivität, sondern als eine Veränderung der regulären Maßnahmen, um zu einer offeneren, faireren und effizienteren Entwicklungszusammenarbeit nicht nur für Menschen mit Behinderung, sondern für die ganze Gemeinschaft zu kommen.

6.6 Disability Studies: Behinderung als soziale und kulturelle Konstruktion

Disability Studies sind ein relativ junges Forschungsfeld, das sich im angelsächsischen Raum entwickelt hat. Sie erforschen die Erfahrung behindert zu werden mit sozial- und kulturwissenschaftlichen Mitteln und liefern damit einen Beitrag zur Dekonstruktion der auf Nichtbehinderung eingestellten gesellschaftlichen Praxen (Weisser 2005, 8).

Dederich (2007, 9) beschreibt den Gegenstand und die diesem Ansatz vorausgegangene Sichtweise wie folgt:

> „Zentral geht es dabei um die besondere Situation von Menschen, bei denen körperliche, kognitive, sprachliche, emotionale oder Verhaltenseigenschaften als negativ andersartig wahrgenommen werden; auf der Grundlage tradierter wissenschaftlicher Leitdifferenzen erscheinen diese Eigenschaften als Dysfunktionen, Pathologien oder Anomalien."

Im Unterschied zu den ersten eher gesellschaftswissenschaftlich orientierten Ansätzen der Disability Studies erweitern neuere Studien das soziale Modell von Behinderung zusätzlich um den Fokus der Beschreibung des menschlichen Körpers (Dederich 2004).

Für die Etablierung der Disability Studies im angloamerikanischen Raum sieht Dederich (2007, 17) sowohl wissenschaftliche wie politische Antriebskräfte, die historisch eng miteinander verbunden waren. Die Wurzeln sieht er in der politischen Behindertenbewegung („disability rights movement"), die sich für Gleichberechtigung und Emanzipation einsetzte und Bürgerrechte einklagte, gleichzeitig aber auch Strukturen der gegenseitigen Unterstützung und Solidarität schuf. Die starke Verbindung zwischen Behindertenbewegung und Wissenschaft zeigte sich auch in den Personen, die Forschungen in den Disability Studies initiierten. Nicht selten waren es Menschen mit einer Behinderung, die aus ihrer Perspektive persönlicher Betroffenheit einen veränderten wissenschaftlichen Zugang suchten.

Der wissenschaftlich-fachliche Teil war anfangs überwiegend im Umfeld der Soziologie angesiedelt. Inzwischen gibt es Disability Studies in zahlreichen anderen gesellschafts- und kulturwissenschaftlichen Fächern wie Pädagogik, Gesundheitswissenschaften, Philosophie, Literaturwissenschaften, Kunstgeschichte oder Politikwissenschaften (vgl. Albrecht/Seelman/Bury 2001; Davis 2006). Auch deutschsprachige Veröffentlichungen zeigen eine analoge Entwicklung wie zuvor in den USA (vgl. Waldschmidt/Schneider 2007), wo mittlerweile aber die geistes- und kulturwissenschaftliche Richtung tonangebend ist (Dederich 2007, 23). Für aktuelle Arbeiten im Umfeld von Heilpädagogik und Sozialarbeit ist andererseits der Versuch der Aufnahme anderer fachlicher Sichtweisen festzustellen (vgl. Hermes/Rohrmann 2006).

Es sind unterschiedliche Themen, die in diesen Studien bisher in den Blick genommen wurden. Die Auseinandersetzung mit dem menschlichen Körper war ein Themenbereich, der in den bisher vorliegenden Forschungsarbeiten Aufmerksamkeit erfuhr (Dederich 2004, 175ff). Die Fragen nach Normalität und Norm fanden ebenfalls besondere Berücksichtigung. Pathologien hatten nach dieser Sichtweise ihre Ursache in den Normalitätsvorstellungen der Gesellschaft (ebd., 185). Vertreter/innen der Disability Studies sehen Behinderung als „Produkt komplexer historischer, gesellschaftlicher und kultureller Konstruktionsprozesse“ (ebd., 189).

Sonder- und Heilpädagogik, wie auch die Leitvorstellung der Rehabilitation, wird hier als Versuch, den Menschen Normalitätsvorstellungen anzupassen, teilweise kritisch betrachtet. Ein Versuch, die neue Sichtweise der Disability Studies für die Sonderpädagogik nutzbar zu machen, stellt die Arbeit von Jan Weisser (2005) dar. Er versucht, das Verhältnis von Behinderung, Ungleichheit und Bildung unter einem veränderten Blickwinkel zu betrachten. Behinderung betrachtet er als eine autonome Unterscheidung zu Nichtbehinderung (ebd., 16f), die nicht mehr in Relation zu anderen Begriffen gesetzt werden müsse und sie unabhängig von Unterscheidungen wie normal/anormal oder gesund/krank mache. Weisser kommt zu einer Neubestimmung der Aufgabe der Sonderpädagogik. Statt sie als „Theorie und Praxis der Erziehung und Bildung von Kindern, Jugendlichen und Erwachsenen mit einer Behinderung zu verstehen“, verortet er sie neu „als Entdeckungs- und Beobachtungszusammenhang von Behinderung in Bildungsprozessen“ und als „institutionalisierter Umgang mit Erwartungsverletzungen und Behinderungsfolgen im Bereich des Lernens“ (ebd., 77f).

Die Disability Studies sind eine aktuelle Strömung, die sich in ihrer begrifflichen Positionierung deutlich von Systematisierungssystemen im Umfeld der „inclusive education“ abhebt. Während inklusive Ansätze Kategorisierungen möglichst zu vermeiden trachten, rücken die Disability Studies die Kategorie der Behinderung in den Vordergrund ihrer Reflexionen. Dabei bestehen auch Tendenzen von einer

„Kultur der Behinderung" zu sprechen, die sich von der bestehenden Mehrheitskultur abzugrenzen versucht. Barnes und Mercer (2001, 522) sehen „disability culture" als gemeinsame Identität und Interessenslage, die behinderte Menschen vereine und von nicht behinderten trenne, mit speziellen kulturellen Stilen, Gebräuchen, Interaktionsformen oder einer eigenen Sprache, wie bei gehörlosen Menschen.
Die Disability Studies versuchen, Behinderung in Wissenschaft und Gesellschaft neu zu verorten. Den kritischen Blick auf die gegenwärtigen Strukturen der regulären Institutionen und deren Problematisierung teilen Befürworter/innen einer Inklusiven Pädagogik mit den Vertreter/innen der Disability Studies.

6.7 Deaf Studies: Sprache, Kultur und Gemeinschaft

Die Propagierung von Sonderschulen für gehörlose Kinder unter Einsatz der Gebärdensprache wird als Eintreten für die Rechte einer sprachlichen und kulturellen Minderheit betrachtet (Barton/Armstrong 2001, 707). Ähnlich wie bei den Disability Studies haben wir es bei den Deaf Studies (Gertz/Boudreault 2016) mit einem transdisziplinären Ansatz zu tun, dessen normative Orientierung von den Rechten der Betroffenen ausgeht und mit Studien in zahlreichen wissenschaftlichen Fächern, darunter auch Pädagogik, vertreten ist. Im Kontext der Disability Studies entstand der Begriff des „ableism", der die gesellschaftliche Fixierung auf Fähigkeiten und die Ableitung hierarchischer Bewertungen von Menschen aufgrund vorhandener oder nicht vorhandener Fähigkeiten, kritisch hinterfragte. Analog dazu gibt es auch den Begriff des „audism" in den Deaf Studies, der die Bewertung und gesellschaftliche Einordnung von Menschen aufgrund ihrer Hörfähigkeiten in Frage stellt (ebd., 63). Obwohl Deaf Studies rein formal als Teil der Disability Studies betrachtet werden könnten, gibt es kaum Verbindungen. Vertreter der Deaf Studies sprechen auch von unterschiedlichen Schwerpunkten und teilweise kontroversen Zugängen, die kaum zur Zusammenarbeit zwischen beiden Bereichen führten (ebd., 277). Beginnend mit Überlegungen in den 1970er Jahren gibt es Ansätze zwischen „Deaf" und „deaf" zu unterscheiden. Das „Deaf" mit Großschreibung sieht Taubheit/Gehörlosigkeit als kulturelle und sprachliche Kategorie, während das klein geschriebene „deaf" auf fehlende physiologische Fähigkeiten fokussiert und damit eher einem defizitären medizinischen Zugang verhaftet ist.
Im Zuge der Neuorientierung von Gehörlosenpädagogik hin zum Zugang der Deaf Studies mit einem Schwerpunkt in Nordamerika, beginnt sich auch die Begrifflichkeit im deutschsprachigen Raum zu wandeln. Analog zum englischen „Deaf" hält inzwischen der Begriff „Taub", der vor Jahrzehnten durch „gehörlos" ersetzt wurde, erstmals wieder Einzug in Diskurse des deutschsprachigen Raumes.
Die Betonung auf der kulturellen Eigenständigkeit der „Deaf Community" schlägt sich vor allem in der Betonung der eigenständigen Sprache gehörloser/tauber Men-

schen nieder. Dem Erlernen der Gebärdensprache als Erst- und Muttersprache und deren Verwendung im weiteren Bildungsprozess kommt daher eine erhebliche identitätsstiftende Wirkung zu. So ist die Verwendung der Gebärdensprache als Unterrichtssprache eine der wichtigsten bildungspolitischen Forderungen der Gehörlosengemeinschaft. Für den schulischen Bereich unter der Perspektive von Integration oder Inklusion ist dies verbunden mit bilingualem Unterricht hörender und gehörloser Schüler/innen (Becker 2015).

6.8 Inklusive Pädagogik und Weltkultur

Beim Blick auf die weltweiten Entwicklungen und die politischen Normierungs- und Standardisierungstendenzen, welche die Besonderheiten der einzelnen Länder überlagern, stellt sich die Frage nach den Triebkräften dieser Entwicklungen und nach treffenden Beschreibungen dieser Entwicklungen auf der Metaebene. In Fragen der Klassifizierung (vgl. Kapitel 2) und bei der Durchsetzung von Konzepten der fachlichen Entwicklung wie Inklusion und Partizipation (Kapitel 5) ist weltweit zu beobachten, dass sich für die Pädagogik relevante Leitbegriffe auf internationaler Ebene durchsetzen, mit denen die Bildungssysteme der Länder beschrieben, gemessen und kritisiert werden. Mit dem vieldeutigen Begriff der Globalisierung wird diese Entwicklung nur unzureichend bezeichnet. Der Stanford-Professor John Meyer verwendet den Begriff der Weltkultur oder den schwer übersetzbaren Begriff „world polity“ für die mittlerweile weltweit geteilten Vorstellungen über die Beschaffenheit von Gesellschaften und Institutionen und die darin geltenden Leitkonzepte und Sichtweisen (Meyer 2005).
Über ein sich ständig weiterentwickelndes System aus Expert/innenhearings, Konferenzen, Rahmen- und Entwicklungsplänen, Deklarationen und Abkommen in Verbindung mit den weltweiten Aktivitäten von Organisationen wie OECD, UNO, UNESCO oder Weltbank setzen sich auch Normvorstellungen über die Beschaffenheit des Bildungswesens weltweit durch und führen zu Anpassungen in den Ländern (Meyer/Ramirez 2007, 284). Dabei sind es weniger die Länder, die sich auf gemeinsame Positionen einigen. Die Entwicklung vollzieht sich eher im Zentrum internationalen Expert/innenaustauschs und hat weitgehende Rückwirkungen auf die nationalen Diskussionen. Diese Entwicklung kann aber auch zu großen Diskrepanzen zwischen den Positionen der „world polity“ und den bestehenden Verhältnissen in den Ländern führen.
Jürgen Schriewer hat mit seinem Band „Weltkultur und kulturelle Bedeutungswelten“ die aktuellen globalen Bildungsdiskurse auf dem Hintergrund dieser Sichtweisen aufgearbeitet (Schriewer 2007). Auch wenn die weltweiten Entwicklungen im Umfeld einer Inklusiven Pädagogik in Schriewers Buch nicht vorkommen, so lassen sich doch zahlreiche Analogien finden. Die UNESCO-Erklärung von Salamanca

oder die UN-Konvention über den Schutz der Rechte von Menschen mit Behinderung transferieren Elemente einer „world polity" aus den Expert/innengruppen des Austausches in die Bildungspolitiken auf dezentraler Ebene und werden zu Leitlinien inhaltlicher Weiterentwicklungen und schließlich zu zentralen Konzepten der Bildungsdiskussionen. In bildungswissenschaftlichen Diskursen über Inklusive Pädagogik werden Dokumente der „world polity" wie die Salamanca-Erklärung zwar immer wieder zitiert, die Auswirkungen der darin enthaltenen Standardisierungen auf nationale und regionale Entwicklungen wurden bisher noch nicht auf einer ausreichend reflektierten Theoriebasis aufgearbeitet.

Arbeitsaufgabe:

Lesen Sie die 3 folgenden Falldarstellungen! Worin könnten in den 3 Fällen Schädigungen und Beeinträchtigungen der Aktivität und Teilhabe im Sinne der ICF bestehen? Diskutieren Sie gesellschaftliche und kulturelle Faktoren für die Entstehung von Behinderungen!

A.) Jeff kommt als gesundes Kind in Kalifornien zur Welt. Als Folge eines Unfalls im Vorschulalter sind seine Beine gelähmt. Er besucht die regulären Schulen seines Wohngebietes, wobei ihm vom Schulausschuss seiner Gemeinde in den ersten Jahren ein spezieller Fahrdienst zur Verfügung gestellt wird. Er ist einer der besten Schüler in der Klasse. In der Highschool hat er aber deutlich weniger Kontakte in seiner Freizeit als seine Mitschüler/innen, so dass er sehr viel Zeit vor seinem Computer verbringt. Er absolviert schließlich ein Informatikstudium und arbeitet als hochbezahlter Spezialist bei einer Software-Firma. Er kauft sich eine behindertengerechte Wohnung in einer großen Wohnanlage, die überwiegend von Singles bewohnt wird und fährt ein behindertengerecht umgebautes Auto.

B.) Semiatou ist eine junge Frau in einem westafrikanischen Land. Im Nachbardorf gibt es eine Primarschule, in der der Unterricht in französischer Sprache erfolgt. Ein Teil der Kinder des Dorfes besucht diese Schule. Wer dort hin geht muss Schulgeld zahlen und eine Schuluniform tragen. Semiatous Familie sieht keinen Sinn im Schulbesuch des Mädchens. Stattdessen bleibt sie zu Hause und stellt für die Mutter eine wichtige Hilfe bei den häuslichen Arbeiten dar. Mit vierzehn Jahren wird sie als zweite Frau an einen Mann verheiratet, der mit einer anderen Frau bereits zwei Kinder hat. Nachdem sie nach mehreren Jahren noch kein Kind geboren hat, wird sie von ihrem Mann verstoßen. In der Umgebung heißt es, auf ihr laste ein Fluch. Ihre Herkunftsfamilie nimmt sie nicht wieder auf. Ohne Beschäftigung fristet sie ein karges Leben am Rande der Gesellschaft mit gelegentlichen Hilfstätigkeiten gegen Naturalien und Zuwendungen anderer.

C.) Murat lebt bei seinen Großeltern in einem kleinen Dorf in der Nähe des Van-Sees im kurdischen Teil der Türkei. Er besucht die Grundschule, in der der Unterricht in türkischer Sprache stattfindet. In dieser Sprache kann er sich nur sehr gebrochen ausdrücken, da er mit seinen Großeltern bisher Kurdisch sprach. Weiterhin hat er Mühe beim Erlernen des Lesens und Schreibens. Er fällt aber in seiner Klasse nicht weiter auf, da viele andere Schüler/innen dieselben Probleme haben. Im Alter von 9 Jahren kommt er zu seinen Eltern, die in einer süddeutschen Großstadt leben. Er besucht eine Übergangsklasse in der es Schüler/innen aus verschiedenen Ländern gibt, deren Gemeinsamkeit darin besteht, dass sie sich erst seit kurzer Zeit in Deutschland aufhalten. Es fällt auf, dass er in den Kulturtechniken Lesen, Rechnen und Schreiben nur sehr langsam lernt, während das Erlernen der deutschen Sprache gute Fortschritte macht. Nach knapp einem Jahr wird er an die Schule für Lernbehinderte überwiesen, die er zwei Jahre lang besucht und dort ebenfalls nicht Lesen und nur schlecht Schreiben lernt. Schließlich erfolgt die Umschulung an eine Schule für geistig Behinderte. Da das Kind sogar mit dem Taxi zur Schule gefahren wird, glauben die Eltern es müsse sich wohl um eine sehr gute Schule handeln. Als sie schließlich feststellen um welche Schule es sich handelt, sind sie empört. Er besucht die Schule trotzdem weiter. Nach Beendigung der Werkstufe lehnt er den Besuch eines Förderlehrganges oder die alternative Beschäftigung in einer Werkstatt für Behinderte ab. Nachdem er lange Zeit ganz ohne Arbeit ist, hilft er schließlich gegen ein geringes Entgelt in einem kleingastronomischen Betrieb eines Verwandten mit. Er wohnt weiterhin in der Wohnung seiner Eltern.

Vorschlag zur vertiefenden Lektüre:

Das Lehrbuch „Soziologie der Behinderten", das Günther Cloerkes (2007) unter Mitarbeit von Kai Felkendorff und Reinhard Markowetz erstellt hat, gibt einen guten Überblick zum Theoriebestand in mehreren heilpädagogischen relevanten Themenfeldern. Zur inhaltlich vertieften Beschäftigung mit unterschiedlichen Facetten des gesellschaftlichen Blicks auf das Phänomen der Behinderung eignet sich der Sammelband „Wie man behindert wird", ebenfalls von Günther Cloerkes (2003). Für eine Orientierung in den Disability Studies, die auch über pädagogisch relevante Themen hinausgeht, kann der Sammelband „Disability Studies, Kultursoziologie und Soziologie der Behinderung" von Anne Waldschmidt und Werner Schneider (2007) empfohlen werden. Die bibliografischen Angaben zu allen drei genannten Büchern finden sich im Literaturverzeichnis dieses Buches.

Nützliche Links:

Zeitschrift Behinderung und Internationale Entwicklung: Auf dieser Seite finden Sie die Nummern dieser Zeitschrift im Volltext
http://www.zbdw.de/projekt01/index.php

Disability Studies in Deutschland: Die Seite enthält eine Literatur- und Projektdatenbank und Hinweise auf Veranstaltungen und Bildungsangebote
http://www.disability-studies-deutschland.de/bifos.php

WHO – Disability and rehabilitation – community-based-rehabilitation guidelines: Hier finden sich zusammenfassende Darstellungen zur Einführung in CBR und zu Einzelkomponenten wie Gesundheit, Bildung und Empowerment
http://www.who.int/disabilities/cbr/guidelines/en/

WHO – Training in the community for people with disabilities: Von dieser Website der WHO können einzelne Hefte des gleichnamigen CBR-Programms von Helander u.a. in englischer und französischer Sprache heruntergeladen werden
http://www.who.int/disabilities/publications/cbr/training/en/

7 Grundlegende pädagogische Entwürfe

Worum es geht…

Wissenschaftliche Arbeiten orientieren sich an theoretischen Grundlegungen. Das Kapitel befasst sich mit den einflussreichsten Entwürfen, auf die immer wieder Bezug genommen wird und die derjenige kennen sollte, der das Fach vertieft studiert. Die wichtigsten Theorieentwürfe des Fachgebiets sollen anhand der Hauptwerke der Heil-, Sonder- und Behindertenpädagogik knapp dargestellt werden. Dabei geht es um den biographischen und wissenschaftlichen Hintergrund wichtiger Fachvertreter/innen, wissenschafts- und erkenntnistheoretische Grundlagen, Zielsetzung und/oder bearbeitete Problemstellungen, Aufbau und Struktur der Arbeiten, wichtige inhaltliche Aussagen und auch um kritische Anmerkungen zum jeweiligen Werk. Darüber hinaus werden potentiell disziplinverändernde Diskurse Inklusiver Pädagogik mit ihren kontroversen Positionen herausgearbeitet.

Systematische und vergleichende Darstellungen der verschiedenen Theorieentwürfe gibt es in der Heilpädagogik deutlich weniger als in anderen Bereichen der Bildungswissenschaft. Einer der wenigen Versuche ist das Buch von Mirjam Faust (2007), das sich aber nur als Einführung für Studierende versteht und allenfalls einen flüchtigen Überblick über wenige ausgewählte Aspekte liefern kann. Einen systematischen und vertiefenden Einblick in das Feld der Theorien bietet die Arbeit von Moser/Sasse (2008). Deren Darstellung geht aus vom Theorie-Praxis-Verhältnis und dem Behinderungsbegriff als konstitutierendem Begriff des Fachgebiets. Die bestehenden Theorieansätze unterteilen die Autorinnen in geisteswissenschaftliche, kritisch-rationalistische, dialektisch-materialistische, ökosystemische, konstruktivistische und integrationspädagogische Ansätze der Behindertenpädagogik.
Heutige Systematisierungsversuche des Theoriebestandes müssen die Historie des Fachgebiets berücksichtigen. Die Anfänge der praktischen heilpädagogischen Arbeit im 18. und 19. Jahrhundert waren nur in den wenigsten Fällen mit theoretischen Systemen verbunden. Der damals generierte Wissensbestand zielte eher auf konkrete Handlungsanleitungen, bestenfalls auf systematische Darstellungen der pädagogischen Methoden. Ebenso wenig konnte ein Bewusstsein über eine gemeinsame Grundlage der Bildung blinder, gehörloser, kognitiv beeinträchtigter und sozial verwahrloster Kinder unterstellt werden; allenfalls sah man fragmentarische Bezüge zu anderen Feldern.
In der Geschichte der Heilpädagogik gab es unterschiedliche Verortungen des Fachs. So gab es Versuche, sie von der Pädagogik, aber unter Bezugnahme auf die

Medizin zu begründen, wie etwa im Entwurf von Georgens und Deinhardt (siehe Kapitel 1 dieses Buches). Einflussreich im 19. und 20.Jahrhundert war aber auch die Sicht von Heilpädagogik als medizinisch dominierte Angelegenheit. Otto Speck verwendete hierfür den Begriff „Mediko-Pädagogik" (Speck 2003b, 48f). Medikopädagogische Ansätze betrachten Heilpädagogik als ärztlich verordnete Heilmaßnahme. Als Beispiel für einen bis in die 1970er Jahre im schulischen wie außerschulischen Feld sehr einflussreichen mediko-pädagogischen Ansatz kann in Österreich das Werk des Pädiaters Hans Asperger genannt werden. Sein erstmals 1952 erschienenes Buch „Heilpädagogik", das sich auch als fachliche Einführung für Lehrer/innen und Fürsorgerinnen verstand, hat noch bis zum Jahre 1968 mehrere Neuauflagen erfahren (Asperger 1968).

In seiner inhaltlichen Ausrichtung ähnlich, aber stärker von individualpsychologischen Positionen in der Tradition Alfred Adlers geprägt, war das mehrfach überarbeitete Einführungswerk in die Heilpädagogik von Friedrich Meinertz und Rudolf Kausen, das einschließlich der pädagogischen Neubearbeitungen durch Ferdinand Klein mit insgesamt 10 Auflagen bis Ende der 1990er Jahre zu den weit verbreiteten heilpädagogischen Lehrbüchern für den außerschulischen Bereich zählte (Klein/Meinertz/Kausen 1999).

Das nachfolgende Kapitel wird sich ausschließlich auf ein pädagogisches Verständnis des Fachgebiets beschränken. Gleichzeitig geht es um Heilpädagogik als Wissenschaftsfach bzw. als Fach an der Universität. Die nachfolgende Unterteilung ist etwas vereinfachend, wurde aber aus Gründen der Darstellung gewählt. Die rezipierten Werke sind grundlegend und haben zumeist eine Anzahl weiterer Arbeiten beeinflusst.

7.1 Heilpädagogik als wertgeleitete Wissenschaft

Diese Überschrift wurde analog eines Buchtitels von Urs Haeberlin (1996) gewählt, der für die Schweizer Richtung der akademischen Heilpädagogik steht, deren Grundlegung bei Heinrich Hanselmann gesehen werden kann und die über Paul Moor zu Urs Haeberlin als aktuellem Vertreter führt.

Heinrich Hanselmann (1885-1960)

Zur Würdigung des Werks des Begründers der universitären Heilpädagogik ist eine Kenntnis der biografischen Daten nützlich (Lotz 2002). Heinrich Hanselmann besuchte 1901 das Lehrer/innenseminar in St. Gallen und trat 1905 die erste Lehrerstelle an der dortigen Taubstummenanstalt an. Ab dem Jahre 1908 studierte er an den Universitäten Zürich, Berlin und München. Er promovierte schließlich in Psychologie und trat eine Assistententätigkeit an der Universität Frankfurt an. Von 1912 bis 1916 leitete er eine heilpädagogische Einrichtung für männliche Jugendliche („Steinmühle") bei

Friedberg in Hessen. Von 1916 bis 1923 war er Generalsekretär der schweizerischen Stiftung Pro Juventute. Später übernahm er die Leitung eines Landerziehungsheimes für „Schwererziehbare und Entwicklungsgehemmte“ und gründete 1924 das Züricher Heilpädagogische Seminar, dessen Leiter er bis 1941 war. Rund 6 Jahre nach seiner Habilitation mit einer Schrift über die psychologischen Grundlagen der Heilpädagogik und kurz nach der Veröffentlichung des Buchs „Einführung in die Heilpädagogik“ erhielt er 1931 eine Professur für Heilpädagogik und Psychologie an der Universität Zürich, die er bis zu seiner Emeritierung im Jahre 1950 innehatte.
Die 1930 erstmals erschienene „Einführung in die Heilpädagogik“ war der erste größere wissenschaftliche Entwurf, der einen umfassenden Geltungsanspruch hatte, sich gleichzeitig aber an ein breites Fachpublikum wandte (Hanselmann 1966). Bereits im Vorwort zur ersten Auflage schrieb er:

> „Der Versuch, das Gesamtarbeitsgebiet der Heilpädagogik in der vorliegenden Form und Stoffauswahl darzustellen, ist meines Wissens neu. Ich erwarte darum aus medizinischen und pädagogischen Fachkreisen mehr Widerspruch als Zustimmung.“ (ebd., 5)

Hanselmann distanziert sich von Begriffen wie Norm oder Entartung, die in anderen Büchern zur Beschreibung der Klientel der Heilpädagogik in der damaligen Zeit verwendet wurden. Das Wort anormal möchte er gänzlich vermeiden (ebd., 11).

> Heilpädagogik definiert Hanselmann als „Lehre vom Unterricht, von der Erziehung und Fürsorge aller jener Kinder, deren körperlich-seelische Entwicklung dauernd durch individuale und soziale Faktoren gehemmt ist.“ (ebd., 11f)

Der Begriff der Entwicklungshemmung wird damit als zentraler Terminus seines Entwurfs eingeführt und spielt eine ähnlich prominente Rolle wie der Behinderungsbegriff in Entwürfen späterer Fachvertreter der zweiten Hälfte des 20. Jahrhunderts. Bemerkenswert an Hanselmanns Definition sind mehrere Faktoren. *Fürsorge* ist ebenfalls Gegenstand der Heilpädagogik, nicht nur Erziehung und Unterricht. Damit werden die Aufgaben auch in Feldern gesehen, die später eher als Aufgabenbereich der Sozialpädagogik oder Sozialarbeit betrachtet wurden. Bemerkenswert ist, dass er individuale wie auch soziale Faktoren als Entwicklungshemmung betrachtet und damit deutlich über medizinische Sichtweisen der damaligen Zeit hinausging.
Die Adressat/innengruppen des Fachgebiets unterteilt er in seiner „Einführung in die Heilpädagogik“ in 4 Hauptkategorien:

1. **Mindersinnigkeit und Sinnesschwäche:** Hierzu gehören blinde, sehschwache, taube, schwerhörige und taubblinde Kinder.
2. **Geistesschwachheit:** Hierunter versteht er Entwicklungshemmungen des Zentralnervensystems. Er spricht von leichter-, mittel- und schwergeistesschwachen Kindern.
3. **Sprachleiden:** Hier nennt er Stummheit, Stammeln und Stottern.

4. **Schwererziehbare:** Ihnen widmet er sich mit mehr als der Hälfte seines Buches. Die eigenen pädagogischen Erfahrungen haben hier wohl auch eine Rolle gespielt. Er unterteilt diese schwererziehbaren Kinder wiederum in 2 Gruppen: in Kinder mit neuropathischer und psychopathischer Konstitution. Zu den Kindern mit neuropathischer Konstitution gehören gleichermaßen Kinder mit Bewegungsstörung, epileptische Kinder, aber auch „nervöse" Kinder.

Kinder mit Bewegungsstörungen fallen damit unter die Kategorie der Schwererziehbarkeit. Nach späteren Einteilungen, die Kinder mit cerebralen Bewegungsstörungen der körperlichen Behinderung als eigener Kategorie zuordneten, wirkte diese Systematik doch eher ungewöhnlich.

Die zweite Gruppe der Schwererziehbaren umfasst für Hanselmann Kinder mit psychopathischer Konstitution. Hier spricht er z.B. von hysterischen Kindern und Jugendlichen. In einem weiteren ausführlichen Abschnitt behandelt er Umweltfehler bei schwererziehbaren Kindern. Dazu zählt er z.B. Frechheit, Faulheit, Lügen und Stehlen, die er in Zusammenhang mit Erziehungsfehlern von Eltern und Bewertungen des übrigen sozialen Umfeldes diskutiert.

Hanselmanns Buch umfasst neben differenzierten Beschreibungen der verschiedenen Entwicklungshemmungen zahlreiche Hinweise für den pädagogischen Umgang mit diesen Kindern. Besonders umfangreich sind sie bezüglich der Schwererziehbarkeit, worin sich nicht zuletzt auch die praktisch-pädagogischen Erfahrungen widerspiegeln, die Hanselmanns akademischer Karriere vorausgingen und sie auch weiter begleiteten. Dies hat sicherlich mit zur weiten Verbreitung seiner Werke auch bei Praktiker/innen im pädagogischen Feld beigetragen.

Haeberlin (2005, 285ff) fragt nach den Grundwerten, welche Hanselmanns Menschenbild bestimmt haben. Er nennt ideologische Offenheit, Religiosität, Ganzheitlichkeit, politische Freiheit und Gemeinschaft.

Hanselmanns Entwurf wurde später von Ulrich Bleidick zwar in seiner Bedeutung für die Etablierung des Faches Heilpädagogik an der Universität gewürdigt, für seine eigene Neufassung einer am kritischen Rationalismus orientierten empirischen Behindertenpädagogik hat er aber keine Anknüpfungspunkte gesehen (Bleidick 1972). In der Vorstellung von der Entwicklungshemmung als dem zentralen Gegenstand, mit dem sich Heilpädagogik beschäftigt, sieht Haeberlin gemeinsam mit Bleidick das Vorherrschen biologistischer Vorstellungen, die aber um religiöse Interpretationen ergänzt werden (Haeberlin 2005, 303).

Paul Moor (1899-1977)

Paul Moor wurde 1951 Nachfolger Hanselmanns auf dem Züricher Lehrstuhl und entwickelte eine wertphilosophisch reflektierte Heilpädagogik (Schmid 2002). Sein umfangreiches Hauptwerk erschien in den 1950er Jahren in zwei Bänden unter dem Titel „Heilpädagogische Psychologie" (Moor 1951/Moor 1958). Einige Jahre später wurde es um ein heilpädagogisches Lehrbuch ergänzt (Moor 1965).

Paul Moor kann als Vertreter einer normativen, religiös orientierten Pädagogik angesehen werden. Darin besteht ein Unterschied zu seinem Vorgänger Hanselmann, bei dem das religiöse Moment zwar auch zu finden ist, aber nicht die zentrale Rolle spielt wie bei Moor. Der soziale Aspekt von Entwicklungshemmungen, dessen zentrale Rolle Hanselmann immer betont hat, wird von Moor zwar noch genannt, spielt aber für seine weiteren Überlegungen kaum eine Rolle. So verwundert es auch nicht, dass Fürsorge ebenfalls nicht mehr als Aufgabe der Heilpädagogik betrachtet wird.

Auch wenn Moor sein Hauptwerk im Titel eher der Psychologie zuordnet, so geht es ihm doch vordringlich um pädagogische Anliegen. In seinem Werk „Heilpädagogik – ein pädagogisches Lehrbuch" hat er auch die Abgrenzung zur Medizin im Blick. „Heilpädagogik ist Pädagogik und nichts anderes" ist ein Satz aus diesem Werk, der auch heute noch häufig zitiert wird (Moor 1965, 273).

In seiner „Heilpädagogischen Psychologie" entwickelte Moor unter Bezugnahme auf zahlreiche Falldarstellungen seine Theorie vom „inneren Halt". Daraus folgt die Nennung von Haltschwächen und das Postulat der Gleichwertigkeit von Gefühl und Verstand.

Moors Werk geriet insbesondere in den 1970er Jahren, in Zeiten einer empirischen Wende in Teilen der Erziehungswissenschaft, in die Kritik. Die spekulative Form der Auseinandersetzung mit Einzelfällen in Kombination mit religiösen Zugängen entsprach nicht mehr dem neuen Selbstverständnis des Fachgebiets.

Urs Haeberlin (*1937)

Sowohl das Werk von Hanselmann wie von Moor wurde von Bleidick als ungeeignet für eine Grundlegung einer wissenschaftlichen Pädagogik bewertet (Bleidick 1972). Urs Haeberlin, der an der Schweizer Tradition von Pestalozzi über Hanselmann und Moor anknüpft, und bis zu seiner Emeritierung im Jahre 2006 das Institut für Heilpädagogik der Universität Freiburg/Schweiz leitete, hält dem entgegen:

> „Hanselmann und Moor wollten beide eine Heilpädagogik entwerfen, die nicht der Psychologie oder Erziehungswissenschaft als bloße Beschreibungs- oder Erklärungswissenschaft unterstellt war, sondern im Dienste einer wertbestimmten Pädagogik stehen sollte. Heilpädagogik wurde von beiden als wertgeleitete Wissenschaft verstanden, für welche die wertfrei arbeitende Empirische Psychologie und Erziehungswissenschaft ihrer Zeit nicht das gültige Vorbild sein konnte." (Haeberlin 2005, 308).

Die wesentlichen Eckpunkte von Haeberlins Position lassen sich an drei zwischen 1985 und 2005 erstmals erschienenen Lehrwerken festmachen (Haeberlin 1998; Haeberlin 1996; Haeberlin 2005). Urs Haeberlins Werk „Pädagogik als wertgeleitete Wissenschaft", das sich im Untertitel auch als „Einführungsbuch in Grundfragen einer Pädagogik für Benachteiligte und Ausgegrenzte" bezeichnet, knüpft inhaltlich an der Tradition der Schweizer Heilpädagogik von Hanselmann und Moor an, bekennt sich aber gleichzeitig zur empirischen Forschung, die sich an den Qualitätsmaßstäben der Sozialwissenschaften orientiert (Haeberlin 1996).

In der Begriffswahl des Titels ist ein moralischer Appell nicht zu überhören. Die Wissenschaft, die er vertritt, ist aber keine zweckfreie, sondern eine Partei ergreifende. Sie betrachtet sich, wie der Untertitel der Arbeit ausdrückt, als Pädagogik für Benachteiligte und Ausgegrenzte. Die Bezugsgruppe ist bei Haeberlin sehr weit gefasst. Haeberlin hat das allgemeine Bildungswesen im Auge und alle, die dort Benachteiligung und Ausgrenzung erfahren. So sind für ihn Selektionsprozesse für schulleistungsschwache Schüler/innen in der Regelschule ein Forschungsgegenstand, auch wenn sie nicht zur Selektion an die Sonderschule führen.

Haeberlin betrieb als Vorstand eines sehr großen heilpädagogischen Instituts breite empirische Forschung. Er ist Anhänger eines „wertgeleiteten Methodenpluralismus" (ebd., 221ff), wie er es formuliert. Quantitative Untersuchungen an größeren Populationen zur Prüfung von Hypothesen werden von ihm ergänzt um qualitativ orientierte Einzelfallforschungen.

Im Jahre 2005 erschien eine Neubearbeitung dieses Werkes, und zwar als Lehrbuch unter dem Titel: „Grundlagen der Heilpädagogik. Einführung in eine wertgeleitete erziehungswissenschaftliche Disziplin." (Haeberlin 2005)

Ähnlich wie im vorausgegangenen Werk legt er die Werte dar, an denen er sich orientiert. Ausgehend von der Diskussion um die Thesen Peter Singers sieht er das Leben behinderter Menschen von Neuem bedroht (ebd., 26ff). Er sieht die Heilpädagogik aber auch durch andere globale Entwicklungen tangiert wie ökologische Bedrohungen, ungleiche Bevölkerungsentwicklungen, Verschiebungen der Altersstruktur sowie Migrationsprozesse. Mit dem Behinderungsbegriff setzt er sich kritisch auseinander (ebd., 67ff). Er sieht die Gefahr von Fehlentwicklungen durch institutionenbezogene Sichtweisen und Stigmatisierung. Die europäische Geschichte sieht er von der Antike bis zur heutigen Zeit als eine Geschichte misslingender Solidarisierungen. Er macht sie an Reduktionen im Menschenbild fest, die sich in so unterschiedlichen Zugängen wie dem Pietismus, dem Utilitarismus im Kontext eines aufklärerischen Rationalismus, dem Natur-Geist-Dualismus bei Max Scheler, aber auch an biologisch-evolutionären wie lernpsychologischen Positionen zeigen.

Unter Rückgriff auf Pestalozzi, Hanselmann und Moor gelangt er schließlich zu einer heilpädagogischen Tugendethik, die Werte wie ideologische Offenheit, Bildbarkeit und Lebensrecht, aber auch Selbständigkeit, Lebensqualität, Effizienzkontrolle und Selbstkritik umfasst. Diesen Kanon an Grundprinzipien und Tugenden möchte er aber bewusst offen halten für Heilpädagog/innen, die im Rahmen ihrer Arbeit Überlegungen zur eigenen Berufsethik entwickeln (ebd., 346).

7.2 Entwürfe der 1970er und 1980er Jahre

Bleidicks Entwurf einer Pädagogik der Behinderten

Ulrich Bleidick (*1930) war Professor für Allgemeine Behindertenpädagogik an der Universität Hamburg. Das Buch „Pädagogik der Behinderten" erschien 1972 und hat die Entwicklung einer kategorialen Behindertenpädagogik und damit den inhaltlichen Ausbau des Faches Sonderpädagogik wie kein anderes geprägt. Es erschien zu einer Zeit, als der Ausbau eines differenzierten Sonderschulwesens in den deutschsprachigen Ländern seinem Höhepunkt entgegen ging und die Option integrativer Erziehung zwar formuliert wurde, sich aber in der Gestaltung des Bildungswesens noch kaum niederschlagen konnte.

Es war aber auch die Zeit, als sich Sonderpädagogik als neues Fach an den Universitäten etabliert hatte und nach einer fundierten allgemeinen Grundlegung suchte. Vorausgegangen war die Integration der Pädagogischen Hochschulen in die Universitäten in den meisten deutschen Bundesländern und damit einhergehend einer deutlicheren Postulierung des Forschungs- gegenüber dem Ausbildungsauftrag. Parallel zum Ausbau eines differenzierten Sonderschulwesens wurden an den Universitäten Fächer wie Lernbehindertenpädagogik, Körperbehindertenpädagogik oder Geistigbehindertenpädagogik mit den entsprechenden Fachrichtungsprofessuren eingerichtet. Das Buch „Pädagogik der Behinderten" kann als die theoretische Fundierung des Wissenschaftsverständnisses im Fach in der damaligen Zeit angesehen werden.

Bleidick kann als Vertreter einer empirisch-analytischen Richtung betrachtet werden. Elemente der Systemtheorie kamen in späteren Arbeiten bei Bleidick noch hinzu, sind aber in diesem Buch noch nicht festzustellen. Das Buch von Bleidick besteht aus drei Teilen: der Begriffslehre, der Gegenstandslehre und der Wissenschaftslehre.

Auf den ersten 100 Seiten (*Begriffslehre*) setzt er sich mit den Termini Sonderpädagogik und Heilpädagogik auseinander, beschreibt ihre Entstehungsgeschichte und die dahinter stehenden Positionen. Den Begriff Heilpädagogik sieht er vorwiegend in den Bereichen der Theologie und der Medizin angesiedelt. Weitere Begriffe, mit denen er sich in diesem ersten Teil auseinander setzt, sind Rehabilitation und Behinderung.

Der zweite Teil, bei dem es um die *Gegenstandslehre* geht, versucht ältere heilpädagogische Ansätze aufzuarbeiten. Diese werden meist als spekulativ und normativ orientiert dargestellt.

Bleidick versucht, das Fachgebiet mit seinen Einzelbereichen und seinen Außenbezügen neu zu beschreiben (vgl. Abb. 7.1).

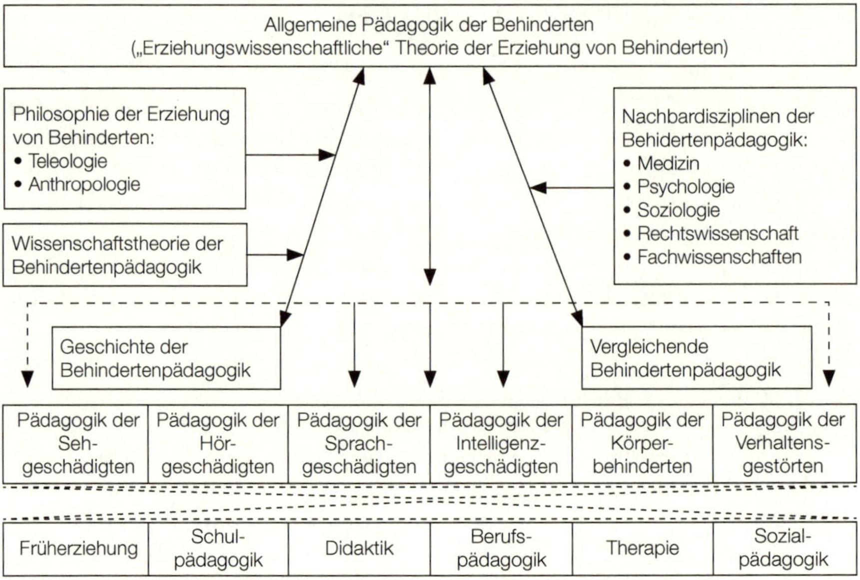

Abb. 7.1: Bleidicks Entwurf einer Pädagogik der Behinderten (nach: Bleidick 1972, 387)

Bleidick schreibt in einem zusammenfassenden Abschnitt seines Buches:

> „Die ‚Allgemeine Pädagogik der Behinderten' umfaßt alles das, was die übergeordnete Theorie der Erziehung von allen Behinderten ausmacht. Ihre direkten Untergliederungen beziehen sich auf die ‚behinderungsspezifischen' Sparten:
> - Pädagogik der Sehgeschädigten
> - Pädagogik der Hörgeschädigten
> - Pädagogik der Sprachgeschädigten
> - Pädagogik der Intelligenzgeschädigten
> - Pädagogik der Körperbehinderten
> - Pädagogik der Verhaltensgestörten.
>
> In einer dritten Ebene von Untergliederungen zerfällt jede dieser sechs Sparten von ‚Behindertenpädagogiken' in je sechs einzelne Bereiche:
> - Elementarerziehung, vorschulische oder Früherziehung der einzelnen Behindertengruppen
> - Schulpädagogik der einzelnen Sonderschularten
> - Didaktik (und Methodik) einschließlich der Fachdidaktiken dieser Sonderschularten, die eine jeweils ‚besondere' Didaktik für Sehgeschädigte, Körperbehinderte und Verhaltensgestörte sein muß" (Bleidick 1972, 386)

In der Konsequenz bedeutet dieses Modell eine Aufsplitterung in jeweils eigene fachrichtungsbezogene Aufgabenstellungen und Methoden. Allgemeinen und verbindenden heilpädagogischen Inhalten droht hier die Segmentierung zu einem

spartenmäßigen Spezialwissensbestand. Aus heutiger Sicht ist schwer nachvollziehbar, welche besonderen Methoden die Früherziehung sprach- und intelligenzgeschädigter oder verhaltensgestörter Kinder unterscheiden soll.
Aus heutiger Sicht schwer verständlich, aber für die damalige Zeit symptomatisch, ist die Unterteilung in besondere Didaktiken für die Behinderungsfachrichtungen, die darüber hinaus noch jeweils eigene Fachdidaktiken umfassen sollten (ebd., 389). Worin soll der Unterschied in den Lernmethoden der Grundschulstufe mit lern-, sprach- oder körperbehinderten Kindern bestehen, außer dass die spezifischen Voraussetzungen der Kinder mitberücksichtigt werden? Beim Blick auf die „besonderen" Didaktiken, die in den nachfolgenden Jahren formuliert wurden, finden sich erstaunlich viele gemeinsame Inhalte zwischen den fachrichtungsspezifischen Darstellungen. In der Konsequenz für das Studium führte diese Unterteilung zu einer überzogenen Ausdifferenzierung mit entsprechend vielen Studien- und Prüfungsfächern bei sich häufig überschneidenden Inhalten.
Bleidick legitimierte diese Aufteilung mit folgendem Argument:

> „Er ist durch den Umstand gerechtfertigt, daß Schulpädagogik, Didaktik, Berufspädagogik usw. nicht generaliter für alle Behinderten gleich, sondern behinderungsspezifisch wissenschaftlich ausgegliedert sind und in der Berufsvorbereitung des Erziehers von Behinderten differenziert nach Fachrichtungen gelehrt werden müssen. Dieser Stand der wissenschaftlichen Ausdifferenzierung von Sparten der Behindertenpädagogik ist jüngsten Datums." (ebd., 388)

Geschichte der Behindertenpädagogik und Vergleichende Pädagogik der Behinderten sind für Bleidick neben- und zugleich übergeordnete Gesichtspunkte und erfolgen in Bezug auf die allgemeine Theorie, die verschiedenen Behinderungssparten wie auch die verschiedenen Institutionen (ebd.).
Im dritten Teil seiner Arbeit, der *Wissenschaftslehre*, stellt Bleidick seine wissenschaftstheoretischen Grundlagen dar. Er propagiert hier einen empirisch-deskriptiven Wissenschaftsansatz, der Ziel- und Wertfragen dem Bereich von Erziehungsphilosophie und Anthropologie zuordnet.
Einer Abwendung von der allgemeinen Erziehungswissenschaft und der Etablierung eines fachbezogenen Eigenlebens mit eigenen Instituten für Behindertenpädagogik bis hin zur Gründung einer Heilpädagogischen Fakultät, wie sie lange Zeit an der Universität Köln bestand, leistete diese Sichtweise Vorschub. Das Buch von Bleidick hat die fachliche Gliederung der Heil- und Sonderpädagogik für rund 20 Jahre in hohem Maße geprägt. Auch das 12-bändige Handbuch der Sonderpädagogik bringt diese Unterteilung zum Ausdruck, indem es in den fachrichtungsbezogenen Einzelbänden je eigene Bereiche zur Anthropologie, Schule und Didaktik aufweist.
Bleidicks Buch konstituiert das Fach um den Begriff der Behinderung. Dies führte auch zu dem Vorwurf, seine Anthropologie sei keine Lehre vom Menschen, sondern eine Lehre vom Behinderten (Zirfas 1998, 101). Kritik wurde später auch an

der Nominalisierung geübt, also daran, dass Bleidick von *den* Behinderten sprach und damit negative Attribute zum zentralen Aspekt bei Menschen gemacht werden. Bleidicks Sprachgebrauch unterschied sich aber in keiner Weise von dem, was im Bildungswesen und in der Wissenschaft damals üblich war. Wenn heute von Menschen mit Behinderung statt von „den Behinderten" gesprochen wird, spiegelt sich darin die erhöhte Sensibilität gegenüber latenten sprachlichen Abwertungen wider, die erst als Folge eines gesellschaftlichen Diskussionsprozesses entstand.

Wolfgang Jantzen: neurowissenschaftliche und sozialgeschichtliche Zugänge

Wolfgang Jantzen (*1941) war in jungen Jahren wissenschaftlicher Mitarbeiter am Institut für Heil- und Sonderpädagogik der Universität Marburg. Im Jahre 1974 wurde er auf die Professur für Behindertenpädagogik an der Universität Bremen berufen, die er bis zur Emeritierung im Jahre 2006 innehatte. Neben einer großen Zahl sonstiger Arbeiten, insbesondere zur Deinstitutionalisierung bei schwerer geistiger Behinderung, hat er ein zweibändiges Werk mit dem Titel „Allgemeine Behindertenpädagogik" geschrieben (Jantzen 1987/Jantzen 1990). Obwohl es sich als Lehrbuch versteht, stellt es auch an fortgeschrittene Studierende hohe Anforderungen.

Jantzens Anspruch, den er bereits im Vorwort zum ersten Band formuliert, ist es, das Fach Behindertenpädagogik nach anderen Schwerpunkten neu zu sortieren. Der Aufbau ist daher auch ungewöhnlich. Wolfgang Jantzen geht aus von der marxistischen Philosophie und Gesellschaftstheorie, von der aus er soziologische und historische Fragestellungen angeht. Den dialektischen Materialismus versteht er gleichermaßen als Grundlage für Gesellschafts- und Naturwissenschaft. Jantzen orientiert sich an einem Ansatz, der in Bezug auf Behinderungen gesellschaftliche, geschichtliche und naturwissenschaftliche Sichtweisen zu vereinen sucht. Dieser Ansatz ist bereits in den 1930er Jahren in der Sowjetunion entstanden und hat mehrere Jahrzehnte in der psychologischen Forschung eine nicht unbedeutende Rolle gespielt. Die wissenschaftliche Richtung nennt sich Kulturhistorische Schule. In Bezug auf die humanwissenschaftliche, insbesondere die psychologische sowie die Lehr- und Lernforschung wurde auch der Begriff der Tätigkeitstheorie geprägt. Die wichtigsten Vertreter dieser Richtung sind Leontjew, Luria und Vygotski. Für diese drei russischen Namen finden sich für die in deutscher Sprache publizierten Werke unterschiedliche Umschreibungen.

Der Aufbau der „Allgemeinen Behindertenpädagogik" von Jantzen ist für pädagogische Lehrbücher eher ungewöhnlich. Der erste Band beginnt mit einem Kapitel über Behinderung und Gesellschaftsstruktur und einer Verortung des Behinderungsphänomens in Strukturen der kapitalistischen Gesellschaft. Danach stelle Behinderung aus der Sicht der Produktion eine Arbeitskraft minderer Güte dar, aus der Zirkulationssphäre eine verminderte Geschäftsfähigkeit und aus der Konsumsphäre eine Abweichung von der Norm der Konsumfähigkeit (Jantzen 1987, 40).

Aus dem gesellschaftlichen Umgang mit den Betroffenen entwickelten sich Formen des Ausschlusses.
Jantzen spricht von der historischen Herausbildung eines sozialen Tatbestandes der Behinderung, den er im Zusammenhang mit den politischen Strukturen der bürgerlichen Gesellschaft beschreibt. Seinen eigenen Ansatz bezeichnet er als materialistische Behindertenpädagogik. Dabei unterscheidet er zwischen der biologischen, der psychologischen und der sozialen Ebene von Wissenschaft (ebd., 80ff).
Den überwiegenden Teil des ersten Bandes widmet er dem Verhältnis von Psyche und Tätigkeit, wobei er Problemstellungen gestörter Entwicklungen im Kontext der Tätigkeitstheorie bearbeitet und gleichzeitig Bezüge zu anderen gängigen Entwicklungstheorien, wie etwa der von Jean Piaget, herstellt. Die Überlegungen münden dann in Darstellungen zur Bearbeitung psychopathologischer Prozesse.
Rund die Hälfte des zweiten Bandes widmet sich der Darstellung neurowissenschaftlicher Grundlagen und vereinzelten Anwendungen auf behindertenpädagogische Themen wie z.B. die Trisomie 21 (Jantzen 1990).
Der geringe Anteil von Pädagogik und Didaktik gegenüber psychologischen und biologischen Zugängen hat wohl mit dazu geführt, dass weiterführende Studien zur Bildungsforschung auf Wolfgang Jantzens „Allgemeine Behindertenpädagogik“ nur selten Bezug nehmen. Die Aufarbeitung der Werke von Luria und Vygostki für die Behindertenpädagogik wurde dagegen häufiger aufgegriffen und dürfte auch aufgrund der heutigen Bedeutung neurowissenschaftlicher Forschung wieder aktuell sein. Festgehalten hat Jantzen bis heute an der zentralen Rolle des Behinderungsbegriffs, bis hin zur verantwortlichen Mitkonzipierung eines 10-bändigen „Enzyklopädischen Handbuch der Behindertenpädagogik“ als Projekt der vergangenen Jahre.

Otto Speck: der ökologisch-systemtheoretische Zugang

Otto Speck (*1926) wurde, nach vielen Berufsjahren als Lehrer im Schuldienst, 1971 Professor für Sonderpädagogik an der Pädagogischen Hochschule München, die im folgenden Jahr in die Universität integriert wurde. Er arbeitete auf dieser Stelle bis zu seiner Emeritierung im Jahre 1992 und gilt nicht nur als einer der Meinungsführer sonderpädagogischer Theoriebildung, sondern auch als einer der konzeptionellen Begründer des Systems der pädagogischen Frühförderung in Deutschland.
Mit seinem 1987 erstmals erschienenen Buch „System Heilpädagogik“ möchte Speck eine Wende vollziehen vom Behinderungsparadigma zum heilpädagogisch-ökologischen Paradigma (Speck 2003b). Mit dem heilpädagogisch-ökologischen Paradigma gerät damit die Umgebung, also die soziale Umwelt des Menschen, in den Blick. Die Entwicklung der Heilpädagogik sieht er gekennzeichnet durch eine Überwindung eines kurativen Handlungsansatzes und eine stärkere Umweltbezogenheit (Speck 2003b, 263).

Specks Buch stellt die Konsequenz aus einer längeren Diskussion in der Heilpädagogik dar. Ein zentraler Punkt in Specks Buch ist die Kritik an der Orientierung des Fachs um den Begriff der Behinderung.
Ein wichtiges Kapitel lautet: „Vom Behinderungsparadigma zum heilpädagogisch-ökologischen Paradigma". Der Begriff Paradigma ist erstmals für die Naturwissenschaften von Thomas Kuhn beschrieben worden. Er bezeichnet eine für einen bestimmten Zeitraum gültigen Kanon von wissenschaftlichen Positionen, die unhinterfragt Gültigkeit beanspruchen konnten. Was Speck als Behinderungsparadigma bezeichnet hat, ist leicht mit der Behindertenpädagogik der 1970er Jahre zu verbinden, für die Bleidicks Grundlagenwerk steht (Bleidick 1972). Während die Behindertenpädagogik der 1970er Jahre, Kinder und Jugendliche nach Behinderungsfachrichtungen etikettierte, versucht Speck den Menschen als Teil einer Vielzahl von Systemen zu sehen, in denen die Mitglieder ganz unterschiedliche Rollen einnehmen. Er anerkennt und beschreibt den individualen und den sozialen Aspekt des Behinderungs-Paradigmas, möchte es aber durch das heilpädagogisch-ökologische Paradigma ablösen. Statt den Defiziten beim Menschen wendet sich Speck der Verflochtenheit des Menschen mit seinem Lebensumfeld zu. Was zuvor als Behinderung bezeichnet wurde, ist jetzt die Verwobenheit des Menschen in seine vielfältige Umgebung und verbunden damit die Frage, was er benötigt, um ein Leben zu führen, das den zuvor referierten ethischen Maximen eines menschenwürdigen Lebens entspricht. Als Folge dieser Position möchte Speck statt von Behinderung lieber von speziellen Erziehungserfordernissen sprechen. Er sieht diesen Begriff in Anlehnung an den englischen Begriff der „special educational needs".
Den wissenschaftlichen Ausgangspunkt für Specks Position stellen wissenschaftliche Ansätze dar, die einander sehr ähnlich sind, aber in unterschiedlichen Fachgebieten entstanden und die sich mit den Begriffen Systemtheorie und Konstruktivismus bezeichnen lassen. Diese systemtheoretische und konstruktivistische Sichtweise, auf die sich Speck beruft, ist in den Naturwissenschaften grundgelegt. Eine Arbeit, auf die er sich beruft und an der er sich auch weitgehend orientiert, ist das Werk „Der Baum der Erkenntnis" der beiden chilenischen Biologen Humberto Maturana und Francesco Varela (Maturana/Varela 1990). Von diesen beiden Autoren hat er den Begriff der Autopoiese übernommen, der so viel bedeutet wie Selbstherstellung oder Selbstorganisation. Alle lebenden Systeme sind autopoietische Systeme. Speck übernimmt diesen in den Naturwissenschaften entstandenen Begriff und die damit verbundene Sichtweise für die Heilpädagogik und verknüpft sie mit den systemtheoretischen Positionen des Soziologen Niklas Luhmann (1987) und des Entwicklungs- und Sozialpsychologen Uri Bronfenbrenner (1981).
In einem Kapitel über anthropologische Grundlagen diskutiert Speck ethische Positionen, die in Diskursen der letzten Jahre besondere Bedeutung erlangt haben (Speck 2003b). In Aufarbeitung der Singer-Diskussion setzt er sich für die Rechte behinderter Menschen ein. Die unbedingte Achtung vor dem Wertsein des anderen

und die gerechte Verteilung sozialer Güter gehören für ihn ebenfalls zu den anthropologischen Grundlagen.

Speck beschreibt eine Welt, die sich in Systeme gliedert. Schule ist ein System, die Familie ist ein System, auch der einzelne Mensch ist ein System. Auch das Fach Heilpädagogik wird als System betrachtet, wie der Titel der Arbeit („System Heilpädagogik") bereits ausdrückt.

Der ökosystemische Ansatz, den neben Speck auch verschiedene Integrationspädagogen wie Alfred Sander (1987) vertreten, hat unbestreitbare Vorteile. Er geht weg von der früheren Praxis, Kinder in eine bestimmte Schublade zu stecken, mit einem bestimmten Behinderungsetikett zu versehen (wie z.B. lernbehindert) und Defizite zu therapieren. Stattdessen wird die Vielfalt möglicher Einflüsse auf das Leben des Menschen zur Kenntnis genommen, um zu einer differenzierten Bestandsaufnahme zu gelangen. Ein Unterschied zu Bleidick besteht auch in der Verortung der Heilpädagogik. Es geht ihm weniger um Eigenständigkeit als um eine Verortung in der Pädagogik. Heilpädagogik sei kein eigenständiges Fach, sondern eine spezialisierte Pädagogik ähnlich wie Schulpädagogik, Sozialpädagogik oder Berufspädagogik. Aus dieser Sichtweise des Fachs folgt für Speck ein ökologisch-heilpädagogischer Handlungsansatz.

Der hier von Speck ausgearbeitete Ansatz stellt die Grundlage für eine ganze Reihe wissenschaftlicher Arbeiten, insbesondere in der Frühförderung, aber auch in anderen heilpädagogisch relevanten Bereichen dar. Verschiedentlich wurde an Specks System Heilpädagogik kritisiert, dass der Versuch Heilpädagogik neu zu durchdenken nicht konsequent zu Ende gebracht wird, insbesondere was die schulische Integration anbetrifft.

Die Bezugnahme auf konstruktivistische Erkenntnismodelle, die in Specks Werk mit der Bezugnahme auf Maturana und Varela bereits angelegt ist, findet sich in einer Anzahl weiterer Studien, die sich mit Fragen des Menschenbildes (Wagner 2000), der Konstruktion von Behinderung (Lindemann/Vossler 1999) und der integrativen Erziehung befassen. Dabei finden sich häufig Bezugnahmen auf die erkenntnistheoretische Position des Radikalen Konstruktivismus (vgl. Moser/Sasse 2008, 89ff).

Speck hat mit seinem Buch „Hirnforschung und Erziehung" (Speck 2008) die Schnittstelle zwischen den aufstrebenden Neurowissenschaften und der Pädagogik in den Blick genommen. Er stellt fest, dass alte Erkenntnisse der Pädagogik, wie die Bedeutung der Eigenaktivität des Kindes oder die Wirkungen der Umgebung auf die kindliche Entwicklung damit eine naturwissenschaftliche Fundierung erfahren, gleichzeitig wendet er sich aber gegen die Ersetzung pädagogisch-psychologischer Wissensbestände durch bloße Deutungen komplexer Situationen, die aus neurobiologischen Befunden abgeleitet werden (ebd., 180f). Demgegenüber propagiert er das interdisziplinäre Gespräch, in das aus pädagogischer Sicht Aspekte wie Selbstbewusstsein, Menschenwürde und Menschenbild einzubringen wären (ebd., 185).

7.3 Pädagogik der Vielfalt

Die Arbeit „Pädagogik der Vielfalt" von Annedore Prengel (*1944) passt nicht ganz in die Reihe von Entwürfen der Heil-, Sonder- und Behindertenpädagogik wie die von Bleidick, Jantzen und Speck, da sie Grundschulpädagogin ist und auch nicht den Anspruch erhebt, einen Beitrag zur Heil- und Sonderpädagogik zu leisten (Prengel 1995). Sie wurde aber hier trotzdem gewählt, da sie die Erziehung und Bildung behinderter Kinder als Aufgabe einer Integrationspädagogik betrachtet, die sie mit anderen erziehungswissenschaftlichen Ansätzen wie der Interkulturellen und der Feministischen Pädagogik verknüpft und damit die sonder- und heilpädagogisch inspirierte Integrationsdiskussion um wesentliche Aspekte bereicherte.
Inhaltlich mit diesem Ansatz sehr weitgehende Übereinstimmungen bestehen aber auch zu einer Arbeit von Andreas Hinz (1993), Professor für Rehabilitationspädagogik an der Universität Halle. Sehr einflussreich waren in den vergangenen Jahren auch Versuche, heil- und sonderpädagogische Fragestellungen in allgemeinpädagogische aufzulösen. Wichtige Vertreter/innen dieser Position waren Ulf Preuss-Lausitz, Jutta Schöler und Hans Eberwein in Berlin, die vorwiegend schulpädagogisch orientiert sind.
Annedore Prengel war rund 10 Jahre in Hessen Grundschul- und Sonderschullehrerin, danach Mitarbeiterin in Integrationsforschungsprojekten an der Universität Frankfurt und schließlich bis zu ihrer Pensionierung Professorin für Grundschulpädagogik und Integration Behinderter an der Universität Potsdam. Ihr wissenschaftlicher Ausgangspunkt ist die Kritische Theorie. Sie beruft sich auf die Theoreme von Adorno und Horkheimer. Als erziehungswissenschaftlichen Anknüpfungspunkt nennt sie die kritisch-konstruktive Theorie Wolfgang Klafkis (ebd., 16).
Ihr zentrales Thema ist die Dialektik von Gleichheit und Verschiedenheit. Diese sieht sie als zentrale Begriffe in der europäischen politischen Geschichte, wenn es um die Legitimation gesellschaftlicher Ungleichheit ging (ebd., 33). Sie schreibt:

> „Unterschiede zwischen Menschen bedeuten zugleich Über- und Unterordnung; Menschen, die sich unterscheiden, müssen unterschiedliche gesellschaftliche Rangpositionen einnehmen. Entscheidend für undemokratische Denkstrukturen in all ihren Variationen ist, daß aus Unterschieden Rangordnungen gebildet werden. Undemokratisches Denken vollzieht Hierarchisierung, wenn es von Gleichheit und Differenz spricht" (ebd., 34).

Sie setzt dieser Form des Denkens das demokratische Denken der französischen Revolution entgegen. Die Vorstellung von Verschiedenheit werde hier an die Vorstellung von einer zu überwindenden gesellschaftlichen Hierarchie gekoppelt. Das große theoretische Problem ihrer Arbeit sieht Prengel darin, dass Differenzen im konservativen Denken eine zentrale Rolle spielen, während in der europäischen demokratischen Denktradition kein emanzipatorisches Konzept von Verschiedenheit ausgebildet wurde.
Prengel fragt nach dem Verhältnis von Gleichheit und Verschiedenheit. Dieses entwickelt Prengel in der Auseinandersetzung mit 3 Theoriesystemen: der Inter-

kulturellen Pädagogik, der Feministischen Pädagogik und der Integrationspädagogik. Interkulturelle Erziehung sieht sie als pädagogischen Beitrag zur „multikulturellen Gesellschaft“, Feministische Pädagogik als Beitrag zur Neugestaltung des Geschlechterverhältnisses und Integrative Pädagogik als pädagogischen Beitrag zur Nichtaussonderung von Menschen mit Behinderungen. Sie sieht bei diesen drei Konzepten erst einmal wenige Berührungspunkte, da sie in sehr unterschiedlichen gesellschaftlichen Kontexten entstanden seien.

Prengel sieht allerdings strukturelle Gemeinsamkeiten, die sie in den Konzepten heraus arbeitet. Frauen, Behinderte und Angehörige randständiger Kulturen seien in der bürgerlichen Gesellschaft als Andere etikettiert und diskriminiert. Mit ihrem Eintreten gegen Behindertendiskriminierung, Rassismus und Frauenfeindlichkeit sieht Prengel in allen drei Ansätzen eine emanzipatorische Zielsetzung (ebd., 15). Alle diese drei Ansätze werden in einer Pädagogik gebündelt, die die Verschiedenheit der Menschen als ihr zentrales Anliegen betrachtet. Eine solche die Verschiedenheit des Menschen wertschätzende Pädagogik bezeichnet Prengel als „Pädagogik der Vielfalt“. Diese Pädagogik der Vielfalt sieht sie dem emanzipatorischen Bildungsideal der Mündigkeit verpflichtet.

Im letzten Abschnitt ihres Buches listet sie die Elemente einer Pädagogik der Vielfalt auf. Sie nennt hier insgesamt 17 Punkte (siehe Tab. 7.1).

Tab. 7.1: Elemente einer Pädagogik der Vielfalt nach Prengel (1995, 185ff)

1	Selbstachtung und Anerkennung des Anderen
2	Übergänge: Kennenlernen der Anderen
3	Entwicklungen zwischen Verschiedenen
4	Kollektivität: Gemeinsamkeit zwischen Menschen mit ähnlichen Erfahrungen
5	Innerpsychische Heterogenität
6	Begrenztheit und Trauerarbeit – Entfaltung und Lebensfreude
7	Prozesshaftigkeit
8	Keine Definitionen
9	Keine Leitbilder
10	Aufmerksamkeit für die individuelle und kollektive Geschichte
11	Aufmerksamkeit für gesellschaftliche und ökonomische Bedingungen
12	Achtung vor der Mitwelt
13	Didaktik des offenen Unterrichts, Lernentwicklungsberichte
14	Grenzen, Rituale und Regeln
15	Kinderelend oder ‚Störungen als Chance‘?
16	Selbstachtung und Anerkennung der Anderen in der Rolle der Lehrerinnen und Lehrer
17	Verschiedenheit und Gleichberechtigung als institutionelle Aufgabe

Ähnlich ist der Ansatz von Andreas Hinz. Er hat den Aspekt der strukturellen Ähnlichkeit der Integration Behinderter, der Koedukation der Geschlechter und der Interkulturellen Erziehung bei der Verschiedenheit der kulturellen Ausgangslagen herausgearbeitet (Hinz 1993). Die Grundstruktur der beiden Arbeiten ähnelt sich. Während es Annedore Prengel eher um eine erziehungsphilosophische Reflexion ging, stellte die Dissertation von Andreas Hinz die Aufarbeitung gemeinsamer Strukturmerkmale von Integration behinderter Kinder, der Erziehung von Kindern mit und ohne Migrationshintergrund sowie der Koedukation der Geschlechter dar. Die Stärke dieser Arbeit besteht in der Fülle der aufgearbeiteten deutschsprachigen Literatur dieser drei Ansätze für einen Zeitraum von knapp 20 Jahren.
Der Ansatz der Pädagogik der Vielfalt weist bereits wesentliche Merkmale der nachfolgenden Diskurse einer Inklusiven Pädagogik auf.

7.4 Diskurse zur Inklusiven Pädagogik

Im gegenwärtigen Sprachgebrauch hat sich der Begriff der Inklusiven Pädagogik durchgesetzt, kann aber ebenso wie der Begriff der Integrativen Pädagogik nicht auf eine theoretische Fundierung in einem einheitlichen Entwurf gründen. Eine Affinität von Inhalten zum Ansatz der Pädagogik der Vielfalt ist erkennbar. Eine Übertragung des Begriffs der Pädagogik der Vielfalt in Inklusive Pädagogik, wie er gelegentlich vorgenommen wird, ist aber nicht angemessen.
Ein vergleichbarer Theorieentwurf wie er mit den eine Disziplin begründenden Arbeiten wie Bleidicks „Pädagogik der Behinderten", Jantzens „Allgemeine Behindertenpädagogik" und Specks „System Heilpädagogik" vorgelegt wurde, existiert zur Inklusiven Pädagogik weder in der deutschsprachigen noch in der englischsprachigen Fachliteratur. Die britische wie die amerikanische Pädagogik, aus deren Begriffsbestand der Terminus kommt, tendieren weniger zur kritischen Reflexion als zur pragmatischen Handhabung bestehender Instrumente. Der Versuch der Klärung, was Inklusive Pädagogik denn nun sei, ist daher auf die Aufarbeitung der existierenden Diskurse angewiesen.

Inklusive Pädagogik als Transformation der Sonder- und Heilpädagogik
Aufgrund der Zusammensetzung der Autor/innenschaft und der inhaltlichen Konzeption gibt das 2007 in erster und 2014 in erweiterter, überarbeiteter Auflage erschienene „SAGE Handbook of Special Education" noch am ehesten einen Überblick über den Bestand an wissenschaftlichen Theorien im Umfeld der englischsprachigen Inklusiven Pädagogik, wenngleich es den Begriff „special education" im Titel führt (Florian 2014). Als leitend für die Konzeption des Handbuchs nennt die Herausgeberin im Vorwort die Zurückweisung medizinischer Kategorien von

Behinderung für den Bereich der Erziehung, eine antideterministische Sicht auf den Lernprozess und eine Betonung des Aspekts der sozialen Gerechtigkeit im Bildungswesen. Für den Aufbau des Buches resultieren daraus 5 Themenbereiche: (1) das Verständnis von „special educational needs", (2) die Herausforderung der Inklusion, (3) Wissensproduktion, (4) Strategien und Ansätze des Lehrens sowie (5) der Ausblick auf zukünftige Entwicklungen von Forschung und Praxis.
An den Beiträgen des 2. Kapitels, die sich mit konzeptionellen Aspekten von Inklusion beschäftigen, fallen die, verglichen mit den in diesem Kapitel vorgestellten deutschsprachigen Veröffentlichungen, eher dürftigen bildungstheoretischen Fundierungen der Konzepte in diesem insgesamt gut redigierten pädagogischen Standardwerk auf. So werden zentrale Inhalte anhand der Aktivitäten internationaler Organisationen und der dort entwickelten Dokumente dargestellt bzw. es erfolgt eine Entwicklung der pädagogischen Zielvorstellungen aus den Rechten behinderter Menschen (Rioux 2014).
Für den deutschsprachigen Raum stellt das 2016 erschienene „Handbuch Inklusion und Sonderpädagogik" (Hedderich/Biewer/Hollenweger/Markowetz 2016) ein vergleichbares Werk dar, das disziplinäre Grundlagen in ihrer Veränderung darstellt, allerdings auch mit allen inhärenten Widersprüchen und Ungereimtheiten. Im Unterschied zur eher traditionellen Gliederungssystematik bei Florian (2014), steht hier stärker das Bemühen um Hervorhebung der inhaltlichen Veränderungen im Vordergrund. Dies zeigt sich bereits in den vier Kapitelüberschriften, die beginnen mit „Sonderpädagogik als Wissenschaft im Wandel" über „Inklusion in Erziehungs- und Bildungsprozessen" und „Inklusion in der Gesellschaft" bis hin zu „Neuere Zugänge zu Inklusion, Diversität und Behinderung" als viertem und letztem Kapitel.
Das Verständnis von Inklusiver Pädagogik als Transformation der Sonder- und Heilpädagogik sollte aber keinesfalls verwechselt werden mit einem rein rhetorischen Zugang, der Sonderpädagogik durch Inklusive Pädagogik begrifflich ersetzt, unter Beibehaltung bisheriger konzeptionell sonderpädagogischer Zugänge. Dieser Zugang ist seit einigen Jahren leider auch auf dem Vormarsch, anfangs in Argumentationen des Schulsystems, zunehmend aber auch in klassisch sonderpädagogischen Beiträgen, die nur ihre Begrifflichkeit „modernisiert" haben.

Inklusive Pädagogik als Entwicklungsdimension einer Bildung für Alle

Die Verwendung des Begriffs der Inklusiven Pädagogik im deutschsprachigen Raum liegt sehr nahe am Begriffsgebrauch der UNESCO, die in den „Guidelines for Inclusion" (UNESCO 2005) ihren konsequentesten Ausdruck gefunden hat und weitgehend spezifische Positionen einer britischen und skandinavischen Pädagogik wiedergibt. In Ermangelung einer geeigneteren Definition in der einschlägigen Literatur kann Inklusive Pädagogik ausgehend von den in diesem Buch referierten Positionen wie folgt beschrieben werden:

> Inklusive Pädagogik bezeichnet Theorien zur Bildung, Erziehung und Entwicklung, die Etikettierungen und Klassifizierungen ablehnen, ihren Ausgang von den Rechten vulnerabler und marginalisierter Menschen nehmen, für deren Partizipation in allen Lebensbereichen plädieren und auf eine strukturelle Veränderung der regulären Institutionen zielen, um der Verschiedenheit der Voraussetzungen und Bedürfnisse aller Nutzer/innen gerecht zu werden.

Die Eckpfeiler dieses Ansatzes sind in den „Guidelines for Inclusion" der UNESCO in komprimierter Form dargelegt, soweit es die schulische Bildung betrifft (UNESCO 2005) und in den „Policy Guidelines on Inclusion in Education" (UNESCO 2009), soweit bildungspolitische Akteure betroffen sind (zu den Inhalten siehe auch Kapitel 5).
Inklusion als Entwicklungsdimension einer Bildung für Alle wird im bildungswissenschaftlichen Bereich über die Arbeiten einiger Wissenschaftler aus Großbritannien und den Commonwealth-Staaten repräsentiert. Zu den prominentesten Vertretern dieser Gruppe gehören Roger Slee (Australien), Mel Ainscow (England) und Tony Booth (England).
Die identitätsstiftende Rolle von „inclusive education" in der globalen Bildungsagenda des britischen Commonwealth of Nations zeigt sich auch über eigene Veröffentlichungen des Commonwealth-Büros in London (z.B. Rieser 2012). Die bemerkenswerte Rolle von „inclusion" in den internationalen Bildungsaktivitäten auf außereuropäische Staaten und insbesondere Entwicklungsländer im Kontext des britischen Commonwealth wird in der bildungswissenschaftlichen Rezeption kaum wahrgenommen.

Kritiken am Konzept der Inklusion
In der internationalen Diskussion gab es in den vergangenen Jahren zwei Positionen, die häufig zitiert wurde. Eine ist die von Brahm Norwich, ein Inklusionsbefürworter, der aber auf mehrere Dilemmata aufmerksam macht (Norwich 2008). Die andere war diejenige von Mary Warnock (Warnock/Norwich 2010), deren Kritik grundlegender Natur ist und die für kleine Sonderschulen als Alternative zur Inklusion argumentiert. Ausgehend von vergleichenden Studien in England, den USA und den Niederlanden, die Norwich z.T. gemeinsam mit Kooperationspartnern vorgenommen hat, gelangt er zur Identifizierung von drei Dilemmata in allen untersuchten Ländern und die er folglich als grundlegend für inklusive Schulentwicklungen ansieht (Norwich 2008). Er bezeichnet sie als „identification dilemma", „currriculum dilemma" und „location dilemma". Als „identification dilemma" bezeichnet er den Umstand, dass Kindern eine Behinderung zugeschrieben wird, mit der Folge dass sie als „verschieden" behandelt werden mit der Folge von Abwertung und Stigmatisierung (ebd., 70). Würde dies allerdings nicht geschehen, so wäre es nur schwer möglich zusätzliche Bildungsressourcen für sie zu akquirieren. Als „curriculum dilemma" bezeichnet er den Umstand, dass Kindern, denen ein besonderer Bedarf zugeschrieben wurde den selben Zugang zum allgemeinen Lehrangebot haben sollen, der für alle anderen Kinder auch gilt. Dies kann aber zur Folge haben, dass spezifische notwendige Angebote für

dieser Kinder weniger berücksichtigt werden (ebd., 111). Würde man hingegen den Schwerpunkt auf diese spezifischen Angebote legen, so könnten den Kindern Chancen genommen und ihnen ein niedrigerer Status zugewiesen werden. Als „location dilemma" bezeichnet er den Umstand, dass Kinder mit schwereren Beeinträchtigungen in allgemeinen Bildungsumgebungen kaum Zugang zu spezialisierten Unterstützungsdiensten haben (ebd. 149). Die fehlende Involvierung in allgemeine Schulen hätte aber gravierende soziale Ausschlüsse zur Folge.

Mit der Verwendung des Begriffs „Dilemma" impliziert Norwich, dass es hier kaum möglich ist eine Lösung zu finden. Anhand der Daten aus den drei untersuchten Ländern kann er aber durchaus unterschiedliche Auswirkungen feststellen, wenngleich dies am Fortbestehen der Dilemmata nichts ändert.

Ein Pamphlet mit dem Titel „Special Educational Needs – A New Look" von Mary Warnock, das 2005 von der Britischen Gesellschaft für Bildungsphilosophie veröffentlicht wurde, war der Anstoß für eine breite Diskussion über den Ansatz der Inklusion in britischen Schulen, die sich nicht nur in den einschlägigen Fachzeitschriften, sondern auch in der bildungspolitischen Öffentlichkeit niederschlug. Das Pamphlet wurde nach dem Abklingen der öffentlichen Debatte 2010 in einem Buchband zusammen mit Diskussionsbeiträgen der britischen Erziehungswissenschafter/innen Brahm Norwich und Lorella Terzi veröffentlicht (Warnock/Norwich 2010). Es macht daher durchaus Sinn auch aus der Perspektive deutschsprachiger Pädagogik einen Blick auf diese Diskussion zu werfen.

Mary Warnock nennt relativ unsystematisch eine Reihe von Problemlagen als Folgen von Inklusion, wie die Beschränkung von Kindern in Sonderschulen auf solche mit schweren Behinderungen (ebd., 29), die Schwierigkeiten der sozialen Integration intellektuell beeinträchtigter Schüler/innen in der Sekundarstufe (ebd., 30) und die unzureichende Qualifikation des pädagogischen Assistenzpersonals (ebd., 31). So stellt sie die Behauptung auf, Kinder mit Behinderungen seien häufig in den Klassen physisch inkludiert, aber emotional und sozial ausgegliedert (ebd., 32). Das dem pädagogischen Konzept zugrundeliegende Ideal der inklusiven Gesellschaft wird von ihr hinterfragt und auch nicht als Ideal der Schule angesehen (ebd., 35). Darüber hinaus wird der Besuch der inklusiven für manche Gruppen von Kindern (z.B. autistischer Kinder) als Leidensweg beschrieben. Warnocks Pamphlet führt am Ende zu 3 Vorschlägen, die an die britische Bildungspolitik gerichtet sind (ebd., 44):

- Der Verwaltungsaufwand, der mit der Zuschreibung von „special educational needs" verbunden ist, erscheint ihr zu aufwendig und es sollte geändert werden, wenn eine Abschaffung nicht möglich ist.
- Die Frage, in welcher Bildungsumgebung Kinder am besten lernen könnten, sei in staatlichen Maßnahmen zu wenig berücksichtigt.
- Für Kinder mit „specific disabilities", die in großen Schulen nicht zurechtkommen und für Kinder mit sozialen Benachteiligungen möchte sie kleine Spezialschulen neuen Typs erfinden.

Insbesondere der letztgenannte Vorschlag zielt auf die Restauration sehr traditioneller sonderschulischer Zugänge und war entsprechend massiver Kritik ausgesetzt. Die Stellungnahmen von Norwich und Terzi greifen einzelne Kritikpunkte von Warnock auf, schlagen aber Veränderungen innerhalb des englischen Schulwesens vor, welche den inklusiven Ansatz nicht generell in Frage stellen.

Die gegenwärtigen deutschsprachigen Kritiken schulischer Inklusion und Inklusiver Pädagogik (Speck 2010, Ahrbeck 2014, Lee 2010) zielen vor allem auf das Konzept einer Bildung für Alle, bei der Kinder und Jugendliche mit Behinderungen nur noch eine von verschiedenen marginalisierten Gruppen darstellen. Specks Kritik erfolgt aus der Perspektive der bestehenden sonderpädagogischen Systeme und ist grundlegender Art. In teilweise polemischer Form stellt er die unterschiedlichsten Aspekte des Inklusionskonzepts in Frage wie die Frage adäquater Ressourcenzuweisung und die Überforderung der Regelschullehrer. Er stellt die Frage, ob die Einbettung schulischer Reformen in der allgemeinen Zielsetzung der Bildung einer inklusiven Gesellschaft nicht auf einer Fiktion beruhe. Darüber hinaus versucht er die Zielsetzungen der UN-BRK durch eigene Interpretationen zu relativieren und führt Forschungsergebnisse an, die die Umsetzbarkeit inklusiver Bildung in Frage stellen (Speck 2010).

Ahrbecks Arbeit geht in eine ähnliche Richtung (Ahrbeck 2014), wobei er das gesellschaftspolitische Ziel der Inklusion nicht generell in Frage stellt. Seine Ausführungen konzentrieren sich aber sehr stark auf die besondere Situation von Schüler/innen mit schwerwiegenden Verhaltensproblemen, für die er im inklusiven Ansatz nicht wirklich Perspektiven sieht.

Grundlegend anders ist der Zugang zum Konzept der Inklusion durch Ju-Hwa Lee (Lee 2010). In ihrer Dissertation hat sie das Konzept Inklusion von einer bildungswissenschaftlichen Seite her analysiert und kritisiert (ebd.). Es dienen ihr hier die Schriften von Andreas Hinz exemplarisch als Material für ihre Analyse. In der Konsequenz entdeckt sie in Hinz' Konzept aber die gleichen drei Dilemmata die Norwich bereits im Inklusionskonzept herausgearbeitet hat („identification, curriculum, placement"). Es ist daher auch folgerichtig, dass sie ihn im Fazit ihrer Arbeit dann auch zitiert (ebd., 207f).

Die Argumente in verschiedenen Kritiken im englischsprachigen wie im deutschsprachigen Raum ähneln oder wiederholen sich. Die drei von Norwich beschriebenen Dilemmata lassen sich häufig in den unterschiedlichsten Argumentationszusammenhängen finden. Nur selten sind Kritiken klar rückwärts gerichtet, wie dies im Pamphlet Mary Warnocks der Fall ist. Es dominiert allerdings eine große Skepsis in Bezug auf die Realisierbarkeit eines passenden Angebots für Schüler/innen mit Behinderungen in der regulären Schule. Inklusionskritik ist damit keine spezifisch sonderpädagogische Veranstaltung mehr, sondern wird zur Kritik an den Verhältnissen der Regelschule, die sich ändern muss, um allen Kindern gerecht zu werden.

Plädoyer für einen mehrperspektivischen Blick auf Inklusive Pädagogik
Es wurden in diesem Kapitel verschiedene Verständnisse Inklusiver Pädagogik angesprochen. Inklusive Pädagogik *als Transformation der Sonder- und Heilpädagogik* entspricht der Begriffsentstehung in der ersten Hälfte der 1990er Jahre in Nordamerika. Insbesondere im Hinblick auf die Umsetzung der Normen des Artikels 24 der UN-Behindertenrechtskonvention steht dieses eher enge Verständnis von Inklusion im Zentrum medialer Diskussionen.

Inklusive Pädagogik als *Entwicklungsdimension einer Bildung für Alle* wurde von britischen und skandinavischen Wissenschafter/innen konzeptionell zeitgleich entwickelt, ohne dass der Begriff „inclusion" hier bereits verwendet worden wäre. Stattdessen war von einem „new thinking in special needs education" die Rede. Im Kontext internationaler Organisationen setzte sich aber dieses Verständnis durch und fand insbesondere durch offizielle Dokumenten von UNESCO und Weltbank globale Verbreitung (Kiuppis 2014). Wir haben es daher gegenwärtig mit mindestens zwei unterschiedlichen Verständnissen von Inklusiver Pädagogik zu tun, die vereinfacht auch als „weite" oder „enge" Fassung der Adressat/innengruppe bezeichnet werden könnte (Biewer/Schütz 2016). Als „enge" Fassung wäre die Beschränkung auf Menschen mit Behinderungen und sozial-emotionalen Störungen zu betrachten, als „weite" Fassung kämen zahlreiche weitere Gruppen hinzu, die von Marginalisierung und Ausschluss bedroht sein können. Im Glossar des „SAGE Handbook of Special Education" finden sich ebenfalls diese beiden Fassungen des Begriffs „inclusion" (Devecchi 2014, 955): einerseits betreffe es die Platzierung von Kindern mit Lernschwierigkeiten und Behinderungen, oder aber die Involvierung aller Kinder, die auch aus anderen Gründen aus der Schule ausgeschlossen seien.

Beiden Zugängen ist aber die Abkehr vom Blick auf das Individuum gemeinsam und die Hinwendung auf die institutionellen Strukturen, die Kindern und Jugendlichen nicht gerecht werden.

Diese beiden Begriffsverständnisse von Inklusion als Transformation der Sonder- und Heilpädagogik wie auch als Entwicklungsdimension einer Bildung für Alle werden in der Fachdiskussion oft nicht hinreichend unterschieden, mit einer Fülle von nachfolgenden Missverständnissen. Dies lässt sich auch an den Kritiken am Inklusionskonzept aufzeigen (z.B. Lee 2010, Speck 2010, Ahrbeck 2014), denen es nicht zuletzt aufgrund der mangelnden begrifflichen Differenzierung an Konsistenz der Argumentation mangelt.

Es spricht aber nichts dagegen, im Kontext Inklusiver Pädagogik mit beiden Verständnissen zu operieren und dabei die eigene Position verständlich zu machen. Ein Verständnis Inklusiver Pädagogik als Transformation der Sonderpädagogik schließt ein Eintreten für Inklusive Pädagogik als Entwicklungsdimension einer Bildung für Alle nicht aus. Die beiden unterschiedlichen Zugänge sind nicht alternativ, sondern komplementär. Die gegenwärtige Begriffsdiskussion zur Inklusiven Pädagogik krankt an überflüssigen Abgrenzungen in Kombination mit unzureichender Darlegung des eigenen Begriffsverständnisses. Selbst Handbücher oder zusammenfassende Darstellungen erwecken mitunter den Eindruck auf begriffliche und konzeptionelle Unterscheidungen des Inklusionsbegriffs verzichten zu können.

7.5 Von der Neuorientierung der Disziplin zum veränderten Verständnis der Profession

Pädagogische Entwürfe im Bereich der Heilpädagogik und der Inklusiven Pädagogik zielen zumeist auf das Fachgebiet wie auch auf das berufliche Tätigkeitsfeld. Damit vereinen sie Aspekte von Disziplin wie von Profession und es ist naheliegend, dass grundlegende Veränderungen beide Dimensionen betreffen. Trotz dieser engen Verbindung macht es Sinn beide Aspekte zu Beginn getrennt zu diskutieren. Ich beginne daher mit dem disziplinären Aspekt.

Inklusive Pädagogik als (Sub-)Disziplin der Bildungswissenschaft?
Begriffe, Konzepte, Zielvorstellungen und Methoden einer Pädagogik bei Menschen mit Behinderungen sowie Lern- und Entwicklungsstörungen sind kaum zu vereinheitlichen. Dies zeigt nicht nur die Vielfalt der Ansätze im deutschsprachigen Raum, auch international zeigt sich hier kein anderes Bild. Positionen einer vorwiegend britisch und auch skandinavisch beeinflussten „inclusive education", wie sie sich in den Dokumenten internationaler Organisationen niederschlagen, unterscheiden sich eklatant von denen einer traditionell kategorial orientierten Mehrheit der Sonderpädagog/innen der USA, für die nach wie vor „special education" als Disziplinbezeichnung unhinterfragt ist.
Fachbezeichnungen und grundlegende Theorien sind nach wie vor uneinheitlich und Angleichungen zeichnen sich für die nähere Zukunft noch nicht ab. Daher empfiehlt sich ein zusammenfassender Blick auf die letzten Jahrzehnte und eine Einordnung aktueller fachlicher Entwicklungstendenzen.
Das Werk von Urs Haeberlin stellt unter den deutschsprachigen aktuellen grundlegenden Entwürfen dasjenige mit dem weitesten Rückgriff auf den bisherigen geschichtlich entstandenen Theoriebestand dar. Gleichzeitig knüpft es aber auch an dieser Tradition an. Die inhaltlichen Positionen Haeberlins finden eine deutliche Fundierung in der Tradition deutschsprachiger Pädagogik, sind aber gleichermaßen in einer philosophisch reflektierenden Bildungswissenschaft mit empirisch gestützter Basis verortet.
Wenn wir die vorgestellten Bücher in einer Reihe betrachten, so können wir das Werk von Bleidick hingegen als grundlegende theoretische Fundierung von Behindertenpädagogik als eigenständigem Fach ab den 1970er Jahren ansehen. Das Buch von Jantzen versteht sich durchaus als Gegenentwurf zum Mainstream des Faches

Sonderpädagogik, der u.a. durch die Arbeit von Bleidick damals repräsentiert wurde. Specks erstmals 1987 erschienenes Werk „System Heilpädagogik" könnte man als Nachfolgewerk des Buchs von Bleidick ansehen, das neue Entwicklungen rezipiert und heilpädagogische Positionen neu beschreibt. Es hat einen ähnlich weitgehenden Geltungsanspruch wie Bleidicks Werk, nämlich die Grundlagen des Fachs zu einem bestimmten Zeitpunkt neu zu beschreiben.

Das Kapitel kann nicht enden, ohne auf die breite inhaltliche Spanne gegenwärtiger Entwicklungen hinzuweisen, deren Pole mit den Begriffen Heilpädagogik und Inklusive Pädagogik bezeichnet sind. Der mittlerweile mehr als 150 Jahre alte Begriff der Heilpädagogik stand damals für ein, nach heutiger Terminologie, durchaus als emanzipatorisch bewertbares Bemühen um spezifische Probleme besonderer Menschen. Inklusive Pädagogik steht für den gesellschaftlichen Wandel zugunsten vulnerabler und marginalisierter Gruppen, die ein Recht einfordern dürfen, dass ihre Problemlagen in allen gesellschaftlichen Bereichen Berücksichtigung finden und ihre Teilhabe als selbstverständlich betrachtet wird.

Heilpädagogik hatte zum Zeitpunkt ihrer Entstehung eine politische Dimension, indem sie Bildungsmöglichkeiten für ausgegrenzte Gruppen proklamierte. Auch einer Inklusiven Pädagogik haftet ein politischer Anspruch an. Das Hinzielen auf gesellschaftliche Veränderung zugunsten randständiger Gruppen führt Inklusive Pädagogik auch heute in die Kritik, auch aus anderen Teilgebieten der Bildungswissenschaft.

Dies führt auch zur Forderung nach Auflösung der Heilpädagogik als einer besonderen Pädagogik und der Integration ihrer Aufgaben in die reguläre Pädagogik. Es sind dabei weniger externe Kräfte, die für den Einbezug der Problemlagen besonderer Menschen mit überzeugenden Argumenten eintreten. Stattdessen lässt sich eine inhaltliche wie personale Kontinuität von der Heilpädagogik zur Inklusiven Pädagogik und damit auch eine disziplinäre Kontinuität über verschiedene Entwicklungsphasen hinweg feststellen. Auch die Aufforderung zur Selbstauflösung der Disziplin im Kontext einer Inklusiven Pädagogik ist eine Forderung aus der Disziplin heraus. Wenn Heilpädagogik sich zu Inklusiver Pädagogik wandelt, ist dies eher ein linearer Entwicklungsprozess als eine Rückgängigmachung vorausgegangener Systemdifferenzierungen mit inhärenten Chancen und Risiken.

Fachliche Entwicklungstendenzen und deren Folgen sind aber bereits jetzt absehbar. Die Ausdifferenzierung nach Behinderungsfachrichtungen (Lernbehinderung, Verhaltensstörung, etc.) wird zugunsten einer Unterteilung nach Aufgabenstellungen (Unterricht in heterogenen Gruppen, Beratung, berufliche Bildung und Rehabilitation, etc.) zunehmend aufgegeben werden. Die bisherige Sonderpädagogik wird sich verstärkt in die allgemeine Bildungswissenschaft einbringen müssen. In der Konsequenz stellt sich auch die Frage, inwieweit Institute für Heil- und Sonderpädagogik an Universitäten mit den gegenwärtig noch vorhandenen fachrichtungsbezogenen Ausdifferenzierungen in Zukunft noch gerechtfertigt sind. Damit

sind langfristig auch die personellen und materiellen Ressourcen der Heilpädagogik tangiert.
Die Denomination von Stellen im wissenschaftlichen Bereich bei Neubesetzungen ist ein Indikator für inhaltliche Veränderungen und hier geht die Entwicklung bereits seit mehreren Jahren von Sonderpädagogik in Richtung Inklusion. Die Positionierung der Problemlagen von Menschen mit Behinderungen im Kanon der Aufgabenstellungen der Bildungswissenschaft birgt wie bei allen Verallgemeinerungstendenzen die Gefahr in sich, dass besondere Problemlagen in der Vielfalt der Aufgabenstellungen eher wieder aus dem Blick geraten. Eine Weiterentwicklung der Heil- und Sonderpädagogik, die zu den Positionen einer Inklusiven Pädagogik führt, muss die fachlichen Standards für die Qualität praktisch-pädagogischer Arbeit daher stets im Auge behalten.
Inklusion ist in den vergangenen Jahren zu einem neuen Leitkonzept der Bildungswissenschaft geworden. In Bezug auf schulische Wirksamkeit ist die Forderung nach Inklusion mittlerweile durchaus vergleichbar mit der Gesamtschulforderung, welche die Bildungspolitik der 1970er dominierte.
Aber auch im bildungswissenschaftlichen Bereich ist Inklusion zu einem der meist diskutierten Konzepte geworden. Dies lässt sich unschwer erkennen, wenn geschaut wird, wie viele Bücher Inklusion, inklusive Bildung oder Inklusive Pädagogik im Titel tragen. Gleichzeitig gibt es weder den großen pädagogischen Entwurf, der ein disziplinäres Feld begründet noch einen Konsens, um was es sich bei Inklusiver Pädagogik handelt.

Inklusive Pädagogik als Ansatz für eine neue Pädagog/innenbildung
Es ist nicht verwunderlich, dass disziplinäre Fragestellungen für die Ausbildung von Fachkräften erhebliche Auswirkungen haben. Eine herausragende Rolle kommt dabei den Lehrkräften zu und es werden in vielen Ländern der Welt Überlegungen angestellt, wie eine veränderte Lehrer/innenausbildung diese neue Aufgabe berücksichtigen muss (Forlin 2012). Alle Studien, insbesondere diejenigen aus Deutschland, zeigen auf, dass eine Mehrzahl der Lehrkräfte dazu neigt, die Unterstützung von Schüler/innen mit Behinderungen und Beeinträchtigungen des Verhaltens an spezialisierte Lehrkräfte zu delegieren. Eine Schule für Alle, wie sie etwa von der UNESCO propagiert wird, setzt voraus, dass jede Lehrkraft sich für alle Schüler/innen verantwortlich fühlt, auch für solche, die aufgrund eines Migrations- oder Fluchthintergrundes benachteiligt sind, in ungünstigen sozialen und wirtschaftlichen Verhältnissen leben, unzureichend Deutsch sprechen oder aufgrund einer Behinderung oder sozial-emotionalen Problemen einen erhöhten Unterstützungsbedarf haben. Inklusive Pädagogik mit dieser breiten Adressat/innengruppe muss daher zu einem wesentlichen Bestandteil der Ausbildung *jeder* Lehrkraft werden, um die Kompetenzen aufzuweisen in der inklusiven Schule angemessen zu agieren. Gleichzeitig gilt es aber auch Lehrkräfte mit einem vertieften Wissen auszubilden,

die in der Lage sind, die notwendige Expertise für die Bildung von Schüler/innen mit Behinderungen und sozial-emotionalen Störungen in der inklusiven Schule bereitzustellen.

Die neue Lehrer/innenbildung in Österreich, die stufenweise seit 2014 umgesetzt wird, hat in den neuen Professionsbildern und Studienplänen darauf Rücksicht genommen (Biewer 2016). So wurde ein eigenes sonderpädagogisches Lehramt abgeschafft und die Aufgaben dieser Lehrprofession wurden den Stufenlehrämtern für die Primarstufe und die Sekundarstufe zugeschlagen. Alle angehenden Lehrer/innen müssen sich daher mit inklusionspädagogischen Inhalten auseinandersetzen. Darüber hinaus wurden innerhalb der Stufenlehrämter aber auch Vertiefungsmöglichkeiten in Inklusiver Pädagogik geschaffen. Für das Sekundarstufenlehramt besteht die Möglichkeit eines der beiden Unterrichtsfächer durch eine Spezialisierung in Inklusiver Pädagogik zu ersetzen, also statt z.B. Mathematik und Englisch, Mathematik und Inklusive Pädagogik zu studieren. Ähnliche Strukturen versucht gegenwärtig auch das deutsche Bundesland Berlin umzusetzen. Mit dem neuen Modell in Österreich wäre es langfristig möglich für die inklusive Schule dasjenige Fachpersonal zu gewinnen, das unterstützend, beratend und koordinierend zugunsten von Schüler/innen mit Beeinträchtigungen der Entwicklung in der regulären Schule agieren kann.

In Deutschland wurden im Jahre 2014 die seit 2004 geltenden Standards der Lehrer/innenbildung durch die KMK geändert und inklusive Schulentwicklung als Inhalt aufgenommen. Gemessen an den Möglichkeiten ist Inklusion damit immer noch nicht sehr prominent in diesen Standards vertreten (Kultusministerkonferenz 2015). Da sie aber für alle zukünftigen Lehrer/innenausbildungen gelten und in Verbindung mit einer stärkeren Betonung der Bedeutung von Heterogenität und Diversität, kann die Thematik der Inklusion damit zumindest nicht mehr ignoriert werden. In einem gemeinsamen Papier von KMK und Hochschulrektorenkonferenz erfolgten im nachfolgenden Jahr präzisere Vorschläge für die Neugestaltung der Lehrer/innenbildung für eine Schule der Vielfalt (Kultusministerkonferenz/Hochschulrektorenkonferenz 2015). Unter dem Leitkonzept der Inklusion wird eine Lehrer/innenbildung propagiert, die sich nicht nur an Schüler/innen mit Behinderungen orientiert, sondern auch „Sprache, soziale Lebensbedingungen, kulturelle und religiöse Orientierungen, Geschlecht und besondere Begabungen und Talente“ berücksichtigen soll. Der professionelle Umgang mit Inklusion wird in dem Dokument als allgemeine Anforderung an die Lehrer/innenbildung bezeichnet. Es bleibt abzuwarten inwieweit die Empfehlungen zu den gewünschten strukturellen Veränderungen führen. Da neben den allgemeinen Konzepten wenig konkrete verbindliche Vorschläge zu finden sind, bleiben die Strukturen der Lehrer/innenbildung in Deutschland je nach Bundesland vermutlich sehr unterschiedlich und es dürfte von der politischen Bereitschaft in einzelnen Bundesländern abhängen, in welchen Einzelmaßnahmen die Maxime der Inklusion ihren Ausdruck finden wird.

Vorschläge zur vertiefenden Lektüre:

Das Buch „Theorien der Behindertenpädagogik" von Vera Moser und Ada Sasse (2008) gibt eine systematische Einführung und gleichzeitig eine kritische Aufarbeitung der relevanten deutschsprachigen Ansätze. Dabei verwendet es ein einheitliches Strukturschema für die unterschiedlichen Theoriegruppen, das die Kontexte und Theoriebezüge der jeweiligen Ansätze und den Umgang mit dem Behinderungsphänomen umfasst. Empfehlenswert für die Aufarbeitung der aktuellen Positionen einer Inklusiven Pädagogik ist das „SAGE Handbook of Special Education" (Florian 2014). Einige der vorwiegend britischen und amerikanischen Autor/innen waren federführend bei der Entwicklung des Ansatzes der „inclusive education".

8 Bildung und lebenslange Entwicklung

Worum es geht…

Das Kapitel sieht Bildung und Entwicklung als lebenslangen Prozess, zu dessen Gelingen die verschiedensten Institutionen ihren Beitrag leisten. Diese werden nachfolgend analog zur Abfolge des menschlichen Lebenslaufs dargestellt, von der Familie, in die ein Kind mit Entwicklungsrisiken geboren wird, bis zum Leben im Alter, mit jeweils eigenen Herausforderungen und Anforderungen für eine adäquate Begleitung.

In den 1970er Jahren, als die Sonderpädagogik sich noch primär als Sonder-*Schul*-Pädagogik verstand, befanden sich Probleme von Bildung und Erziehung des Schulalters im Mittelpunkt des fachlichen Interesses. Diese Einschränkung auf eine bestimmte Altersphase ist mittlerweile dem Blick auf die gesamte Spanne des menschlichen Lebens gewichen. Eine vergleichbare Entwicklung ergab sich in den vergangenen Jahren auch in Bezug auf das Konzept der Inklusion, das anfangs unhinterfragt als schulische Inklusion diskutiert wurde und mittlerweile als Leitlinie für die Entwicklung über die Lebensalter Anwendung findet.

Bei der Erweiterung des Tätigkeitsbereichs auf Erwachsene stellt sich allerdings die Frage, ob professionelles Handeln einer Fachkraft, auch wenn sie aus einem pädagogischen Ausbildungsgang kommt, in diesem Fall noch pädagogisches Handeln ist. Bildung und Erziehung sind zentrale pädagogische Aufgabenstellungen, die in unterschiedlichen Lebensaltern unterschiedliche Gewichtungen erfahren. Während Erziehung sich auf das Kindes- und Jugendalter beschränkt, stellen Bildungsprozesse lebenslange Aufgaben dar. Entwicklung hingegen umfasst alle Zeiten menschlichen Lebens, von der pränatalen Phase bis zum Tod.

Eine vorliegende Behinderung und ein daraus resultierender Unterstützungsbedarf ist Grund genug, die gesamte Lebensspanne zum Bezugspunkt des fachlichen Interesses der Heilpädagogik und Inklusiven Pädagogik zu machen, deren zentrale Aufgabe nicht nur in der Erziehung und Bildung, sondern in der Entwicklungsbegleitung über die Lebensalter besteht.

Der nachfolgende Durchgang durch die menschlichen Lebensphasen hat zwei Bezugspunkte. So dienen einerseits Funktionsfähigkeit und Behinderung als zentrale Begriffe der ICF zur Beschreibung von Beeinträchtigungen der Lebenssituation. Gleichzeitig werden Sichtweisen einer Inklusiven Pädagogik, wie sie im vorausgegangen Kapitel formuliert wurden, übernommen und adaptiert. Es geht daher um Bildung, Erziehung und Entwicklung von Menschen mit physischen und mentalen Schädigungen sowie Beeinträchtigungen der Aktivitäten und Teilhabe im Kontext unterschiedlichen Alters, verschiedener Lebensbereiche und Institutionen.

Gesetze legen Aufgaben und Möglichkeiten der Institutionen fest, die das Leben der Menschen mit Behinderung begleiten. Das Ausmaß gesellschaftlicher Segregation wie Partizipation spiegelt sich in diesen Gesetzen wider. Die Versuchung ist daher auch für Autor/innen der Pädagogik groß, Schule, Wohnen oder Arbeit entlang der gesetzlichen Bestimmungen und den daraus resultierenden Möglichkeiten zu beschreiben. Angesichts der Vielfalt der Regelungen im Sozial- und Bildungsrecht ist man damit sehr schnell bei äußerst kleinräumigen Darstellungen. Die gesetzlichen Regelungen der pädagogischen Frühförderung und das daraus resultierende Angebot können sich zwischen zwei benachbarten deutschen Bundesländern grundlegend unterscheiden (vgl. Sohns 2000). Nicht minder vielfältig sind die Regelungen im Schulwesen.
Nachfolgend soll daher nicht der Zugang über die gesetzlichen Rahmenbedingungen der einzelnen Länder, sondern über die Aufgaben einer Entwicklungsbegleitung über die Lebensalter mit dem Ziel der vollständigen Partizipation in allen Lebensbereichen gewählt werden. Bezugspunkt sind hier die Gegebenheiten in allen deutschsprachigen Ländern. Dem Verfasser ist die Situation in der Schweiz allerdings weniger vertraut als diejenige in Deutschland und Österreich.

8.1 Familie als Ort der Entwicklung und Erziehung

Familien übernehmen heute sehr unterschiedliche Funktionen und Aufgaben. Von der Politik werden sie als Keimzelle der Gesellschaft und ökonomische Grundeinheit des Staates dargestellt. Familie ist ein Ort zur Herstellung und Rekreation von Arbeitskraft, aber sie ist auch der Bereich des Privaten und der emotionalen Geborgenheit (Jetter 2003).
Systemtheoretische Sichtweisen haben zunehmende Bedeutung in heilpädagogischen Kontexten, insbesondere im Bereich der pädagogischen Frühförderung. Mit beeinflusst hat diese Entwicklung auch Otto Specks Buch „System Heilpädagogik“ (Speck 2003b). So können Familien als Systeme betrachtet werden, die sich im Kontext weiterer Systeme selbst entwickeln und gestalten. Die Geburt eines Kindes ist samt seiner Einschränkungen der Entwicklungsmöglichkeiten Teil eines Systemgeflechts.
Das Mikrosystem der Familie als Form des festen Zusammenlebens der Generationen kann sehr unterschiedlich aussehen. Es kann sich um unverheiratete Paare handeln, um Alleinerziehende, aber auch Konstellationen, in denen Kinder bei Großeltern wohnen oder in Pflegefamilien oder auch Formen des Zusammenlebens mit überwiegend konstanten, aber zeitweise auch wechselnden Bezugspersonen.
Es fällt schwer zu sagen, was das Besondere an Familien mit behinderten Kindern sein soll. Sie sind untereinander so verschieden wie alle anderen Familien untereinander verschieden sind. Das Einzige, was sie von anderen Familien unterscheidet,

ist eben die Tatsache ein Familienmitglied mit Behinderung zu haben, ein Umstand der aber Auswirkungen auf das Familiengefüge hat.

Mit einem Kind verknüpfen sich Erwartungen der Eltern an die Zukunft. Die Gesundheit des Kindes rangiert weit oben in der Hierarchie der Erwartungen, eine Behinderung stellt somit eine massive Enttäuschung der elterlichen Hoffnungen und Zukunftserwartungen dar. Cloerkes (2007, 284f) nennt Schockerleben, Schuldgefühle und Abwehrmechanismen als Hauptformen emotionaler Reaktionen.

Schuldgefühle bei Müttern behinderter Kinder sind nicht selten Folge von Unkenntnis der Ursachen der Behinderung. So suchen Mütter nach Ereignissen während ihrer Schwangerschaft, in denen sie sich unangemessen verhalten hatten. Alkohol- und Tablettenkonsum werden nicht selten vom Umfeld aber auch von den Eltern selbst mit der Entstehung der Behinderung in Verbindung gebracht.

Verleugnung, Projektion und Intellektualisierung sind Abwehrmechanismen, deren Auftreten in verschiedenen Phasenmodellen beschrieben wird. Ebenfalls häufig sind Trauerreaktionen bei Eltern zu erkennen. Es ist die Trauer über die nicht stattgefundene Geburt desjenigen Kindes, das sie sich gewünscht hatten. Solche Trauerprozesse sind in den Phasen ihres Ablaufs durchaus vergleichbar mit denen nach dem Tod eines nahen Angehörigen. Vorwiegend in psychoanalytisch orientierten Arbeiten wurden solche Trauerprozesse beschrieben.

Die Geburt eines behinderten Kindes stellt für Eltern ein kritisches Lebensereignis dar. Als Folge der pränatalen Diagnostik ist dieses Ereignis den Eltern heute manchmal schon vorher bekannt. Als die Möglichkeiten der pränatalen Diagnostik noch sehr begrenzt waren, standen Eltern nach der Geburt vor der Situation, sich mit der Behinderung abzufinden. Heute kommt die Entscheidung über die Austragung der Schwangerschaft als neue Problemlage hinzu. Wer sein Kind mit Behinderung austrägt, hat während der Schwangerschaft in der Regel schon Konflikte durchlebt und sich letztlich doch zur Geburt und zum Leben mit dem Kind entschieden. Dies erleichtert die Akzeptanz des Kindes. Vorausgegangen sind aber in der Regel schwere Entscheidungskonflikte und oft zahlreiche schlaflose Nächte. Die Entscheidung, egal wie sie ausfällt, ist für die Eltern meistens schmerzlich. Pränatale Diagnostik ist daher eine durchaus ambivalente Angelegenheit (Strachota 2006).

Menschen mit schweren Behinderungen sind lebenslang auf besondere institutionelle Hilfen angewiesen. Neben den Entbehrungen und den zusätzlichen Belastungen der Eltern muss die Gesellschaft über das durchschnittliche Maß hinausgehende Aufwendungen für Bildung, Erziehung und ein menschenwürdiges Leben im Erwachsenenalter leisten. Auch wenn angehende Mütter von niemandem aufgefordert werden, eine Abtreibung vornehmen zu lassen, so steht doch, gerade in Zeiten finanzieller Engpässe im Sozialsystem, die Forderung latent im Raum, einen vermeintlichen Schaden zu vermeiden. Oft ist es gar nicht die Umwelt, die sich diesbezüglich äußert. Es sind die Eltern selbst, die meinen, nicht die Abtreibung müsse gerechtfertigt werden, sondern die Geburt des behinderten Kindes.

Trotz der Verbreitung pränataler Diagnostik ist immer noch der Fall häufig, dass den Eltern erst mit der Geburt die Behinderung ihres Kindes bekannt wird, oder dass die Behinderung den Eltern im Laufe der ersten Lebensjahre bewusst wird. Die beiden Szenarien haben sehr unterschiedliche Folgen für das Verhältnis zum Kind (Cloerkes 2007, 283). Wenn die Eltern kurz nach der Geburt von der Behinderung ihres Kindes erfahren, so kann dies die Mutter-Kind-Beziehung von Anfang an belasten, da das Kind unter dem Blickwinkel der Behinderung gesehen wird. In denjenigen Fällen, in denen die Behinderung erst später erkannt wird, treten die Eltern dem Kind erst einmal unbefangen gegenüber auf. Die Folgen können aber auch in diesem Fall gravierend sein, da Kinder mit unrealistischen Erwartungen konfrontiert werden, die sie nicht erfüllen können. Manchen Eltern fällt die Behinderung des Kindes erst auf, wenn das Kind mit zwei Jahren immer noch nicht laufen, oder wenn das Kind nicht sprechen lernt. Es ist die Aufgabe des Arztes, Eltern auf Entwicklungsdefizite hinzuweisen und auf Hilfs- und Beratungsangebote zu verweisen. Ob diese in Anspruch genommen werden, ist aber Sache der Eltern. Es gibt im Unterschied zu einigen anderen Ländern in Deutschland und in Österreich keine Meldepflicht für behinderte Kinder.

Monika Seifert, Sonderpädagogin und gleichzeitig Mutter eines intellektuell beeinträchtigten Kindes, beschreibt die Situation der Familien für die nachfolgenden Jahre folgendermaßen:

> „Ein behindertes Kind verändert den Alltag seiner Familie radikal. Es fordert von allen Beteiligten einen großen physischen und psychischen Einsatz. Seine Bedürfnisse stehen im Mittelpunkt und strukturieren den Tagesablauf: Ernährung, Pflege und Betreuung des Kindes sind zeitaufwendig, Arztbesuche, Therapien, Behördengänge kommen dazu. Eltern eines behinderten Kindes zu sein, ist ein Fulltime-Job, Tag und Nacht, über Jahre, oft jahrzehntelang" (Seifert 1997, 237).

Ein hoher Zeitaufwand ist für Eltern kleiner Kinder normal. Er reduziert sich aber mit dem Alter des Kindes. Bei behinderten Kindern dauert es länger bis sie laufen lernen, bis sie alleine essen können. Sie können auch nicht im Kleinkindalter schon alleine auf die Toilette gehen, sondern erlernen die Kontrolle der Blasen- oder der Stuhlfunktion oft erst im Grundschulalter. Nicht nur die Verselbständigung kommt später, auch die Integration in soziale Bezüge mit der damit verbundenen Entlastung der Eltern findet später statt. Kinder mit intellektueller Beeinträchtigung im Grundschulalter sind nicht selbständig mit ihren Freunden am Nachmittag unterwegs. Auch die Ablösung vom Elternhaus findet verspätet oder gar nicht statt.

In den vergangenen Jahren wurde der Blick auf Familien mit behinderten Kindern unter dem Defizitaspekt zunehmend hinterfragt (Wachtel 2016, 430f). Jüngere Arbeiten fokussieren auch auf die Kompetenzen und Leistungen und nehmen die Ressourcen in den Blick, die es Familien ermöglichen in ihrer Lebenssituation gut zurecht zu kommen.

8.2 Pädagogische Frühförderung

Gemessen an der Geschichte der schulischen Bildung, aber auch des Kindergartens, der seine konzeptionellen Wurzeln in einer reformorientierten Pädagogik des 19. Jahrhunderts hat, ist die pädagogische Frühförderung ein recht junges Modell. Entstanden ist sie aus der Arbeit von Beratungsstellen für Kinder mit Behinderungen in den 1960er Jahren. Das Gutachten des Deutschen Bildungsrats proklamierte *Früherkennung* und *Frühförderung* als zentrale Aufgabe für die ersten Lebensjahre von Kindern mit Entwicklungsproblemen (Deutscher Bildungsrat 1974).
Unter der Früherkennung ist hier die Feststellung und Geltendmachung einer besonderen Problemlage gemeint. Die frühen Untersuchungen durch Kinderärzte spielen dabei eine Schlüsselrolle. Das Fehlen einer Meldepflicht für Behinderungen, das aus historisch gewachsenen und nachvollziehbaren Gründen besteht, weist den Eltern eine wichtige Rolle für die Initiierung weiterer Maßnahmen zu. Ohne ihre Mitwirkung kann keine Frühförderstelle tätig werden.
Sohns (2000, 17) betrachtet Frühförderung „als einen Oberbegriff verschiedenster Hilfeangebote der Frühdiagnostik, Frühbehandlung und Früherziehung einschließlich der Begleitung, Beratung und des Austauschs mit den Erziehungsberechtigten“. Anfangs wurden auch andere Begriffe parallel dazu proklamiert wie „frühe Hilfen“ durch den deutschen Bundesverband Lebenshilfe sowie „Frühdiagnostik“ und „Frühtherapie“ von medizinischer Seite. In der Schweiz wurde statt von Frühförderung von „heilpädagogischer Früherziehung“ gesprochen (Thurmair/Naggl 2000, 14).
Otto Speck (Peterander/Speck 1996, 15) definiert Frühförderung wie folgt:

> „Unter Frühförderung verstehen wir einen Komplex medizinischer, pädagogischer, psychologischer und sozialrehabilitativer Hilfen, die darauf gerichtet sind, die Entwicklung eines Kindes und sein Leben-Lernen in seiner Lebenswelt in den ersten Lebensjahren unterstützend zu begleiten, wenn diesbezügliche Auffälligkeiten und Gefährdungen vorliegen.“

Frühförderung *im engeren Sinne* bezieht sich auf die Gruppe der Kinder von 0 bis 3 Jahren. Darüber hinaus werden in regional unterschiedlichem Umfang auch ältere Vorschulkinder in die Angebote mit einbezogen. Nach dem Schuleintritt findet der Begriff keine Verwendung mehr.
Frühförderung existiert in ambulanten und mobilen Formen. *Ambulante* Frühförderung impliziert, dass Eltern mit ihrem Kind eine Institution aufsuchen, die mit Fachkräften für die nötigen diagnostischen und therapeutischen Maßnahmen ausgestattet ist. Dort können Beratungen der Eltern ebenso wie Therapiemaßnahmen gegenüber dem Kind erfolgen. Die medizinisch geleiteten Sozialpädiatrischen Zentren, die in verschiedenen deutschen Bundesländern bestehen, folgen diesem Modell (Stempfle 1999).

Zu unterscheiden ist davon die *mobile* Frühförderung, welche die Kinder in der elterlichen Wohnung aufsucht und regelmäßig Beratungen der Eltern sowie pädagogische und therapeutische Arbeit mit dem Kind in der natürlichen Lebensumgebung des Kindes anbietet. Dieses Modell dominiert gegenwärtig die Hilfeangebote. Die wöchentlichen Förderstunden, in der die Frühförderin in die Wohnung kommt, das Kind beobachtet, mit ihm therapeutisch arbeitet, sich die neuesten Vorkommnisse berichten lässt und Eltern in multiplen Problemlagen berät, sind im Bewusstsein der Eltern zum Inbegriff dieses Modells geworden (Thurmair/Naggl 2000).
Systeme der pädagogischen Frühförderung wurden seit Mitte der 1970er Jahre ausgebaut. Für Deutschland kann vermutet werden, dass mittlerweile rund 100.000 Kinder und Eltern in die Angebote einbezogen sind (Wagner-Stolp 1999, 13). Dabei kamen entsprechend den jeweiligen Erfahrungen und den rechtlichen Rahmenbedingungen sehr unterschiedliche Formen zum Durchbruch. Angegliedert an Sonderschulen bestimmter Fachrichtungen waren Frühförderstellen anfangs in einzelnen deutschen Bundesländern dem Bildungswesen angegliedert, in anderen Ländern waren sie Teil des Sozialwesens. Frühförderung umfasst nach wie vor Tätigkeiten, die von einem unterschiedlichen Ursache-Wirkungsverständnis ausgehen. Während Logopädie, Physio-, Ergo- und Mototherapie sich eher am Dreischritt von Diagnose, Therapie und Heilung orientieren, geht es der pädagogischen Frühförderung eher um die langfristige Unterstützung der kindlichen Entwicklung durch Arbeitsbündnisse mit Eltern und Angehörigen (ebd., 15ff).
Bei der Finanzierung der Systeme setzte sich zumeist ein Verbund von Finanzierungen über das Sozial- und Gesundheitswesen durch, die das Gesamtsystem aber störungsanfällig machten und zu einer im Vergleich zu Kindergarten und Schule eher unsteten finanziellen Absicherung nötiger früher Hilfen führte. Die Angebote der Frühförderung unterscheiden sich aufgrund unterschiedlicher rechtlicher Regelungen teilweise erheblich zwischen einzelnen deutschen Bundesländern (Sohns 2000). In der Schweiz, in der es für die Heilpädagogische Früherziehung bis 2004 einheitliche Regelungen auf der Ebene des Bundes gab, diversifizierten sich die Systeme mit der Übertragung der Zuständigkeiten an die Kantone (Kronenberg 2016).
In Deutschland steht heute nicht mehr in Frage, ob Frühförderung interdisziplinär erfolgen muss. Es arbeiten die verschiedensten Berufsgruppen zusammen. Dies ist ein Unterschied zur Situation in der Schweiz und in Österreich, wo es auch um Früherziehung mit vorwiegend pädagogischem Anspruch geht. Dort gibt es auch eigene Berufsbilder von Früherzieher/innen und entsprechende Ausbildungsgänge. In Deutschland arbeiteten von Anfang an die verschiedensten Berufsgruppen in der Frühförderung. Dazu gehören Erzieher/innen, Sozialpädagog/innen, Ergotherapeut/innen, Logopäd/innen, Heilpägog/innen, Ärzt/innen, aber auch Sonderschullehrer/innen, Diplompädagog/innen und Diplompsycholog/innen. Die Zusammenarbeit dieser verschiedenen Gruppen wird gegenwärtig von niemandem in Frage gestellt.

Trotz der labilen institutionellen Absicherung hat sich im Bereich der Frühförderung ein fachlicher Austausch entwickeln können, der zur Entwicklung und Verbreitung neuer Wege und Strategien beigetragen hat. Maßgeblich für die Entfaltung eines fachlichen Austauschs war in Deutschland die „Vereinigung für interdisziplinäre Frühförderung", abgekürzt VIFF. Sie gibt die vierteljährlich erscheinende Zeitschrift „Frühförderung interdisziplinär" heraus. Weiterhin führt diese Vereinigung im Abstand von jeweils 1-2 Jahren Tagungen zu jeweils relevanten fachlichen Schwerpunkten durch. Die Tagungsbände geben einen guten Überblick über den fachlichen Entwicklungsstand. In den aktuellen Diskussionen spielen die Diskussion über Inklusion, die Rechte behinderter Menschen und die Umsetzung der UN-Behindertenrechtskonvention ebenso eine Rolle wie in den anderen Bereichen der Hilfe für behinderte Menschen. Aber auch philosophische und sozialpolitische Konzepte, die Einfluss auf die Entwicklung der Behindertenhilfe haben, sind Gegenstand der fachlichen Weiterentwicklung der Frühförderung. So standen etwa Anerkennung und Teilhabe im Zentrum des 27. Symposiums Interdisziplinäre Frühförderung der VIFF (König/Weiß 2015).

Kinder mit psychosozialen Risiken in der Frühförderung

Frühförderung bezieht sich im heute verwendeten Begriffsgebrauch auf Kinder mit Behinderungen und erkennbaren Entwicklungsstörungen und hat damit auch eine rehabilitative Zielsetzung. Kinder aus sozial randständigen Lebenslagen wurden erst mit Verspätung als potenzielle Adressaten der Frühförderung entdeckt (Weiß 2000). Insbesondere bei Familien in Armutslagen konzentrieren sich multiple Problemlagen. Hans Weiß sieht im Erleben und Verhalten von „Fachleuten" gar eine sozial und kulturell andere Welt als im Erleben und Verhalten der „Problemfamilien", insbesondere aus gravierenden Armutsverhältnissen (Weiß 2003). Weiß plädiert für eine Beratungsarbeit, welche die Lebenswelt der Betroffenen zu einem zentralen Bezugspunkt macht und zu einer Arbeitsbeziehung, welche eine Zusammenarbeit bei kindbezogenen Erziehungsproblemen ermöglicht.

Mit der Aufnahme der Gruppe von Kindern mit psychosozialen Risiken in die Arbeit der Frühförderung kamen präventive Momente stärker in den Blick (Klein 2002). Gleichzeitig wurden aber die ambulanten Formen der Frühförderung für diese Zielgruppe als Problem betrachtet. Sozial randständige Familien suchen nur in den wenigsten Fällen bei Entwicklungsproblemen ihrer Kinder den Rat von örtlich gebundenen Frühförderstellen. So hat sich erwiesen, dass aufsuchende Formen der Frühförderung, wie sie in Form mobiler Dienste bestehen, die Zielgruppe eher erreichen.

Methoden der professionellen Arbeit mit Eltern und Kindern

Die Frühförderung ist gegenwärtig wohl dasjenige Wirkungsfeld der Heilpädagogik, in dem der interdisziplinäre Austausch, insbesondere auch mit der Medizin, am weitesten entwickelt ist. So wird auch auf Programme unterschiedlicher fachlicher

Herkunft rekurriert, beziehungsweise es werden unterschiedliche Methoden und Konzepte kombiniert. Dabei zeigt sich, dass Methoden, die ansonsten in der heilpädagogischen Praxis mit älteren Kindern weit verbreitet sind, auch für die Frühförderung wichtige Dienste leisten.

In der Anfangsphase, insbesondere der medizinisch orientierten Einrichtungen der Frühförderung in den 1970er Jahren, dominierten lerntheoretisch orientierte Konzepte, die Entwicklungsdefizite bei den Kindern aufspürten und diese in Übungseinheiten zu kompensieren suchten. In eher pädagogisch orientierten Institutionen entwickelten sich aber andere Denkweisen, die „das Kind als Akteur seiner Entwicklung" betrachteten, wie es mit dem Titel eines bekannten Sammelbandes aus der pädagogischen Frühförderung in Baden-Württemberg formuliert wurde (Kautter u.a. 1998). In der Folge verbreiteten sich die verschiedensten Ansätze, die bei den Ressourcen der Kinder ansetzen und durch geeignete Impulse auf die eigenen Entwicklungskräfte des Kindes setzen. Heute finden wir in der Frühförderung einen breiten Methodenmix verschiedenster Herkunft und Ausrichtung.

Thurmair und Naggl (2000, 167-177) nennen als verwendbare Programme für die Förderstunden der mobilen Frühförderung so unterschiedliche Konzepte wie die Sensorische Integrationstherapie nach Jean Ayres, die Psychomotorik, Basale Stimulation, das Frostig-Programm zur visuellen Wahrnehmung, das Straßmeier-Programm, die Heilpädagogische Übungsbehandlung und die Montessori-Pädagogik. In den Tagungsbänden der VIFF finden sich darüber hinaus noch Anwendungen zahlreicher weiterer Modelle wie z.B. demjenigen von Castillo Morales und der konduktiven Pädagogik (Leyendecker/Horstmann 2002).

Auch was die Mitarbeit und die Beratung der Eltern anbetrifft, hat sich seit den Anfängen in den 1970er Jahren ein fundamentaler Wandel vollzogen. Speck, der diese Entwicklung über seine Mitwirkung im Meinungsaustausch der Frühförderung mitbeeinflusst hat, sieht 3 verschiedene Modelle der Zusammenarbeit mit den Eltern (Speck 2003b, 452f): das Laien-Modell, das Kotherapeuten-Modell und das Kooperationsmodell. Im *Laien*-Modell stellen, wie der Name bereits impliziert, die Professionellen die Fachleute dar, die den Eltern Informationen und Ratschläge geben. Im *Kotherapeuten*-Modell definieren die Expert/innen, in welchem Umfang die Eltern mithelfen dürfen. Kennzeichnend für diese Sichtweise waren Förderstunden, in denen die Frühförderin Übungen in der wöchentlichen Besuchsstunde mit dem Kind durchführte und bei denen die Eltern diese regelmäßig in der vorgestellten Form wiederholen sollten, um einen dauerhaften Lernerfolg zu erzielen. Insbesondere das Kotherapeuten-Modell, das die spontane Komponente in der Eltern-Kind-Beziehung zurückdrängte, hat mitunter zu Beziehungsbeeinträchtigungen geführt. Besonders problematisch war die tägliche Übung von Einheiten, die beim Kind Widerwillen hervorriefen und abgelehnt wurden.

Es hat sich hier inzwischen eine andere Sichtweise durchgesetzt. Speck spricht in diesem Zusammenhang von der ethischen Dimension in der Frühföderung und von einer „Ethik der Achtsamkeit" (Speck 2003a, 99). Das *Kooperations*-Modell betrachtet Eltern als Expert/innen in eigener Sache und nimmt ihre Anliegen ernst. Es soll eine gleichberechtigte Zusammenarbeit zwischen professionellen Expert/innen und Eltern erfolgen, bei der jede der beiden Gruppen die Sichtweise der jeweils anderen als berechtigt und gleichwertig betrachtet. In ihren spezifischen Stärken sind sie komplementär und es ergeben sich Synergieeffekte.

8.3 Vorschulische Bildung

Im Bereich der vorschulischen Bildungseinrichtungen kann zwischen Kinderkrippen (0-3 Jahre) und Kindergärten (3-6 Jahren) unterschieden werden. Während die DDR über ein flächendeckendes Netz von *Kinderkrippen* verfügte, das teilweise auch in das System der Vorschulbildung der späteren östlichen Bundesländer überführt werden konnte, bestehen in Westdeutschland, Österreich und der Schweiz selbst in den Städten noch große Lücken im Angebot. Erst in den letzten Jahren sind verstärkte Anstrengungen zum Ausbau und zur Entwicklung angemessener pädagogischer Konzepte zu beobachten, so dass bestehende Kinderkrippen ein mit den Kindergärten vergleichbares Niveau der fachlichen Arbeit aufweisen.

Albers (2016) sieht in der gegenwärtigen Entwicklung der Krippen als Folge der UN-BRK nicht mehr die Frage als relevant an, ob entwicklungsgefährdete und behinderte Kinder aufgenommen werden, sondern welche Bedingungen geschaffen werden müssen, um die individuellen Bedürfnisse der Kinder zu beachten. Er sieht Anregungen für die Entwicklung der Inklusion in den Kinderkrippen auch bei den Erfahrungen aus der pädagogischen Frühförderung. Hier ist das Prinzip der Familienorientierung zu nennen, welche die Verantwortung der Familie für die Erziehung des Kindes achtet. Den Erfolg möchte er nicht nur in der Verbesserung funktioneller Fähigkeiten des Kindes messen, sondern auch in den Verständigungsprozessen der therapeutischen und pädagogischen Fachkräfte mit den Familien (ebd., 265).

Das System der *Kindergärten* (in Deutschland auch „Kindertageseinrichtungen") ist in den deutschsprachigen Ländern zwar flächendeckend ausgebaut, kann aber nicht überall dem Bedarf genügen. Konzepte und fachliche Qualifizierung des Personals haben bereits vor Jahrzehnten dazu geführt, dass Kindergärten nicht nur als Betreuungsanstalten sondern als Bildungseinrichtungen betrachtet wurden. Kindergärten bzw. Kindertageseinrichtungen praktizieren seit jeher weniger Aussonderung im Bildungsbereich als andere Institutionen (Platte 2016, 267). In Bezug auf Kinder mit Behinderungen und Entwicklungsproblemen lassen sich im Wesentlichen drei institutionelle Formen unterscheiden:

1. Sonderkindergärten
2. Integrative Kindergärten
3. Einzelintegration im Regelkindergarten und inklusive Modelle.

Sonderkindergärten wurden ab den 1950er Jahren gegründet, entsprechend den Behinderungskategorien und den zugehörigen Sonderschulstrukturen. So gab es Kindergärten für sinnesgeschädigte, geistig oder körperlich behinderte Kinder, die zumeist auch räumlich an Sonderschulen angegliedert waren. Dieses System existiert in regional unterschiedlichem Ausmaß weiterhin, insbesondere für Kinder mit Sinnesbeeinträchtigungen (Gehörlosigkeit und Blindheit). Süddeutsche Bundesländer verfügten über solche Strukturen flächendeckend auch für Kinder mit intellektuellen Beeinträchtigungen. Zumeist wurden diese Modelle aber mittlerweile von integrativen Konzepten abgelöst.

Integrative Kindergärten gehen von 2 Gruppen von Kindern aus, nämlich solchen mit und ohne sonderpädagogische Zuschreibung. Integrative Kindergärten oder auch integrative Gruppen in Regelkindergärten betrachten die Integration als Zielsetzung ihrer konzeptionellen Arbeit. Häufig arbeitet auch heilpädagogisch qualifiziertes Personal mit und es erfolgt eine Mischfinanzierung aus Mitteln der Behindertenhilfe und der Regelkindergartenfinanzierung, entsprechend den gesetzlichen Regelungen in den einzelnen Ländern.

Bereits in der ersten Hälfte der 1980er Jahre gab es thematisch breit angelegte Evaluationen (z.B. Miedaner 1986), welche die weitere Entwicklung beeinflussten. Integrative Kindergärten können mittlerweile auf einen breiten Erfahrungshintergrund und Wissensbestand zurückgreifen und stellen vielerorts die Regelinstitution vorschulischer Bildung für Kinder mit Behinderungen dar. Eine Integrative Pädagogik, die den gewachsenen fachlichen Entwicklungsstand rezipiert, bietet eine gute Voraussetzung für eine angemessene Entwicklungsförderung beider Gruppen des Kindergartens. Dies sagt natürlich nichts über die Qualität der Arbeit im Einzelfall aus.

Einzelintegration und inklusive Modelle können wegen vergleichbarer Problemlagen zu einer Form zusammengefasst werden, wenngleich sie nicht identisch sind. Einzelintegration in einen Regelkindergarten ist zu verstehen als Aufnahme eines einzelnen Kindes mit einer festgestellten Behinderung oder Entwicklungsproblematik in eine ansonsten weitgehend gleich weiterarbeitende Kindergartengruppe. Zumeist werden weder sonderpädagogische Hilfen angeboten noch ist sonderpädagogisch qualifiziertes Personal in den Gruppen vorhanden. Auch konzeptionell soll der Kindergarten wie bisher weiterarbeiten. Dies ändert nichts an dem Umstand, dass die möglicherweise auch für die Pädagog/innen anspruchsvolle Aufgabe der Integration in diesem Setting ohne besondere Mittel geleistet werden muss. Verschiedentlich werden unter Einzelintegration aber auch Modelle gefasst, die den Einsatz von zusätzlichem, auch heilpädagogisch ausgebildetem Personal bei der Integration von 1-3 Kindern in eine reguläre Gruppe der Kindertagesstätte vorsehen (Kron/Papke 2006, 20).

Inklusive Modelle erwarten demgegenüber eine Veränderung der Institution in dem Sinne, dass die Heterogenität der Kindergruppe auf allen Ebenen begrüßt wird. Instrumenten der Qualitätsentwicklung auf der Ebene der Einzelinstitution kommt bei dieser Form der Gemeinsamkeit im Bildungsprozess daher eine überragende Bedeutung zu. Die Adaptierung des „Index for Inclusion" an Bedingungen des Vorschulalters unter dem Titel „The Index for early years and childcare settings" (Booth u.a. 2004) ist damit gleichermaßen ein Instrument der institutionellen Entwicklung wie der Qualitätsverbesserung pädagogischer Prozesse. Das in England entwickelte Dokument ist mittlerweile in verschiedene Sprachen übersetzt und weltweit in Gebrauch. Durch die leichte Zugänglichkeit der Übersetzungen im Internet (über „Enabling Education Network" EENET; URL siehe am Ende von Kapitel 5) und die gute Vernetzung der an der Entwicklung beteiligten Wissenschaftler/innen mit internationalen Organisationen, ist wohl zu erwarten, dass das Werk die Entwicklung von Vorschuleinrichtungen in den nächsten Jahren weiterhin erheblich beeinflussen wird (Boban/Hinz 2015).

Ähnlich wie im „Index for Inclusion" für die Schule (siehe Kapitel 5) soll weniger die Situation der Kinder als diejenige der Einrichtung beleuchtet werden, um Barrieren für die Entwicklung von Prozessen des Spielens und Lernens und der Teilhabe in allen Bereichen festzustellen. Nach der Identifizierung hemmender Faktoren soll nach den Ressourcen gefragt werden, die eine Änderung einleiten können. Dies ist nicht als einmaliges Vorhaben gedacht, sondern als fortlaufender Prozess, in dem verschiedene Phasen der Bestandsaufnahme und der Einleitung und Beobachtung von Änderungsprozessen miteinander abwechseln. Die fortlaufende Evaluierung der Veränderungsprozesse soll einen Umbau in Richtung zu inklusiven Werten, Strukturen und Praktiken ermöglichen. Da vielerorts beobachtbar ist, dass Verantwortliche und Mitarbeiter/innen sich in Arbeitskreisen und Fortbildungen mit diesem Dokument und der damit implizierten Denkweise auseinandersetzen, ist zu erwarten, dass Veränderungsprozesse in die Richtung inklusiver Strukturen langfristig an Bedeutung zunehmen werden.

Die gegenwärtige Situation der vorschulischen Bildung wurde in verschiedenen Studien erhoben. Die Qualität der pädagogischen Arbeit in den Kindertagesstätten und beim Übergang vom Vorschulbereich in die Schule untersuchte eine Studie aus Nordrhein-Westfalen (Kron/Papke 2006). Diese Arbeit verdient schon deshalb besonderes Interesse, da sie mit den Erhebungen von Strukturdaten in rund 1.100 Tageseinrichtungen für Kinder von 3 bis 6 Jahren einen breiten Überblick über den Stand der vorschulischen Bildung in Einrichtungen eines Trägers der Jugendhilfe ermöglicht, der integrative Modelle seit langem favorisiert und eine breite Angebotspalette bereit hält. In der Evaluationsstudie sollte über kindbezogene halbstandardisierte Befragungen herausgefunden werden, wie Eltern behinderter Kinder, Träger und Mitarbeiter/innen von Einrichtungen und Schulen die Effekte der in den Kindertagesstätten geleisteten Arbeit einschätzen.

Die Untersuchung bezog sich auf

a.) „heilpädagogische Tageseinrichtungen“, die sich dem in diesem Buch genannten Typus des Sonderkindergartens zuordnen lassen
b.) „Schwerpunkteinrichtungen“ und „additive Einrichtungen“, die als Integrative Kindergärten angesehen werden können
c.) Regeleinrichtungen mit Einzelintegration.

Die Ergebnisse geben interessante Hinweise auf die Einschätzung vorschulischer Integration der an diesem Prozess Beteiligten. So wurde festgestellt, dass die integrativ arbeitende Einrichtung mit spezifischer pädagogischer und therapeutischer Förderung in einem allgemeinpädagogischen Konzept das „Wunschmodell“ der meisten Eltern von Kindern mit Behinderungen war. Die Wohnortnähe wurde gewünscht, war aber gegenüber der inhaltlichen Seite der pädagogischen Betreuung nachrangig. Auch die Wahl von Sonderkindergärten stellte keine Entscheidung gegen die Integration, sondern eher für die bestmögliche Form der Betreuung für das Kind dar (Kron/Papke 2006, 188). Die übrigen Ergebnisse liefern das Bild eines mittlerweile als überwiegend positiv erlebten Bildes der vorschulischen Integration, aber auch der Akzeptanz von Sondereinrichtungen, die über kleinere Gruppen und gezieltere therapeutische Interventionsmöglichkeiten besondere Hilfestellungen geben.
Die Prävention von Entwicklungsstörungen kann eine wichtige Folgewirkung eines breit ausgebauten Systems qualitativ hochwertiger Vorschuleinrichtungen sein. Wenn wir Programme vorschulischer Erziehung in entwickelten Ländern weltweit betrachten, stellen wir fest, dass der Präventionsgedanke in der öffentlichen Diskussion zu verschiedenen Zeiten unterschiedliches Gewicht hatte. Konzepte zur kompensatorischen Erziehung für sozial benachteiligte Kinder wurden vor einigen Jahrzehnten noch als gleichermaßen bildungspolitische wie gesellschaftliche Strategie betrachtet, um soziale Benachteiligungen zu beseitigen. International bekannt, auch als Beispiel für die Misserfolge und die Umstrittenheit solcher Unternehmungen, wurde das 1965 begonnene Head Start-Programm der USA, in das zeitweise bis zu einer halben Million Kinder einbezogen waren (Warren/Davis 2007). Sozial randständige Kinder wurden hier in zumeist kurzfristig angelegten Maßnahmen wie pädagogisch begleitete Ferienaufenthalte einbezogen, mit der Hoffnung, die Wirkung anregungsarmer häuslicher Umgebungen abmildern zu können. Die Hoffnungen erfüllten sich nicht und die anfängliche pädagogische Euphorie wich eher einem skeptischen Realismus. Nicht zuletzt durch diese Erfahrungen war ab den 1980er Jahren kompensatorische Erziehung weniger gefragt. Dies entbindet aber die Vorschulpädagogik nicht von der Aufgabe lebensweltangepasste pädagogische Projekte zur Prävention für Kinder in sozial randständigen Lebenslagen zum Zweck der Prävention zu entwickeln.
Unter dem Stichwort „equity in education“ werden Fragen der sozialen Benachteiligung in den Bildungswesen der entwickelten Länder erneut thematisiert (OECD 2007). Dabei steht das Schulwesen im Vordergrund, aber unter Einbeziehung von

Fragestellungen zur vorschulischen Bildung. Der nicht eindeutig ins Deutsche übersetzbare englische Begriff „equity“ wird in der Publikation der OECD über zwei Komponenten näher bestimmt, nämlich über „fairness“ und „inclusion“. Fairness bedeutet in diesem Zusammenhang, dass personale und soziale Voraussetzungen kein Hemmnis für die Entfaltung von Bildungspotential darstellen sollen. Inclusion soll über die Sicherstellung minimaler Bildungsstandards (insbesondere in den Kulturtechniken des Lesens, Schreibens und Rechnens) erreicht werden (ebd.).

8.4 Schulische Bildung

Beim Blick auf die institutionellen Strukturen schulischer Bildung von Kindern mit Behinderungen, Lern- und Verhaltensschwierigkeiten und Benachteiligungen (im Sinne der Kategorien A, B und C der OECD) fallen in den deutschsprachigen Ländern zwei Merkmale besonders auf:

1. Deutschland, Österreich und die Schweiz haben ein nach Behinderungskategorien ausgebautes Sonderschulwesen.
2. Die übrigen Schulformen weisen für die Primarstufe die Form einer Einheitsschule auf (Grundschule in Deutschland, Volksschule in Österreich, Primarschule in der Schweiz). Im Bereich der Sekundarstufe erfolgt eine strikte Trennung nach vermeintlichen Begabungstypen im Sinne einer äußeren Differenzierung.

Ab dem Anfang der 1970er Jahre wurde die äußere Gliederung der Sekundarstufe in Frage gestellt und Gesamtschulformen als Gegenmodelle propagiert. Diese Phase der Bildungsdiskussion war auch verbunden mit der Infragestellung der Sonderschulen als eigenständige Institutionen. Stattdessen wurde die Integration auch dieser Schüler/innengruppe in eine allgemeine Schule für alle Kinder gefordert.
Verbunden ist diese Phase mit der Tätigkeit des Deutschen Bildungsrats, der mit dem Gutachten „Zur pädagogischen Förderung behinderter und von Behinderung bedrohter Kinder und Jugendlicher“ eine breite Diskussion in Bildungspolitik und Wissenschaft angestoßen hatte (Deutscher Bildungsrat 1974). Eine herausragende Stellung hatte hier Jakob Muth, der als Schulpädagoge den Ausschuss Sonderpädagogik leitete. Möckel sieht Muths Thesen zur Weiterentwicklung des Bildungswesens gleichermaßen von der Anthropologie wie von der politischen Zielsetzung der Demokratisierung des Bildungswesens begründet (Möckel 2002). In seinen Publikationen betont Muth immer wieder, dass Integration nicht nur auf den behinderten Menschen fokussieren muss, sondern dass die Perspektive der Nichtbehinderten ebenso wichtig ist (Muth 1986, 26). Er sieht es als vorrangig an, dass behinderte Menschen von der Gesellschaft human angenommen werden, was nur in einem Lernprozess der Nichtbehinderten erreichbar sei (ebd., 27).

Eine Zusammenstellung der Entwicklung der schulischen Integration in der Bundesrepublik Deutschland von 1970 bis 2002 hat Irmtraud Schnell vorgelegt (Schnell 2003). Dabei richtet sie den Blick auf die Positionen und Verhaltensweisen der Akteure in diesem Prozess, die sie von ihrem eigenen Standpunkt als Lehrerin und Gewerkschafterin kommentiert und bewertet. Zu den involvierten Gruppen rechnet sie Eltern, Lehrer/innen, Wissenschaftler/innen und Schulbehörden. Kritisch setzt sie sich mit den Positionen von Fachverbänden, den politischen Parteien und der universitären Sonderpädagogik auseinander. Letzterer wirft sie, vor allem in der Anfangszeit, eine ungenügende Berücksichtigung des Themas und übertriebene Skepsis vor.

Sieht man sich die Veröffentlichungen und Diskussionen der frühen 1970er Jahre an, so wird diese Einschätzung bestätigt. Das erste integrative Schulmodell entstand 1970 auf Initiative des Mediziners Theodor Hellbrügge, Inhaber des Lehrstuhls für Sozialpädiatrie an der Universität München. Bei seiner Tätigkeit als Experte in Gremien des Deutschen Bildungsrats besuchte er einen Montessori-Kindergarten und wurde dort auf zwei Kinder mit Down-Syndrom aufmerksam, deren Bildung in einer Gruppe von Kindern ohne Behinderung offensichtlich keine Probleme bereitete (Hellbrügge 1984). Dies führte nach seinen Angaben zur Gründung einer integrativen Montessori-Vorschuleinrichtung und wenig später zu einer integrativen Schulklasse für die ersten Kindergartenkinder, die schulpflichtig wurden. Als Schulversuch der Bund-Länder-Kommission wurde dieses Modell ausgebaut und konnte sich als erste eigenständige integrative Modellschule in Deutschland etablieren (Biewer 2001).

Wenige Jahre später (1975) startete in der Fläming-Schule in Berlin die erste Integrationsklasse einer staatlichen Schule (Projektgruppe Integrationsversuch 1988). Hier wurden verschiedene Reformideen umgesetzt, an denen sich nachfolgende Modelle konzeptionell orientierten. Dazu gehörte die Doppelbesetzung der Integrationsklassen mit einer Regelschul- und einer Sonderschullehrkraft, der Verzicht auf diskreditierende Leistungsbewertungen zugunsten der Beschreibung des Entwicklungsfortschritts und die Verwendung von differenzierenden bzw. individualisierenden methodischen Konzepten des Unterrichts. Mit dem Schulversuch in der Berliner Uckermark-Schule wurde ab 1982 ein neues Modell etabliert für Kinder, die die Grundschule ihres Wohnsprengels besuchten und die nachfolgend in der wohnortnahen Integration auch in anderen Bundesländern Anwendung fanden. Über die wissenschaftliche Begleitung sind Erhebungen über das Schulleben, die sozialen Beziehungen der Kinder und die Rollenverteilungen von Grund- und Sonderschullehrer/innen bei der schulischen Integration dokumentiert (Heyer/Preuss-Lausitz/Zielke 1990).

In der Diskussion über die schulische Integration wurde insbesondere durch die Bildungsverwaltungen der Bundesländer in der Anfangsphase zwischen integrierbaren und vermeintlich nicht integrierbaren Kindern unterschieden. Kinder mit

Sprach-, Lern- oder Körperbehinderungen wurden dabei als leichter integrierbar dargestellt. Die Integration von Kindern mit schwereren Behinderungen, insbesondere auch mit geistiger Behinderung, galt als wenig aussichtsreiches Unterfangen. Daher wurden Kinder mit geistiger Behinderung nicht selten von Integrationsmodellen ausgeschlossen. Interessant sind aber die Ergebnisse wissenschaftlicher Begleitungen von integrativen Schulversuchen, die diesen Sichtweisen widersprechen. Wo Kinder mit geistiger Behinderung in Integrationsmodelle einbezogen wurden, stellten sie keinesfalls die problematischste Gruppe in den Klassen dar. Erhebungen in den Hamburger Integrationsklassen, wo in den 1980er Jahren geistig behinderte Kinder einen proportional relativ hohen Anteil der Integrationsschüler/innen darstellten, belegen diese Einschätzung. Nur in seltenen Fällen gestaltete sich ihre Integration als schwierig. Probleme bereiteten eher erziehungsschwierige Schüler ohne kognitive Beeinträchtigungen (Wocken/Antor 1987).

In Österreich setzte die Entwicklung mit einer, anfangs gegen den Willen von Verantwortlichen in der Bildungsverwaltung etablierten, ersten integrativen Klasse in Oberwart im Burgenland im Jahre 1984 ein. Die Etablierung integrativer Modelle wurde in den nachfolgenden Jahren aber schneller und umfassender umgesetzt als in Deutschland (Biewer 2006). Dazu trug die gesetzliche Verankerung eines Wahlrechts der Eltern zwischen besonderer und integrativer Beschulung durch Novellen des Schulorganisationsgesetzes für die Volksschule (1. bis 4. Schulbesuchsjahr) im Jahre 1993 und für die Sekundarstufe (5. bis 8. Schulbesuchsjahr) 1996 bei.

Neben kooperativen Formen wurden vor allem 2 Modelle umgesetzt: die Integrationsklassen mit ständiger Doppelbesetzung durch Regelschul- und Sonderpädagog/innen und die sogenannten Stützlehrerklassen, die nur für eine begrenzte Anzahl von Stunden wöchentlich von Sonderpädagog/innen besucht werden. Das Modell der Stützlehrerklassen bot sich dabei vor allem für Schulen im ländlichen Raum mit wenigen sonderpädagogisch adressierten Kindern an, während in Städten eher auf das Modell der Integrationsklassen gesetzt wurde.

In den nachfolgenden Jahren wurden integrative Modelle flächendeckend ausgebaut, allerdings unter Erhalt der bisherigen Sonderschulstrukturen in regional unterschiedlichem Umfang. Während in den östlichen Bundesländern Oberösterreich, Wien, Steiermark und Burgenland die integrativen Modelle dominieren, blieben im Westen (Vorarlberg und Tirol) Sonderschulstrukturen stärker erhalten.

Der gegenwärtig sehr unterschiedliche Grad der Umsetzung schulischer Integration in zwei, hinsichtlich der Gliederung des Bildungswesens ansonsten recht ähnlichen Ländern wie Deutschland und Österreich, ist auffällig und damit erklärungsbedürftig. Neben verschiedenen anderen Faktoren spielt hier auch die föderale Struktur und die Verteilung der Gesetzgebungskompetenzen eine Rolle. Während die deutschen Bundesländer die Kulturhoheit und damit die Gesetzgebungsgewalt inne haben und der Kultusministerkonferenz (KMK) vorwiegend Koordinationsaufgaben überlassen, gibt es in Österreich eine Bundesgesetzgebung für den Pflichtschulbereich, die den Ländern nur eingeschränkte Modifikationsmöglichkeiten lässt.

Der Rahmen für die Schulstrukturen im sonderpädagogischen Kontext ist für Deutschland in den „Empfehlungen der Kultusministerkonferenz zur Sonderpädagogischen Förderung in den Schulen in der Bundesrepublik Deutschland" vom 5./6. Mai 1994 festgelegt. Dort werden vorbeugende Maßnahmen, gemeinsamer Unterricht, Sonderbeschulung und Kooperationen zwischen Regelschulen und Sonderschulen ohne Priorisierung eines bestimmten Modells als „Formen und Orte sonderpädagogischer Förderung" vorgeschlagen (Drave/Rumpler/Wachtel 2000, 35f).

Damit hebt die KMK ihre „Empfehlungen zur Ordnung des Sonderschulwesens" des Jahres 1972 mit ihrer fast ausschließlichen Orientierung an Sonderschulen auf und trägt der neuen gewachsenen institutionellen Vielfalt in den Bundesländern Rechnung. Als Kompromisspapier der unterschiedlichen bildungspolitischen Strömungen der einzelnen Bundesländer kann es aber nur in begrenztem Umfang Impulse für weitere Innovationsprozesse setzen.

Die Bildungsstatistiken zeigten in den letzten Jahren in den meisten Bundesländern zwar ein Anwachsen der Quote integrativ beschulter Kinder. Oft war sie aber verbunden mit einer Erhöhung der Zahl der sonderpädagogisch adressierten Kinder, so dass in der Konsequenz die Quote der Sonderschüler/innen an den einzelnen Jahrgängen nicht sank. Nach wie vor hat Deutschland eines der weltweit am breitesten ausgebauten Sonderschulsysteme, das mittlerweile um zusätzliche Angebote für den Regelbereich (z.B. mobile Dienste) und integrative Modelle ergänzt wird.

Die bislang noch unzureichend eingelösten Normen der UN-BRK haben sich in den letzten Jahren zu einem Motor für die öffentliche Diskussion inklusiver Strukturen entwickelt. Es dauerte recht lange, bis sich die deutsche Kultusministerkonferenz (KMK) die Forderung nach der Umsetzung von Inklusion im Schulsystem zu eigen machte. In einem Beschluss vom 20.10.2011 mit dem Titel „Inklusive Bildung von Kindern und Jugendlichen mit Behinderungen in Schulen" propagiert die KMK inklusiven Unterricht, der sowohl Standards der allgemeinen Abschlüsse wie auch die individuellen Kompetenzen der Lernenden berücksichtigen soll (KMK 2011). Auch wenn die Ausführungen nachfolgend als zu wenig konkret und verbindlich kritisiert wurden, so ist doch positiv hervorzuheben, dass erstmals Inklusive Bildung als Maxime schulpädagogischen Handelns von bildungspolitischen Akteuren auf gesamtstaatlicher Ebene propagiert wird.

Didaktische Aufgaben bei Schüler/innen mit speziellem Bildungsbedarf

Die Frage nach besonderen Lehrmethoden für besondere Kinder hat die Geschichte der Sonderschulen immer wieder beschäftigt. Wo sie beschrieben wurden, ließen sie sich nicht selten auf allgemeine Methoden reduzieren, die auch für den Lernprozess anderer Kinder förderlich sind. Nicht anders ist es, wenn wir den Blick auf die didaktischen Modelle für integrativen Unterricht werfen. Die wissenschaftlichen Begleitungen der ersten Modellversuche zur schulischen Integration beschreiben zumeist auch die Unterrichtsformen, die sich unter den Bedingungen von Heterogenität als erfolgreich erwiesen haben (Projektgruppe Integrationsversuch 1988, Heyer/Preuss-Lausitz/Zielke 1990, Dumke 1993). Es sind zumeist Konzepte wie freie Arbeit, Projektunterricht und Wochenplanunterricht mit ihrem Ursprung in reformpädagogischen Modellen des ersten Drittels des 20. Jahrhundert (Graumann 2002).

Der explizite Rückgriff auf reformpädagogische Modelle ist eine Besonderheit der deutschsprachigen Integrationspädagogik. Dabei findet sie nicht selten eine neue lernpsychologische Legitimierung in veränderten Sichtweisen des Lernprozesses auf der Basis des Konstruktivismus und der Tätigkeitstheorie. Als Vorläufer konstruktivistischer Sichtweisen des Lernprozesses kann Piaget betrachtet werden; tätigkeitstheoretische Ansätze fußen auf Theorien der sowjetischen kulturhistorischen Schule von Leontjew, Vygotski und Galperin. Beide theoretischen Ansätze entstanden in Studien zur kognitiven Entwicklung von Kindern in den 1930er Jahren. Trotz vieler Konvergenzen beider Konzepte, sieht Olga Graumann (2002, 125) einen entscheidenden Unterschied: Während Piaget die Tätigkeit als Interaktion zwischen Mensch und physischer Umwelt betrachtet, deuten die Vertreter/innen der kulturhistorischen Schule sie als von Anfang an sozial determiniert und sehen die Sprache als Ursache und Wirkung dieser Interaktion.

Ein an der Tätigkeitstheorie orientiertes Modell, das die deutschsprachige Diskussion der didaktischen Aspekte schulischer Integration erheblich beeinflusst hat, stammt von Georg Feuser (Feuser/Meyer 1987). Feuser sieht eine Pädagogik als integrativ an, wenn „alle Kinder in Kooperation miteinander auf ihrem jeweiligen Entwicklungsniveau und mittels ihrer momentanen Wahrnehmungs-, Denk-, und Handlungskompetenzen an und mit einem ‚gemeinsamen Gegenstand' spielen, lernen und arbeiten" (Feuser 1993, 8). Integration bestimmt sich somit primär über die inhaltliche, nicht nur über die methodische Seite des Unterrichts. Nur kooperatives Lernen am gemeinsamen Gegenstand erfüllt die Ansprüche, die er an die Didaktik in integrativen Settings stellt, nicht das Nebeneinander des Lernens im selben Schulraum. Feuser hat sein Modell in der bildlichen Metapher eines Baumes dargestellt (siehe Abb. 8.1). Den Stamm betrachtet er als thematische Struktur eines Projektes, an dem alle Schüler/innen nach Möglichkeit auch jahrgangsübergreifend arbeiten sollen. Äste und Zweige entsprechen Wissenschaftsbereichen, die den Schüler/innen in abstrakt-logisch symbolischer Weise durch Sprache oder Schrift fassbar werden. „Je nach der momentanen Wahrnehmungs-, Denk- und Handlungskompetenz eines Schülers kann er einem oder mehreren Ästen entlang lernen, muß dies aber nicht in jedem Projekt in bezug auf jeden Ast und Zweig leisten" (Feuser 1989, 31).

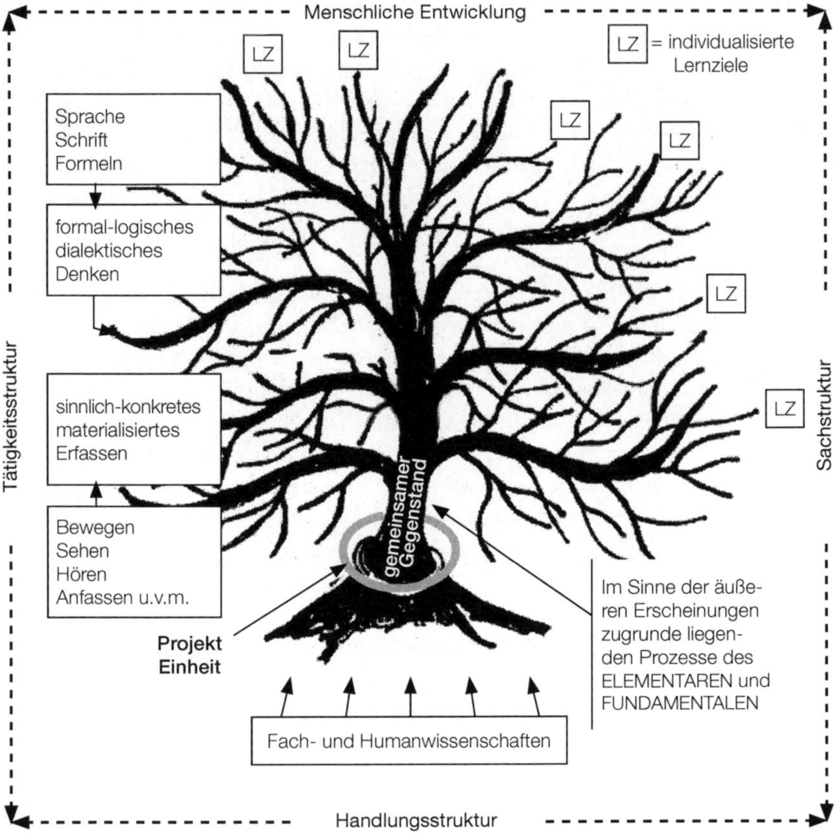

Abb. 8.1: Modell integrativen Unterrichts (nach Feuser 1989, 31)

Mit diesem Modell verbunden ist für ihn eine entwicklungslogische Didaktik. Ausgehend vom aktuellen Entwicklungsniveau lösen Kinder Aufgaben selbständig und gelangen so in die Zone der nächsten Entwicklung im Sinne Vygotskis (Feuser 2002).

Ein Konzept der „Inklusiven Didaktik" wird gegenwärtig von Kersten Reich vertreten (Reich 2014). Reich formuliert am Anfang seiner Arbeit Standards für eine inklusive Schule, die sich in Teilen am Index für Inklusion orientieren. Inklusive Didaktik sieht er als konstruktivistische Didaktik, womit er sich eher von der Tradition der Didaktik des deutschsprachigen Raumes abwendet und Arbeiten einer englischsprachigen Erziehungspsychologie rezipiert, wie bereits den Literaturreferenzen des Buches zu entnehmen ist. Reich nennt verschiedene Bausteine einer inklusiven Didaktik (Markowetz/Reich 2016, 341ff): Beziehungen und Teams,

Demokratie und Partizipation, chancengerechte Qualifikation, Ganztag, förderliche Lernumgebung, Förderbedarf ohne Stigmatisierung, neues Beurteilungssystem, neue Schularchitektur, Öffnung in die Lebenswelt, Beratung, Supervision, Evaluation und neue Kriterien guten Unterrichts. Reich wendet sich gegen eine „Sonderpädagogisierung" von Inklusion (Reich 2014, 358) und plädiert für eine neue Lehrer/innenausbildung, die sich an den Ergebnissen internationaler Lehr- und Lernforschung orientiert.

Begriffe wie „Inklusive Didaktik" und insbesondere „Inklusive Fachdidaktik" sind erst neueren Datums und müssen sich die Frage stellen lassen, ob sie bereits auf genügend konzeptionelle Grundlagen Bezug nehmen können und ob es schon genügend gesichertes Wissen gibt, das diese neuen Begriffe rechtfertigt.

Fachdidaktiken sind gegenwärtig erst auf dem Weg Inklusion als ihr Arbeitsfeld zu entdecken. Auch wenn es bereits einen umfangreichen Tagungsband zu Inklusivem Fachunterricht in der Sekundarstufe gibt (Riegert/Musenberg 2015), so zeigen die Inhalte, dass die Entwicklung für viele Fächer noch ganz am Anfang steht und außer Einzelbeispielen für gelingenden Unterricht nur wenig präsentiert werden kann. Es ist daher durchaus gewagt, bereits von einer Inklusiven Fachdidaktik zu sprechen. Der Begriff gibt gegenwärtig eher eine Entwicklungslinie an, als einen bereits vorhandenen Wissensbestand.

Der Begriff der Didaktik spielt in der englischsprachigen Literatur eine weitaus geringere Rolle als im deutschsprachigen Raum und tritt zurück zugunsten lernpsychologischer Zugängen zu Lehren und Lernen. Behavioristische Verhaltensmodelle, konstruktivistische Sichtweisen des Lernprozesses bei den Schüler/innen und eine besondere Betonung soziokultureller Aspekte des Lerngeschehens stehen im Mittelpunkt der theoretischen Fundierung in aktuellen Darstellungen der britischen und amerikanischen Fachliteratur (Florian 2014).

Auffällig an der englischsprachigen Literatur ist bei den Sozialformen des Lernens die Involvierung der gleichaltrigen Schüler/innen in Strategien der Wissensvermittlung zugunsten von Schüler/innen mit einem spezifischen Lernbedarf. Kooperatives Lernen, Peer-Tutoring und Peer-gestützte Vermittlungsstrategien sind aus dem methodischen Rüstzeug der Lehrkräfte inklusiver Klassen daher nicht wegzudenken (ebd.).

Das Konzept des universellen Designs („universal design for learning UDL") ist zunehmend in der Literatur zum Lernen in inklusiven Gruppen zu finden und tritt mitunter in Konkurrenz zur Didaktik für heterogene Lerngruppen (Rose/Gravel/Gordon 2014). Universelles Design betrifft alle Lebensbereiche und zielt darauf die Lebensumwelt so zu gestalten, dass überflüssige Erschwernisse entfallen. Dies kann sich z.B. auf die Architektur und die Gestaltung von Alltagsgegenständen beziehen, aber eben auch auf die schulischen Lernprozesse. Bühler (2015) referiert eine Anleitung des Centre for Universal Design der North Carolina State University, die 7 Prinzipien des universellen Designs formuliert hat:

Tab. 8.1: Prinzipien des universellen Designs (erstellt nach Bühler 2015, 122f)

Breite Nutzbarkeit:	Nutzbar für Menschen mit unterschiedlichen Fähigkeiten
Flexibilität in der Benutzung:	Unterstützung einer breiten Palette individueller Vorlieben und Möglichkeiten
Einfache und intuitive Benutzung:	Leichte Verständlichkeit, unabhängig von Erfahrung, Wissen, Sprachfähigkeiten oder der momentanen Konzentration des Nutzers
Sensorisch wahrnehmbare Informationen:	Bereitstellung notwendiger Informationen, unabhängig von der Umgebungssituation oder sensorischen Fähigkeiten der Benutzer
Fehlertoleranz:	Minimierung der Risiken und negativen Konsequenzen von zufälligen oder unbeabsichtigten Aktionen
Niedriger körperlicher Aufwand:	Komfortable und effiziente Benutzung mit einem Minimum an Ermüdung
Größe und Platz für Zugang und Benutzung:	Angemessene Größe und Platz für den Zugang, um die Nutzung unabhängig von der Größe des Nutzers, seiner Haltung oder Beweglichkeit zu gewährleisten

Was in der Tabelle 8.1 als Prinzipien universellen Designs für jegliche Gegenstände aus allen menschlichen Lebensbereich formuliert ist, lässt sich an Gegenstände und Prozesse des Lernens adaptieren. UDL bedeutet die Präsentation der Lerngegenstände in einer solchen Form, dass alle vermeidbaren Beeinträchtigungen der Aneignung gemieden werden. Es umfasst unterschiedliche Arten der Darstellung, vielfältige Wege für die Lernenden sich auszudrücken und unterschiedliche Möglichkeiten sich einzubringen (Bühler 2015, 125). In der Konsequenz läuft es auf eine reflektiertere Form des Lehrens und des handelnden Umgangs mit Unterrichtsinhalten hinaus (Rose/Gravel/Gordon 2014, 477). Rose et al verweisen auf kognitive, motorische und affektive Momente des Lernens, die sie bereits beim neurowissenschaftlichen Ansatz von Luria und Vygotzki grundgelegt sehen (ebd., 477f). UDL findet mittlerweile breite Anwendung in der amerikanischen Lehr- und Lernforschung, auch bei der Entwicklung von Unterrichtskonzepten für intellektuell beeinträchtigte und autistische Schüler/innen (Shogren/Wehmeyer 2015, 117f).

Als weiteren bislang unzulänglich praktizierten neuen Zugang in inklusiven Lernsettings kann die Verwendung Leichter Sprache und Einfacher Sprache betrachtet werden (Abend 2016). Während Einfache Sprache verschiedene Gruppen anspricht wie z.B. Menschen mit einem Migrationshintergrund oder mit Lese- und Verständnisschwierigkeiten, zielt Leichte Sprache auf die Gruppe der Menschen mit kognitiver Beeinträchtigung. Sie ist eine Varietät des Deutschen und kann über die Abgrenzung zur Standardsprache beschrieben werden. Leichte Sprache umfasst Regeln bezüglich medialer und visueller Gestaltung, Schriftzeichen, Morphologie, Lexik, Semantik und Text (Bredel/Maaß 2016). Die Verwendung Leichter Sprache für den inklusiven Unterricht steht erst am Anfang. Insbesondere fehlt es noch an der Entwicklung von Lehrmitteln in Leichter Sprache wie zum Beispiel Schulbüchern, aber auch an geeigneten Materialien zur Überprüfung des Lernerfolgs (Abend 2016).

Schüler/innen aus ethnischen und kulturellen Minderheiten

Die Berücksichtigung kultureller Verschiedenheit in der Gestaltung von Schule ist auch Teil einer Inklusiven Pädagogik, wie sie die Guidelines der UNESCO propagieren (UNESCO 2005). Hier existieren in Bezug auf Deutschland mehrere Studien. Kerstin Merz-Atalik hat die Einbeziehung von Kindern mit Migrationshintergrund in die Arbeit von Integrationsklassen anhand der Darstellung der subjektiven Theorien der involvierten Lehrer/innen untersucht (Merz-Atalik 2001). Eine Problemlage von europäischer Dimension ist gegenwärtig die Frage der Beschulung von Roma, die im mitteleuropäischen Raum die größte Minderheit stellen und in einigen Ländern überwiegend Sonderschulen besuchen (Luciak 2008).

Die Überrepräsentation ethnischer Minderheiten in sonderpädagogischen institutionellen Settings ist aber ein weltweit beobachtbares Phänomen. Dabei zeigt sich, dass indigene Gruppen (z.B. Burakumin in Japan, Sami in Finnland, Aborigines in Australien, usw.) häufig im Bildungswesen noch stärker benachteiligt sind als Kinder mit Migrationshintergrund (Harry 2014, 74). Untersuchungen in den USA zeigten, dass insbesondere Kinder aus der indigenen indianischen Bevölkerung und afroamerikanische Schüler/innen besonders häufig sonderpädagogische Kategorisierungen erfahren haben. Die Chance afroamerikanischer Schüler/innen als „mental retarded“ eingestuft zu werden, war doppelt so hoch wie in der weißen Bevölkerungsgruppe (ebd., 77f).

Inklusion in der Primarstufe und in der Sekundarstufe

Die Primarstufe (Grundschule in Deutschland, Volksschule in Österreich) ist als Einheitsschule konzipiert. Neben vorschulischen Einrichtungen sind Primarschulen für Kinder vom ersten bis vierten bzw. sechsten (in Berlin und Brandenburg) Schulbesuchsjahr diejenigen pädagogischen Institutionen, in denen sich integrative Modelle bislang am breitesten durchsetzten und in denen es gegenwärtig verstärkte Anstrengungen gibt inklusive Bildung im Sinne der UN-BRK umzusetzen (Dorrance 2016).

Während inklusive Konzepte sowohl im Elementarbereich wie auch in der Primarstufe auf die Akzeptanz von pädagogischen Fachkräften, Eltern und einer bildungspolitisch interessierten Öffentlichkeit stoßen, stellt sich mit dem Übergang in die Sekundarstufe eine veränderte Situation dar (Amrhein 2011). Es sind individuelle, soziale wie auch institutionelle Faktoren, die sich hier erschwerend auswirken (Biewer/Böhm/Schütz 2015). So berichten Studien von verstärkter sozialer Ausgrenzung mit dem Erreichen der Adoleszenz bei Peer-Gruppen, welche Schüler/innen

mit Behinderungen zuvor gut integriert hatten. Aber auch das Prinzip der Fachlehrkräfte ist ein Hemmnis für die Einwirkung auf das Sozialverhalten der Gruppe im Vergleich zur vorausgegangenen Klassenlehrer/innenorientierung in der Primarstufe. Unterschiedliche Interessenlagen bei Jugendlichen und das Auftun einer kognitiven Entwicklungsschere erschweren zusätzlich pädagogische Prozesse (ebd.).
Nicht zu unterschätzen sind aber auch Einstellungen des pädagogischen Personals, die einer Inklusion im Sekundarstufenbereich wenig förderlich sind. Bettina Amrhein beschreibt am Beispiel von Nordrhein-Westfalen den Versuch integrative Lerngruppen in der Sekundarstufe zu initiieren und die damit verbundenen Schwierigkeiten (Amrhein 2011). Sie stellte in ihrer Untersuchung in 12 Schulen fest, dass ein großer Teil der Lehrkräfte sich für diese Aufgabe als nicht kompetent betrachtet, höhere Belastungen erwartet und grundsätzlich der Meinung ist, die Kinder seien an Förderschulen besser aufgehoben (ebd., 252). Als Konsequenz beschreibt sie die Situation in den von ihr untersuchten Schulen mit der Metapher der „Integrativen Insel": „Integration in der Sekundarstufe gelingt zurzeit dann, wenn einige freiwillige Lehrkräfte wenige Schüler mit nur leichtem Unterstützungsbedarf möglichst nah an das Lernniveau der Mehrheit der eigenen Schüler heranführen. Dies tun sie relativ isoliert und losgelöst vom Rest der eigenen Schule, aber unter hohem persönlichem Einsatz und großem Zugewinn an eigener Berufszufriedenheit" (ebd.).

Probleme der schulischen Inklusion in deutschsprachigen Ländern und der Blick über den Zaun

Seit es die Forderung nach schulischer Integration und Inklusion gibt, wird mit positiven Beispielen aus dem Ausland argumentiert und es werden bestehende heimische Strukturen hinterfragt. Es lassen sich einige Beispiele aufzeigen, an denen sich Schulsysteme der deutschsprachigen Länder von denen der Mehrzahl der Länder weltweit unterscheiden. Inklusive Pädagogik, wie sie in englischsprachigen und skandinavischen Ländern beschrieben wird, fragt nach den Barrieren des Lernprozesses unter den Bedingungen von Heterogenität in der Schulklasse. Diese Sichtweise, die weitgehend mit der Denkweise der ICF im Bereich von Aktivität und Teilhabe und deren Ermöglichung durch die Umweltfaktoren übereinstimmt, stößt in den deutschsprachigen Ländern auf massive schulstrukturelle Hindernisse, die vor allem mit der bereits angesprochenen Situation in der mehrgliedrigen Sekundarstufe zu tun haben.
So muss realisiert werden, dass Deutschland, die Schweiz und Österreich über hochgegliederte Schulsysteme in der Sekundarstufe verfügen, deren äußere Gliederungen in Verbindung mit inhärenten Selektionsmechanismen im Vergleich zu Ländern mit Gesamtschulstrukturen weniger Ansatzpunkte zur Umsetzung inklusiver Strukturen bieten. In der Schweiz wurde die Diskussion über Inklusive Pädagogik erst relativ spät in die öffentliche Diskussion gegenüber Akteur/innen

der Bildungspolitik eingeführt (Liesen/Hoyningen-Süess/Bernath 2007), während diese Debatte in Österreich, insbesondere im Umfeld der Lehrer/innenausbildung und der Pädagogischen Hochschulen, bereits weit entfaltet ist (Feyerer 2004; Grubich 2005). Versuche diesen Ansatz in bildungspolitische Veränderungen mit einfließen zu lassen, finden sich in Österreich vor allem im Volksschulbereich für das 1. bis 4. Schulbesuchsjahr. Insgesamt setzt aber die strikte äußere Gliederung des Bildungswesens in der Sekundarstufe in Verbindung mit dem Fortbestehen eines ausgebauten Sonderschulsystems diesen Bemühungen ähnlich wie in Deutschland massive Grenzen der Realisierung.

Die Verpflichtung zur Umsetzung der UN-BRK stellt bildungspolitische Akteure mittlerweile auch bezüglich der Sekundarstufe unter Druck. Die Umsetzung unterliegt aber nach wie vor erheblichen Schwierigkeiten und das Ausmaß der Umsetzung von Inklusion in der Sekundarstufe ist nach wie vor bescheiden.

Ein in der Diskussion deutschsprachiger Länder bisher vernachlässigter Aspekt einer Inklusiven Pädagogik ist die Unterstützung in der Entwicklung von Kindern mit besonderen Begabungen. Zur Entwicklung dieser Schüler/innengruppe in integrativen Settings liegen mittlerweile empirische Untersuchungen vor (z.B. Henze/Sandfuchs/Zumhasch 2006), eine Integration der speziellen Problemlagen dieser Gruppen in Theorien zur Inklusiven Pädagogik steht noch aus. Eine Ausnahme stellt die Monografie zur Didaktik in heterogenen Gruppen von Olga Graumann dar (Graumann 2002). Sie widmet den besonderen Problemlagen bei Hochbegabungen ein ganzes Kapitel und diskutiert sie analog zu denen der Schüler/innen mit sonderpädagogischer Bedarfszuschreibung.

Inklusion in der Hochschule

Während integrative und inklusive Konzepte sich in den vergangenen Jahrzehnten in vielen europäischen Ländern durchsetzten, fehlt es trotz vorhandener fachlicher Konzepte im tertiären Bildungsbereich nach wie vor an angemessenen Umsetzungen. Helen Knauf unterscheidet drei verschiedene Konzepte von Inklusion in der Hochschule (Knauf 2016). Es kann sich um den Abbau von Barrieren für Studierender mit Behinderung handeln (1), aber auch um die Öffnung für weitere Diversitätsdimensionen und die Anerkennung von Vielfalt (2). Inklusion kann aber auch als Prinzip einer umfassenden Hochschulentwicklung betrachtet werden (3). Welcher Ansatz sich letztendlich durchsetzen wird, sieht sie als eine offene Frage an. Ob und inwieweit es gelingt Inklusion umzusetzen, ist für sie eine Nagelprobe für das gesamte Bildungssystem, indem sie folgende Bewertung abgibt: „Was hier, in einer Institution mit dem höchsten Anspruch an Exzellenz gelingt, das kann auch auf anderen Stufen des Bildungssystems gelingen“ (ebd., 302).

Es zeigt sich insgesamt ein uneinheitliches Bild, was den Zugang von Studierenden mit Beeinträchtigungen zu tertiärer Bildung betrifft, auch im europäischen Vergleich und unabhängig davon, welches Inklusionsverständnis zugrunde gelegt

wird. Eine vergleichende Untersuchung anhand biografischer Verläufe in Irland, Spanien, Tschechien und Österreich zeigte, dass staatliche Unterstützungssysteme für behinderte Studierende in keinem Fall genügten, um eine tertiäre Bildung zu ermöglichen (Biewer et al 2015). Auch in Ländern wie etwa Spanien und Irland, die über ein ausgebautes System schulischer Inklusion verfügen, stellen sich mit dem Eintritt in die Universitäten besondere Herausforderungen, die nur dort gelöst werden, wo genügend familiäre Ressourcen zur Verfügung stehen oder Sonderwege beschritten werden können. Von den wenigen angebotenen staatlichen Hilfen zeigt sich persönliche Assistenz als besonders effektiv in denjenigen Fällen, in denen sie bereitgestellt wird (ebd.).
In den deutschsprachigen Ländern gibt es eine Reihe von Initiativen wie der Besuch tertiärer Bildungseinrichtungen für Menschen mit Behinderung erleichtert werden kann (Dannenbeck et al 2016). Es fehlen aber nach wie vor vergleichbar weit gehende staatliche Strategien, wie es sie insbesondere im Primarschul-, aber auch im Sekundarstufenbereich schon seit längerem gibt.

8.5 Berufliche Bildung und Teilhabe am Arbeitsmarkt

Der Alltag erwachsener Menschen, aber auch ihre Stellung im gesellschaftlichen Leben, sind in entwickelten westlichen Gesellschaften weitgehend von der Teilhabe am Arbeitsleben bestimmt. Ausgehend vom Normalisierungsprinzip im Sinne von Wolfensberger (1999) stellt die Arbeit einen Aspekt eines möglichst normalen Lebens dar, wobei sie gleichzeitig die soziale Rolle eines Menschen heben kann.
Arbeitsstätten sind wichtige Orte des Kontaktes für alle Menschen in unserer Arbeitsgesellschaft, auch für Menschen mit Behinderungen. Auf dem freien Arbeitsmarkt finden Menschen mit Beeinträchtigungen nur schwer, Menschen mit geistiger Behinderung nur in Ausnahmefällen einen Arbeitsplatz. Aus diesem Grunde wurden verschiedene Hilfesysteme zur Unterstützung des Zugangs zum Arbeitsmarkt, aber auch Formen geschützter Beschäftigungsverhältnisse geschaffen.
Der Übergang von der Schule in den Beruf ist für Jugendliche, denen im Schulwesen ein sonderpädagogischer Förderbedarf attestiert wurde, mit wesentlich mehr Problemen belastet als bei ihren Altersgenoss/innen. Es bestehen 3 verschiedene Formen des Arbeitsmarktes, in die der Übergang erfolgen kann. Neben dem allgemeinen Arbeitsmarkt ohne spezifische Hilfen gibt es noch geschützte bzw. besonders geförderte Arbeitsverhältnisse. Als dritte Form existiert aber auch ein Ersatzarbeitsmarkt, z.B. aus Arbeits- und Beschäftigungstherapie. Die konkreten Ausformungen und Bezeichnungen unterscheiden sich zwischen Ländern und Regionen, entsprechend den jeweils gültigen Rahmenbedingungen des Arbeits- und Sozialrechts. Sie sind aber auch abhängig von den konkreten Verhältnissen des Angebots und der Nachfrage auf dem regionalen Arbeitsmarkt.

Stefan Doose (2002) nennt für Deutschland schulische Berufsvorbereitung (Berufsvorbereitungsjahr und Berufsgrundbildungsjahr), berufsvorbereitende Bildungsmaßnahmen (z.B. Förderlehrgänge, Grundausbildungslehrgänge, blindentechnische Grundausbildung), betriebliche Förderlehrgänge, den Berufsbildungsbereich von Werkstätten für behinderte Menschen, Berufsausbildungen und Umschulungen für Menschen mit Behinderung (in Betrieben, Berufsbildungswerken und Berufsförderungswerken, in überbetrieblichen Einrichtungen) als Wege der beruflichen Bildung für Menschen mit Behinderungen und Lernproblemen. Daneben nennt er Formen der Erleichterung des Zugangs zum allgemeinen Arbeitsmarkt durch finanzielle Förderungen bei der Einstellung, Vermittlung und Begleitung durch Integrationsfachdienste und Integrationsämter.
Im internationalen Vergleich fällt die Größe und Vielfalt des Sonderqualifizierungssektors in Deutschland auf, der sich allerdings nicht in erhöhten Vermittlungschancen auf dem allgemeinen Arbeitsmarkt niederschlägt. Auf dem Ersatzarbeitsmarkt der Werkstätten für Menschen mit Behinderung befindet sich in den deutschsprachigen Ländern nach wie vor die Mehrzahl der Arbeitsstätten für Menschen mit intellektueller Beeinträchtigung und zunehmend auch derjenigen Menschen mit geringeren Einschränkungen, die auf dem regulären Arbeitsmarkt nicht mehr bestehen können.
Antje Ginnold hat die Übergangsphase für Jugendliche im Land Berlin erforscht, die im Schulwesen dem Förderschwerpunkt Lernen zugeordnet wurden (ehem. Lernbehinderung) und hat die Verläufe für Schüler/innen aus Sonderschulen mit denjenigen aus integrativer Beschulung verglichen (Ginnold 2008). Sie stellt fest, dass sich Angebotsstruktur und Maßnahmenvielfalt im Zusammenwirken unterschiedlicher Akteure, insbesondere der Arbeitsförderung, der Berufsschulen und der Jugendhilfe ergeben (ebd., 63). Als bedenkliche Entwicklung wertet sie den kontinuierlichen Rückgang der betrieblichen Ausbildung bei gleichzeitigem Anstieg der Fördermaßnahmen in der beruflichen Rehabilitation um 26% und der Zahl der in Werkstätten für behinderte Menschen geförderten Personen um 45% im Zeitraum von 1994 bis 2004 (ebd., 92f).
Beim Übergang zwischen Schule und Beruf unterscheidet sie 3 Phasen:

- Berufsorientierung während der Schulzeit
- Berufsvorbereitung danach
- Übergang in die Erwerbstätigkeit (ebd., 323).

Sie stellt fest, dass bei Jugendlichen mit Behinderung fast ausschließlich auf die außerbetriebliche Qualifizierung in besonderen Einrichtungen gesetzt wird, während Gesetze und Verordnungen betrieblichen Qualifizierungen den Vorrang einräumen. Anhand von 102 Entwicklungsverläufen von Jugendlichen konnte Ginnold feststellen, dass Jugendliche aus Integrationsklassen mehr und höherwertige schulische und berufliche Abschlüsse erreichen konnten als Sonderschulabgänger/innen. Während eine Vielzahl von beruflichen Bildungsmaßnahmen für Menschen mit Lernbehinderungen angeboten wird, fehlt ein Bewusstsein für deren Notwendigkeit bei Menschen mit geistiger Behinderung (Hirsch/Lindmeier 2006). Häufig werden sie in die vorhandenen Angebote nicht einbezogen, so dass hier eine zusätzliche Ausgrenzung aus dem System der Berufsbildung bei Behinderungen besteht.

Unterstützte Beschäftigung

Für Jugendliche mit intellektueller Beeinträchtigung (geistiger Behinderung) gibt es gegenwärtig in allen deutschsprachigen Ländern kaum realistische Alternativen zum Ersatzarbeitsmarkt. Verschiedene auch in der Literatur dokumentierte Modelle zeigen, dass dieser Weg aber auch durchaus erfolgreich beschritten werden kann. Es fehlt hier primär an gesetzlichen Grundlagen für erfolgreiche flächendeckende Umsetzungen.

Versuche der Eingliederung in den allgemeinen Arbeitsmarkt orientieren sich häufig an dem in den USA entstandenen Modell des „supported employment". Es beruht auf der Teilhabe am ersten Arbeitsmarkt mit entsprechender Bezahlung der Leistungen und einer langfristigen Unterstützung (Debrunner 2016). Im Mittelpunkt steht die Zusammenarbeit zwischen der arbeitenden Person, ihrem Coach und dem unmittelbaren Vorgesetzten am Arbeitsplatz. Das verschiedentlich in Deutschland und in Österreich praktizierte Modell der Arbeitsassistenz entspricht diesem Vorbild. Eines der ersten, das sich den Bedingungen des allgemeinen Arbeitsmarktes möglichst weitgehend anzunähern versuchte und in qualitativer Hinsicht auch Maßstäbe setzte, war die Hamburger Arbeitsassistenz, die bereits 1992 von engagierten Eltern ins Leben gerufen wurde. Die dort angebotenen Maßnahmen stellen ein Verbundsystem von Praktika, Lohnkostenförderung und Job-Coaching dar, mit dem es im Zeitraum von 1992 bis 2001 gelang, insgesamt rund 200 schwer behinderte Menschen in den ersten Arbeitsmarkt zu integrieren (Hinz/Boban 2001, 51).

Qualitätssicherung bei Maßnahmen zur beruflichen Teilhabe

Deutlich mehr als im schulischen Bereich sind Instrumente zur Qualitätssicherung in sozialen Einrichtungen wie auch Maßnahmen zur beruflichen Partizipation verbreitet (Peterander/Speck 2004). Bei der Implementierung neuer Modelle kommt diesen oft eine Schlüsselrolle zu. In Österreich wurden, nach einer Erprobungsphase ab 1997, im Jahre 1999 die gesetzlichen Grundlagen für die Arbeitsassistenz geschaffen. Es handelt sich um ein flächendeckend umgesetztes Konzept, das dem Modell des Supported Employment nahekommt. Für eine zeitliche Dauer von 3 Monaten bis einem Jahr, in Ausnahmefällen bis zu 2 Jahren, können psychosoziale Dienstleitungen von Beratungsstellen in Anspruch genommen werden, die der Erlangung und dem Erhalt von Arbeitsplätzen auf dem freien Arbeitsmarkt dienen (Fasching 2004, 84). Zwischenzeitlich gibt es Arbeitsassistenzprojekte für Menschen mit sehr unterschiedlichen, auch schweren und mehrfachen, Behinderungen. Nach einer Untersuchung von Blumberger aus dem Jahre 2001 wiesen die betreuten Personen zu 42% eine geistige und zu 15% eine körperliche Behinderung auf. Weiterhin wurden Lernbehinderungen (16%), Hörbehinderungen (13%), Sehbehinderungen (2%) und Mehrfachbehinderungen diagnostiziert (ebd., 90). Helga Fasching nennt als Stärken des österreichischen Arbeitsassistenzmodells die individuelle und kontinuierliche Beratung und Unterstützung, die Förderung der Selbstbestimmung, die Entwicklung einer Berufsperspektive entsprechend den individuellen Interessen und Fähigkeiten, den Abbau sozialer Vorurteile und die Unterstützung bei der sozialen Integration. Hierzu dienen auch Praktika und die Einbeziehung eines sozialen Netzwerks von Eltern und potenziellen Unterstützer/innen (ebd., 181-187). Als Schwachpunkt nennt Fasching die primäre Orientierung an den Vermittlungszahlen und den damit einhergehenden Zeitdruck bei Menschen mit einem erhöhten Unterstützungsbedarf (ebd., 188f).

Oliver Koenig hat das in Österreich umgesetzte Modell der Arbeitsassistenz mit den Integrationsfachdiensten in Deutschland mittels Expert/inneninterviews in beiden Ländern unter dem Aspekt des Qualitätsmanagements verglichen (Koenig 2007). In Bezug auf Deutschland stellt er fest, dass sich mit der Implementierung des neuen Systems eine Verschiebung der Adressat/innengruppen ergeben hat. So nehmen zunehmend neue Gruppen mit geringerem Unterstützungsbedarf die Hilfen der Integrationsfachdienste in Anspruch, zu Lasten der ursprünglich anvisierten Sonderschulabgänger/innen und Beschäftigten in Werkstätten (ebd., 242). Dieser als „Creaming-Effekt" beschriebene Prozess wird für Österreich aufgrund des Vermittlungsdrucks tendenziell auch festgestellt.

Trotz Versuchen der konzeptionellen Neuorientierungen unter der Perspektive der Inklusion in den letzten Jahren (Biermann 2015), neuen Programmen und lokalen Initiativen, lassen sich keine grundlegenden Veränderungen des Zugangs zum Arbeitsmarkt und der Partizipation am allgemeinen Arbeitsmarkt erkennen. Nach wie vor hat Deutschland diesen relativ großen und wenig effektiven Sonderqualifizierungssektor und das Volumen des Ersatzarbeitsmarktes ist ebenfalls nicht zurückgegangen.

8.6 Wohnen, Bildung und Soziale Arbeit mit erwachsenen und alten Menschen mit Behinderung

Auch wenn „inclusive education" in schulischen Zusammenhängen entstand, wird das zugrunde liegende Konzept der Inklusion zunehmend auch als Leitlinie für die Umgestaltung sozialer Dienste für erwachsene Menschen angesehen. Unter dem Stichwort der „community inclusion" stellen sich auch Fragen im Zusammenhang mit Wohnen und Freizeit (Theunissen 2006, 24).

Community Living

Für Menschen mit körperlichen und Sinnesbeeinträchtigungen wurden Hilfesysteme zur Einlösung individueller Assistenzbedarfe in vielen entwickelten Ländern umgesetzt. So können z.B. Regelungen über tägliche Assistenzleistungen in Form individueller Vereinbarungen zwischen Assistent/innen und Assistenznehmer/innen getroffen werden, sofern die jeweilige Sozialgesetzgebung die Voraussetzungen dafür geschaffen hat. Hilfestellungen bei Selbstversorgungshandlungen, der Führung des eigenen Haushalts, der Mobilität sowie Begleitung im öffentlichen Raum kann ein selbstständiges Wohnen ermöglichen, wie es für die übrige Bevölkerung selbstverständlich ist.

Das selbständige Wohnen in der Gemeinde bei gleichzeitigen angemessenen Unterstützungsleistungen wird mit den Begriffen „community living", „community inclusion" und „community care" bezeichnet. Der hier zugrunde liegende Begriff „community" steht dabei „primär für Wohngemeinde, Siedlung, Stadtteil wie auch Gemeinwesen, Kommune, sekundär für eine eng umschriebene (Lebens-)Gemeinschaft bzw. ein gemeinschaftsstiftendes System wie Club, Verein, Kirche, Schule" (Theunissen 2007, 370).

Der Begriff „community care" steht für „ein historisch gewachsenes und philosophisch und politisch ausgerichtetes Leitbild" wie auch „für ein konkretes Handlungsmodell, das strukturelle und handlungsbezogene Determinanten bezüglich der Anforderungen an professionelle Fachkräfte, Bürgerinnen und Bürger und an Menschen mit Unterstützungsbedarf aufzeigt" (Schablon 2016, 539). Der Begriff „community care" bezeichnet i.S. der zweiten Bedeutung wohnortnahe Dienstleistungen für Menschen mit Assistenzbedarf. Dabei sollen sie als Bürger/innen mit allen Rechten und Pflichten in alle sie betreffenden Vorgänge und Planungen einbezogen werden (Maas 2007, 59). Nach Maas soll „community care" alle Schweregrade von Behinderung mit einschließen und sich nicht nur auf Menschen mit leichteren Formen beschränken (Maas 2006, 143).

Neben Formen betreuten Wohnens als Einzelperson, Paar oder Kleinfamilie, dem gemeinsamen Leben in Gruppen von Menschen mit Behinderung in einer Wohngemeinschaft, gibt es auch Erfahrungen des gemeinsamen Zusammenlebens von Menschen mit und ohne Behinderung in Wohngemeinschaften (Jerg 2001). Zukünftige Hilfesysteme werden eine breite Palette von Wohnformen und möglichen Assistenzleistungen unterstützen müssen, um behinderten Menschen die gleichen Wahlmöglichkeiten zu bieten, die in unserer Gesellschaft anderen Menschen offen stehen.

Community-Village-Modelle

Ein Bedarf an der Entwicklung geeigneter Wohnformen besteht insbesondere noch bei Menschen mit intellektueller Beeinträchtigung (geistiger Behinderung). Hier waren noch vor wenigen Jahrzehnten große Wohnheime in vielen Ländern weit verbreitet. Mit der Durchsetzung des Normalisierungsprinzips entstanden kleinere und dezentrale Einrichtungen. Verspätet begann diese Entwicklung auch für Menschen mit schweren intellektuellen Beeinträchtigungen, aufgrund der besonderen pflegerischen Anforderungen und dem erhöhten Betreuungsaufwand. Inzwischen liegen aber auch für diese Personengruppe geeignete sozialagogische Konzepte vor (Theunissen 1998), sodass entsprechende Modelle weitere Verbreitung finden konnten.

Ein besonders radikaler Wechsel wurde in den USA vorgenommen. Dalferth beschreibt die Entwicklung im amerikanischen Bundesstaat Kalifornien, wo Großeinrichtungen mit bis zu 3.000 Bewohner/innen zu kleinen Gruppenwohnungen segmentiert wurden (Dalferth 1999). Untersuchungen anhand des Sterberegisters, die eine weit überdurchschnittliche Anzahl an schweren Unfällen nachwiesen, deuteten auf einen Mangel an Versorgung und Hilfestellung im gemeindenahen Wohnen hin. So kam es auch zu Gegenbewegungen, die zwar die Abwendung von den Großeinrichtungen unterstützten, als Alternative dazu aber kleinere, gemeindeintegrierte Modelle propagierten, die ein Unterstützungssystem mit einem haltgebenden und beschützenden Rahmen verbanden.

Bauernhofprojekte im Sinne von „community village models" gehören ebenfalls in diese Kategorie (Theunissen 2007, 373). Dorfgemeinschaften für Menschen mit intellektuellen Beeinträchtigungen gibt es bereits seit Jahrzehnten, häufig verbunden mit einem spezifischen weltanschaulichen Hintergrund in der Anthroposophie oder im Christentum (z.B. Arche-Bewegung). Anthroposophische Dorfgemeinschaften mit Landwirtschaft, Tierhaltung, Werkstätten und eigenen Gemeindestrukturen wecken zwar wegen ihrer Größe Assoziationen zu den zu überwindenden größeren Einrichtungen, können aber wegen ihres spezifischen Zugangs, der auf weitgehende Partizipation in allen wichtigen Lebensbereichen des Alltags setzt, nicht mit diesen in eine Reihe gestellt werden. Maximilian Buchka (2003) sieht insbesondere in den Camphill-Dorfgemeinschaften einen sozialtherapeutischen und sozialagogischen Ansatz verwirklicht, der sich in besonderem Maße auch für ältere Menschen mit geistiger Behinderung eignet.

In der gegenwärtigen Diskussion über das Leben älterer Menschen mit Behinderung hat die Frage nach der Lebensqualität innerhalb der unterschiedlichen Wohnformen einen hohen Stellenwert. Behandelt wird sie zunehmend unter der Perspektive der Rechte behinderter Menschen. Die Festlegung von Qualitätsstandards beim Wohnen, die Entwicklung innovativer Unterstützungsmodelle und Dienstleistungen und die zukünftigen Richtungen der Entwicklung kennzeichnen die gegenwärtigen Fachdiskurse (Herr/Weber 1999a). Unabhängigkeit, Teilhabe, Sicherstellung von Pflege und ein würdiges Leben wurden von den Vereinten Nationen bereits 1991 als Richtwerte für zukünftige Entwicklungen zugunsten alter Menschen propagiert. Für Menschen mit Behinderungen sind darüber hinaus aber auch solche Aspekte bedeutsam wie die Wahrung der am wenigsten einschränkenden Umgebung, Selbstbestimmung und die Aufrechterhaltung personaler Integrität im Alterungsprozess (Herr/Weber 1999b, 354f). Für den Umgang mit alternden Menschen mit Behinderungen propagieren die Autoren ein Abrücken von bevormundenden Formen der Fürsorge bei Fachpersonal und eine Hinwendung zu Formen einer persönlichen Zukunftsplanung („person-centered planning"), die Ressourcen zur selbstgestalteten Lebensführung aktiviert (ebd., 356ff).

Alternsbegleitung und Geragogik mit behinderten Menschen

Da Versorgung und soziale Dienstleistungen oft im Zentrum der öffentlichen Aufmerksamkeit stehen, werden Bildungsprozesse für alternde Menschen nicht selten vernachlässigt. Alexander Skiba (1996) hat den Entwurf einer Geragogik für Menschen mit Behinderung vorgelegt, der Prävention, Rehabilitation, Integration, Durchlässigkeit und Normalisierung als Prämissen benennt, mögliche Handlungsfelder sondiert und ein konkretes Curriculum für die Bildungsarbeit in der stationären Altenhilfe erarbeitet. Inhalte dieser Bildungsarbeit sind z.B. die Erfahrung des menschlichen Körpers, die Aufarbeitung der eigenen Biographie, Gesundheit, Ernährung, Versorgung, Auseinandersetzung mit Altern und Tod, Glaube und Sozialerfahrung, Geographie und Natur.

Georg Theunissen (2002a) arbeitet vorliegende Bezugstheorien zur Alternsforschung auf und fragt nach den Bildungsaufgaben für Menschen mit Lernbehinderung und geistiger Behinderung im späten Erwachsenenalter und im Alter. Er gelangt dabei zu einem Konzept von Bildung als Lebensbegleitung im institutionellen Wohnen in Verbindung mit Biografiearbeit. Ergänzt wird das Modell um Ansätze von Sterbe- und Trauerbegleitung (Claudia Hoffmann) und Lebensbegleitung bei Demenz (Kerstin Schirbort). Aufgrund der Altersentwicklung der Bevölkerung handelt es sich hier um ein rasant zunehmendes Phänomen mit entsprechenden Aufgaben im therapeutischen und geragogischen Bereich.

Vorschlag zur vertiefenden Lektüre:

Die für den deutschsprachigen Raum gegenwärtig umfassendsten Übersichten des aktuellen Wissensstandes zu den hier referierten Themen finden sich in kompakter Form und in der Bearbeitung durch fachlich für die jeweiligen Bereiche besonders ausgewiesene Autor/innen im „Handbuch Inklusion und Sonderpädagogik" (Hedderich/Biewer/Hollenweger/Markowetz 2016).

Nützlicher Link:

National Center on Universal Design for Learning: Hier finden sich Richtlinien und zahlreiche brauchbare Hinweise für den Einsatz von UDL.

http://www.udlcenter.org/

Verzeichnisse

Literaturverzeichnis

Abend, Sonja (2016): Leichte/Einfache Sprache im Unterricht – Pflicht, Kür oder Zugeständnis? In: Dokumentation VDS-Kongress „Respekt – Relevanz – Ressourcen“ vom 21.-23.4.2016 in Weimar. Würzburg: Verband Sonderpädagogik (CD-ROM)

Ahrbeck, Bernd (2014): Inklusion. Eine Kritik. Stuttgart: Kohlhammer

Ainscow, Mel (Ed.) (1991): Effective Schools for All. London: Fulton

Al Asiri, Mahasen/Al Munaizel, Musa/Markl, Natalie/Steinlein, Andrea/Wendel, Susanne/Weigt, Gabriele (Hrsg.) (2001): Kinder mit Behinderungen im Schatten der Kinderrechtskonvention. Essen: Behinderung und Entwicklungszusammenarbeit

Albers, Timm (2016): Krippe. In: Hedderich, Ingeborg/Biewer, Gottfried/Hollenweger, Judith/Markowetz, Reinhard (Hrsg.), Handbuch Inklusion und Sonderpädagogik, 262-266

Albrecht, Friedrich/Bürli, Alois/Erdélyi, Andrea (Hrsg.) (2006): Internationale und vergleichende Heil- und Sonderpädagogik. Aktuelle Diskussionen, Ergebnisse und Herausforderungen. Bad Heilbrunn: Klinkhardt

Albrecht, Gary/Seelman, Katherine/Bury, Michael (Eds.) (2001): Handbook of Disability Studies. Thousand Oaks: Sage

Allemann-Ghionda, Cristina (2004): Einführung in die Vergleichende Erziehungswissenschaft. Weinheim: Beltz

Altman, Barbara (2001): Disability Definitions, Models, Classification Schemes, and Applications. In: Albrecht, Gary/Seelman, Katherine/Bury, Michael (Eds.), Handbook of Disability Studies, 97-122

American Psychiatric Association (2013): Diagnostic and Statistical Manual of Mental Disorders. 5. Edition DSM-5™. Washington, London: American Psychiatric Publishing

Amrhein, Bettina (2011): Inklusion in der Sekundarstufe. Eine empirische Analyse. Bad Heilbrunn: Klinkhardt

Anstötz, Christian (1990): Ethik und Behinderung. Ein Beitrag zur Ethik der Sonderpädagogik aus empirisch-rationaler Perspektive. Berlin: Spiess

Antor, Georg (2003): Behinderung und Menschenwürde. In: Dederich, Markus (Hrsg.), Bioethik und Behinderung, 49-67

Antor, Georg/Bleidick, Ulrich (2000): Behindertenpädagogik als angewandte Ethik. Stuttgart: Kohlhammer

Antor, Georg/Bleidick, Ulrich (2016): Bildung. In: Dederich, Markus/Beck, Iris/Antor, Georg/Bleidick, Ulrich (Hrsg.), Handlexikon der Behindertenpädagogik, 19-28

Arzola, Maria (2007): Inclusion. In: Reynolds, Cecil/Fletcher-Janzen, Elaine (Eds.), Encyclopedia of Special Education, 1086-1088

Asch, Adrienne (2001): Disability, Bioethics, and Human Rights. In: Albrecht, Gary/Seelman, Katherine/Bury, Michael (Eds.), Handbook of Disability Studies, 297-326

Asperger, Hans (1968): Heilpädagogik. Einführung in die Psychopathologie des Kindes für Ärzte, Lehrer, Psychologen, Richter und Fürsorgerinnen. 5. Aufl., Wien: Springer

Bach, Heinz (1977): Geistigbehindertenpädagogik. In: Bach, Heinz (Hrsg.), Sonderpädagogik im Grundriß, 91-96

Bach, Heinz (1985): Grundbegriffe der Behindertenpädagogik. In: Bleidick, Ulrich (Hrsg.): Handbuch der Sonderpädagogik. Band 1. Theorie der Behindertenpädagogik, 3-24

Bach, Heinz (1999): Grundlagen der Sonderpädagogik. Bern: Haupt (UTB)

Bach, Heinz (2001): Pädagogik bei mentaler Beeinträchtigung. Revision der Geistigbehindertenpädagogik. Bern: Haupt (UTB)

Bach, Heinz (Hrsg.) (1977): Sonderpädagogik im Grundriß. 4. Aufl., Berlin: Marhold

Bach, Heinz (Hrsg.) (1979): Pädagogik der Geistigbehinderten. Handbuch der Sonderpädagogik. Band 5. Berlin: Marhold

Bachmann, Walter (1979): Jan Daniel Georgens (1823-1973): 150 Jahre deutsche Heilpädagogik. In: Georgens, Jan Daniel/Deinhardt, Heinrich Marianus, Die Heilpädagogik unter besonderer Berücksichtigung der Idiotie und der Idiotenanstalten, Gießen: Institut für Heil- und Sonderpädagogik

Bachmann, Walter (1987): Der Nestor der deutschen Heilpädagogik – Stationen eines von Misserfolgen geprägten Lebens. In: Behindertenpädagogik, 26 (2), 173-176

Barnes, Colin/Mercer, Geof (2001): Disability Culture. Assimilation or Inclusion? In: Albrecht, Gary/Seelman, Katherine/Bury, Michael (Eds.), Handbook of Disability Studies, 515-534

Barton, Len/Armstrong, Felicity (2001): Disability, Education, and Inclusion. Cross-Cultural Issues and Dilemmas. In: Albrecht, Gary/Seelman, Katherine/Bury, Michael (Eds.), Handbook of Disability Studies, 693-710

Baudisch, Winfried (2004): Zur Entwicklung der Behindertenhilfe und von Konzepten der Rehabilitation. In: Baudisch, Winfried/Schulze, Marion/Wüllenweber, Ernst (Hrsg.), Einführung in die Rehabilitationspädagogik, 9-43

Baudisch, Winfried/Schulze, Marion/Wüllenweber, Ernst (Hrsg.) (2004): Einführung in die Rehabilitationspädagogik. Stuttgart: Kohlhammer

Becker, Claudia (2015): Bilingualer Unterricht als Chance für die gemeinsame Beschulung hörender und hörgeschädigter Schülerinnen und Schüler. In: Biewer, Gottfried/Böhm, Eva Theresa/Schütz, Sandra (Hrsg.), Inklusive Pädagogik in der Sekundarstufe, 94-112

Becker, Klaus-Peter (2005): Vergleichendes Fachwörterbuch der Pädagogik von Personen mit biopsychosozialen Beeinträchtigungen. CD-ROM. Berlin: IPW

Becker, Klaus-Peter/Autorenkollektiv (1979): Rehabilitationspädagogik. Berlin: Volk und Gesundheit

Becker, Klaus-Peter/Große, Klaus-Dietrich (2007): Pädagogik für Behinderte an der Humboldt-Universität zu Berlin. Ein geschichtlicher Abriss. Münster: Waxmann

Becker, Maria (2002): Begegnung im Niemandsland. Musiktherapie mit schwermehrfachbehinderten Menschen. Weinheim: Beltz

Begemann, Ernst (1970): Die Erziehung der sozio-kulturell benachteiligten Kinder. Hannover: Schroedel

Benkmann, Rainer (1994): Dekategorisierung und Heterogenität. Aktuelle Probleme schulischer Integration von Kindern mit Lernschwierigkeiten in den Vereinigten Staaten und der Bundesrepublik. Sonderpädagogik 24 (1), 4-13

Benkmann, Rainer (1998): Entwicklungspädagogik und Kooperation. Sozial-konstruktivistische Perspektiven der Förderung von Kindern mit gravierenden Lernschwierigkeiten in der allgemeinen Schule. Weinheim: Deutscher Studien Verlag

Bergeest, Harry/Hansen, Gerd (Hrsg.) (1999): Theorien der Körperbehindertenpädagogik. Bad Heilbrunn: Klinkhardt

Bernasconi, Tobias/Böing, Ursula (2015): Pädagogik bei schwerer und mehrfacher Behinderung. Stuttgart: Kohlhammer

Bickenbach, Jerome (2001): Disability, Human Rights, Law, and Policy. In: Albrecht, Gary/Seelman, Katherine/Bury, Michael (Eds.), Handbook of Disability Studies, 565-584

Biermann, Adrienne/Götze, Herbert (2005): Sonderpädagogik. Eine Einführung. Stuttgart: Kohlhammer

Biermann, Horst (Hrsg.) (2015): Inklusion im Beruf. Stuttgart: Kohlhammer

Biewer, Gottfried (1997): Montessori-Pädagogik mit geistig behinderten Schülern. 2. Aufl., Bad Heilbrunn: Klinkhardt

Biewer, Gottfried (2000): „Inclusive Schools" – Die Erklärung von Salamanca und die internationale Integrationsdebatte. In: Gemeinsam leben, 8 (4), 152-155

Biewer, Gottfried (2001): Vom Integrationsmodell für Behinderte zur Schule für alle Kinder. Neuwied: Luchterhand

Biewer, Gottfried (2002a): „Behinderung und Dritte Welt". Über die Schwierigkeiten der Konstituierung eines heilpädagogischen Arbeitsfeldes. In: Zeitschrift für Heilpädagogik, 53 (11), 456-460

Biewer, Gottfried (2002b): Inclusion im Blickwinkel der UNESCO. In: Behinderung und Dritte Welt, 13 (1), 19-22

Biewer, Gottfried (2005): „Inclusive Education" – Effektivitätssteigerung von Bildungsinstitutionen oder Verlust heilpädagogischer Standards? In: Zeitschrift für Heilpädagogik, 56 (3), 101-108

Biewer, Gottfried (2006): Schulische Integration in Deutschland und Österreich im Vergleich. In: Erziehung und Unterricht, 156 (1-2), 21-28

Biewer, Gottfried (2016): Lehrer/innenbildung für Inklusion in der Sekundarstufe. Internationale Entwicklungen und Problemlagen am Beispiel Österreichs. In: Vierteljahresschrift für Heilpädagogik und ihre Nachbargebiete, 85 (4), 323-329

Biewer, Gottfried/Böhm, Eva Theresa/Schütz, Sandra (Hrsg.) (2015): Inklusive Pädagogik in der Sekundarstufe. Stuttgart: Kohlhammer

Biewer, Gottfried/Buchner, Tobias/Shevlin, Michael/Smyth, Fiona/Siska, Jan/Kanova, Sarka/Ferreira, Miguel/Toboso-Martin, Mario/Rodriguez Diaz, Susana (2015): Pathways to inclusion in European higher education systems. ALTER – European Journal of Disability Research, 9(4), 278-289

Biewer, Gottfried/Luciak, Mikael/Schwinge, Mirella (Hrsg.) (2008): Begegnung und Differenz: Menschen – Länder – Kulturen. Beiträge zur Heil- und Sonderpädagogik. Bad Heilbrunn: Klinkhardt

Biewer, Gottfried/Schütz, Sandra (2016): Inklusion. In: Hedderich, Ingeborg/Biewer, Gottfried/Hollenweger, Judith/Markowetz, Reinhard (Hrsg.), Handbuch Inklusion und Sonderpädagogik, 123-127

Binding, Karl/Hoche, Alfred (1920) Die Freigabe der Vernichtung lebensunwerten Lebens. Ihr Maß und ihre Form. Leipzig: Meiner

Bleidick, Ulrich (1972): Pädagogik der Behinderten. Berlin: Marhold

Bleidick, Ulrich (2003): Der Personbegriff in der Behindertenpädagogik. In: Dederich, Markus (Hrsg.), Bioethik und Behinderung, 20-48

Bleidick, Ulrich (Hrsg.) (1999): Allgemeine Behindertenpädagogik. Band 1 der „Studientexte zur Geschichte der Behindertenpädagogik". Neuwied: Luchterhand

Bleidick, Ulrich/Ellger-Rüttgardt, Sieglind Luise (2008): Behindertenpädagogik – eine Bilanz. Bildungspolitik und Theorieentwicklung von 1950 bis zur Gegenwart. Stuttgart: Kohlhammer.

Bleidick, Ulrich/Hagemeister, Ursula (1995): Einführung in die Behindertenpädagogik I. Allgemeine Theorie der Behindertenpädagogik. 5. Aufl., Stuttgart: Kohlhammer

Boban, Ines/Hinz, Andreas (Hrsg.) (2015): Erfahrungen mit dem Index für Inklusion. Kindertageseinrichtungen und Grundschulen auf dem Weg. Bad Heilbrunn: Klinkhardt

Böhm, Winfried (2005): Wörterbuch der Pädagogik. 16. Aufl., Stuttgart: Kröner

Booth, Tony/Ainscow, Mel (Eds.) (2002): Index for Inclusion. Developing Learning and Participation in Schools. Bristol: CSIE [deutsche Fassung: Index für Inklusion. Lernen und Teilhabe in der Schule der Vielfalt entwickeln. Entwickelt von Tony Booth und Mel Ainscow. Übersetzt, für deutschsprachige Verhältnisse bearbeitet und herausgegeben von Ines Boban und Andreas Hinz (2003). Halle: Martin-Luther Universität]

Booth, Tony/Ainscow, Mel/Kingston, Denise (Eds.) (2004): Index for Inclusion. Developing Play, Learning and Participation in Early Years and Childcare. Bristol: CSIE [deutsche Fassung: Booth, Tony/Ainscow, Mel/Kingston, Denise (2006): Index für Inklusion. (Tageseinrichtungen für Kinder) Lernen, Partizipation und Spiel in der inklusiven Kindertageseinrichtung entwickeln. Deutschsprachige Ausgabe. Frankfurt: GEW]

Borchert, Johann (Hrsg.) (2000): Handbuch der Sonderpädagogischen Psychologie. Göttingen: Hogrefe

Brachmann, Barbara (2016): Behinderung und Anerkennung. Alteritäts- und anerkennungsethische Grundlagen für Umsetzungsprozesse der UN-Behindertenrechtskonvention in Wohneinrichtungen der Behindertenhilfe. Bad Heilbrunn: Klinkhardt

Bracken, Helmut von (1976): Vorurteile gegen behinderte Kinder, ihre Familien und Schulen. Berlin: Marhold

Bray, Mark/Adamson, Bob/Mason, Mark (Eds.) (2007): Comparative Education Research. Approaches and Methods. Hong Kong: Springer

Bredel, Ursula/Maaß, Christiane (2016): Leichte Sprache. Theoretische Grundlagen. Orientierung für die Praxis. Berlin: Bibliographisches Institut (Duden)

Breinbauer, Ines Maria/Grimm, Gerald/Jäggle, Martin (Hrsg.) (2006): Milde revisited. Vincenz Eduard Mildes pädagogisches Wirken aus der Sicht der modernen Erziehungswissenschaft. Wien: LIT

Breitenbach, Erwin/Fersen, Lorenzo von/Stumpf, Eva/Ebert, Harald (2006): Delfintherapie für Kinder mit Behinderungen. Würzburg: Bentheim

Brezinka, Wolfgang (1997): Heilpädagogik an der Medizinischen Fakultät der Universität Wien. Ihre Geschichte von 1911-1985. In: Zeitschrift für Pädagogik, 43 (3), 395-420

Brill, Werner (2011): Pädagogik der Abgrenzung. Die Implementierung der Rassenhygiene im Nationalsozialismus durch die Sonderpädagogik. Bad Heilbrunn: Klinkhardt.

Bronfenbrenner, Uri (1981): Ökologie der menschlichen Entwicklung. Natürliche und geplante Experimente. Stuttgart: Klett-Cotta

Brown, Scott (2001): Methodological Paradigms That Shape Disability Research. In: Albrecht, Gary/Seelman, Katherine/Bury, Michael (Eds.), Handbook of Disability Studies, 145-170

Brumlik, Micha (2004): Advokatorische Ethik. Zur Legitimation pädagogischer Eingriffe. Berlin: Philo

Brutting, Laura Kinzie (2007): Rehabilitation. In: Reynolds, Cecil R./Fletcher-Janzen, Elaine (Eds.), Encyclopedia of Special Education, 1705-1706

Buchka, Maximilian (2003): Ältere Menschen mit geistiger Behinderung. Bildung, Begleitung und Sozialtherapie. München: Reinhardt

Buchka, Maximilian/Grimm, Rüdiger/Klein, Ferdinand (Hrsg.) (2002): Lebensbilder bedeutender Heilpädagoginnen und Heilpädagogen im 20. Jahrhundert. München: Reinhardt

Buchner, Tobias/Koenig, Oliver/Schuppener, Saskia (2016): Inklusive Forschung. Gemeinsam mit Menschen mit Lernschwierigkeiten forschen. Bad Heilbrunn: Klinkhardt

Bühler, Christian (2015): Universelles Design des Lernens und Arbeitens. In: Biermann, Horst (Hrsg.), Inklusion im Beruf, 118-138

Bundesvereinigung Lebenshilfe für geistig Behinderte (Hrsg.) (1996): Selbstbestimmung. Kongreßbeiträge. Dokumentation des Kongresses „Ich weiß doch selbst, was ich will!" Menschen mit geistiger Behinderung auf dem Weg zu mehr Selbstbestimmung. Marburg: Lebenshilfe

Bundschuh, Konrad (1991): Einführung in die sonderpädagogische Diagnostik. 3. Aufl., München: Reinhardt

Bundschuh, Konrad (1994): Praxiskonzepte der Förderdiagnostik. Möglichkeiten der Anwendung in der sonder- und heilpädagogischen Praxis. 2. erw. Aufl., Bad Heilbrunn: Klinkhardt

Bundschuh, Konrad (2007a): Diagnostik/Förderdiagnostik. In: Bundschuh, Konrad/Heimlich, Ulrich/Krawitz, Rudi (Hrsg.), Wörterbuch Heilpädagogik, 48-52

Bundschuh, Konrad (2007b): Entwicklung. In: Bundschuh, Konrad/Heimlich, Ulrich/Krawitz, Rudi (Hrsg.), Wörterbuch Heilpädagogik, 58-62

Bundschuh, Konrad (2007c): Förderdiagnostik konkret. Theoretische und praktische Implikationen für die Förderschwerpunkte Lernen, geistige, emotionale und soziale Entwicklung. Bad Heilbrunn: Klinkhardt

Bundschuh, Konrad (2007d): Therapie. In: Bundschuh, Konrad/Heimlich, Ulrich/Krawitz, Rudi (Hrsg.), Wörterbuch Heilpädagogik, 272-276

Bundschuh, Konrad/Heimlich, Ulrich/Krawitz, Rudi (Hrsg.) (2007): Wörterbuch Heilpädagogik. Ein Nachschlagewerk für Studium und pädagogische Praxis. 3. überarb. Aufl., Bad Heilbrunn: Klinkhardt (UTB)

Bürli, Alois (1997): Sonderpädagogik international. Vergleiche, Tendenzen, Perspektiven. Luzern: SZH

Bürli, Alois (2006): Internationale und vergleichende Heil- und Sonderpädagogik zwischen Naivität, Objektivismus und Skeptizismus. In: Albrecht, Friedrich/Bürli, Alois,/Erdélyi, Andrea (Hrsg.), Internationale und vergleichende Heil- und Sonderpädagogik, 25-46

Chalfant, James C./Reynolds, Cecil R. (2007): Problems in Definition of Learning Disabilities. In: Reynolds, Cecil R./Fletcher-Janzen, Elaine (Eds.), Encyclopedia of Special Education, 1239-1244

Clark, Catherine/Dyson, Alan/Millward, Alan (Eds.) (1995): Towards Inclusive Schools? London: Fulton

Cloerkes, Günther (2001): Soziologie der Behinderten. Eine Einführung. 2. neu bearb. Aufl., Stuttgart: Winter

Cloerkes, Günther (2007): Soziologie der Behinderten. Eine Einführung. 3. neu bearb. und erweit. Aufl., Stuttgart: Winter

Cloerkes, Günther (Hrsg.) (2003): Wie man behindert wird. Texte zur Konstruktion einer sozialen Rolle und zur Lebenssituation betroffener Menschen. Heidelberg: Winter

Dalferth, Matthias (1999): Enthospitalisierung in westlichen Industrienationen am Beispiel der USA/Kalifornien, Norwegen und Schweden. In: Theunissen, Georg/Lingg, Albert (Hrsg.), Wohnen und Leben nach der Enthospitalisierung, 88-113

Daniels, Harry/Garner, Philip (Eds.) (1999): World Yearbook of Education 1999. Inclusive Education. London: Kogan Page

Dannenbeck, Clemens/Dorrance, Carmen/Moldenhauer, Anna/Oehme, Andreas/Platte, Andrea (Hrsg.) (2016): Inklusionssensible Hochschule. Grundlagen, Ansätze und Konzepte für Hochschuldidaktik und Organisationsentwicklung. Bad Heilbrunn: Klinkhardt

Datler, Wilfried (2005): Bilden und Heilen. Auf dem Weg zu einer pädagogischen Theorie psychoanalytischer Praxis. 2. Aufl., Wien: Empirie

Davis, Lennard (Ed.) (2006): The Disability Studies Reader. 2nd edition. New York: Routledge

Debrunner, Annelies (2016): Supported Employment. In: Hedderich, Ingeborg/Biewer, Gottfried/Hollenweger, Judith/Markowetz, Reinhard (Hrsg.), Handbuch Inklusion und Sonderpädagogik, 544-551

Dederich, Markus (2000): Behinderung – Medizin – Ethik. Behindertenpädagogische Reflexionen zu Grenzsituationen am Anfang und Ende des Lebens. Bad Heilbrunn: Klinkhardt.

Dederich, Markus (2001): Menschen mit Behinderung zwischen Ausschluss und Anerkennung. Bad Heilbrunn: Klinkhardt

Dederich, Markus (2004): Behinderung, Körper und die kulturelle Produktion von Wissen – Impulse der amerikanischen Disability Studies für die Soziologie der Behinderten. In: Förster, Rudolf (Hrsg.), Soziologie im Kontext von Behinderung, 175-196

Dederich, Markus (2007): Körper, Kultur und Behinderung. Eine Einführung in die Disability Studies. Bielefeld: transcript

Dederich, Markus (Hrsg.) (2003): Bioethik und Behinderung. Bad Heilbrunn: Klinkhardt.

Dederich, Markus/Beck, Iris/Antor, Georg/Bleidick, Ulrich (Hrsg.) (2016): Handlexikon der Behindertenpädagogik. Schlüsselbegriffe aus Theorie und Praxis. 3. erweiterte u. überarbeitete Aufl., Stuttgart: Kohlhammer

Dederich, Markus/Greving, Heinrich/Mürner, Christian/Rödler, Peter (Hrsg.) (2006): Inklusion statt Integration? Heilpädagogik als Kulturtechnik. Gießen: Psychosozial

Degenhardt, Sven/Rath, Waldtraut (Hrsg.) (2001): Blinden- und Sehbehindertenpädagogik. Band 2 der „Studientexte zur Geschichte der Behindertenpädagogik". Neuwied: Luchterhand

Degener, Theresia (2009): Die UN-Behindertenrechtskonvention als Inklusionsmotor. Recht der Jugend und des Bildungswesens, 57(2), 200-219

Deutscher Bildungsrat (1974): Zur pädagogischen Förderung behinderter und von Behinderung bedrohter Kinder und Jugendlicher. Empfehlungen der Bildungskommission. Stuttgart: Klett

Devecchi, Cristina (2014): Glossary. In: Florian, Lani (Ed.), The SAGE Handbook of Special Education, 945-963

DIMDI/Graubner, Bernd (2006): ICD-10-GM 2006. Internationale statistische Klassifikation der Krankheiten und verwandter Gesundheitsprobleme. 10. Revision. German Modification. Köln: Deutscher Ärzte-Verlag

DIMDI/WHO (2005): Internationale Klassifikation der Funktionsfähigkeit, Behinderung und Gesundheit. Neu-Isenburg: MMI

Doose, Stefan (2002): Berufliche Integration von Menschen mit Behinderung. In: Eberwein, Hans/Knauer, Sabine, Integrationspädagogik, 245-263

Dorrance, Carmen (2016): Primarstufe. In: Hedderich, Ingeborg/Biewer, Gottfried/Hollenweger, Judith/Markowetz, Reinhard (Hrsg.), Handbuch Inklusion und Sonderpädagogik, 272-277

Drave, Wolfgang/Rumpler, Franz/Wachtel, Peter (Hrsg.) (2000): Empfehlungen zur sonderpädagogischen Förderung. Allgemeine Grundlagen und Förderschwerpunkte (KMK) mit Kommentaren. Würzburg: Bentheim

Dreezens-Fuhrke, Joyce (1998): Das Phänomen Behinderung aus ethnologischer Sicht: Die ‚Schamlosen' und die ‚Weisen'. Zur gesellschaftlichen Stellung von Behinderten auf Java. In: Eberwein, Hans/Sasse, Ada (Hrsg.), Behindert sein oder behindert werden, 27-50

Dumke, Dieter (Hrsg.) (1993): Integrativer Unterricht. Gemeinsames Lernen von Behinderten und Nichtbehinderten. 2. Aufl., Weinheim: DSV

Dupius, Gregor (1983): Sprachbehindertenpädagogik. In: Solarová, Svètluše (Hrsg.), Geschichte der Sonderpädagogik. Stuttgart: Kohlhammer, 260-296

Dupius, Gregor/Kerkhoff, Winfried (Hrsg.) (1992):Enzyklopädie der Sonderpädagogik, der Heilpädagogik und ihrer Nachbargebiete. Berlin: Spiess

Dyson, Alan (1999): Inclusion and Inclusions. Theories and Discourses in Inclusive Education. In: Daniels, Harry/Garner, Philip (Eds.), World Yearbook of Education 1999, 36-63

Eberwein, Hans (1995): Zur Kritik des sonderpädagogischen Paradigmas und des Behinderungsbegriffs. Rückwirkungen auf das Selbstverständnis von Sonder- und Integrationspädagogik. In: Zeitschrift für Heilpädagogik, 46 (10), 468-476

Eberwein, Hans (Hrsg.) (1987): Fremdverstehen sozialer Randgruppen. Ethnographische Feldforschung in der Sonder- und Sozialpädagogik. Berlin: Marhold

Eberwein, Hans (Hrsg.) (1988): Behinderte und Nichtbehinderte lernen gemeinsam. Handbuch der Integrationspädagogik. Weinheim: Beltz

Eberwein, Hans/Knauer, Sabine (Hrsg.) (2002): Integrationspädagogik. Kinder mit und ohne Beeinträchtigung lernen gemeinsam. Ein Handbuch. 6. überarb. Aufl., Weinheim: Beltz

Eberwein, Hans/Sasse, Ada (Hrsg.) (1998): Behindert sein oder behindert werden. Interdisziplinäre Analysen zum Behinderungsbegriff. Neuwied: Luchterhand.

Eckensberger, Lutz/Plath, Ingrid (2003): Möglichkeiten und Grenzen des „variablenorientierten" Kulturvergleichs. Von der Kulturvergleichenden Psychologie zur Kulturpsychologie. In: Kaelble, Hartmut/Schriewer, Jürgen (Hrsg.), Vergleich und Transfer, 55-99

Edelston, Danielle/Thornton, Sage (2007): Paradigm Shift in Determination of Learning Disabilities. In: Reynolds, Cecil R./Fletcher-Janzen, Elaine (Eds.), Encyclopedia of Special Education, 1237-1239

Eisenberg, Christiane (2003): Kulturtransfer als historischer Prozess. Ein Beitrag zur Komparatistik. In: Kaelble, Hartmut/Schriewer, Jürgen (Hrsg.), Vergleich und Transfer, 399-417

Ellger-Rüttgardt, Sieglind (1998): Der Verband der Hilfsschulen Deutschlands auf dem Weg von der Weimarer Republik in das „Dritte Reich". In: Möckel, Andreas (Hrsg.), Erfolg – Niedergang – Neuanfang, 50-95

Ellger-Rüttgardt, Sieglind (Hrsg.) (2003): Lernbehindertenpädagogik. Band 5 der „Studientexte zur Geschichte der Behindertenpädagogik". Weinheim: Beltz (UTB)

Ellger-Rüttgardt, Sieglind (2008): Geschichte der Sonderpädagogik. München: Reinhardt (UTB)

Emerson, Eric/Hatton, Chris/Thompson, Travis/Parmenter, Trevor (Eds.) (2004): The International Handbook of Applied Research in Intellectual disabilities. Chichester: Wiley

Fasching, Helga (2004): Qualitätskriterien in der beruflichen Integrationsmaßnahme Arbeitsassistenz. Unter besonderer Berücksichtigung von Jugendlichen mit Lernbehinderung. Münster: LIT

Faust, Mirjam (2007): Aktuelle theoretische Ansätze in der deutschen Heilpädagogik. Eine Einführung für Studierende der Heilpädagogik und fachlich Interessierte. Opladen: Budrich

Feldhusen, John (2007): Gifted Children. In: Reynolds, Cecil R./Fletcher-Janzen, Elaine (Eds.), Encyclopedia of Special Education, 972-973

Feuser, Georg (1993): Integration und/oder Kooperation? Wohin mit der „Sonder"-Pädagogik? In: Behindertenpädagogik 32 (1), 2-22

Feuser, Georg (1989): Allgemeine integrative Pädagogik und entwicklungslogische Didaktik. In: Behindertenpädagogik 28 (1), 4-48

Feuser, Georg (2002): Momente entwicklungslogischer Didaktik einer Allgemeinen (integrativen) Pädagogik. In: Eberwein, Hans/Knauer, Sabine, Integrationspädagogik, 280-294

Feuser, Georg/Meyer, Heike (1987): Integrativer Unterricht in der Grundschule. Ein Zwischenbericht. Solms-Oberbiel: Jarick Oberbiel

Feyerer, Ewald (2004): Inklusion – Herausforderung an die Lehre am Beispiel der Pädagogischen Akademie des Bundes in Linz. In: Schnell, Irmtraud/Sander, Alfred (Hrsg.), Inklusive Pädagogik, 339-349

Fiddian-Qasmiyeh, Elena/Loescher, Gil/Long, Katy/Sigona, Nando (Eds.) (2014): The Oxford Handbook of Refugee and Forced Migration Studies. Oxford: Oxford University Press

Fischer, Erhard/Markowetz, Reinhard (2016): Inklusion im Förderschwerpunkt geistige Entwicklung. Stuttgart: Kohlhammer

Fletcher, Jack/Lyon, Reid/Fuchs, Lynn/Barnes, Marcia (2007): Learning Disabilities. From Identification to Intervention. New York: Guilford

Florian, Lani (Ed.) (2014): The SAGE Handbook of Special Education, (2 Volumes). 2nd Ed., London: Sage

Forlin, Chris (Ed.) (2012): Future Direction for Inclusive Teacher Education. An International Perspective. London, New York: Routledge

Fornefeld, Barbara (1995): Das schwerstbehinderte Kind und seine Erziehung. Beiträge zu einer Theorie der Erziehung. Heidelberg: Winter

Fornefeld, Barbara (Hrsg.) (2008): Menschen mit Komplexer Behinderung. Selbstverständnis und Aufgaben der Behindertenpädagogik. München: Reinhardt

Forster, Rudolf (Hrsg.) (2004): Soziologie im Kontext von Behinderung. Theoriebildung, Theorieansätze und singuläre Prozesse. Bad Heilbrunn: Klinkhardt

Fournier, Constance (2007): Gifted and Learning Disabilities. In: Reynolds, Cecil R./Fletcher-Janzen, Elaine (Eds.), Encyclopedia of Special Education, 969

Fröhlich, Andreas (1998): Basale Stimulation. Das Konzept. Düsseldorf: Verlag Selbstbestimmtes Leben

Fröhlich, Andreas (Hrsg.) (1991): Pädagogik bei schwerster Behinderung. Handbuch der Sonderpädagogik. Band 12. Berlin: Spiess

Fujiura, Glenn/Rutkowski-Kmitta, Violet (2001): Counting Disability. In: Albrecht, Gary/Seelman, Katherine/Bury, Michael (Eds.), Handbook of Disability Studies, 69-96

Gasteiger-Klicpera, Barbara/Julius, Henri/Klicpera, Christian (Hrsg.) (2008): Sonderpädagogik der sozialen und emotionalen Entwicklung. Reihe Handbuch Sonderpädagogik. Band 3. Göttingen: Hogrefe

Geertz, Clifford (1995): Dichte Beschreibung. Beiträge zum Verstehen kultureller Systeme. 4. Aufl., Frankfurt M.: Suhrkamp

Gertz, Genie/Boudreault, Patrick (Eds.) (2016): The SAGE Deaf Studies Encyclopedia. Volume 1-3. Los Angeles, London: Sage

Geiling, Ute/Hinz, Andreas (Hrsg.) (2005): Integrationspädagogik im Diskurs. Auf dem Weg zu einer inklusiven Pädagogik? Bad Heilbrunn: Klinkhardt

Georgens, Dr. [Jan Daniel]/von Gayette, Jeanne Marie/Deinhardt, Heinrich (Hrsg.) (1858): Medicinisch-pädagogisches Jahrbuch der Levana für das Jahr 1858. Wien: Typografisch-literarisch-artistische Anstalt

Georgens, Jan Daniel/Deinhardt, Heinrich Marianus (1979): Die Heilpädagogik mit besonderer Berücksichtigung der Idiotie und der Idiotenanstalten. Erster Band. Gießen: Institut für Sonder- und Heilpädagogik (Erstausgabe 1861)

Gerber, Gisela/Kappus, Helga/Reinelt, Toni (Hrsg.) (1987): Universitäre Sonder- und Heilpädagogik. Vergangenheit – Gegenwart – Zukunft. Eine Darstellung der Institutionen. München: Reinhardt

Ginnold, Antje (2008): Der Übergang Schule – Beruf von Jugendlichen mit Lernbehinderung. Einstieg – Ausstieg – Warteschleife. Bad Heilbrunn: Klinkhardt

Goetze, Herbert (2016): Prävention. In: Dederich, Markus/Beck, Iris/Antor, Georg/Bleidick, Ulrich (Hrsg.) (2016): Handlexikon der Behindertenpädagogik., 159-162

Goetze, Herbert (Hrsg.) (1989): Pädagogik bei Verhaltensstörungen. Handbuch der Sonderpädagogik. Band 12. Berlin: Spiess

Goffman, Erving (1977): Stigma. Über Techniken der Bewältigung beschädigter Identität. 2. Aufl., Frankfurt/M.: Suhrkamp

Goll, Harald (1993): Heilpädagogische Musiktherapie. Grundlegende Entwicklung eines ganzheitlich angelegten ökologisch-dialogischen Theorieentwurfs ausgehend von Jugendlichen und Erwachsenen mit schwerer geistiger Behinderung. Frankfurt/M.: Lang

Goll, Harald/Jaquier, Monika/Römelt, Josef (Hrsg.) (2009): Kinder mit Anenzephalie und ihre Familien. Bad Heilbrunn: Klinkhardt

Graumann, Olga (2002): Gemeinsamer Unterricht in heterogenen Gruppen. Von lernbehindert bis hochbegabt. Bad Heilbrunn: Klinkhardt

Grohnfeldt, Manfred (2001): Sprachbehinderung, Sprachbehinderte, Sprachbehindertenpädagogik. In: Antor, Georg/Bleidick, Ulrich (Hrsg.), Handlexikon der Behindertenpädagogik, 135-138

Grohnfeldt, Manfred (Hrsg.) (2015): Inklusion im Förderschwerpunkt Sprache. Stuttgart: Kohlhammer

Gröschke, Dieter (1998): Integration oder Apartheid? Steckt die Geistigbehindertenhilfe in einer Normalisierungsfalle? In: Zeitschrift für Heilpädagogik, 49 (8), 365-367

Gruber, Hildegard/Hammer, Andrea (Hrsg.) (2002): Ich sehe anders. Medizinische, psychologische und pädagogische Grundlagen der Blindheit und Sehbehinderung bei Kindern. 2. Aufl., Würzburg: Bentheim

Grubich, Rainer (Hrsg.) (2005): Inklusive Pädagogik. Beiträge zu einem anderen Verständnis von Integration. Aspach: Innsalz

Gstach, Johannes (2008): Die „Krankengeschichten" der Levana – Zu Georgens' und Deinhardts Entwurf einer Heilpädagogik unter Berücksichtigung der „Anthropologie". In: Biewer, Gottfried/Luciak, Mikael/Schwinge, Mirella (Hrsg.), Begegnung und Differenz, 136-146

Gstach, Johannes (2015): Kretinismus und Blödsinn. Zur fachlich-wissenschaftlichen Entdeckung und Konstruktion von Phänomenen der geistig-mentalen Auffälligkeit zwischen 1780 und 1900 und deren Bedeutung für Fragen der Erziehung und Behandlung. Bad Heilbrunn: Klinkhardt.

Gudjons, Herbert (2006): Pädagogisches Grundwissen. Überblick – Kompendium – Studienbuch. 9., neu bearbeitete Aufl., Bad Heilbrunn: Klinkhardt

Habermas, Jürgen (1992): Erläuterungen zur Diskursethik. 2. Aufl., Frankfurt/M.: Suhrkamp

Häcker, Hartmut/Stapf, Kurt (Hrsg.) (1994): Dorsch Psychologisches Wörterbuch. 12. überarb. Aufl., Bern: Huber

Hänsel, Dagmar (2006): Die NS-Zeit als Gewinn für Hilfsschullehrer. Bad Heilbrunn: Klinkhardt

Hänsel, Dagmar (2014): Sonderschullehrerausbildung im Nationalsozialismus. Bad Heilbrunn: Klinkhardt.

Haeberlin, Urs (1996): Heilpädagogik als wertgeleitete Wissenschaft. Ein propädeutisches Einführungsbuch in Grundfragen einer Pädagogik für Benachteiligte und Ausgegrenzte. Bern: Haupt

Haeberlin, Urs (1998): Allgemeine Heilpädagogik. 6. Aufl., Bern: Haupt

Haeberlin, Urs (2005): Grundlagen der Heilpädagogik. Einführung in eine wertgeleitete erziehungswissenschaftliche Disziplin. Bern: Haupt (UTB)

Häfeli, Kurt/Walther-Müller, Peter (Hrsg.) (2005): Das Wachstum des sonderpädagogischen Angebots im interkantonalen Vergleich. Steuerungsmöglichkeiten für eine integrative Ausgestaltung. Luzern: SZH

Hähner, Ulrich/Niehoff, Ulrich/Sack, Rudi/Walther, Helmut (2005): Kompetent begleiten: Selbstbestimmung ermöglichen, Ausgrenzungen verhindern! Die Weiterentwicklung des Konzepts „Vom Betreuer zum Begleiter". Marburg: Lebenshilfe

Hanselmann, Heinrich (1966): Einführung in die Heilpädagogik. Praktischer Teil. Für Eltern, Lehrer, Anstaltserzieher, Jugendfürsorger, Richter und Ärzte. 7. Aufl., Zürich: Rotapfel

Hansen, Gerd/Stein, Roland (Hrsg.) (2006): Kompendium Sonderpädagogik. Bad Heilbrunn: Klinkhardt

Harry, Beth (2014): The Disproportionate Placement of Ethnic Minorities in Special Education. In: Florian, Lani (Ed.), The SAGE Handbook of Special Education, 73-95

Haupt, Ursula (Hrsg.) (1983): Pädagogik der Körperbehinderten. Handbuch der Sonderpädagogik. Band 8. Berlin: Marhold

Hedderich, Ingeborg (2006): Einführung in die Körperbehindertenpädagogik. 2. Aufl., München: Reinhardt (UTB)

Hedderich, Ingeborg/Biewer, Gottfried/Hollenweger, Judith/Markowetz, Reinhard (Hrsg.) (2016): Handbuch Inklusion und Sonderpädagogik. Bad Heilbrunn: Klinkhardt (UTB)

Hedderich, Ingeborg/Egloff, Barbara/Zahnd, Raphael (Hrsg.) (2015): Biografie – Partizipation – Behinderung. Theoretische Grundlagen und eine partizipative Forschungsstudie. Bad Heilbrunn: Klinkhardt

Heese, Gerhard (1977): Gehörlosenpädagogik. In: Bach, Heinz (Hrsg.), Sonderpädagogik im Grundriß, 85-90

Hegselmann, Rainer/Merkel, Reinhard (Hrsg.) (1991): Zur Debatte über Euthanasie. Beiträge und Stellungnahmen. Frankfurt/M.: Suhrkamp.

Helander, Einar (1999): Prejudice and Dignity. An Introduction to Community-Based Rehabilitation. New York: UNDP

Helander, Einar/Goerdt, Ann/Mendis, Padmani/Nelson, Gunnel (Eds.) (1989): Training in the community for people with disabilities. Geneva: WHO

Hellbrügge, Theodor (1984): Unser Montessori-Modell. Erfahrungen mit einem neuen Kindergarten und einer neuen Schule. Frankfurt/M.: Fischer

Heller, Kurt (Hrsg.) (2001): Hochbegabung im Kindes- und Jugendalter. 2. überarb. Aufl., Göttingen: Hogrefe.

Henze, Godehard/Sandfuchs, Uwe/Zumhasch/Clemens (2006): Längsschnittuntersuchung zu einem Schulversuch. Bad Heilbrunn: Klinkhardt

Hermes, Gisela/Rohrmann, Eckhard (Hrsg.) (2006): Nichts über uns – ohne uns! Disability Studies als neuer Ansatz emanzipatorischer und interdisziplinärer Forschung. Neu-Ulm: SPAK

Herr, Stanley/Weber, Germain (Eds.) (1999a): Aging, Rights, and Quality of Life. Prospects for Older People with Developmental Disabilities. Baltimore: Brookes

Herr, Stanley/Weber, Germain (1999b): Prospects for Ensuring Rights, Quality Supports, and a Good Old Age. In: Aging, Rights, and Quality of Life, 343-370

Heyer, Peter/Preuss-Lausitz, Ulf/Zielke, Gitta (1990): Wohnortnahe Integration. Gemeinsame Erziehung behinderter und nichtbehinderter Kinder in der Uckermark-Grundschule. Weinheim: Juventa

Hillenbrand, Clemens (2006): Einführung in die Pädagogik bei Verhaltensstörungen. 3. Aufl., München: Reinhardt (UTB)

Hillenbrand, Clemens (2008): Begriffe und Theorien im Förderschwerpunkt soziale und emotionale Entwicklung – Versuch einer Standortbestimmung. In: Gasteiger-Klicpera, Barbara/Julius, Henri/Klicpera, Christian (Hrsg.). Sonderpädagogik der sozialen und emotionalen Entwicklung, 4-24

Hillmann, Karl-Heinz (1994): Wörterbuch der Soziologie. 4. überarb. Aufl., Stuttgart: Kröner

Hinz, Andreas (1993): Heterogenität in der Schule. Integration – interkulturelle Erziehung – Koedukation. Hamburg: Curio

Hinz, Andreas (2002): Von der Integration zur Inklusion – terminologisches Spiel oder konzeptionelle Weiterentwicklung? In: Zeitschrift für Heilpädagogik, 53 (9), 354-361

Hinz, Andreas/Boban, Ines (2001): Integrative Berufsvorbereitung. Unterstütztes Arbeitstraining für Menschen mit Behinderung. Neuwied: Luchterhand

Hirsch, Stephan/Lindmeier, Christian (Hrsg.) (2006): Berufliche Bildung von Menschen mit geistiger Behinderung. Weinheim: Beltz

Hirschberg, Marianne (2009): Behinderung im internationalen Diskurs. Die flexible Klassifizierung der Weltgesundheitsorganisation. Frankfurt/M.: Campus

Hofmann, Christiane (2003): Förderdiagnostik zwischen Konzeption und Rezeption. In: Ricken, Gabi/Fritz, Annemarie/Hofmann, Christiane (Hrsg.), Diagnose: Sonderpädagogischer Förderbedarf, 106-115

Hollenweger, Judith (2006): Der Beitrag der Weltgesundheitsorganisation zur Klärung konzeptueller Grundlagen einer inklusiven Pädagogik. In: Dederich, Markus/Greving, Heinrich/Mürner, Christian/Rödler, Peter (Hrsg.), Inklusion statt Integration?, 45-61

Hollenweger, Judith (2016): Klassifizierungen der Medizin und Gesundheitswissenschaft. In: Hedderich, Ingeborg/Biewer, Gottfried/Hollenweger, Judith/Markowetz, Reinhard (Hrsg.), Handbuch Inklusion und Sonderpädagogik, 161-165

Hollenweger, Judith/Lienhard, Peter (2008): Schulische Standortgespräche. Ein Verfahren zur Förderplanung und Zuweisung von sonderpädagogischen Maßnahmen. 4. Ausgabe. Zürich: Bildungsdirektion Kanton Zürich

Holling, Heinz/Kanning, Uwe Peter (1999): Hochbegabung. Forschungsergebnisse und Fördermöglichkeiten. Göttingen: Hogrefe.

Honneth, Axel (2012): Kampf um Anerkennung. Zur moralischen Grammatik sozialer Konflikte. 5. Auflage. Frankfurt/M.: Suhrkamp

Hopmann, Stefan (2008): Keine Ausnahmen für Hottentotten! Methoden der vergleichenden Bildungswissenschaft für die heilpädagogische Forschung. In: Biewer, Gottfried/Luciak, Mikael/Schwinge, Mirella (Hrsg.), Begegnung und Differenz, 76-98

Hoyningen-Süess, Ursula/Gyseler, Dominik (2006): Hochbegabung aus sonderpädagogischer Sicht. Bern: Haupt.

Hoyningen-Süess, Ursula/Lienhard, Peter (Hrsg.) (1998): Hochbegabung als sonderpädagogisches Problem. Luzern: SZH.

Ianes, Dario/Demo, Heidrun (2015): Strategien einer langjährigen Inklusionspraxis in der Sekundarschule in Italien. In: Biewer, Gottfried/Böhm, Eva Theresa/Schütz, Sandra (Hrsg.), Inklusive Pädagogik in der Sekundarstufe, 57-72

Ingstad, Benedicte (2001): Disability in the Developing World. In: Albrecht, Gary/Seelman, Katherine/Bury, Michael (Eds.), Handbook of Disability Studies, 772-792

Jakobs, Hajo (1997): Heilpädagogik zwischen Anthropologie und Ethik. Eine Grundlagenreflexion aus kritisch-theoretischer Sicht. Bern: Haupt.

Jantzen, Wolfgang (1977): Konstitutionsprobleme materialistischer Behindertenpädagogik. Gesammelte Aufsätze. Lollar: Achenbach

Jantzen, Wolfgang (1987): Allgemeine Behindertenpädagogik. Band 1. Sozialwissenschaftliche und psychologische Grundlagen. Ein Lehrbuch. Weinheim: Beltz

Jantzen, Wolfgang (1990): Allgemeine Behindertenpädagogik. Band 2. Neurowissenschaftliche Grundlagen, Diagnostik, Pädagogik und Therapie. Ein Lehrbuch. Weinheim: Beltz

Jerg, Jo (2001): Leben in Widersprüchen. Lebensweltorientierte integrative Wohngemeinschaft. Reutlingen: Diakonie

Jetter, Karlheinz (2003): Familien heute. In: Wilken, Udo/Jeltsch-Schudel, Barbara (Hrsg.), Eltern behinderter Kinder, 15-30

Johnson, Magdalena (2013): Schulische Inklusion in den USA – ein Lehrbeispiel für Deutschland? Eine Analyse der Vermittlung von Ansätzen der Inklusion durch die Zusammenarbeit mit einem outside change agent. Bad Heilbrunn: Klinkhardt

Jülich, Martina (1996): Schulische Integration in den USA. Bisherige Erfahrungen bei der Umsetzung des Bundesgesetzes „Public Law 94-142" – dargestellt anhand einer Analyse der „Annual Reports to Congress". Bad Heilbrunn: Klinkhardt

Jussen, Heribert (1977): Schwerhörigenpädagogik. In: Bach, Heinz (Hrsg.), Sonderpädagogik im Grundriß, 113-122

Jussen, Heribert (Hrsg.) (1982): Pädagogik der Gehörlosen und Schwerhörigen. Handbuch der Sonderpädagogik. Band 3. Berlin: Marhold

Kaelble, Hartmut/Schriewer, Jürgen (Hrsg.) (2003): Vergleich und Transfer. Komparatistik in den Sozial-, Geschichts- und Kulturwissenschaften. Frankfurt: Campus

Kallenbach, Kurt (Hrsg.) (2000): Körperbehinderungen. Schädigungsaspekte, psychosoziale Auswirkungen und pädagogisch-rehabilitative Maßnahmen. Bad Heilbrunn: Klinkhardt

Kant, Immanuel (1983): Werke Band 7. Schriften zur Ethik und Religionsphilosophie. Zweiter Teil. Darmstadt: Wissenschaftliche Buchgesellschaft (Erstausgaben der Texte: 1797 und 1798)

Kanter, Gustav O. (1977): Lerngestörten- und Lernbehindertenpädagogik. In: Bach, Heinz (Hrsg.), Sonderpädagogik im Grundriß, 105-112

Kanter, Gustav O. (Hrsg.) (1977): Pädagogik der Lernbehinderten. Handbuch der Sonderpädagogik. Band 4. Berlin: Marhold

Kautter, Hansjörg/Klein, Gerhard/Laupheimer, Werner/Wiegand, Hans-Siegfried (1998): Das Kind als Akteur seiner Entwicklung. Idee und Praxis der Selbstgestaltung in der Frühförderung entwicklungsverzögerter und entwicklungsgefährdeter Kinder. 4. Aufl., Heidelberg: Winter

Keck, Verena (1997): Zum kulturellen Verständnis von Behindertsein in einer ozeanischen Gesellschaft (Yupno, Papua New Guinea). In: Meiser, Ute/Albrecht, Friedrich (Hrsg.), Krankheit, Behinderung und Kultur, 5-32

Kern, Johanna (2016): Inklusion in der Entwicklungszusammenarbeit. In: Hedderich, Ingeborg/Biewer, Gottfried/Hollenweger, Judith/Markowetz, Reinhard (Hrsg.), Handbuch Inklusion und Sonderpädagogik, 630-635

Key, Ellen (1992): Das Jahrhundert des Kindes. Studien. Autorisierte Übertragung von Francis Maro. Weinheim: Beltz

Kiphard, Ernst (1994): Mototherapie. 4. Aufl., Dortmund: Verlag Modernes Leben

Kiuppis, Florian (2014): Heterogene Inklusivität, inklusive Heterogenität. Fallstudie über den Bedeutungswandel imaginierter pädagogischer Konzepte im Kontext Internationaler Organisationen. Münster, New York: Waxmann

Klauer, Karl Josef (2003): Über internationale Entwicklungstendenzen sonderpädagogischer Diagnostik unter förderdiagnostischem Aspekt. In: Ricken, Gabi/Fritz, Annemarie/Hofmann, Christiane (Hrsg.), Diagnose: Sonderpädagogischer Förderbedarf, 127-142

Klauer, Karl Josef/Mitter, Wolfgang (Hrsg.) (1987): Vergleichende Sonderpädagogik. Handbuch der Sonderpädagogik. Band 11. Berlin: Marhold

Klee, Ernst (2001a): ‚Euthanasie' im NS-Staat. Die ‚Vernichtung lebensunwerten Lebens'. 10. Aufl., Frankfurt: Fischer (Erstausgabe 1983)

Klee, Ernst (Hrsg.) (2001b): Dokumente zur ‚Euthanasie'. 5. Aufl., Frankfurt: Fischer (Erstausgabe 1985)

Klein, Ferdinand (1996): Janusz Korczak. Sein Leben für Kinder – sein Betrag für die Heilpädagogik. Bad Heilbrunn: Klinkhardt

Klein, Ferdinand/Meinertz, Friedrich/Kausen, Rudolf (1999): Heilpädagogik. Ein pädagogisches Lehr- und Studienbauch. 10. überarb. Aufl., Bad Heilbrunn: Klinkhardt

Klein, Ferdinand/Neuhäuser, Gerhard (2006): Heilpädagogik als therapeutische Erziehung. München: Reinhardt

Klein, Gerhard (2002): Frühförderung für Kinder mit psychosozialen Risiken. Stuttgart: Kohlhammer

Kleinbach, Karlheinz (1994): Zur ethischen Begründung einer Praxis der Geistigbehindertenpädagogik. Bad Heilbrunn: Klinkhardt

Kluge, Friedrich (1999): Etymologisches Wörterbuch der deutschen Sprache. 23. erw. Aufl., Berlin: de Gruyter

Knauf, Helen (2016): Hochschule. In: Hedderich, Ingeborg/Biewer, Gottfried/Hollenweger, Judith/ Markowetz, Reinhard (Hrsg.), Handbuch Inklusion und Sonderpädagogik, 298-303

Kniel, Adrian/Windisch, Matthias (2005): People First. Selbsthilfegruppen von und für Menschen mit geistiger Behinderung. München: Reinhardt

Knura, Gerda (1977): Sprachbehindertenpädagogik. In: Bach, Heinz (Hrsg.), Sonderpädagogik im Grundriß, 129-138

Knura, Gerda (Hrsg.) (1980): Pädagogik der Sprachbehinderten. Handbuch der Sonderpädagogik. Band 7. Berlin: Marhold

Kobi, Emil (1988): Was bedeutet Integration? Analyse eines Begriffs. In: Eberwein, Hans (Hrsg.), Behinderte und Nichtbehinderte lernen gemeinsam, 54-62

Kobi, Emil (2004): Grundfragen der Heilpädagogik. Eine Einführung in heilpädagogisches Sehen. 6. überarb. Aufl., Berlin: BHP

Koenig, Oliver (2007): Qualitätsmanagement in der beruflichen Integration für Menschen mit Behinderung. Dargestellt an einem Vergleich zwischen Integrationsfachdiensten in Deutschland und der Arbeitsassistenz in Österreich. Saarbrücken: VDM Verlag Müller

König, Lilith/Weiß, Hans (Hrsg.) (2015): Anerkennung und Teilhabe für entwicklungsgefährdete Kinder. Leitideen in der Interdisziplinären Frühförderung. Stuttgart: Kohlhammer

Köpfer, Andreas (2013): Inclusion in Canada. Analyse inclusiver Unterrichtsprozesse, Unterstützungsstrukturen und Rollen am Beispiel kanadischer Schulen in den Provinzen New Brunswisck, Prince Edward Island und Québec. Bad Heilbrunn: Klinkhardt

Krausneker, Verena (2006): Taubstumm bis gebärdensprachig. Die österreichische Gebärdensprachgemeinschaft aus soziolinguistischer Perspektive. Meran: Alpha Beta

Krawitz, Rudi (1992): Pädagogik statt Therapie. Vom Sinn individualpädagogischen Sehens, Denkens und Handelns. Bad Heilbrunn: Klinkhardt

Kretschmann, Rudolf (2007): Lernschwierigkeiten, Lernstörungen und Lernbehinderung. In: Walter, Jürgen/Wember, Franz (Hrsg.), Sonderpädagogik des Lernens, 4-32

Kron, Maria/Papke, Birgit (2006): Frühe Erziehung, Bildung und Betreuung von Kindern mit Behinderung. Eine Untersuchung integrativer und heilpädagogischer Betreuungsformen in Kindergärten und Kindertagesstätten. Bad Heilbrunn: Klinkhardt

Kronenberg, Beatrice (2016): Frühförderung. In: Hedderich, Ingeborg/Biewer, Gottfried/Hollenweger, Judith/Markowetz, Reinhard (Hrsg.), Handbuch Inklusion und Sonderpädagogik, 472-479

Kruschel, Robert/Hinz, Andreas (Hrsg.) (2015): Zukunftsplanung als Schlüsselelement von Inklusion. Praxis und Theorie personenzentrierter Planung. Bad Heilbrunn: Klinkhardt

Krüger, Heinz-Hermann/Helsper, Werner (Hrsg.) (2007): Einführung in Grundbegriffe und Grundfragen der Erziehungswissenschaft. 8. Aufl., Opladen: Leske und Budrich (UTB)

Kuhse, Helga/Singer, Peter (1993): Muß dieses Kind am Leben bleiben? Das Problem schwerstgeschädigter Neugeborener. Erlangen: Fischer.

Kulig, Wolfram/Theunissen, Georg (2002): Selbstbestimmung und Empowerment. In: Wüllenweber, Ernst/Theunissen, Georg/Mühl, Heinz (Hrsg.), Pädagogik bei geistigen Behinderungen, 237-250

Kultusministerkonferenz (2011): Inklusive Bildung von Kindern und Jugendlichen mit Behinderungen in Schulen. Beschluss der Kultusministerkonferenz vom 20.10.2011. https://www.kmk.org/themen/allgemeinbildende-schulen/inklusion.html

Kultusministerkonferenz/Hochschulrektorenkonferenz (2015): Lehrerbildung für eine Schule der Vielfalt. Gemeinsame Empfehlung von Hochschulrektorenkonferenz und Kultusministerkonferenz. Beschluss der Kultusministerkonferenz vom 12.03.2015 und Beschluss der Hochschulrektorenkonferenz vom 18.03.2015 https://www.kmk.org/themen/allgemeinbildende-schulen/inklusion.html

Lechta, Viktor (Hrsg.) (2003): Diagnostik der gestörten Kommunikationsfähigkeit. Bad Heilbrunn: Klinkhardt

Lee, Ju-Hwa (2010): Inklusion. Eine kritische Auseinandersetzung mit dem Konzept von Andreas Hinz. Oberhausen: Athena

Lelgemann, Reinhard/Singer, Philipp/Walter-Klose, Christian (Hrsg.) (2015): Inklusion im Förderschwerpunkt körperliche und motorische Entwicklung. Stuttgart: Kohlhammer

Lenz, Albert (2002): Empowerment und Ressourcenaktivierung – Perspektiven für die psychosoziale Praxis. In: Lenz, Albert/Stark, Wolfgang (Hrsg.), Empowerment, 13-53

Lenz, Albert/Stark, Wolfgang (Hrsg.) (2002): Empowerment. Neue Perspektiven für psychosoziale Praxis und Organisation. Tübingen: dgvt

Lenzen, Dieter (Hrsg.) (2004): Erziehungswissenschaft. Ein Grundkurs. 6. Aufl., Reinbek: Rowolth

Leonhardt, Annette (2002): Einführung in die Hörgeschädigtenpädagogik. 2. Aufl., München: Reinhardt (UTB)

Leonhardt, Annette (Hrsg.) (1997): Das Cochlear Implantat bei Kindern und Jugendlichen. München: Reinhardt

Leyendecker, Christoph/Horstmann, Tordis (Hrsg.) (2002): Große Pläne für kleine Leute. Grundlagen, Konzepte und Praxis der Frühförderung. München: Reinhardt

Liesen, Christian (2006): Gleichheit als ethisch-normatives Problem der Sonderpädagogik. Dargestellt am Beispiel „Integration“. Bad Heilbrunn: Klinkhardt

Liesen, Christian/Hoyningen-Süess, Ursula/Bernath, Karin (Hrsg.) (2007): Inclusive Education: Modell für die Schweiz? Internationale und nationale Perspektiven im Gespräch. Bern: Haupt

Lindemann, Holger/Vossler, Nicole (1999): Die Behinderung liegt im Auge des Betrachters. Konstruktivistisches Denken für die pädagogische Praxis. Neuwied: Luchterhand

Lindmeier, Bettina (1998): Die Pädagogik des Rauhen Hauses. Zu den Anfängen der Erziehung schwieriger Kinder bei Johann Hinrich Wichern. Bad Heilbrunn: Klinkhardt

Lindmeier, Bettina/Lindmeier, Christian (Hrsg.) (2002): Geistigbehindertenpädagogik. Band 3 der „Studientexte zur Geschichte der Behindertenpädagogik". Weinheim: Beltz

Lindmeier, Christian (1993): Behinderung – Phänomen oder Faktum? Bad Heilbrunn: Klinkhardt

Lipsky, Dorothy/Gartner, Alan (1997): Inclusion and School Reform. Transforming America's Classrooms. Baltimore: Brookes

Loeken, Hiltrud/Windisch, Matthias (2005): Assistenz und pädagogische Professionalität – Thesen. In: Geiling, Ute/Hinz, Andreas (Hrsg.), Integrationspädagogik im Diskurs, 146-149

Lotz, Dieter (2002): Heinrich Hanselmann (1885-1960). In: Buchka, Maximilian/Grimm, Rüdiger/ Klein, Ferdinand (Hrsg.), Lebensbilder bedeutender Heilpädagoginnen und Heilpädagogen im 20. Jahrhundert, 97-109

Löwe, Armin (1983): Gehörlosenpädagogik. In: Solarová, Svètluše (Hrsg.), Geschichte der Sonderpädagogik. Stuttgart: Kohlhammer, 12-48

Luciak, Mikael (2008): Roma in Sonderschulen – eine Herausforderung für die Heilpädagogik Mittel- und Osteuropas. In: Biewer, Gottfried/Luciak, Mikael/Schwinge, Mirella, Begegnung und Differenz, 33-60

Luhmann, Niklas (1987): Soziale Systeme. Grundriß einer allgemeinen Theorie. Frankfurt/M.: Suhrkamp

Luhmann, Niklas (2006): Soziale Systeme. Grundriß einer allgemeinen Theorie. 12. Aufl., Frankfurt/M.: Suhrkamp

Maas, Theodorus (2006): Community Care in der Evangelischen Stiftung Alsterdorf. In: Theunissen, Georg/Schirbort, Kerstin (Hrsg.), Inklusion von Menschen mit geistiger Behinderung, 141-169

Maas, Theodorus (2007): Comunity Care. In: Theunissen, Georg/Kulig, Wolfram/Schirbort, Kerstin (Hrsg.), Handlexikon Geistige Behinderung, 59-60

Malson, Lucien/Itard, Jean/Mannoni, Octave (1972): Die wilden Kinder. 4. Aufl., Frankfurt/M.: Suhrkamp

Markowetz, Reinhard/Reich, Kersten (2016): Didaktik. In: Hedderich, Ingeborg/Biewer, Gottfried/ Hollenweger, Judith/Markowetz, Reinhard (Hrsg.), Handbuch Inklusion und Sonderpädagogik, 338-346

Mason, Mark (2007): Comparing Culture. In: Bray, Mark/Adamson, Bob/Mason, Mark (Eds.), Comparative Education Research, 165-196

Maturana, Humberto/Varela, Francisco (1990): Der Baum der Erkenntnis. Die biologischen Wurzeln des menschlichen Erkennens. München: Goldmann

McLoughlin, James A. (1987): Learning Disabilities. In: Reynolds, Cecil R./Mann, Lester (Eds.), Encyclopedia of Special Education, 921-925

Meiser, Ute (1995): Sie leben mit den Ahnen. Krankheit, Adoption und und Tabukonflikt in der polynesisch-tonganischen Kultur. Frankfurt/M.: Brandes und Apsel

Meiser, Ute/Albrecht, Friedrich (1997) (Hrsg.): Krankheit, Behinderung und Kultur. Frankfurt/M.: IKO

Merz-Atalik, Kerstin (2001): Interkulturelle Pädagogik in Integrationsklassen. Subjektive Theorien von Lehrern im gemeinsamen Unterricht von Kindern mit und ohne Behinderungen. Opladen: Leske und Budrich

Meyer, Almut-Hildegard (2004): Kodieren mit der ICF: Klassifizieren oder Abklassifizieren. Potenzen und Probleme der „Internationalen Klassifikation der Funktionsfähigkeit, Behinderung und Gesundheit". Ein Überblick. Heidelberg: Winter

Meyer, Hermann (1983): Geistigbehindertenpädagogik. In: Solarová, Svètluše (Hrsg.), Geschichte der Sonderpädagogik. Stuttgart: Kohlhammer, 84-119

Meyer, John (2005): Weltkultur. Wie die westlichen Prinzipien die Welt durchdringen. Frankfurt/M.: Suhrkamp

Meyer, John/Ramirez, Francisco (2007): The World Institutionalization of Education. In: Schriewer, Jürgen (Hrsg.), Weltkultur und kulturelle Bedeutungswelten, 279-297

Miedaner, Lore (1986): Gemeinsame Erziehung behinderter und nichtbehinderter Kinder. Materialien zur pädagogischen Arbeit im Kindergarten. München: DJI

Mill, John Stuart (2006): Utilitarismus. Hamburg: Meiner (engl. Erstausgabe 1869)

Mirza, Mansha (2014): Disability and Forced Migration. In: Fiddian-Qasmiyeh, Elena/Loescher, Gil/Long, Katy/Sigona, Nando, The Oxford Handbook of Refugee and Forced Migration Studies, 420-432

Möckel, Andreas (1988): Geschichte der Heilpädagogik. Stuttgart: Klett-Cotta

Möckel, Andreas (2002): Jakob Muth (1927-1993). In: Buchka, Maximilian/Grimm, Rüdiger/Klein, Ferdinand (Hrsg.), Lebensbilder bedeutender Heilpädagoginnen und Heilpädagogen im 20. Jahrhundert, 265-275

Möckel, Andreas (2007): Geschichte der Heilpädagogik. 2. überarb. Aufl., Stuttgart: Klett-Cotta

Möckel, Andreas (Hrsg.) (1998): Erfolg – Niedergang – Neuanfang. 100 Jahre Verband Deutscher Sonderschulen (Fachverband für Behindertenpädagogik). München: Reinhardt

Möckel, Andreas/Adam, Heidemarie/Adam, Gottfried (Hrsg.) (1997): Quellen zur Erziehung von Kindern mit geistiger Behinderung. Band 1: 19. Jahrhundert. Würzburg: Bentheim

Möckel, Andreas/Adam, Heidemarie/Adam, Gottfried (Hrsg.) (1999): Quellen zur Erziehung von Kindern mit geistiger Behinderung. Band 2: 20. Jahrhundert. Würzburg: Bentheim

Möller, Jens (2000): Beratung innerhalb und außerhalb der Schule. In: Borchert, Johann (Hrsg.), Handbuch der sonderpädagogischen Psychologie, 541-550

Montagstiftung Jugend und Gesellschaft (2012): Inklusion vor Ort. Der kommunale Index für Inklusion – Ein Praxishandbuch. Berlin: Deutscher Verein für öffentliche und private Fürsorge

Moor, Paul (1951): Heilpädagogische Psychologie. Band 1. Grundtatsachen einer allgemeinen Psychologie. Bern: Huber

Moor, Paul (1958): Heilpädagogische Psychologie. Band 2. Pädagogische Psychologie der Entwicklungshemmungen. Bern: Huber

Moor, Paul (1965): Heilpädagogik. Ein pädagogisches Lehrbuch. Bern: Huber

Morrow, Lonny/Morrow, Sue Ann (2007): Primary Prevention. In: Reynolds, Cecil R./Fletcher-Janzen, Elaine (Eds.), Encyclopedia of Special Education, 1627-1629

Moser, Vera (1994): Die Ordnung des Schicksals. Zur ideengeschichtlichen Tradition der Sonderpädagogik. Butzbach-Griedel: Afra

Moser, Vera (1997): Sonderpädagogik zwischen Erziehung und Bildung. In: Zeitschrift für Heilpädagogik, 48 (1), 4-8

Moser, Vera (2003): Konstruktion und Kritik. Sonderpädagogik als Disziplin. Opladen: Leske und Budrich

Moser, Vera/Sasse, Ada (2008): Theorien der Behindertenpädagogik. München: Reinhardt (UTB)

Müller, Christine-Ruth/Siemen, Hans-Ludwig (1991): Warum sie sterben mussten. Leidensweg und Vernichtung von Behinderten aus den Neuendettelsauer Pflegeanstalten im „Dritten Reich". Neustadt/Aisch: Degener

Muth, Jakob (1986): Integration von Behinderten. Über die Gemeinsamkeit im Bildungswesen. Essen: Verlag Neue Deutsche Schule

Mutzek, Wolfgang (2000): Supervision. In: Borchert, Johann (Hrsg.), Handbuch der Sonderpädagogischen Psychologie, 562-576

Mutzek, Wolfgang (2002): Kooperative Beratung. Grundlagen und Methoden der Beratung und Supervision im Berufsalltag. 4. überarb. Aufl., Weinheim: Beltz

Myschker, Norbert (1983): Lernbehindertenpädagogik. In: Solarová, Svètluše (Hrsg.), Geschichte der Sonderpädagogik. Stuttgart: Kohlhammer, 121-166

Myschker, Norbert (2005): Verhaltensstörungen bei Kindern und Jugendlichen. Erscheinungsformen – Ursachen – hilfreiche Maßnahmen. 5. Aufl., Stuttgart: Kohlhammer

Neubert, Dieter/Billich, Peter/Cloerkes, Günther (1991): Stigmatisierung und Identität. Zur Rezeption und Weiterführung des Stigma-Ansatzes in der Behindertenforschung. In: Zeitschrift für Heilpädagogik, 42 (10), 673-688

Neubert, Dieter/Cloerkes, Günther (2001): Behinderung und Behinderte in verschiedenen Kulturen. 3. Aufl., Heidelberg: Winter

Neuer-Miebach, Therese (2003): Die therapeutische Option und die Zukunft des Menschen: welchen Fortschritt wollen wir? In: Dederich, Markus (Hrsg.), Bioethik und Behinderung, 81-103

Neuhäuser, Gerhard/Steinhausen, Hans-Christoph (Hrsg.) (2003): Geistige Behinderung. Grundlagen, klinische Syndrome, Behandlung und Rehabilitation. 3. überarb. Aufl., Stuttgart: Kohlhammer

Niehoff, Ulrich (2016): Persönliche Zukunftsplanung. In: Hedderich, Ingeborg/Biewer, Gottfried/Hollenweger, Judith/Markowetz, Reinhard (Hrsg.), Handbuch Inklusion und Sonderpädagogik, 522-527

Nieke, Wolfgang (1995): Interkulturelle Erziehung und Bildung. Wertorientierungen im Alltag. Opladen: Leske und Budrich

Nirje, Bengt (1999): Das Normalisierungsprinzip und seine Auswirkungen in der fürsorgerischen Betreuung (1969). In: Möckel, Andreas/Adam, Heidemarie/Adam, Gottfried (Hrsg.), Quellen zur Erziehung von Kindern mit geistiger Behinderung – Band 2, 226-232

Norwich, Brahm (2008): Dilemma of Difference, Inclusion and Disability. International perspectives and future directions. London, New York: Routledge

Norwich, Brahm (2014): Categories of Special Educational Needs. In: Florian, Lani (Ed.), The SAGE Handbook of Special Education, 55-71

Nußbeck, Susanne/Biermann, Adrienne/Adam, Heidemarie (Hrsg.) (2008): Sonderpädagogik der geistigen Entwicklung. Reihe Handbuch Sonderpädagogik. Band 4. Göttingen: Hogrefe

OECD (Ed.) (2007): No More Failures: Ten Steps to Equity in Education. Paris: OECD Publishing.

OECD/Centre for Educational Research and Innovation (Ed.) (2005): Students with Disabilities, Learning Difficulties and Disadvantages: Statistics and Indicators. Paris: OECD Publishing

Opp, Günther (2016): Sonderpädagogische Klassifizierungen. In: Hedderich, Ingeborg/Biewer, Gottfried/Hollenweger, Judith/Markowetz, Reinhard (Hrsg.), Handbuch Inklusion und Sonderpädagogik, 146-150

Page, Robert (1984): Stigma. Concepts in Social Policy 2. London: Routledge

Peterander, Franz/Speck, Otto (Hrsg.) (1996): Frühförderung in Europa. München: Reinhardt

Peterander, Franz/Speck, Otto (Hrsg.) (2004): Qualitätsmanagement in sozialen Einrichtungen. 2. Aufl., München: Reinhardt

Pfeffer, Wilhelm (1988): Förderung schwer geistig Behinderter. Eine Grundlegung. Würzburg: Bentheim

Pixa-Kettner, Ursula (Hrsg.) (2006): Eltern mit geistiger Behinderung und ihre Kinder. Heidelberg: Winter

Pixa-Kettner, Ursula/Bargfrede, Stefanie/Blanken, Ingrid (1995): Elternschaft von Menschen mit geistiger Behinderung. Ergebnisse einer quantitativen und qualitativen Untersuchung. In: Geistige Behinderung, (3), 186-200

Pixa-Kettner, Ursula/Bargfrede, Stefanie/Blanken, Ingrid (1996): „Dann waren sie sauer auf mich, dass ich ein Kind haben wollte…" Eine Untersuchung zur Lebenssituation geistig behinderter Menschen mit Kindern in der BRD. Baden-Baden: Nomos

Platte, Andrea (2016): Kindertageseinrichtungen. In: Hedderich, Ingeborg/Biewer, Gottfried/Hollenweger, Judith/Markowetz, Reinhard (Hrsg.), Handbuch Inklusion und Sonderpädagogik, 267-272

Prengel, Annedore (1995): Pädagogik der Vielfalt. Verschiedenheit und Gleichberechtigung in Interkultureller, Feministischer und Integrativer Pädagogik. 2. Aufl., Opladen: Leske und Budrich

Projektgruppe Integrationsversuch (Hrsg.) (1988): Das Fläming-Modell. Gemeinsamer Unterricht für behinderte und nichtbehinderte Kinder an der Grundschule. Weinheim: Beltz

Ramcharan, Paul/Grant, Gordon/Flynn, Margaret (2004): Emancipatory and Participatory Research: How Far Have We Come? In: Emerson, Eric/Hatton, Chris/Thompson, Travis/Parmenter, Trevor R. (Eds.), The International Handbook of Applied Research in Intellectual Disabilities, 83-111

Rath, Waltraud (1985a): Systematik und Statistik von Behinderungen. In: Bleidick, Ulrich (Hrsg.), Theorie der Behindertenpädagogik, 24-47

Rath, Waltraud (Hrsg.) (1985b): Pädagogik der Blinden und Sehbehinderten. Handbuch der Sonderpädagogik. Band 2. Berlin: Marhold

Rath, Waltraud (2001a): Blindheit, Blinde, Blindenpädagogik. In: Antor, Georg/Bleidick, Ulrich (Hrsg.), Handlexikon der Behindertenpädagogik, 103-106

Rath, Waltraud (2001b): Sehbehinderung, Sehbehinderte, Sehbehindertenpädagogik. In: Antor/Bleidick (Hrsg.), Handlexikon der Behindertenpädagogik, 124-127

Rawls, John (1998): Eine Theorie der Gerechtigkeit. 10. Aufl., Frankfurt/M.: Suhrkamp

Reich, Kersten (2014): Inklusive Didaktik. Bausteine für eine inklusive Schule. Weinheim, Basel: Beltz

Remschmidt, Helmut (Hrsg.) (2008): Kinder- und Jugendpsychiatrie. Eine praktische Einführung. 5. aktualisierte Aufl., Stuttgart: Thieme

Reynolds, Cecil R./Mann, Lester (Eds.) (1987): Encyclopedia of Special Education. A Reference for the Education of the Handicapped and Other Exceptional Children and Adults. Vol. I-III. New York: Wiley

Reynolds, Cecil/Fletcher-Janzen, Elaine (Eds.) (2007): Encyclopedia of Special Education. A Reference for the Education of Children, Adolescents, and Adults with Disabilities and Other Exceptional Individuals. Vol. I-III. Third Edition. Hoboken (New Jersey): Wiley

Richter, Hans-Günther (1984): Pädagogische Kunsttherapie. Grundlegung, Didaktik, Anregungen. Düsseldorf: Schwann

Ricken, Gabi/Fritz, Annemarie/Hofmann, Christiane (Hrsg.) (2003): Diagnose: Sonderpädagogischer Förderbedarf. Lengerich: Pabst

Riegert, Judith/Musenberg, Oliver (Hrsg.) (2015): Inklusiver Fachunterricht in der Sekundarstufe. Stuttgart: Kohlhammer

Rieser, Richard (2012): Implementing Inclusive Education. A Commonwealth Guide to Implementing Article 24 of the UN Convention on the Rights of People with Disabilities. 2. erweiterte Aufl., London: Commonwealth Secretariat

Rioux, Marcia (2014): Disability Rights in Education. In: Florian, Lani (Ed.), The SAGE Handbook of Special Education, 131-147

Rock, Kerstin (1996): Selbstbestimmung als Herausforderung an die Professionellen. In: Geistige Behinderung, 35 (3), 223-232

Rohrmann, Eckhard (2005): „Die Einheit des Menschen in der Menschheit". Edouard Séguin (1812-1880) und das Recht auf Teilhabe für alle Menschen. In: Geistige Behinderung, (2), 115-125

Rose, David H./Gravel, Jenna W./Gordon, David T. (2014): Universal Design for Learning. In: Florian, The SAGE Handbook of Special Education, 475-489

Roth, Heinrich (1971a): Pädagogische Anthropologie. Band I. Bildsamkeit und Bestimmung. Grundlagen einer Entwicklungspädagogik. 3. Aufl., Hannover: Schroedel

Roth, Heinrich (1971b): Pädagogische Anthropologie. Band II. Entwicklung und Erziehung. Grundlagen einer Entwicklungspädagogik. Hannover: Schroedel

Sander, Alfred (1987): Zur ökosystemischen Sichtweise in der Sonderpädagogik. In: Eberwein, Hans (Hrsg.), Fremdverstehen sozialer Randgruppen, 207-221

Sander, Alfred (2007): Prävention. In: Bundschuh, Konrad/Heimlich, Ulrich/Krawitz, Rudi (Hrsg.), Wörterbuch Heilpädagogik, 209-212

Sanders, Dietke: (2007): Elternschaft von Menschen mit geistiger Behinderung. In: Theunissen, Georg/Kulig, Wolfram/Schirbort, Kerstin (Hrsg.), Handlexikon Geistige Behinderung, 90-91

Sasse, Ada/Vitková, Marie/Störmer, Norbert (Hrsg.) (2004): Integrations- und Sonderpädagogik in Europa. Professionelle und disziplinäre Perspektiven. Bad Heilbrunn: Klinkhardt

Schildmann, Ulrike (1997): Integrationsprinzip und Normalisierungsprinzip – ein kritischer Vergleich. In: Zeitschrift für Heilpädagogik, 48 (3), 90-96

Schablon, Kai-Uwe (2016): Community Care. In: Hedderich, Ingeborg/Biewer, Gottfried/Hollenweger, Judith/Markowetz, Reinhard (Hrsg.), Handbuch Inklusion und Sonderpädagogik, 538-543

Schmid, Peter (2002): Paul Moor (1899-1977). In: Buchka, Maximilian/Grimm, Rüdiger/Klein, Ferdinand (Hrsg.), Lebensbilder bedeutender Heilpädagoginnen und Heilpädagogen im 20. Jahrhundert, 251-263

Schnell, Irmtraud (2003): Geschichte schulischer Integration. Gemeinsames Lernen von SchülerInnen mit und ohne Behinderung in der BRD seit 1970. Weinheim: Juventa

Schnell, Irmtraud/Sander, Alfred (Hrsg.) (2004): Inklusive Pädagogik. Bad Heilbrunn: Klinkhardt

Schöler, Hermann/Welling, Alfons (Hrsg.) (2007): Sonderpädagogik der Sprache. Reihe Handbuch Sonderpädagogik. Band 1. Göttingen: Hogrefe

Schönberger, Franz (1974): Körperbehinderte. In: Deutscher Bildungsrat (Hrsg.), Verhaltensgestörte, Sprachbehinderte, Körperbehinderte. Sonderpädagogik 4, Gutachten und Studien der Bildungskommission. Stuttgart: Klett

Schriewer, Jürgen (Hrsg.) (2007): Weltkultur und kulturelle Bedeutungswelten. Zur Globalisierung von Bildungsdiskursen. Frankfurt: Campus

Schroeder, Joachim (2015): Pädagogik bei Beeinträchtigungen des Lernens. Stuttgart: Kohlhammer.

Schuck, Karl Dieter (2016): Fördern, Förderung, Förderbedarf. In: Dederich, Markus/Beck, Iris/Antor, Georg/Bleidick, Ulrich (Hrsg.) (2016): Handlexikon der Behindertenpädagogik, 116-120

Schuntermann, Michael F. (2007): Einführung in die ICF. Grundkurs – Übungen – Offene Fragen. 2. überarb. Aufl., Landsberg: ecomed Medizin

Schwinge, Mirella (2003): Umweltbildung und Sonderpädagogik. Möglichkeiten und Chancen im Kontext eines Entwicklungslandes – aufgezeigt am Beispiel der Harding Special School (Südafrika). Aachen: Shaker

Seguin, Edward (1912): Die Idiotie und ihre Behandlung nach physiologischer Methode. Wien: Graeser

Seifert, Monika (1997): Was bedeutet ein geistig behindertes Kind für die Familie? In: Geistige Behinderung, (3), 237-250

Selbmann, Frank (1982): Jan Daniel Georgens. Leben und Werk. Gießen: Institut für Heil- und Sonderpädagogik

Shogren, Kerrie A./Wehmeyer, Michael L. (2015): Inklusion von Schülerinnen und Schülern mit intellektueller Beeinträchtigung und Autismus in der Sekundarstufe. In: Biewer, Gottfried/Böhm, Eva Theresa/Schütz, Sandra (Hrsg.), Inklusive Pädagogik in der Sekundarstufe, 113-131

Silberman, Rosanne (2007): Blind. In: Reynolds, Cecil R./Ftecher-Janzen, Elaine (Eds.), Encyclopedia of Special Education, 304-306

Singer, Peter (1984): Praktische Ethik. Stuttgart: Reclam

Skiba, Alexander (1996): Fördern im Alter. Integrative Geragogik auf heilpädagogischer Grundlage. Bad Heilbrunn: Klinkhardt

Sohns, Armin (2000): Frühförderung entwicklungsauffälliger Kinder in Deutschland. Weinheim: Beltz

Solarová, Svètluše (1977a): Blindenpädagogik. In: Bach, Heinz (Hrsg.), Sonderpädagogik im Grundriß, 79-84

Solarová, Svètluše (1977b): Sehbehindertenpädagogik. In: Bach, Heinz (Hrsg.), Sonderpädagogik im Grundriß, 123-128

Solarová, Svètluše (Hrsg.) (1983): Geschichte der Sonderpädagogik. Stuttgart: Kohlhammer

Speck, Otto (2003a): Frühförderung mit den Eltern unter ethischem Aspekt. In: Wilken, Udo/Jeltsch-Schudel, Barbara (Hrsg.), Eltern behinderter Kinder, 90-101

Speck, Otto (2003b): System Heilpädagogik. Eine ökologisch reflexive Grundlegung. 5. Aufl., München: Reinhardt

Speck, Otto (2005): Soll der Mensch biotechnisch machbar werden? Eugenik, Behinderung und Pädagogik. München: Reinhardt

Speck, Otto (2008): Hirnforschung und Erziehung. Eine pädagogische Auseinandersetzung mit neurobiologischen Erkenntnissen. München: Reinhardt

Speck, Otto (2010): Schulische Inklusion aus heilpädagogischer Sicht. Rhetorik und Realität. München, Basel Reinhardt

Spiess, Walter (2000): (Beratungs-)Gespräche mit Kindern und Jugendlichen. In: Borchert, Johann (Hrsg.), Handbuch der Sonderpädagogischen Psychologie, 551-562

Stadler, Hans/Wilken, Udo (Hrsg.) (2004): Pädagogik bei Körperbehinderung. Band 4 der „Studientexte zur Geschichte der Behindertenpädagogik". Weinheim: Beltz (UTB)

Stainback, Susan/Stainback, William (Eds.) (1996): Inclusion – a Guide for Educators. Baltimore: Brookes

Steidinger, Jürgen/Uthicke, Klaus (1989): Von Babys, die nicht warten können. Reinbek: Rowohlt

Steiner-Khamsi, Gita (2003): Vergleich und Subtraktion. Das Residuum im sprannungsfeld zwischen Globalem und Lokalem. In: Kaelble, Hartmut/Schriewer, Jürgen (Hrsg.), Vergleich und Transfer, 369-397

Steinhardt, Kornelia (2005): Psychoanalytisch orientierte Supervision. Auf dem Weg zu einer Profession? Gießen: Psychosozial-Verlag

Stempfle, Sabine (1999): Frühförderung in einem Sozialpädiatrischen Zentrum. In: Wilken, Etta (Hrsg.), Frühförderung von Kindern mit Behinderung, 34-44

Stinkes, Ursula (1993): Spuren eines Fremden in der Nähe. Das „geistig behinderte" Kind aus phänomenologischer Sicht. Würzburg: Königshausen und Neumann

Stöger, Christian (2011): „Die Heilpädagogik" und ihr Autor. Zu einer alten Streitfrage und Problemen der Levana-Historiographie. In: Zeitschrift für Heilpädagogik, 62 (11), 440-448

Strachota, Andrea (2002): Heilpädagogik und Medizin. Eine Beziehungsgeschichte. Wien: Literas

Strachota, Andrea (2006): Zwischen Hoffen und Bangen. Frauen und Männer berichten über ihre Erfahrungen mit pränataler Diagnostik. Frankfurt/M.: Mabuse

Swanson, Lee/Harris, Karen/Graham, Steve (Eds.) (2013): Handbook of Learning Disabilities. New York: 2nd Ed. Guilford

Theunissen, Georg (2002a): Altenbildung und Behinderung. Impulse für die Arbeit mit Menschen, die als lern- und geistig behindert gelten. Bad Heilbrunn: Klinkhardt

Theunissen, Georg (2002b): Stärken-Perspektive und Empowerment. Impulse für die Behindertenarbeit. In: Lenz, Albert/Stark, Wolfgang (Hrsg.), Empowerment, 139-154

Theunissen, Georg (2006): Inklusion – Schlagwort oder zukunftsweisende Perspektive? In: Theunissen, Georg/Schirbort, Kerstin (Hrsg.), Inklusion von Menschen mit geistiger Behinderung, 13-40

Theunissen, Georg (2007): Empowerment behinderter Menschen. Inklusion – Bildung – Heilpädagogik – Soziale Arbeit. Freiburg: Lambertus

Theunissen, Georg (Hrsg.) (1998): Enthospitalisierung – ein Etikettenschwindel? Neue Studien, Erkenntnisse und Perspektiven der Behindertenhilfe. Bad Heilbrunn: Klinkhardt

Theunissen, Georg (Hrsg.) (2001): Verhaltensauffälligkeiten – Ausdruck von Selbstbestimmung? Wegweisende Impulse für heilpädagogische, therapeutische und alltägliche Arbeit mit geistig behinderten Menschen. Bad Heilbrunn: Klinkhardt

Theunissen, Georg/Kulig, Wolfram/Schirbort, Kerstin (Hrsg.) (2007): Handlexikon Geistige Behinderung. Schlüsselbegriffe aus der Heil- und Sonderpädagogik, Sozialen Arbeit, Medizin, Psychologie, Soziologie und Sozialpolitik. Stuttgart: Kohlhammer.

Theunissen, Georg/Lingg, Albert (Hrsg.) (1999): Wohnen und Leben nach der Enthospitalisierung. Perspektiven für ehemals hospitalisierte und alte Menschen mit geistiger und seelischer Behinderung. Bad Heilbrunn: Klinkhardt

Theunissen, Georg/Plaute, Wolfgang (2002): Handbuch Empowerment und Heilpädagogik. Freiburg: Lambertus

Theunissen, Georg/Schirbort, Kerstin (Hrsg.) (2006): Inklusion von Menschen mit geistiger Behinderung. Zeitgemäße Wohnformen – Soziale Netze – Unterstützungsangebote. Stuttgart: Kohlhammer

Thimm, Walter (1990): Das Normalisierungsprinzip. Eine Einführung. 4. Aufl., Marburg: Lebenshilfe

Thimm, Walter (2006): Behinderung und Gesellschaft. Texte zur Entwicklung einer Soziologie der Behinderten. Heidelberg: Winter

Thimm, Walter (Hrsg.) (2005): Das Normalisierungsprinzip. Ein Lesebuch zu Geschichte und Gegenwart eines Reformkonzepts. Marburg: Lebenshilfe

Thomas, Gary/Walker, David/Webb, Julie (1998): The Making of the Inclusive School. London: Routledge

Thurmair, Martin/Naggl, Monika (2000): Praxis der Frühförderung. Einführung in ein interdisziplinäres Arbeitsfeld. München: Reinhardt

Trommsdorf, Gisela (1987): Behinderte in der Sicht verschiedener Kulturen. In: Klauer, Karl Josef/ Mitter, Wolfgang (Hrsg.), Vergleichende Sonderpädagogik, 23-47

UNESCO (1993): Special Needs in the Classroom. Teacher Education Resource Pack. Student Materials. Paris: Unesco

UNESCO (1994): The Salamanca Statement and Framework for Action on Special Needs Education. Access and Quality. Salamanca, Spain, 7-10 June 1994. Paris: Unesco

UNESCO (2005): Guidelines for Inclusion. Ensuring Access to Education for All. Paris: Unesco

UNESCO (2009): Policy Guidelines on Inclusion in Education. Paris: Unesco

United Nations (2007): Convention on the Rights of Persons with Disabilities and Optional Protocol. New York:UN [deutsche Übersetzung: Bundesgesetzblatt für die Republik Österreich, ausgegeben am 15. Juni 2016. Kundmachung des Bundesministers für Kunst und Kultur, Verfassung und Medien betreffend die Korrektur der deutschsprachigen Übersetzung des Übereinkommens über die Rechte von Menschen mit Behinderungen]

Wachtel, Grit (2016): Familie. In: Hedderich, Ingeborg/Biewer, Gottfried/Hollenweger, Judith/Markowetz, Reinhard (Hrsg.), Handbuch Inklusion und Sonderpädagogik, 427-432

Wacker, Elisabeth/Bundesvereinigung Lebenshilfe (Hrsg.) (2005): Teilhabe. Wir wollen mehr als nur dabei sein. Marburg: Lebenshilfe

Wacker, Elisabeth/Wansing, Gudrun/Hölscher, Petra (2003a): Maß nehmen und Maß halten – in einer Gesellschaft für alle. Teil 1. Von der Versorgung zur selbstbestimmten Lebensführung. In: Geistige Behinderung, 42 (2), 108-118

Wacker, Elisabeth/Wansing, Gudrun/Hölscher, Petra (2003b): Maß nehmen und Maß halten – in einer Gesellschaft für alle. Teil 2. Das „Persönliche Budget" als Chance zum Wandel der Rehabilitation In: Geistige Behinderung, 42 (3), 198-209

Wacker, Elisabeth/Wansing, Gudrun/Hölscher, Petra (2003c): Maß nehmen und Maß halten – in einer Gesellschaft für alle. Teil 3. Personbezogene Leistungen (PerLE) für alle – Budgetfähigkeit und Klientenklassifikation in der Diskussion. In: Geistige Behinderung, 42 (3), 210-221

Wagner, Michael (2000): Menschen mit geistiger Behinderung und ihre Lebenswelten. Ein evolutionär-konstruktivistischer Versuch und seine Bedeutung für die Pädagogik. 2. überarb. Aufl., Bad Heilbrunn: Klinkhardt

Wagner-Stolp, Wilfried (1999): Aufbau und Organisation der interdisziplinären Frühförderung in der Bundesrepublik Deutschland. Sozialrechtlicher, sozialpolitischer und institutioneller Handlungsrahmen. In: Wilken, Etta (Hrsg.), Frühförderung von Kindern mit Behinderung, 13-33

Waldschmidt, Anne/Schneider, Werner (Hrsg.) (2007): Disability Studies, Kultursoziologie und Soziologie der Behinderung. Erkundungen in einem neuen Forschungsfeld. Bielefeld: transcript

Walmsley, Jan/Johnson, Kelly (2003): Inclusive Research with People with Learning Disabilities. London: Kingsley

Walthes, Renate (2005): Einführung in die Blinden- und Sehbehindertenpädagogik. 2. Aufl., München: Reinhardt (UTB)

Walter, Jürgen/Wember, Franz (Hrsg.) (2007): Sonderpädagogik des Lernens. Reihe Handbuch Sonderpädagogik. Band 2. Göttingen: Hogrefe

Wansing, Gudrun (2005): Teilhabe an der Gesellschaft. Menschen mit Behinderung zwischen Inklusion und Exklusion. Wiesbaden: Verlag für Sozialwissenschaften

Ward, Marjorie/Fletcher-Janzen, Elaine (2007): Disability. In: Reynolds/Fletcher-Janzen (Eds.), Encyclopedia of Special Education, 733-735

Warnock, Mary/Norwich, Brahm (2010): Special Educational Needs. A New Look. London, New York: Continuum

Warren, Sue Allen/Wright, Eleanor (2007): Mental Retardation. In: Reynolds, Cecel R./Fletcher-Janzen, Elaine (Eds.), Handbook of Special Education, 1347-1350

Warren, Sue Ellen/Davis, Jaqueline (2007): Head Start. In: Reynolds, Cecil R./Fletcher-Janzen, Elaine (Eds.), Encyclopedia of Special Education, 1017-1018

Watkins, Amanda (Ed.) (2007): Assessment in Inclusive Settings. Key Issues for Policy and Practice. Odense: EADSNE

Weber, Erik (2016): Assistenz. In: Hedderich, Ingeborg/Biewer, Gottfried/Hollenweger, Judith/Markowetz, Reinhard (Hrsg.), Handbuch Inklusion und Sonderpädagogik, 512-522

Weiß, Hans (2003): Begegnung mit dem „Fremden": Zur Arbeit mit Familien in Armut und Benachteiligung. In: Wilken, Udo/Jeltsch-Schudel, Barbara (Hrsg.), Eltern behinderter Kinder, 117-131

Weiß, Hans (Hrsg.) (2000): Frühförderung mit Kindern und Familien in Armutslagen. München: Reinhardt

Weisser, Jan (2005): Behinderung, Ungleichheit und Bildung. Eine Theorie der Behinderung. Bielefeld: transcript

Welling, Alfons (2006): Einführung in die Sprachbehindertenpädagogik. München, Basel: Reinhardt (UTB)

Weltgesundheitsorganisation (2011): ICF-CY. Internationale Klassifikation der Funktionsfähigkeit, Behinderung und Gesundheit bei Kindern und Jugendlichen. Übersetzt und herausgegeben von Judith Hollenweger und Olaf Kraus de Camargo unter Mitarbeit des DIMDI. Bern: Huber

Weltgesundheitsorganisation/Dilling, H.; Mombour, W.; Schmidt, M.H. (Hrsg.) (2005): Internationale Klassifikation psychischer Störungen. ICD-10 Kapitel V (F). Klinisch-diagnostische Leitlinien. 5. Auflage unter Berücksichtigung der Änderungen entsprechend ICD-10-GM 2004/2005. Bern: Huber

Werning, Rolf/Lütje-Klose, Birgit (2006): Einführung in die Pädagogik bei Lernbeeinträchtigungen. 2. Aufl., München: Reinhardt (UTB)

Wevelsiep, Christian (2015): Pädagogik bei emotionalen und sozialen Entwicklungsstörungen. Stuttgart: Kohlhammer

WHO (1980): International Classification of Impairment, Disability and Handicap (ICIDH). Geneva: WHO

WHO (Ed.) (2003): International Consultation to Review Community-Based Rehabilitation. Organized by World Health Organisation in Collaboration with United Nations Organisations, Non-Governmental Organizations and Disabled People's Organisations. Helsinki 25-28 May. Helsinki: WHO

WHO/AIFO (2002): Equal Opportunities for All. Promoting Community-Based Rehabilitation (CBR) amonmg Urban Poor Populations. Geneva: WHO

WHO/Mathesius, Rolf-Gerd (1995): ICIDH. Teil 1: Die ICIDH – Bedeutung und Perspektiven. Teil 2: Internationale Klassifikation der Schädigungen, Fähigkeitsstörungen und Beeinträchtigungen. Berlin: Ullstein Mosby

WHO/The World Bank (2011): World Report on Disability, Geneva: WHO

Wilken, Etta (Hrsg.) (1999): Frühförderung von Kindern mit Behinderung. Eine Einführung in Theorie und Praxis. Stuttgart: Kohlhammer.

Wilken, Udo/Jeltsch-Schudel, Barbara (2003) (Hrsg.): Eltern behinderter Kinder. Empowerment – Kooperation – Beratung. Stuttgart: Kohlhammer

Wocken, Hans (2011): Inklusion & Integration. Ein Versuch, die Integration vor der Abwertung und die Inklusion vor Träumereien zu bewahren. In: Wocken, Hans, Das Haus der inklusiven Schule, 59-90

Wocken, Hans (2011): Das Haus der inklusiven Schule. Baustellen – Baupläne – Bausteine. Hamburg: Feldhaus

Wocken, Hans/Antor, Georg (Hrsg.) (1987): Integrationsklassen in Hamburg. Erfahrungen – Untersuchungen – Anregungen. Solms-Oberbiel: Jarick Oberbiel

Wolfensberger, Wolf (1999): Die Entwicklung des Normalisierungsgedankens in den USA und in Kanada (1986). In: Möckel, Andreas/Adam, Heidemarie/Adam, Gottfried (Hrsg.), Quellen zur Erziehung von Kindern mit geistiger Behinderung – Band 2, 249-255

World Health Organisation (WHO) (2001): International Classification of Functioning, Disability and Health (ICF). Geneva: WHO

World Health Organisation (WHO) (2007): International Classification of Functioning, Disability and Health. Children & Youth Version (ICF-CY). Geneva: WHO

Wüllenweber, Ernst (Hrsg.) (2004): Soziale Probleme von Menschen mit geistiger Behinderung. Fremdbestimmung, Benachteiligung, Ausgrenzung und soziale Abwertung. Stuttgart: Kohlhammer

Wüllenweber, Ernst/Theunissen, Georg/Mühl, Heinz (Hrsg.) (2006): Pädagogik bei geistigen Behinderungen. Ein Handbuch für Studium und Praxis. Stuttgart: Kohlhammer

Zehle, Jana (2008): Dropout im Schuleingangsbereich an staatlichen Primarschulen Äthiopiens als ein Indikator für Lernschwierigkeiten. Berlin: Logos

Zirfas, Jörg (1998): Die Normativität des Humanen. Zur Theorie der Behinderung aus der Sicht von pädagogischer Anthropologie und Ethik. In: Eberwein, Hans/Sasse, Ada (Hrsg.), Behindert sein oder behindert werden, 96-119

Abbildungsverzeichnis

Tabellenverzeichnis

Sachwortverzeichnis